novum premium

HARTMUT MICHAEL MÖLTGEN

SUPERFAKTOR GELD

Wachstum in Zeiten einer neuen Wirtschaftsordnung

novum premium

Bibliografische Information
der Deutschen Nationalbibliothek:

Die Deutsche Nationalbibliothek
verzeichnet diese Publikation in
der Deutschen Nationalbibliografie.
Detaillierte bibliografische Daten
sind im Internet über
http://www.d-nb.de abrufbar.

ISBN 978-3-903861-02-2
Lektorat: Dr. Annette Debold
Umschlagfotos: Anastasiya Mironova,
Perfectvectors | Dreamstime.com
Umschlaggestaltung, Layout & Satz:
novum Verlag

Gedruckt in der Europäischen Union
auf umweltfreundlichem, chlor- und
säurefrei gebleichtem Papier.

www.novumverlag.com

Inhaltsverzeichnis

VORWORT

„Geld muss etwas Göttliches sein. Oder ist es doch eher etwas Dämonisches?“
(Oberhuber 2018)[1]

Für die Römer muss es wohl etwas Göttliches gewesen sein, hätten sie doch sonst nicht ihr Geld im Tempel geprägt, im Tempel der Juno, auch Moneta genannt. Die neu auftretenden monotheistischen Religionen zur Zeit der Römer waren da reservierter dem Geld gegenüber.[2] Dennoch hat sich der Handel mit Geld sowohl in wie auch mit diesen Religionen immer weiter ausgebreitet und bestimmt inzwischen alle großen Volkswirtschaften.

Die Manager in den großen und kleinen Firmen streben nach Wachstum, die Firma soll jedes Jahr mit einem höheren Gewinn aufwarten als im Vorjahr, die Bilanzen sollen sich ausweiten, die Gelder, die fließen, immer höhere Gesamtsummen widerspiegeln.

Beim Wachstum stellt sich dabei nicht nur die Frage danach, wie viel Prozent Wachstum, in Geld ausgedrückt, wir erwarten, anstreben oder als real beschreiben können. Wir müssen uns auch fragen, wie Wachstum gemessen wird, wollen wir dies anschließend quantifiziert skalieren, um die Ergebnisse für gültige Prognosen und Planungen heranziehen zu können.

In meinem Buch „Dauerhaftes Wachstum“[3] habe ich bereits darauf hingewiesen, dass die allgemeine Angabe als eine in Prozent ausgedrückte Steigerung des BIP nicht hinreichend ist und zudem zu falschen Assoziationen führen kann. Vorgeschlagen wird meinerseits deshalb in der Alternative dazu ein Bezug zur Arbeitsleistung!

Wachstum als durch Geld, Arbeit und Wissen generierte Produktivitätssteigerung kann bei einer bestimmten festzulegenden Arbeitsleistung zu definierbaren Maßzahlen führen, die auch helfen können, die immer wieder auftretenden Probleme bei der Verteilung der wirtschaftlich eingefahrenen Gewinne einer Volkswirtschaft zu verstehen und den Gewinn gerecht zu verteilen. Wer weiter nach neuen Maßzahlen sucht, kann zum Beispiel auch die Arbeit von Samans heranziehen. Samans stellt dem BIP die alternative Maßzahl IDI gegenüber.

Beim IDI (Inclusive Development Index)[4] werden nicht nur pekuniäre Daten mit in den Index einbezogen, wodurch er die Realität besser abbildet, dafür aber auch nicht so leicht zu bestimmen ist.

Abgesehen von dem Problem, wie Wachstum zu messen ist, müssen wir auch das Problem des relativen Wachstums im Auge behalten. Wenn von verschiedenen Autoren ein Wachstumswahn und sogar Wachstum grundsätzlich angegriffen wird, so bezieht sich dies in der Regel auf das in BIP gemessene Wachstum, nicht auf ein Wachstum durch Produktivitätssteigerung.[5]

Wird die Produktivität pro Person gesteigert, so kann dies durchaus bei einem gleichzeitigen Rückgang im Bevölkerungswachstum zu einer empfindlichen Einbuße im BIP führen, obwohl jeder weniger arbeiten muss, um seine Wünsche erfüllen zu können. Zudem ist Wachstum generell als punktuell zu betrachten, da Wachstum und Zerfall immer nebeneinander punktuell zugeordnet in bestimmten begrenzbaren Bereichen stattfinden.

Geld und Finanzkapital, das kann helfen wirtschaftliches Wachstum zu erzeugen und zu sichern. Geld ist zum Beispiel im Feldbereich des Finanzkapitals als Wachstumsfaktor in der Lage, die für ein Projekt notwendige Energie zu finanzieren und damit geordnete Strukturen, Ordnungskapital, aufzubauen. Man könnte darin auch die Umwandlung des Faktors Geld in den der Energie sehen, und damit den durch Geld erlangten Besitz von Energiereserven. Wie dies geschieht, geschehen könnte, oder sollte, das soll hier und in den geplanten Folgebänden mit den entsprechend zugeordneten Faktoren diskutiert werden, im vorliegenden 1. Band mit Geld und Finanzkapital, im 2. Band mit dem Wissen und dem Bildungskapital, im 3. Band mit der Arbeit und dem Humankapital, im 4. Band mit den immer notwendigen Ressourcen und dem entsprechenden Sachkapital sowie im 5. Band mit der Energie und dem Ordnungskapital, auch als negative Enthalpie darstellbar. Im 6. Band ist dann das Wachstum im Zusammenwirken der verschiedenen

Faktoren zu betrachten als im Spannungsfeld der relationalen Kreisläufe sich entwickelnd, sich in den wirtschaftlichen Zyklen widerspiegelnd.

Hinsichtlich der Begriffsklärung noch ein paar Worte zum Wachstum! Wir kennen Wachstum zunächst vor allem auch aus der Biologie, wenn auch sogar in der Kristallographie[6] Wachstumsphänomene zu beobachten sind. Für Wachstumsprozesse in der Biologie ist es zudem typisch, dass unterschiedliche Stoffe das Wachstum initiieren und fördern können, die sogenannten Wachstumshormone. Hier sollen natürlich die wirtschaftlichen Wachstumsphänomene Thema sein. Dennoch sei die Frage erlaubt, was Wachstum vom Grundansatz her in den verschiedenen wissenschaftlichen Disziplinen ist und wodurch es angeregt wird. Wachstum ist nicht einfach die Vermehrung, die wir in der Tat beim Wachstum auch beobachten, es wird immer auch informationsgesteuert, zudem benötigen wir Energie und Ressourcen, wobei dies alles in einem zeitlichen Entwicklungsprozess verläuft, der neue Ordnungsstrukturen aufbaut. Die Informationssteuerung bedingt auch die Möglichkeit, dass externe Faktoren darauf einen Einfluss nehmen können. Möglich wird das nur, wenn Sensoren und Mediatoren wie Rezeptoren vermittelnd und interpretierend eingreifen. Geld ist dabei so etwas wie ein Mediator, der in unseren heutigen Wirtschaftssystemen kaum wegzudenken ist, wenn er auch nicht alleiniger Faktor für Wachstum und Wohlstand in unserer Gesellschaft und sogar nicht unbedingt ein notwendiger Faktor ist. Auch wenn Geld weder notwendig noch hinreichend für dauerhaftes Wachstum ist, so ist es doch extrem nützlich und hilfreich bei der Aufrechterhaltung unserer derzeitigen Wirtschaftssysteme und kaum noch wegzudenken. Im Gegensatz dazu sind Wissen und Information als essentiell notwendig einzustufen, da ohne Wissensgehalte und Information kein Wachstum möglich ist. Wachstum wird generell von 5 Faktoren bestimmt, von denen Geld nur einer ist. Informationen, Energie, Ressourcen und der Einsatz einer Arbeitsleistung müssen notwendig vorhanden sein. Wenn wir zur Erklärung wirtschaftlichen Wachstums zunächst den Faktor Geld näher betrachten, so sind die anderen Faktoren als in ausreichendem Maße vorhanden anzunehmen. Es handelt sich bei diesem Band um den ersten Band einer geplanten Reihe, weshalb das eine oder andere wichtige Hintergrundwissen angesprochen, aber nicht ausführlich aufgearbeitet wird. Vieles kann erst in den Folgebänden hinreichend dargestellt werden, die Zusammenhänge erst im letzten Band, in dem auch die Entstehung von Zyklen zu diskutieren ist. Welchen Anteil die 5 Faktoren des Wachstums an den beobachtbaren Zyklen haben, das zu wissen, wird vielleicht wichtig, um zu einem neuen Modell für wirtschaftliches Wachstum zu gelangen. Jeder Faktor bildet einen Grundansatz für kausale und korrelative Betrachtungen und zudem für die Untersuchung vernetzter Relationen wie zum Beispiel die Rückkopplung (auch als Regelkreis bekannt). Es sind dabei jeweils gesamtwirtschaftlich neue Gleichgewichtsplattformen zu betrachten. Die Gleichgewichte stabilisieren sich dabei über angesammelte faktorielle Kräfte. Im 1. Band soll nun der Faktor Geld mit dem dazugehörigen Finanzkapital ins Visier genommen werden, wenn auch dies genau der Faktor ist, der nicht essentiell notwendig und in gewisser Hinsicht sogar arbiträr ist! Geld kann das Fehlen anderer faktorieller Kräfte in begrenztem Umfang ausgleichen, dennoch ist bei der Betrachtung der einzelnen Faktoren davon auszugehen, dass die restlichen 4 Faktoren in ausreichendem Maße einwirken können! Die interfaktoriellen Wechselwirkungen, immer auch mitgedacht, sind erst später hinreichend begründbar aufzuarbeiten. Dabei kann auch erst der zeitliche Ablauf voll in seiner eigenen Dynamik mitberücksichtigt werden, ersichtlich im Aufschwung und im Abschwung, sie sind dabei die Konterparts zum Wachstum und dem Zerfall einer speziellen Form von Aufbau und Destruktion geordneter Strukturen. Aufgrund welcher Bedingungen sich die Zyklen im zeitlichen Ablauf und in den Ausschlägen verändern, verändern müssen, auch das kann hier nicht thematisiert werden.

So wie der Abschwung mit Zerfall und Destruktion die Entropie erhöht, so wird durch einen Aufschwung mit Wachstum und Aufbau neuer Ordnungen die Entropie herabgesetzt. Eine zentrale Bedeutung kommt bei alledem der Information zu, als Innovation, im Bauplan, im Businessplan und in der Tendenz auch in zufälligen Mustern, die in geordnete Strukturen eingebaut werden können. Im letzten Band wird auch der Raum bleiben, um Wachstum als allumfassendes Phänomen, ausgehend von den Wachstumsphänomenen in der Natur bis hin zu den volkswirtschaftlichen Wachstumsphänomenen, auf Vergleichbares hin abzuklopfen, vielleicht auch um im Einzelfall die Natur zum Vorbild zu nehmen, so wie dies generell das Ziel der Bionik ist, bislang leider nur als Anwendung in der Technik genutzt.

Geld ist der Faktor, der bei natürlichen Wachstumsprozessen nur eine marginale Rolle spielt, wenn überhaupt, weil er selbst seine Existenz nur der gesellschaftlichen Übereinkunft verdankt. Hinzu kommt, dass die Kommerzialisierung der Wirtschaft durch den Faktor Geld eine Verschiebung von lebenswerten zu geldwerten Interaktionen mit sich bringt und insofern nicht gleichzusetzen ist mit der Tendenz zu höheren Lebensqualitäten. Ein höherer Wohlstand kann der höheren Diversifikation und der Unterstützung dieser durch den Beschleuniger Geld beim Austausch von Gütern oder auch bei der Bereitstellung von Dienstleistungen geschuldet sein. Insofern kann man sagen, gäbe es Geld noch nicht, so müsste man es schnellstens erfinden, hätte dann auch die Chance, all die Fehler bei der Konstruktion des Geldes, die es noch immer belasten, von Beginn an auszuschließen.

Da Geld, wenn auch nicht von sich aus, sondern aufgrund der Konvention vielseitig und variabel einsetzbar ist, kann es leicht gehortet angesammelt werden. Das angesammelte Geld ist auch als Kapital bekannt, genauer hier als Finanzkapital.

Kapital kann als Vermögen sehr unterschiedliche Formen der Existenz annehmen, weshalb wir auch nicht einfach nur von dem Kapital sprechen, es kann umgewandelt werden, vergleichbar den unterschiedlichen Formen der Energie, die ja auch ineinander umgewandelt werden können. So wie man elektrische Energie in kinetische Energie umwandeln kann, so kann man auch Finanzkapital in Sachkapital, Bildungskapital, Humankapital oder Ordnungskapital umwandeln, wenn passende miteinander agierbare Strukturen und Energien aufeinandertreffen. Interagierbare Strukturen wie die Hormone in organischen

Systemen gibt es vielleicht nicht nur in der Biologie.[7] In den hier anzusprechenden wirtschaftlichen Zusammenhängen wird der entsprechende steuerbare Entwicklungsprozess vor allem durch Arbeit und Geld mitbestimmt. Ob in den hier zu bearbeitenden wirtschaftlichen Zusammenhängen interagierende Strukturen aufzufinden sind, die mit denen in der Biologie vergleichbar sind, das sei hier nur als Frage in den Raum gestellt. Der Fokus sei zunächst auf die Interaktion zwischen dem einzelnen Faktor in unseren Volkswirtschaften, hier Geld, und dem Wachstum in einer abgrenzbaren wirtschaftlichen Struktur gerichtet. Vorab gilt es klar zu unterscheiden zwischen natürlichen Faktoren und arbiträren Faktoren. Geld ist wie gesagt kein natürlicher Faktor, weil er im Gegensatz zu anderen Faktoren keine Rolle bei Wachstumsphänomenen in der vom Menschen nicht gesteuerten Natur spielt, also bei Phänomenen, auf die Menschen keinen Einfluss ausüben. Genau deshalb soll er als erster Faktor auf seine Bedeutung für wirtschaftliche Wachstumsphänomene hin untersucht werden!

EINLEITUNG

„Permanent geht es ums Geld: Bei so trivialen Vorgängen wie dem Bezahlen an der Supermarktkasse, beim Blick aufs Konto oder dem Planen."
(Kremer, 2018)[8]

Geld, so wie wir es heute kennen, hat nach M. Miller[9] 3 grundsätzlich unterschiedliche Funktionen:

1. die Wertaufbewahrungsfunktion
2. die Wertmessungsfunktion und
3. die Zahlungsmittelfunktion.

In der Diskussion stehen diese Funktionen bereits bei Ökonomen der österreichischen Schule[10] im Fokus. Miller weist nun zudem darauf hin, dass die Wertaufbewahrungsfunktion die wohl wichtigste Funktion ist, und sich in akuter Gefahr befindet. Es ist richtig, wenn er auch feststellt, dass es dabei keine Rolle spielt, ob Geld als Bargeld oder in Bits gespeichert und aufbewahrt wird. Dabei ist Kapital, das durch Akkumulation von Geld entsteht, nichts anderes als angesammeltes Bargeld und digital gespeichertes Geld, also eingesammeltes und dann gespeichertes Geld. Deshalb können Kreditkarten und Guthabenkarten, die auf gespeichertes Geld zurückgreifen, auch wie Geld eingesetzt werden. Die Aufbewahrung von Geld bei den Banken[11] leidet natürlich, wenn Zinsen und Kostenrechnungen das Geld entwerten und damit das Geld selbst schneller an Wert verliert als der Rost das Eisen zerstört. Die Aufbewahrungsfunktion ist nun insofern auch eine Art Tausch, weil dabei nicht der aktuelle Wertetausch eine Rolle spielt, sondern der zeitversetzte Wertetausch. Die Wertbemessungsfunktion stellt hingegen einen Tauschwert im nichtrealen Raum dar, der allerdings im Tausch zwischen realer und irrealer Welt zu einem realen Tauschwert werden kann. Die irreale Welt ist bei genauerer Betrachtung auch nicht ganz so irreal wie auf den ersten

Blick. Als irreal möchten wir hier all die Phänomene aufführen, die den physikalischen Zeitenraum zwar beeinflussen, aber in ihm vordergründig nicht real skalierbar sind.[12]

Das Kapital als real einsetzbares Tauschmittel scheint nun nicht nur für die Akteure an den Marktplätzen, vor allem den Finanzmarktplätzen, sondern auch für Ökonomen und Sozialphilosophen wie Marx[13] und Piketty[14] eine besondere Anziehungskraft auszuüben. Ohne Geld gäbe es aber das dabei angesprochene Finanzkapital überhaupt nicht, weshalb Geld doch zunächst anzusprechen ist. Kann man Kapital erklären und sogar die Gesetze des Kapitalismus herausarbeiten, ohne Entstehung und Funktion von Geld zu kennen und zu verstehen? Wohl kaum! Deshalb hier der Versuch, dies möglichst kompakt aufzuarbeiten!

Wenn der Ökonom Thomas Mayer in seinem Buch „Die neue Ordnung des Geldes“[15] in der Einleitung davon ausgeht, dass in Podiumsdiskussionen, an denen er teilnahm, unter sogenannten Experten … „heillose Verwirrung über die einfachsten Begriffe herrschte“[16], so ist es wahrlich vonnöten, diese Begriffe hier näher zu betrachten, zumal sich dieses Buch nicht so sehr an die Experten als vielmehr an den Normalbürger richtet. Dieser will doch endlich wissen, wie Geld und Kapital dazu herangezogen werden können, Wachstumsvorgänge in der Wirtschaft anzukurbeln, um so den Wohlstand zu mehren.

Was ist Geld? Das wäre damit die erste Frage, die es zu beantworten gilt. Die beiden Quellen, aus denen sich die Beantwortung ableiten lässt, sind nach Mayer in folgenden Auffassungen manifestiert: Für die einen ist Geld eine besondere Ware, die durch gesellschaftliche Konvention zu einem Mittel für den Tausch wirtschaftlicher Güter geworden ist. Für die anderen ist Geld nur ein Maß für die Schuld, in der wir Mitmenschen gegenüberstehen, die uns ein wirtschaftliches Gut überlassen haben.[17] Vielleicht ist der Ausgleich einer Schuld in sakraljuristischer[18] Sicht sogar der Ursprung des Geldes überhaupt[19]. Geld als Ware oder Geld als Schuld, damit sind zwei konträre Auffassungen auf dem Tisch zu dem, was Geld für die Menschen in der Regel zu sein scheint. Dem möchte ich eine dritte, eine vermittelnde Definition entgegenstellen: Geld hat sich zu einem Äquivalent für erbrachte Leistungen in der Form von Gütern oder Dienstleistungen entwickelt. Damit wird die Wertschätzung für diese Arbeitsleistungen zum Ausdruck gebracht, so dass dieses Geld selbst Schulden tilgen kann. Dabei entsteht immer ein Gläubiger-Schuldner-Verhältnis, selbst dann, wenn Ware und Geld gleichzeitig ausgetauscht werden. Gibt der Verkäufer eine Ware, zum Beispiel eine Schachtel mit Pralinen an den Käufer, so erwartet er dafür Geld vom Käufer. Der Verkäufer ist dabei der Gläubiger und der Käufer der Schuldner. Der Ausgleich wird mit Geld erzielt, in jedem Fall eine Art Schuldschein, der anschließend als Geld weitergegeben wird, um zum Beispiel damit Kakaopulver oder auch eine Zeitung einzukaufen. Als transferierbarer Schuldschein kann dieser Geldschein prinzipiell ewig im Umlauf bleiben, es sei denn, er enthalte eine aufgedruckte Markierung zur Entwertung. Das kann ein festgelegtes Datum sein oder auch nur der Registriercode, dem ein entsprechendes Datum unterlegt wurde, zu dem der Schein als Schuldschein ungültig wird, vielleicht, weil der Kredit dann fällig wird, oder auch die noch bestehende Schuld neu zu justieren ist. Mit der heute sehr verbreiteten Geldschöpfung durch einen Kredit ist auch das Datum für die Entwertung festgelegt, wobei in der Regel nicht genau der Schein zurückgegeben wird, der bei Kreditvergabe ausgezahlt wurde. Generalisierend kann also nur das nicht an einen Kredit gebundene Geld ohne ein offizielles Verfallsdatum sozusagen ewig im Umlauf bleiben.[20]

In der Folge stellt sich die Frage danach, was denn Kapital ist, und damit verbunden, was der Zins ist, den man für Geld und Kapital erwarten darf.

Gehen wir erst mal davon aus, dass Kapital durch die Akkumulation (Ansammlung) von Geld entsteht, so liegt der Gedanke nahe, dass Sparen die Grundlage für eine Kapitalbildung und die Kreditvergabe sei. Vielfach wurde nun der Zins auf zur Verfügung gestelltes Kapital als eine Belohnung für den damit verbundenen Konsumverzicht aufgefasst. Dieser Zins kann aber nur an der Knappheit des zur Verfügung stehenden Kapitals bemessen werden, wie dies schon Keynes aufzeigt. „Der Besitzer von Kapital kann Zinsen erhalten, weil das Kapital knapp ist, gerade wie der Besitzer von Land einen Pachtzins erhalten kann, weil das Land knapp ist" (Keynes, 1974).[21]

Zu unterscheiden ist hierbei die künstlich erzeugte Knappheit durch Erzeuger und Händler von der natürlichen Knappheit der Ressourcen und aller anderen Waren, die ihren Wert nicht aus der Knappheit einer Arbeitsleistung erhalten, sondern aus einer Knappheit jenseits von Arbeitsleistungen. Keynes geht auf diese wesentliche Unterscheidung nicht ein, was zu Zeiten der 1. Industriellen Revolution und davor auch kein wirkliches Thema war, und zwar deswegen, weil natürliche Knappheit nicht generell, sondern nur eher marginal in begrenzten Bereichen vorlag. Dies hat sich bereits im Verlauf der 2. Industriellen Revolution geändert und wird erst im Zeitalter des Internets der Dinge sich grundlegend ändern. Je kapitalintensiver produziert wird und je mehr dieses Kapital auch entsprechende Erträge abwirft, umso mehr wird sich Kapital ansammeln und die Knappheit auflösen.

Kapital können wir nun auch als eine Ansammlung von Schuldscheinen betrachten, noch nicht eingelöste Schuldscheine, oder auch als einen Schuldschein, der vom Kapitaleigner über einen Kredit zu seinen Lasten entstanden ist, indem er Geld aus einem Kreditvertrag erhalten hat. Kapital muss demnach nicht aus einem Sparverhalten heraus entstehen, womit ein wesentliches Hindernis in Form der Knappheit nicht grundsätzlich beseitigt ist, aber doch nicht mehr in der bislang angenommenen Ausschließlichkeit vorliegt. Durch den Verlust der bisherigen Knappheit im noch näher zu erläuternden „Sicheren Geldsystem" kann Kapital leichter bereitgestellt und damit auch eher Wachstum durch den Faktor Geld angestoßen werden.

Sowohl durch eine hohe Sparleistung wie auch durch billige Kredite kann die Knappheit des Kapitals abgebaut werden. Ist

Kapital nicht mehr knapp, so sinkt die Bereitschaft dafür, hohe Zinsen zu zahlen bis hin zu dem Zeitpunkt, ab dem Kredite nur noch mit Nullzinsen unterzubringen sind. Die Bereitschaft, Kapital ohne Zinserträge herzugeben, kann jedoch nur mit entsprechenden Absicherungen gefördert werden. Fehlende Inflation ist zum Beispiel ein Anzeichen für den sicheren Rückerhalt langfristig bereitgestellter Gelder. Ebenso kann eine Einlagensicherung helfen Vertrauen zu schaffen, Vertrauen darauf, dass das geliehene Geld zurückgezahlt wird. Vertrauen und Sicherheit schafft aber auch eine privatrechtliche Absicherung durch Verträge, die eine Arbeitsleistung absichern, wie beim noch näher zu besprechenden „Sicheren Geld".[22]

Im Regelfall sollte es in einem auf Krediten aufbauenden Geldsystem kein irgendwo gelagertes und aufbewahrtes Geld geben, da das im Umlauf befindliche Geld immer ein Schuldverhältnis darstellt. Aufbewahrtes Geld, das im Sparstrumpf steckt, ist vergleichbar dem Schuldschein in der Kommode, der nicht eingelöst wurde. Es gibt immer, wenn auch nur virtuell, einen Gläubiger und einen Schuldner. Erhalte ich bei einem Geschäftsvorfall 100 Euro als Entgelt für eine Ware, so bin ich der Gläubiger der Ware und mein Gegenüber, der mir dafür Geld gegeben hat, tritt als Schuldner auf, bis der Austausch der Ware gegen das erhaltene Geld dieses Schuldenverhältnis auflöst. Das Geld steht für einen Schuldschein, der mit Arbeitsleistungen oder Waren ausgelöst wird. Wird Geld dem Umlauf entzogen, so besteht das Schuldverhältnis dennoch weiter, außer der auf einer Banknote ausgewiesene Schuldwert wird per Deklaration oder Gesetz für nichtig erklärt.[23] Genau diese Entwertung des Geldes per Deklaration oder Gesetz sollte bei einem abgesicherten Geld ausgeschlossen sein.

A. NEUES VERSUS ALTES GELDSYSTEM

I. Geld und Geldsysteme

„It is an old and tempting trap the belief that only the strong arm and single mind of 'Despotic Power' can really generate loyalty in politics and credibility in finance."

(Felix Martin: Money, S. 182, 2015)[24]

Ob wir nun Geld auffassen als reines Tauschmittel oder als Kreditgeld, es entwickelt sich immer ein Geldsystem heraus, das durch den Gebrauch und die Entstehung von Geld zu charakterisieren ist. Eucken[25] differenziert die klassische Auffassung, dass Geld entweder reines Tauschmittel oder Kreditgeld sei, indem er mit der Lieferung einer Ware das für die Ware gezahlte Geld als Schuldschein auffasst und dies dem Tausch gegenüberstellt, wodurch Geld zur Ware wird oder auch zu dem durch Kredit geschaffenen Geld. Mayer[26] fasst die Geldordnung Euckens dementsprechend zu drei Punkten zusammen: 1. Geld wird beim Tausch zur Ware, 2. Geld entsteht bei der Lieferung als Schuldschein, und 3. Geld wird durch den Kreditgeber geschaffen. Damit werden wesentliche Punkte eines Geldsystems aufgezeigt: 1. Es muss einen definierten Entstehungsprozess für Geld geben, und es muss 2. einen allgemein akzeptierten Gebrauch des Geldes geben.[27]

Unabhängig von dieser systematischen Unterteilung kann man sich die Frage stellen, wie Geld entstanden ist, ob als Tauschmittel oder als Schuldanerkennung.[28]

Damit werden noch nicht die Kraftpole erfasst, von denen die systembestimmenden Kräfte ausstrahlen. Einer der Machtzentren, die einen Kraftpol bilden, ist die staatliche Macht, die ein entsprechendes Geld in Umlauf bringen kann. Andere Machtzentren bilden die privaten wirtschaftlichen Kräfte, die anfänglich nur zögerlich, inzwischen aber immer stärker mit eigenen

Geldschöpfungen in den Markt drängen. Es stellt sich die Frage, ob der Bürger sich so sein Geld zurückholen kann, ein Geld, das doch letztlich seine Arbeitskraft repräsentiert.

Kommen wir zurück zu der Frage, was Geld denn nun sei: Nach Eucken, von dem Mayer[29] seine Klassifizierung ableitet, sind alle existierenden Geldsysteme Mischsysteme aus Warengeld, staatlichem Schuldgeld und einer Art von privatem Kreditgeld.

Mayer vereinfacht das Ganze noch, indem er in Anlehnung an die Bilanzierungsregeln nur noch zwischen Aktivgeld und Passivgeld unterscheidet. Danach kann man dann bei den unterschiedlichen Geldsystemen unterscheiden zwischen Aktivgeldsystemen und Passivgeldsystemen.

Historisch betrachtet hat Geld zunächst als Aktivgeld das Licht der Welt erblickt. So wie Ländereien als Lehen für erworbene Verdienste bei vorangegangenen Feldzügen vergeben wurden, so wurde Geld für die Dienstleistung am Hofe und auch für gelieferte Waren der Bürger hergegeben und damit für die Hand des Bürgers Aktivgeld geschaffen. Passivgeld hingegen betrat vor allem mit der Schaffung von Wechselstuben und Banken, insbesondere auch Notenbanken die Bühne. Dabei wird in der letzten historischen Phase von den Notenbanken Geld an die zugelassenen Geschäftsbanken als Kredit herausgegeben. Damit haben wir auch bereits 2 der 4 Positionen im Aktiv-Passiv-Geldsystem herausgestellt. Mayer zeigt in seiner Tabelle neben dem Aktivgeld und dem Notenbankgeld aber auch noch das Warengeld und das Giralgeld auf.[30]

Warengeld ist dabei eindeutig privater Natur und bei genauerem Hinsehen wird man auch erkennen, dass ebenfalls Giralgeld privater Natur ist. Reines Aktivgeld und Zentralbankgeld sind hingegen staatlicher Natur. Fassen wir nun die historische Entwicklung in den Geldmarktsystemen als evolutive Entwicklung auf, so kann man eine Abfolge festhalten, die bei dem Warengeld in einfachen Tauschgesellschaften beginnt und in der 2. Etappe über Aktivgeld der Herrschenden als Zahlungsmittel dann in der folgenden 3. Etappe als Notenbankgeld das Licht der

Welt erblickt, um in der 4. Etappe zum Schluss als Giralgeld, ein privat geschaffenes Geld, den Markt zu beherrschen. Auch wenn der Handel mit Geld einmal ein solcher mit Warengeld war, so ist dies nicht ein Beweis dafür, dass der Tauschhandel der Beginn des Handels und des Geldes an sich ist. Geld kann auch als Ersatz für Waren eine Opfergabe sein und zur Ablösung einer Schuld eingesetzt werden und wurde auch unter anderem genauso eingesetzt.

Wenn Thomas Mayer nun als Neue Geldordnung eine Aktivgeldordnung fordert, so ist dies aus der Sicht der Evolution ein Rückschritt, wenn auch die Analysen von Mayer selbst sehr brillant sind und im Einzelnen neue Erkenntnisse zu Tage fördern, die seine Bevorzugung der Aktivgeldordnung durchaus verständlich machen. Der aktuelle Stand mit einem Mischsystem aus vor allem staatlichen und privaten Passivordnungen ist sicherlich nicht die beste aller vorstellbaren Ordnungen, der Rückschritt zur Aktivgeldordnung aber auch nicht, vielmehr sollten wir der Evolution bis hin zum letzten Schritt folgen und die Hilfestellungen geben, die es braucht, um die letzte Stufe einer reinen privaten Passivgeldordnung zu erreichen. Zur Vermeidung von Missverständnissen sei darauf hingewiesen, dass auch dann, wenn am Ende einer evolutionären Entwicklung das private Passivgeldsystem steht, andere Systeme sich daneben noch halten werden. Private Kredite hat es sicherlich auch schon zu Zeiten der Babylonier gegeben, jedoch gab es noch kein Bankensystem im heutigen Sinne. Selbst die Wechselstuben, die bis in die Zeit des römischen Imperiums teils nur als Tisch im Tempelbezirk existierten, waren noch keine Banken im heutigen Sinn, wenn auch als Vorläufer einzustufen. Die Gründung der Bank of England im 17. Jahrhundert stellt da einen Quantensprung hinsichtlich der Auffassung über Geld dar, an der John Locke nach Martin[31] einen durchaus beachtlichen Anteil hatte. Der zu erhoffende nächste Schritt im 21. und im 22. Jahrhundert könnte eine Art Paradigmenwechsel sein, hin zu einer Entnationalisierung der bisherigen Geldschöpfung durch die neue Geldschöpfung Freier Banken und privater Geldinstitute als private international agierende Finanzinstitute mit vertraglicher Absicherung der Kundengelder![32]

II. Klassifizierung nach Mayer

„Aktivgeld ist mit dem Vertrauen der Nutzer ausgestattet, dass es von anderen Nutzern als Tauschmittel akzeptiert wird. Passivgeld ist dagegen ein Finanzinstrument, das den Charakter eines Schuld- oder Eigenkapitalmittels annehmen kann."

(Thomas Mayer: Die neue Ordnung des Geldes, S. 25–26, 2014)[33]

Thomas Mayer unterscheidet wie bereits angesprochen zwischen der Aktivgeldordnung und der Passivgeldordnung. Dabei zählen zur Aktivgeldordnung das Warengeld und das Aktivgeld. Im Gegensatz dazu führt Mayer unter der Passivgeldordnung das Giralgeld und das staatliche Zentralbankgeld an.

Nehmen wir die von Mayer erstellte Tabelle[34] und betrachten das Ganze hinsichtlich der darin aufgeführten vier Felder: Der Aktivgeldordnung in der ersten Spalte ordnet er zwei Felder zu: 1. das Warengeld und 2. das Aktivgeld. In der 2. Spalte ordnet er 2 weitere Felder unter der Passivgeldordnung ein: 3. das Giralgeld und 4. das staatliche Zentralbankgeld. Damit stehen Position 1. und 3. in einer Reihe, also Warengeld und Giralgeld. Aktivgeld und Zentralbankgeld befinden sich in der darunter angeordneten Zeile. Warengeld und Giralgeld betonen den privaten Ursprung bei der Geldschöpfung, Aktivgeld (2) und Zentralbankgeld (4) die staatliche Hand bei der Geldschöpfung. Dabei kann man wie schon angesprochen mit der folgenden Reihenfolge die phylogenetischen Stadien in der Entwicklung hin zu einer modernen Geldwirtschaft beschreiben:

A: Waren wurden schon getauscht, bevor es das Geld gab, mit dem der Tausch dann allerdings einfacher wurde. Vor der Einführung des Geldes wurde unter anderem Gold als Tauschäquivalent eingesetzt, Gold als abwägbares Edelmetall, und dann davon abgeleitet Geld eingeführt als Zwischenschritt im Tauschhandel bzw. Ersatz für die Ware zur Tilgung von Schuld und Sühne.

B: Danach kommen wir zum Aktivgeld, indem ein Herrscher aus dem Tauschmittel Gold, das noch als Ware gehandelt wurde, vermittels einer Prägung abzählbare Münzen formte und damit das Aktivgeld geschaffen war.

C: Viel später erst wurden die Notenbanken gegründet, die den Übergang vom Aktivgeld zum staatlichen Zentralbankgeld als Kreditgeld in die Wege leiteten.[35] Die Bank von England sah sich im Laufe des 17. Jahrhunderts genötigt Papiergeld einzuführen, um das Einschmelzen von Münzen zu unterbinden, weil vielfach der Metallwert höher war als der Münzwert.[36]

D: Erst im vergangenen Jahrhundert entwickelte sich die Loslösung des Kreditgeldes von den staatlichen Institutionen, ohne sich bis heute je voll davon gelöst zu haben, es entstand das Giralgeld.

E: Deshalb sollte der letzte Schritt die totale Loslösung der privaten Kreditgeldschöpfung von staatlichen Vorgaben innerhalb eines gesetzlich geregelten Geldsystems möglichst umgehend umgesetzt werden, womit die vier Felder dann nachhaltig aufgelöst werden, indem sie in eine Wachstumsspirale eintauchen. Die optische Klärung soll hier durch eine tabellarische Listung der Entwicklungsreihe als Graphikersatz dargestellt werden. Die Felder folgen in einer Spirale aufeinander, mit dem Feld 1 in der Urzeit beginnend und mit dem Feld 4 in der Jetztzeit endend.

Feld 1: Die Ware zur Begleichung von Schulden!
Feld 2: Die Münze zur Begleichung der Schuld!
Feld 3: Papiergeld zur Auflösung von Schuldverhältnissen!
Feld 4: Die Kreditkarte (das Handy) zum Ausgleich von Schulden!

Im heutigen System existieren die 4 Felder noch nebeneinander, die Ware als Tauschobjekt und Objekt zur Begleichung von Schulden, die Münze als Teil eines überkommenen Aktivgeldsystems und das Papiergel als Teil eines Aktivgeldsystems und als konvertibler Kreditschein im Passivgeldsystem, sowie Kreditkarte und Handy im Übergang zum rein kreditorientierten Passivgeldsystem!

Verfolgt man den historischen Ablauf in der vorab dargelegten Weise, so sollte zum Schluss der historischen Entwicklung das gesetzlich abgesicherte Passivgeldsystem in privater Verwaltung stehen. Dabei ist nun nicht davon auszugehen, dass die anderen Geldsysteme verschwinden, es handelt sich lediglich um einen evolutionären Endstand, der nicht ohne die Vorläufer existiert, diese auch nicht gänzlich aus dem Weg räumen muss. Allein schon die Tatsache, dass ein Warengeld nach wie vor immer noch existiert, und zwar ausgehend von der „Primitivkultur" bis hin zu den ausgefeiltesten Formen der modernen Zivilisation beim privaten Tausch unter Freunden. Auch ist die Entstehung des Passivgeldes nicht mit der Entstehung von Schuldverhältnissen gleichzusetzen. Die Schuld im bürgerlich-rechtlichen Sinn und vorab auch schon im sakralen Sinn gibt es wahrscheinlich bereits, seitdem der Homo sapiens die Weltbühne betreten hat. Das Passivgeldsystem entsteht erst mit den Banken und dem Notenbankkredit, der die Geschäftsbanken im Geschirr der geregelten Geldschöpfung am Zügel hält. Die zunächst mit den Geldreserven straff gehaltenen Zügel wurden mit der Rücknahme einer Golddeckung stark gelockert. Für die völlige Freigabe der Geldschöpfung durch die Geschäftsbanken fehlt es noch an Regeln, die eine grenzenlose Schaffung von neuem Geld verhindern können. Erst entsprechende Regeln können die notwendige Begrenzung der Kreditaufnahme garantieren. Wenn bei wegfallenden Zinsen auch noch die Anforderungen an die Absicherung nicht hinreichend sind, wird es schwierig, eine Begrenzung der Kreditaufnahme durchzuführen.

1. Aktiv- und Passivordnung

Nehmen wir den Tauschhandel mit Gold, so ist dies ein Aktiv-Aktiv-Tausch, wird doch eine Ware auf der Aktivseite gegen eine andere Ware aus den Aktiva eingetauscht. Dies gilt auch noch, nachdem die Münzprägung aus der abwägbaren Ware

„Gold“ eine abzählbare Ware „Geld“ gemacht hat. Selbst in der rein goldgedeckten Papierwährung konnte man noch von einer Warenwährung sprechen, soweit man jederzeit diese Banknoten gegen Gold eintauschen konnte. Wie die Währungen in den Zeiten der Teildeckung einzuordnen sind, das wird dann schon etwas komplexer und damit schwieriger in der rechten Einordnung.

In jedem Fall geht man bei der Aktivgeldordnung von vorhandenen Werten aus und nicht davon, diese Werte erst zu schaffen. Neben vorhandenen Sachwerten kann aber auch ein nicht sachbezogenes, sondern rein auf Konventionen aufbauendes und durch Zusagen abgesichertes Geld im Aktivum verbucht werden. Wird Geld von einer staatlichen Institution zur Verfügung gestellt, ohne dies mit einem Kreditvertrag abzusichern, so kann dies funktionieren, wenn jedem Bürger die gleiche Geldmenge zugesprochen wird oder aber Leistungen für den Staat mit Geld entlohnt werden, das zu diesem Zweck ohne Kreditvertrag geschaffen wird. Aber Achtung, auch wenn jeder bei einer Geldreform die gleiche Geldmenge erhält, so sind die Startbedingungen dennoch bei weitem nicht für alle die gleichen, eher schon bei gleicher Bezahlung für vergleichbare Leistung. Vorhandene Sachwerte und generell nichtpekuniäres Kapital kann leicht in Finanzkapital umgewandelt werden, so dass die Gleichgewichte sich bei einer Währungsreform bereits innerhalb weniger Tage erheblich verschieben können und schnell auch die neuen Millionäre in den neuen Währungen auszumachen sind. Aktivgeld ist auch das Gold oder generell Edelmetall, wenn es als Zahlungsmittel und zur Aufbewahrung von Ansprüchen aus jeder Art von Rechtsgeschäften eingesetzt wird.

Alles über Kredite geschaffene Geld ist hingegen Passivgeld und begründet die Passivgeldordnung, doch betrachten wir zunächst die Aktivgeldordnung näher.

1.1 Die Aktivgeldordnung

Bewegen wir uns in der Historie zurück zu den Anfängen der Geldordnungen, zu den ersten Geldschöpfungen, so tauchen wir ein in einen Kosmos der Tauschgeschäfte und Warenwährungen. Der einfache Tauschhandel bewegte sich zunächst sicherlich voll in der privaten Verantwortung von Privatpersonen, dies auch noch, nachdem es sich einbürgerte, die Waren nicht mehr direkt einzutauschen, sondern wertvolle Edelmetalle als Zwischenstufe beim Tausch einzusetzen. Die Ware Gold wurde schließlich zur besseren Handhabung in leicht abzuzählende Goldstücke mit Prägung umgewandelt. Geld aber ist an sich dennoch keine Ware, sondern eine gesellschaftliche Konvention, und somit eine soziale Errungenschaft.[37]

Die gesellschaftliche Konvention kann von einem Herrscher für seinen Einflussbereich durchgesetzt werden, kann aber auch in einem kleineren Rahmen durch aktive Gruppierungen durchgesetzt werden wie bei dem Freigeld in dem Modellexperiment „Wörgl".[38] Eine kurze, aber das Wesentliche herausarbeitende Beschreibung findet sich bei Kennedy, die auch andere vergleichbare Experimente und Ansätze beschreibt.

Dabei sind die unterschiedlichen Ansätze einer neuen Geldordnung bei Kennedy alle einer Aktivgeldordnung zuzuschreiben, worin auch die historische Tragödie versteckt ist. Kennedy hielt wahrscheinlich die kreditbasierte Passivgeldordnung auch nur deshalb für nicht vertretbar, weil für sie damit unumstößlich der Zins und Zinseszins verbunden war. Sollte es jedoch möglich sein, die Zinsgeschäfte aus der Passivgeldordnung herauszuhalten, so könnte ich mir auch bei Kennedy[39] eine Meinungsänderung durchaus vorstellen, so dass sie eine auf dem zinslosen Kredit aufbauende Passivgeldordnung willkommen heißen könnte. Die von Kennedy angeführten Ersten Experimente[40] passen allerdings eindeutig in die Aktivgeldordnung. Dennoch soll hier in diesen Ansätzen auch die mögliche Wende zu einer Passivgeldordnung nicht ausgeschlossen werden.

1.2 Die Passivgeldordnung

Beim Aktivgeld geht es immer um Institutionen, die gemäß ihrer Machtposition in der Lage sind, eine Art Freigeld in der Sprache von Gesell, oder in der Diktion des 21. Jahrhunderts ein Helikoptergeld, in Umlauf zu bringen oder einen bürokratischen Apparat mit dem notwendigen Geld zu versorgen. Nur aufgrund der besonderen Machtposition der Geldgeber kann sich dieses Geld der Akzeptanz der Bürger in ihrer Region gewiss sein. Das Passivgeld hingegen gewinnt seine Akzeptanz in erster Linie durch den zugrundeliegenden Kreditvertrag und wird heutzutage durch die Geschäftsbanken geschaffen, indem Privatkredite ohne oder mit den unterschiedlichsten Absicherungen vertraglich festgelegt ein Geld schaffen, das durch die Laufzeit der Kredite ein zeitlich beschränktes Leben mit auf den Weg bekommt. Durch die partielle Rückbindung an die Notenbanken und die fraktionelle Reservehaltung beim Abschluss von privaten Krediten wird allerdings dieses private Kreditgeschäft in dem rein privaten Charakter gestört und verwässert.[41] Zum einen wird über die Absicherung durch die Zentralbank die Privatheit verwässert, zum anderen führt die Abspaltung von 1 % der Kreditsumme dazu, dass das so erzeugte Geld mit jeder Kreditrunde an Wert verliert. Dieser Verlust ist dem Verlust durch Inflation noch hinzuzurechnen, so dass mit einem Verlust von mindestens 2,5 % pro Jahr zu rechnen ist, legt man eine Inflation von bis zu 2 % zugrunde. Will man ein stabiles Geldsystem, sollten diese Verluste ausgeschlossen werden. Wie aber kann man diese Verluste minimieren bzw. ausschließen? Die fraktionale Reservehaltung[42] kann man per Gesetz verbieten, wie das im Römischen Recht der Fall war. Eine Inflation kann man hingegen weder per Gesetz noch durch die Aktivitäten der Notenbank grundsätzlich verhindern. Wohl aber kann man bezogen auf die tatsächlich aufgewendeten Arbeitszeiten an Preisbildungsgrenzen denken oder aber gleich die aufgewendete Arbeitszeit zum Äquivalent für den Geldwert heranziehen.

Ein Problem beim Passivgeld wird von Mayer richtig aufgearbeitet. Passivgeld bedarf stets Sicherheiten oder Sicherheitsgeber, wobei oft der Staat als letzter Sicherheitsgeber ins Spiel gebracht wird. Dadurch wird die Auffassung in den Raum gestellt und bestärkt, dass eine Passivgeldordnung nur funktionieren kann, wenn sie auf staatliche Absicherungen baut. Diese staatliche Absicherung aber lehnt Thomas Mayer zu Recht ab. Ersetzen wir nun die staatliche Absicherung durch eine äquivalente private Absicherung, so erscheint die Passivgeldordnung in einem neuen anderen Licht. So auch nur ist die totale Abkopplung vom staatlichen System möglich. Eine private Institution kann zwar Geld auf den Markt bringen, als Aktivgeld aber immer nur in einem beschränkten Gültigkeitsbereich oder in der Abhängigkeit von anderen Währungen, insofern handelt es sich dabei um nicht frei konvertierbare Währungen oder um sogenannte Kryptowährungen.[43] Wird das Aktivgeld hingegen von staatlichen Institutionen herausgegeben, so führt dies zu einer klaren Abhängigkeit von diesen Institutionen, schließlich können auch Geschenke unerwünschte Abhängigkeiten erzeugen.

Auf den Punkt gebracht, Helikoptergeld von staatlicher Seite kann den Geldbedarf einer Wirtschaftsregion befriedigen, aber niemals den Geldbedarf der Weltwirtschaft als Ganzes, es wird immer einer bestimmten Region und deren Machtstruktur staatlicher Art verbunden bleiben. Damit ist das Geld nicht wirklich sicher, Währungsreformen aufgrund von Wertverlusten bereits vorprogrammiert und dadurch das Geld keineswegs stabil und nachhaltig gesichert.

III. Geldschöpfung, im Jetzt und Gestern!

„Denn in jedem Land der Welt, glaube ich, haben Habgier und Unrecht der Fürsten und souveränen Staaten, die das Vertrauen ihrer Untertanen missbrauchten, die tatsächliche Menge des ursprünglich in ihren Münzen enthaltenen Metalls schrittweise verringert."

(Adam Smith, 1776)[44]

Geld existiert heutzutage als bargeldloses Geld in den Computern der Banken, aber auch als Münzgeld und als Papiergeld. Vorläufer waren mitunter Riesensteine, Muscheln und andere seltene und weniger seltene Naturprodukte.

Aus der Historie kennt man Münzen aus fast jeder Epoche der überlieferten Geschichte. Nicht in allen Kulturen waren es Edelmetalle, die als Zahlungsmittel dienten; ethnologische Studien zeigen, dass sogar Steine und Muscheln wie unser heutiges Geld eingesetzt wurden. Daraus wird ersichtlich, dass nicht der Wert des Tauschmittels entscheidend ist, sondern der Tauschwert, der ihm zugeschrieben wird. Ob Stein, Edelmetall, Muschel oder speziell präpariertes Papier mit offiziellem Aufdruck, es muss immer eine gesellschaftliche Vereinbarung geben, die dem Tauschmittel einen Wert zuweist. Krösus war der Erste, der Goldmünzen prägen ließ und damit seinen unermesslichen Reichtum begründete. Mit der Goldmünze hatte man einen Tauschwert in der Hand, der sich schnell durch Abzählen für den Erwerb der unterschiedlichen Güter mit unterschiedlichen Wertbemessungen einsetzen ließ. Dieses Geld wurde quasi aus dem Nichts heraus geschaffen, auch wenn der Gehalt an Edelmetall einen gewissen Sachwert mit sich führte. Vereinfacht könnte man sagen, dass hier Aktivgeld, aus dem Nichts heraus geschaffen wurde, quasi aufgrund der Autorität des Herrschers entstand. Nur aufgrund einer Vertrauensbasis zwischen dem Schöpfer des Geldes und dem Kunden, der das Geld benutzt, erhält dieses Geld seinen Wert. Ein zweiter Strang, aus dem heraus Geld entsteht, ist die Schuld, die in der Historie festzuhalten war, damit die Rückzahlung garantiert werden konnte. Geld ist in diesem Zusammenhang eher ein Gegenstand, der dazu da ist, die Erinnerung wachzuhalten, eine Marke in der Buchführung. Da dieses Geld nicht aktiv vorgelegt wird, sondern nur in den Büchern steht, also passiv nur vorliegt, und zwar als nicht aktiviertes Buchgeld, spricht man hier auch von Passivgeld.

Das Passivgeld erhält seinen Wert durch das Vertrauen in den durchsetzbaren Vertragstext eines Kredits. Geld wächst nicht und ist auch nicht im Boden zu finden, es ist das Produkt einer gesellschaftlichen Konvention. Die entsprechenden Konventionen sind vornehmlich tradiert und werden in der Regel hinter verschlossenen Türen von Zeit zu Zeit neu ausgehandelt, wobei selbst in unseren westlichen Demokratien die Finanzwirtschaft sich nur ungern in die Karten schauen lässt, die verantwortlichen Protagonisten im besten Fall gute akademische Abschlüsse vorweisen können, aber keine demokratische Legitimation. Darin verborgen liegt das zentrale Problem unserer derzeitigen Geldwirtschaft, die weder eine reine Aktivgeldordnung darstellt noch eine reine Passivgeldordnung, noch eine Legitimation besitzt. Da die Geldschöpfung sowohl mit staatlichen wie auch privaten Einflüssen rechnen muss und zudem noch sowohl die Züge einer Aktivgeldordnung wie auch die einer Passivgeldordnung trägt, sind die komplex miteinander verwobenen Stränge nur schwer auseinanderzuhalten. Sowohl eine klare Aktivgeldordnung wie auch eine klare Passivgeldordnung wären im Sinne einer bürgernahen Transparenz dem derzeitigen System vorzuziehen.

IV. Die moderne Geldschöpfung

> *„Das steigende Unbehagen über den Zustand der bestehenden Währungsordnung lässt sich an grundlegender Kritik ablesen. Sie richtet sich nicht nur gegen die Geldpolitik der Europäischen Zentralbank, der mit verdeckter Staatsfinanzierung und der schleichenden Ausweitung ihrer Kompetenz eine Selbstermächtigung vorgeworfen wird, sondern auch generell gegen das Geld und unser jetziges Finanzsystem!"*
>
> (Kowalski, 2018)[45]

Wir leben im 21. Jahrhundert in einer Zeit, in der Geld zu Recht oder auch nicht jeden Bezug zu Substanzwerten zu verlieren droht.[46] Die Digitalisierung hat schon weitgehend das Bargeld verdrängt, doch wie entsteht denn nun Geld überhaupt und ist die rein digitale Währung die Zukunft? Vielleicht ist die rein digitale Währung auch nur die Zukunft, weil sie einfacher herzustellen ist, benötigt man doch keine Geldpressen und keine Münzprägestellen mehr. Unabhängig von den neuen Möglichkeiten der Digitalisierung sollten wir zunächst die aus der Zeit goldgedeckter Währungen überkommenen Verfahren der Geldschöpfung unter die Lupe nehmen. Lange Jahre vermittelte das von der Bundesbank herausgegebene Schülerbuch „Geld und Geldpolitik" das Bild einer kontrollierten Geldschöpfung mittels Multiplikator, der diese begrenzen kann und damit für eine stabile Währung sorgt![47] Die Reservehaltung von 2% sollte danach mit dem Multiplikator 50 die Kreditvergabe durch die Geschäftsbanken kontrollieren und auf das 50fache der Reservehaltung begrenzen.[48] Inzwischen hat sich aus der Erfahrung heraus die Einsicht durchgesetzt, dass dies keine Garantie für eine Begrenzung der Kreditvergabe ist. Selbst die aktuellen Minuszinsen von 4% auf Zentralbankeinlagen haben keine wirklich bremsende Wirkung auf die Kreditvergabe. Die jedem zur Verfügung stehende Lebensarbeitszeit ist da bei dem hier angedachten sicheren Geld NIM oder Moneta schon eher eine ernst zu nehmende Begrenzung für die Kreditaufnahme. Die

Kreditvergabe im derzeitigen klassischen Kreditgeschäft wird da eher noch durch immer steigende Erfordernisse an die Eigenkapitalisierung der Banken eingeschränkt, obwohl der Sinn derartiger Maßnahmen sich nur vordergründig erschließen lässt. Schaut man sich einmal die hohen Einsätze an Fremdkapital bei den Banken an, so wird die Höhe der Eigenkapitalisierung nur noch als marginal relevant anzusehen sein. Da hilft ein Multiplikator erst recht nicht weiter. Braun schreibt nun zu der Neuauflage des Schülerbuches nach der letzten Finanzkrise im Jahre 2008: „Unter dem neuen geldpolitischen Regime des Quantitative Easing hatte der Multiplikator-Mythus des alten Schülerbuches ausgedient."[49] Interessant ist, dass diese neue Unabhängigkeit der Notenbanken von dem Mythos nun von einem der Repräsentanten, ja tatsächlich von der „Bank von England", mit einem Foto im Keller der Bank gefeiert wurde, mit einem Foto, auf dem das Bild seitwärts die Lagerung von Goldreserven ablichtet. Heißt dies vielleicht, dass man am liebsten zu der alten Goldwährung zurückkehren möchte? Im neuen Geldmuseum der Bundesbank wird zudem sogar ein Goldbarren zum Anfassen bereitgestellt, vielleicht, um so auch den Wert des Geldes mit einer Berührung des Goldbarrens taktil erfassbar zu gestalten. Natürlich wird in dem Schülerbuch und im Museum auch der Vorgang der heutigen Geldschöpfung erklärt, ob verständlich für Schüler, wo eingesetzt und an welcher Stelle im Schulkanon Museum und Schülerbuch ihren Platz finden, das sei nur als Frage dahingestellt. Ob mit der Rückholaktion von Goldreserven aus dem Ausland der Wunsch nach einer Neuauflage einer goldgedeckten Währung begraben wurde, das lässt sich auch nicht wirklich ermessen. Da die Geldmenge inzwischen zum überwiegenden Teil durch die Kredite der Geschäftsbanken bestimmt wird, verliert die Notenbank auch immer mehr die Kontrolle über den Geldschöpfungsprozess insgesamt. Hinzu kommt, dass die wie Pilze aus dem Boden schießenden Kryptowährungen immer mehr Anteile am Bankgeschäft übernehmen, ohne damit zu vollgültigen Währungen aufzusteigen. Da die Kryptowährungen nur Teilaufgaben einer Währung übernehmen können, gefährden sie die nationalen Währungen grundsätzlich nicht, es sei denn, sie erhalten staatlicherseits den Status einer voll anerkannten und akzeptierten Währung zugesprochen, womit dann aber auf jeden Fall die Frage nach der Wertstabilität neu zu stellen ist.

Notenbankgeld, das nicht der Reservehaltung entspringt, wird neuerdings zum Beispiel durch Aktionen wie QE[50] zu langfristigen Entwertungen mittels Inflation beitragen. Man könnte nun die Entwertung des Geldes, gleich wie sie zustande kommt, als Pendant zur Abnutzung bei Warengütern verstehen. Beim Geld ist dies jedoch keinesfalls ein natürlicher Vorgang, und zudem fehlt dann noch die eigentlich zu erwartende geregelte Abwertung. Da die geregelte Abwertung nur mit einer reinen Notenbankwährung erreichbar wäre, die eine hundertprozentige Aktivwährung garantieren könnte, ist eine mögliche Alternative die Vollwährung. In einer vollgültigen und allein zugelassenen Vollwährung kann das Aktivgeld problemlos von der nationalen Notenbank kontrolliert werden; da stellt sich nur die Frage, ob man das so will?

1. Aktivgeld

Wenn die Notenbank Geld druckt und dies der amtierenden Regierung zur Verfügung stellt, zum Beispiel über das Finanzamt, könnten alle Beamten und Angestellten im Staatsdienst damit bezahlt werden. So kann man auf eine sehr einfache Art und Weise Geld für den alltäglichen Zahlungsverkehr in den Umlauf bringen. Die allgemeine Nutzung wird dann dadurch garantiert, dass dies in den Umlauf gebrachte Geld und nur dieses Geld akzeptiert wird, um die Schulden der Bürger gegenüber dem Staat zu begleichen. Ob das so staatlich geschaffene Geld ausreicht, um den Geldbedarf für alle Geschäfte der Bürger abzudecken, das mag nicht so leicht zu erfassen und zu steuern sein. Notenbanken und Regierungen wären bei einer solchen Aktivgeldordnung gefordert, die Geldflüsse zu beobachten und mit hinreichendem Nachschub für die Aufrechterhaltung einer ausgeglichenen Geldmenge zu sorgen, notfalls auch durch eine Ausweitung des bürokratischen Apparates. Damit setzt eine solche Aktivgeldordnung einen umfangreichen Staatsapparat voraus und steht der Forderung nach einem schlanken Staat entgegen.[51] Prinzipiell kann man eine durch Gold voll gedeckte Währung ebenso als eine Währung mit Aktivgeld auffassen, wird doch Geld 1 : 1 gegen Gold herausgegeben, ohne im Idealfall Geld über Kredite zu schöpfen. Da die Geldschöpfung bei Bitcoin prozessual vergleichbar ist mit der voll gedeckten Goldwährung, das Geld wird schließlich über einen Tauschprozess, wenn auch nicht sachwertbezogen, sondern durch Algorithmen gelenkt, geschöpft, dem „Mining", werden hier in Anlehnung an die Goldschürfung in der Goldmine vergleichbare Vokabeln benutzt. Bei diesem Mining entstehen jedoch keine Sachwerte, auch keine realen Schuldtitel. Ein wesentlicher Nachteil des „Minings" ist der hohe Energieverbrauch und die Tatsache, dass mit der Ausweitung des dezentralen Bitcoin-Netzwerkes immer höhere Rechnerkapazitäten erforderlich sind, insofern kaum geeignet, um nachhaltige Finanzsysteme aufzubauen.[52]

Eine andere von vielen Möglichkeiten, Geld als Aktivgeld in einer Volkswirtschaft zu etablieren, könnte die sein, Geld als Papiergeld, Münzgeld oder Briefgeld zu verschenken.[53] Ein derartiges Verfahren stellt dann jedem Bürger Geld zur Verfügung, ohne ihm einen Kredit aufzuzwingen, eine Art Helikoptergeld, das nicht kreditbasiert ist.

Ist dies nun eine bestimmte vorab festgelegte Menge an Geld, die jedem Bürger zur Verfügung gestellt wird, kann damit bei der rechten Kalkulation durchaus genug Geld in den Umlauf gebracht werden, so dass für die verschiedenen Aktivitäten eine ausreichende Liquidität vorhanden ist. Um nicht zu viel Geld in den Umlauf zu pumpen, muss es auch Regeln geben, wie die herausgegebenen Gelder wieder zurückfließen können. Soll die Geldmenge pro Kopf gleichgehalten werden, dann sind die herausgegebenen Gelder spätestens nach dem Tod wieder zurückzuholen.

Eine sich anbietende Möglichkeit ist die, dies aus dem Erbe zurückzuholen. Realistischerweise wird man aber davon ausgehen müssen, dass nicht jeder am Lebensende noch so viel Geld auf der hohen Kante hat, dass damit die im Laufe des Lebens erhaltenen Geldbeträge, selbst Teilbeträge, noch zurückzahlbar sind. Natürlich kann die Erbschaftssteuer einen Teil des pro Kopf angesetzten Geldes wieder zurückholen. Grundsätzlich wird der Staat sich das in den Umlauf gebrachte Aktivgeld auch über andere Steuern zurückholen müssen, Erbschaftssteuern bieten da nur eine dieser Möglichkeiten an. Wird das Gros der Steuern zugunsten einer Gewinnsteuer eingeschmolzen, kann auch eine Abrechnung mit erworbenen Lizenzen sowie Pacht- und Mieteinnahmen erfolgen. Dadurch wird die Berechnung durchsichtiger, gerechter und leichter durchzuführen. Nehmen wir nun zugunsten einer besseren Berechenbarkeit zunächst an, dass es nur eine Gewinnsteuer gibt und darüber alles Aktivgeld, das herausgegeben wurde, wieder hereinzuholen ist, so ist nur zu berechnen, wie viel Geld regelmäßig durch Steuern abzuschöpfen ist, damit das in den Markt gepumpte Geld wieder zurückkommt. Vereinfachen wir unsere Grundbedingungen dahingehend, dass jeder Bürger im Laufe seines Lebens 600.000 Euro vom Staat kostenfrei zur freien Verfügung bekommt und ebenso 600.000 Euro über Steuern abführen muss, dann könnte dies den Geldkreislauf schließen.[54] Wir könnten hier weiterrechnen und gewiss auch ein einigermaßen befriedigendes Ergebnis erhalten, doch wer kontrolliert das alles?[55] Selbst für einen sich selbst regulierenden Regelkreis scheint es mir hier noch nicht zu reichen. Bankenaufsicht und EZB übernehmen im europäischen Rahmen in der Eurozone schon immer mehr Kontrollfunktionen, leider nicht in dem Ausmaß und der Zielrichtung wie das bei einem reinen Aktivgeldsystem wünschenswert und notwendig wäre. Es fehlt zudem die demokratische Rückkopplung; die Pflicht der Berichterstattung im Parlament wäre da ein guter erster Ansatz.

Eine andere Möglichkeit besteht darin, mehr auf die Selbstregulation zu setzen, Appelle allein reichen da aber sicherlich nicht. Man kann auch alle anerkannten Sachwerte zur Grundlage einer Währung heranzuziehen, womit dann immerhin eine Absicherung gegeben wäre, die bereits mehr Sicherheit anbieten würde, als dies derzeit der Fall ist. Gold zum Beispiel in einem Depot kann da auch diese Sicherheit sein. Bezahlkarten auf Guthabenbasis können dann ebenso als Teil einer Aktivgeldordnung auftreten.

Die hier vorgestellten Methoden sind nur einige Vorschläge, um unter den vielen sich anbietenden Möglichkeiten Geld in den Umlauf zu bringen.

Dies kann aber im Aktivgeldsystem nur auf nationaler Ebene gut funktionieren, und selbst da werden Probleme auftauchen, weil ein derartiges System, auch in Abwandlungen, nicht flexibel genug ist, um auf alle Eventualitäten schnell reagieren zu können. So oder auch mit anderen Methoden kann man allerdings ein reines Vollgeld der Notenbank schaffen, das nicht durch einen Kredit entstanden ist,[56] das ist sicher, aber auch nicht viel mehr.

Auch das Freigeld, ein Vorschlag von Gesell[57] ist an eine gesellschaftlich legitimierte Institution gebunden, kann demnach kaum zu einer freien Finanzwirtschaft führen, passt eher zu einer staatlich gelenkten Wirtschaft, nicht aber zur Marktwirtschaft. Dies führte wohl auch zu dem Missverständnis, wonach viele der zeitgenössischen Ökonomen annahmen, dass hier eine sozialistische Theorie vorgelegt wurde, die nur marginale Abweichungen zur marxistischen Lehre aufweist. Tatsächlich liegt hier keine sozialistisch-kommunistische Theorie vor. Ein anderer Vorschlag von Gesell, das Land als eine Art Allmende, als „Freiland" zu verstehen, wird zum Beispiel nicht als Vergesellschaftung eines Produktionsmittels aufgefasst wie im Marxismus, sondern als Gemeinschaftsgut der lokalen Gemeinschaft und notwendig, um den Markt funktionsfähig zu erhalten. Gesell erkannte bereits, dass Waren und Güter, die sich nicht vermehren und nicht abnutzen lassen, auch keinen fairen Marktpreis erzielen können. Grund und Boden als Ware hat danach ebenso wenig die Qualität einer normalen Ware, wie auch Luft und Wasser keine abnutzbaren Waren sind, Geld im Übrigen auch nicht.[58]

Die letzte der vorgeschlagenen Möglichkeiten, Aktivgeld zu generieren, scheint sich gerade in einem kleinen Rahmen, bislang noch kaum beachtet, über Edelmetall- und Sondermetall-Fonds zu etablieren. Gold-Money[59] bietet eine Kreditkarte als Master Card mit der Deckung über ein Edelmetalldepot an. Dadurch, dass mit dieser Karte ganz normale Einkäufe, sogar Bargeldabhebungen möglich sind, wird das Edelmetall im Depot quasi zu einem alltäglich nutzbaren Geld. Auszahlungen und Einzahlungen sind in Euro oder US-Doller über ein Bankkonto möglich, sollen in Zukunft auch über ein Bitcoin-Konto abzuwickeln sein, zudem auch über andere Kreditkarten. Die Abrechnung erfolgt in Euro oder Dollar, zukünftig vielleicht auch in Bitcoin, was rein pragmatische Gründe haben dürfte. Der direkte Austausch von Gold ist ebenso möglich, was den Aktivgeldstatus unterstreicht. Man kann hier also direkt mit Gold bezahlen und in der Zukunft auch jegliche Rechnung begleichen, wobei dann in Abhängigkeit von der Währung, in der die Zahlung erfolgen soll, soweit keine Goldmengen angegeben sind, eine Umrechnung unumgänglich wird. Grundlage ist der Bestand an eingelagertem Edelmetall auf dem jeweiligen Konto. Da die Kreditkarte eine nachrangige Abrechnung ermöglicht, ist auch der Transfer von Edelmetallen von einem Konto auf ein anderes Konto möglich, ohne die physischen Werte tatsächlich zu transportieren. Der Computer macht es möglich, hier ohne auch nur ein Gramm Gold abwiegen oder transportieren zu müssen, dennoch in einer reinen Goldwährung zu handeln und einzukaufen. Damit hat man die Probleme der Vergangenheit mit einer Golddeckung von Banknoten gelöst, indem das physisch vorliegende Edelmetall, das in Zürich oder Singapur gelagert wird, nicht mehr in jedem einzelnen Fall sofort abgewogen, sondern zunächst als Anspruch im IT-System vermerkt und hernach der Gesamtgoldbestand entweder erweitert oder auch reduziert wird, je nachdem, wie viel Gold von den Kunden geordert, bzw. verkauft wurde.

Die Vorteile des Gold-Geldes liegen auf der Hand, jeder Teilbetrag ist wie auch der Gesamtbetrag voll gedeckt durch den Metallwert. Diese Volldeckung gibt auch der Algorithmus bei den Kryptowährungen wie Bitcoin nicht her. Ein Nachteil der edelmetallgedeckten Währungen besteht in der notwendigen physischen Vorratshaltung der im Depot registrierten Edelmetalle. Da die Lagerstätten auch geschützt werden müssen, kann diese Währung durch Lagerhaltung teuer werden und zudem auch ganz konkret gefährlich sein. Außerdem könnte es knapp werden mit den Edelmetallen, wollte jeder ein solches Depot eröffnen und den notwendigen Geldbedarf dort in hinterlegtem Edelmetall deponieren. Genau diese Knappheit an Gold war ja der Grund, weshalb in den 80er Jahren des letzten Jahrhunderts die Golddeckung der westlichen Währungen abgeschafft wurde, wobei es zum Schluss sowieso nur noch eine Teildeckung war. Inzwischen stellt sich natürlich die Frage, wieso man einer nicht mit physischen Werten gedeckten Währung überhaupt noch trauen sollte. Dies wäre dann der Zeitpunkt, zu dem viele sich nicht nur nach einer sicheren Volldeckung für ihre Zahlungsmittel zurücksehnen, sondern diese auch mit einer neuen Währung wieder aufleben lassen, und dank der Kreditkarten ist dies auch möglich. Wie sicher wird aber die durch physische Werte abgesicherte neue Kartenwährung wirklich sein? In einem Umfeld mit nur schwacher juristischer Strukturierung, wie dies bis zum Mittelalter in fast allen Ländern außerhalb des Römischen Rechtes der Fall war und auch heute noch auf einige Gebiete am Rande der globalen Märkte zutrifft, ist das Gold in der Hand mehr wert als die vertragliche Zusage des Handelspartners. Bei gut ausgebildeten juristischen Strukturen und durchsetzbaren Verträgen ist die Vertragssicherheit mitunter mehr wert, in jedem Fall, auch bei ansonsten gleichem Wert, mit der größeren Sicherheit versehen. Gleich, ob Gold, Silber oder ein anderes Edelmetall, es kann gestohlen werden und muss deshalb gesondert gut gesichert aufbewahrt werden. Rein nur vertraglich auf die Person abgesicherte Werte sind da sicherer als die besten physischen Werte. Bei den physischen Werten ist zudem der dauerhafte Wertverlust zu beachten, verliert doch Eisen zum Beispiel durch Korrosion sehr schnell hinsichtlich des ursprünglichen Wertes, ist deshalb nun auch kein Edelmetall; aber selbst Edelmetalle können, wenn auch in geringerem Maße, korrodieren, unterliegen zudem mit dem Zeitgeist in der allgemeinen Wertschätzung Veränderungen.

Beim Aktivgeld wird es immer einer geschlossenen, zentral gesteuerten und gelenkten Nutzergemeinschaft bedürfen. Geld wird hierbei hergestellt und bereitgestellt, bevor der Nutzer dies anfordert oder nutzt.

Denkbar ist eine Aktivgeldordnung auch innerhalb einer Nutzergemeinschaft auf kommunaler Ebene oder auch rein privater Ebene, wenn eine vertragliche Bindung durch Mitgliedschaft hergestellt wird. Im einfachsten Fall ist das der Nachbarschaftshilfeverein, aber auch das Experiment von Wörgl.[60] Die im privaten Sektor in der Regel vorauszusetzende vertragliche Bindung kann überdies durch Vertrauen ersetzt werden, zum Beispiel das Vertrauen in einen Algorithmus. Bitcoin als eine der bekanntesten Kryptowährungen kann insofern trotz der Abhängigkeit von anderen Währungen als prinzipiell der Aktivgeldordnung zugehöriges Geld aufgefasst werden. Wenn der Einstieg in die exponentielle Phase der Wertsteigerung die Zweifel nährt, dass Bitcoin keine Zukunft hat, weil es halt doch nur ein Schneeballsystem ist[61], dann sollte dies aber nicht als Argument dafür dienen, private Währungen generell für nicht überlebensfähig zu halten.

Das Vertrauen in eine Währung, die voll durch staatliche Garantien gedeckt ist, scheint da dem Bürger heutzutage immer noch eher gegeben, weshalb die Initiative für ein Vollgeld in der Schweiz im Jahre 2018 mit Aufmerksamkeit zu analysieren ist,[62] wenn auch vorerst gescheitert. Buchgeld als gesetzliches Zahlungsmittel könnte so manche Probleme der derzeitigen Geldpolitik auf der nationalen Ebene lösen, im globalen Maßstab wohl eher nicht.

Betrachtet man nun die Historie der Geldentstehung, so stößt man sehr bald auf das Monopol der Geldschöpfung durch den Regenten, den Herrscher und in der Folge die jeweilige Regierung, heutzutage vertreten durch die Notenbanken, noch mit dem alleinigen Recht, Geld ohne Abstriche als Vollgeld zu schaffen, dies mit der vollen staatlichen Akzeptanz. Regierung und Notenbank bestimmen dabei in der Regel den Wert des Geldes und die Menge der in den Umlauf gebrachten Geldmenge.

Eine grundlegende Änderung ist auch mit der Übertragung des Geldmonopols an die Europäische Zentralbank im Geltungsbereich des Euro nicht eingetreten. Hier gilt nach wie vor, was Hayek zum Geldmonopol der Regierungen ausführt: „Die gegenwärtige Politik stützt sich in vielem auf die Annahme, die Regierung habe die Macht, jede von ihr gewünschte Menge zusätzlichen Geldes zu schaffen und die Leute zu dessen Annahme zu zwingen. Aus diesem Grund werden Regierungen ihre Rechte hart verteidigen. Doch aus demselben Grund ist es auch wichtig, dass sie ihnen genommen wird.“[63] Eine Möglichkeit, dies Monopol aufzubrechen, ist die Etablierung von privatem Passivgeld.

2. Passivgeld

In der reinen Passivgeldordnung lässt sich Geld nur über einen Kreditvertrag neu schöpfen. Zwar ist die Geldschöpfung per Kreditvertrag nicht neu, wird aber immer noch nicht rein im privaten Passivgeldsystem durchgeführt. Das verliehene Geld sollte entweder zu 100% aus Einlagen anderer Kunden stammen oder aber gegen Sicherheiten der Kunden zu 100% neu entstehen, also neu geschaffen werden. Nur bei einem neu aufgelegten rein privaten Kreditvertrag mit 100 %er Absicherung wird Geld als sicheres Geld geschaffen, und wenn dies wie vorausgesetzt ein privater Kreditvertrag ist, so kann man von einer privaten Geldschöpfung sprechen. Werden hingegen Kreditgelder aus den Einlagen anderer Kunden genommen, so ist dies keine Geldschöpfung und sollte streng voneinander getrennt gesehen werden. Alle Verträge mit Ansparphase, typisch für den klassischen Bausparvertrag, sollten so ausgelegt werden, dass dabei kein neues Geld geschöpft wird, weshalb diese Verträge hier zunächst nicht anzusprechen sind. Kreditverträge ohne Ansparphase benötigen mehr Sicherheiten als Verträge mit Ansparphase, zumal sie halt neues Geld entstehen lassen. Dieses neue Geld muss abgesichert sein, und zwar durch vertraglich zugesicherte Arbeitsleistungen in der Zukunft oder in der Vergangenheit, will man das neu entstandene Geld als sicher bezeichnen. Diese Kreditverträge sollten zinslos vergeben werden, worauf an anderer Stelle noch näher einzugehen ist, dafür aber begrenzt über die verfügbare Lebensarbeitsleistung abgesichert und zudem gebührenpflichtig sein. Um sich nicht mit derartigen Verträgen zu versklaven, sollte nur die Hälfte der potenziellen Lebensarbeitszeit als Sicherheit für Kredite herangezogen werden dürfen. Die Verträge sind zudem so auszugestalten, dass mit monatlicher Rückzahlung in tragbaren Raten diese Gelder angesammelt werden und erst zum Schluss bei Ablösung des gesamten Kredits zur Löschung des Kredits herangezogen werden können. Werden die Bearbeitungsgebühren und die Gebühr für die Kontoführung auf die Menge der zu verwaltenden Gelder bezogen, so kann man dies auch so durchführen, dass die Gebühren auf dem Kreditkonto in Prozent der zu verwaltenden Geldsumme berechnet werden, dadurch würden diese mit der verminderten Kreditschuld im Laufe der Jahre geringer werden. Ohne fraktionierten Rückbehalt bei den Einlagen könnten Einlagen und Kredite der Notenbank paritätisch behandelt werden. Die Geschäftsbank tritt hier nur noch als Vermittler auf, wie auch bei den Ansparverträgen, weshalb sie bezogen auf diesen Bereich auch keine Barreserven vorhalten muss.

Wir benötigen in jedem Fall eine Abkehr vom teilgedeckten Bankensystem und der fraktionierten Reservehaltung, wie Mayer dies auch fordert. Erreichbar ist das durch einen Wechsel in ein Aktivgeldsystem, aber besser durch voll gedeckte private Kredite im Passivgeldsystem, um hier die Terminologie von Mayer zu verwenden.[64] Im voll gedeckten Passivgeldsystem sollte die in einem Verzeichnis hinterlegte potenzielle Arbeitsleistung als Bezug und Sicherung für Kreditverträge herangezogen werden. In einem derartigen Verzeichnis, dem Arbeitszeitkonto, besser Arbeitsleistungskonto, sind neben den potenziellen zukünftigen Leistungen auch die im klassischen System bereits als Sicherheit eingesetzten Vermögenswerte aus vorangegangenen

Arbeitsleistungen festzuhalten. Rechnet man mit potenziell 1632 Stunden im Jahr (34 Stunden in der Woche)[65], so kommt man bei 50 Jahren in einem Beschäftigungsverhältnis auf 81.600 Stunden, die innerhalb einer Lebensspanne zur Verfügung stehen. Insgesamt könnten davon 40.800 Stunden zur Absicherung herangezogen werden. Das heißt dann auch, dass dies eine Grenze für eine maximal mögliche Absicherung darstellt und somit auch für die maximale Kredithöhe. Multipliziert man die Arbeitsstunde mit dem zugerechneten Wert in der neuen Währung, so erhält man den Basis-Kreditbetrag[66], der maximal in einer Lebensspanne zur Verfügung gestellt werden kann. Geht man zum Beispiel davon aus, dass jede einzelne Stunde eines ungelernten Arbeiters mit 10 Euro bewertet wird, in der neuen Währung vielleicht 10 NIM[67], so steht ein möglicher Kreditbetrag von 408.000 NIM in der Basisversion zur Verfügung. In der Regel ist mit höheren Beträgen zu rechnen, wird man doch selbst dem einfachen Arbeiter nach einer Einarbeitungszeit einen gewissen Erfahrungswert zurechnen können. Wird mit diesem Geld eine Immobilie erworben, so kann man auch den neuen Sachwert in die Kalkulation mit einbeziehen bei der Frage, ob Geld zur Verfügung gestellt werden sollte oder nicht. Entspricht der Sachwert zum Zeitpunkt des Kaufs exakt der zur Verfügung gestellten Kaufsumme, so ist damit der Kredit auch doppelt abgesichert. Wird diese Hypothek nicht mehr bedient, kann die Bank das fehlende Geld auch aus dem Verkauf der Immobilie wieder zurückerhalten. Verkaufserlös und bereits gezahlte Tilgungsbeiträge sollten dann so verrechnet werden, dass der den Kreditbetrag übersteigende Betrag aus der Veräußerung dem Konto des Kreditnehmers gutzuschreiben ist. Ein Fehlbetrag kann dann und nur dann erst von einer Versicherung ausgeglichen werden, wenn die anderen Quellen erschöpft sind. Dadurch, dass die Versicherung erst in letzter Instanz noch einspringen muss, sollten auch die Versicherungsbeiträge erträglich sein.[68]

Wichtig ist, dass die Geldschöpfung über Kreditvertrag rein privatrechtlich abgesichert wird und damit auch keinerlei Absicherungen durch staatliche Institutionen vorzusehen sind. Die privatrechtliche Absicherung muss überprüfbar und kontrollierbar sein, und zwar aufgrund von Gesetzen, die von der Legislative erlassen und deren Einhaltung von der Exekutive auch durch Kontrollen eingefordert werden sollte.

3. Kryptogeld, eine Alternative?

Zunächst stellt sich die Frage, ob Kryptogeld von Haus aus auch Vollwährung sein kann, zudem ein Aktivgeld oder aber ein Passivgeld, ehe wir nach der besonderen Geldschöpfung dieser digitalen Währungen fahnden. Was Kryptowährungen auf keinen Fall sind, sie sind keine Art Vollwährung, sind sie doch dadurch gekennzeichnet, dass sie nicht ohne den Tausch in oder aus einer staatlich abgesicherten Währung existieren können. Da alle digitalen Währungen, die nicht durch Kredite entstehen, auch keine Passivgelder hervorbringen, so können die bis zum Jahre 2000 entstandenen digitalen Währungen nur dem Aktivgeld zugeordnet werden, entstehen sie doch nicht durch Kredite, sondern durch Algorithmen wie bei dem sogenannten Mining bei Bitcoin. Allerdings handelt es sich hier um ein Aktivgeld, das keinen Vollgeldcharakter hat, worauf extra hinzuweisen ist, da oft auch die Begriffe Vollgeld und Aktivgeld synonym verwendet werden. Die Kryptowährungen der ersten Generation sind auch nicht mit Reserven unterlegt, wie dies bei Libra in der Planungsphase diskutiert wird, sie sind im Gegensatz zu Libra keine Stable Coins.[69] Ehe die vor allem von Bitcoin bekannte Geldschöpfung durch Mining zu erklären ist, sollte kurz die Frage geklärt werden, weshalb und seit wann es die Kryptowährungen gibt. Nach der Finanzkrise 2008/2009 sind die sogenannten Kryptowährungen wie Pilze aus der Erde geschossen, das bekannteste Beispiel Bitcoin. Kryptowährungen entstehen weder durch die Aktivitäten von Notenbanken noch durch die von Geschäftsbanken, vielmehr durch die Abarbeitung von Algorithmen, bei der Erstellen und Kontrolle von

Blockchain im Mining. Das Mining erfordert mit immer längeren Ketten, den Blockchains, auch immer größere Rechner und neben immer mehr Rechnerkapazitäten auch immer mehr Rechenzeit und Energie! Die Blockchain vermittelt dabei eine Sicherheit, die allein dem verwendeten Algorithmus geschuldet ist, ein Wertebezug fehlt dabei. Der Bezug zu Werten zu Sachwerten unterschiedlichster Art war und ist bis in die Neuzeit hinein jedoch ein wesentlicher Aspekt bei der Bewertung von Geld. Das Vertrauen in den Algorithmus wurde erst möglich, nachdem in den 80er-Jahren die sukzessive Ablösung vom Gold mit der endgültigen Loslösung von der Golddeckung abgeschlossen wurde. Somit bleibt zum Ende des 21. Jahrhunderts nur noch das Vertrauen in das politische System. Es stellt sich natürlich dabei die Frage, ob den derzeitigen privat aufgelegten digitalen Währungen nicht auch digitale staatliche Währungen folgen könnten, Währungen, die durch die Zusage einer grenzenlosen staatlichen Akzeptanz nicht mehr den Charakter einer Kryptowährung besitzen, sondern eher den vergleichbarer Vollwährungen. Die letzte Absicherung ist dabei wie bei allem Notenbankgeld der Steuerzahler. Anders sieht es aus, wenn große Internetkonzerne wie Facebook ankündigen, eine eigene Kryptowährung auf den Markt zu bringen. Damit werden von Anfang an internationale Währungen etabliert, allerdings abhängig von den staatlich abgesicherten Notenbankwährungen, damit auch über den Steuerzahler als letzter Bürge abgesichert.[70]

Im Gegensatz dazu ist bei dem in diesem Buch vorgeschlagenen sicheren Geld nicht der Steuerzahler der Letzthaftende, sondern der Kreditnehmer und die vom Kreditnehmer abgeschlossene Versicherung, wobei der Souverän nur noch für die Einhaltung der entsprechenden Versicherungspolicen und Absicherungen in letzter Instanz quasi per Gesetz zu sorgen hat.

V. Die Rolle der Notenbanken

„Der Kreditzins, der durch die Zentralbank gesteuert wird, ist in unserem heutigen Geldsystem der wichtigste Faktor zur Bestimmung der Geldschöpfung durch die Banken"

(Thomas Mayer, S. 46, 2014)

Notenbanken im aktuellen Geldsystem, das schon mal vorab, schöpfen nicht nur Geld, vor allem kontrollieren und steuern sie den Geldmarkt. Die Geldschöpfung kann banal betrachtet einfach per Auftrag über die Druckerpresse erfolgen, wobei man darauf achten wird, dass das gedruckte Geld fälschungssicher ist. Da stellt sich nun allerdings die Frage, mit welcher Legitimität und mit welcher rechtlichen Absicherung dies Geld gedruckt wird.

Die Notenbank kann Geld drucken, und zwar im Auftrag der jeweiligen Regierung, also im Auftrag des Souveräns. Sonderbarerweise gibt es selbst in den sich demokratisch nennenden Staaten nicht die Frage nach der Berechtigung, der Legitimation, in der Regel auch weder einen dezidierten Auftrag durch die Exekutive, geschweige denn einen Beschluss durch ein Parlament, lediglich einen Beschluss der Notenbank. Weder die FED in Amerika noch die EZB in Europa handeln im direkten Auftrag der Politik, auch wenn bei der Besetzung der Posten politische Einflussnahme durchaus üblich ist. Die Unabhängigkeit der Notenbanken ist dabei durchaus auch positiv zu sehen, verhindert diese doch eine Geldpolitik im Sinne der gerade an der Macht befindlichen Politiker und kann so eine gewisse vom jeweiligen politischen System unabhängige notwendige Stabilität im Geldmarkt bewirken. Deshalb sollen die Notenbanken sogar ausdrücklich unabhängig von der jeweils aktuellen Regierung sein und dafür sorgen, dass das Geld in ihrem Einflussbereich wertstabil bleibt und zudem auch nicht knapp wird, damit die Wirtschaft sich entwickeln und wachsen kann. Wachstum und keine Rezession, das ist das Credo der Notenbanken. Wachstum wird an sich selber dabei nicht hinterfragt, noch die Messlatte, mit der das nationale Wachstum gemessen wird. Generell wird das Wachstum nach dem BIP, dem Bruttoinlandsprodukt, bemessen. Dabei wird nicht danach gefragt, wie dieses Wachstum entsteht und woher die Gelder kommen! Diese Fragen sollten aber beantwortet werden, wenn auch hier erst mal zurückgestellt bis geklärt ist, wie Geld überhaupt entsteht und auf den Markt gelangt.

Notenbanken können zwar Geld produzieren, ohne dafür einen Grund zu benennen, außer dass die Wirtschaft ohne genügend Geld im Umlauf stagniert. Natürlich ist Geld notwendig, um eine diversifizierte Volkswirtschaft in Gang zu halten, vielfach ist dies aber nicht der wahre Grund, sondern der, dass der Staat neues Geld benötigt, um Ausgaben finanzieren zu können, Ausgaben, die nicht immer auch wirklich notwendig sind. Damit dies nicht zu sehr der Willkür unterworfen sei, wenigstens nicht den Anschein der Willkür erweckt, stellte man im Laufe der Zeit Regeln auf, die meist aus bestimmten Situationen heraus entstanden sind. Beginnen wir mit einer in der letzten Zeit bekannt gewordenen Aktion, und zwar der, Anleihen aufzukaufen, bekannt auch unter dem Begriff des „Quantitative Easing“[71]. Die Notenbank druckt dabei nicht einfach Geld, um es dann zu verteilen, sie kauft vielmehr den Geschäftsbanken Wertpapiere ab und bezahlt diese mit frisch gedrucktem Geld. Dadurch gelangt Geld in den Umlauf, das zwar nicht auf ewig im Umlauf verbleibt, sondern nach einer festen Laufzeit wieder zurückkommt. Soll das Geld dann weiter im Umlauf bleiben, müssen erneut Wertpapiere (Anleihen) aufgekauft werden. Die Notenbank greift damit in den Finanzmarkt ein, stützt so zwar auch Firmen, die nach Geldquellen suchen, finanziert aber indirekt zusätzlich den Staat, wenn bei diesen Aktionen neben Firmenanleihen auch Staatspapiere aufgekauft werden. Soll auf diese Weise dauerhaft die im Umlauf befindliche Geldmenge erhöht werden, müssen immer wieder zusätzliche Käufe getätigt werden, womit der Eingriff in den Finanzmarkt immer massiver wird. Normalerweise sollten die Gelder für derartige Käufe nicht von der Notenbank kommen, sondern nur aus Spareinlagen oder Krediten der Bürger, die von Geschäftsbanken bereitgestellt werden. Bis zum Laufzeitende der aufgekauften Papiere durch die Notenbank ist dieses Geld zusätzlich im Markt, kann dann bei der Rückzahlung dem Markt wieder entzogen werden, wenn nicht Neukäufe dies kompensieren. Insofern könnte man dabei von einer nachhaltigen Geldpolitik sprechen, gäbe es da nicht die bereits angesprochenen Nebeneffekte auf den Markt. Zu beachten ist ebenso dass die Banken durch den doppelten Verkauf von Anleihen quasi doppelt verdienen, um nur eine Komponente in diesem Prozedere zu benennen, was Geld verbraucht, das nicht den Bürgern, sondern dem Finanzmarkt zugutekommt. Die Banken erhalten zwar mit dem Geld für aufgekaufte Papiere durch die Notenbank auch die Mittel, um Geld bei der Notenbank zu deponieren, zu hinterlegen, ein gutes Geschäft für die Notenbank und eine Möglichkeit für die Geschäftsbanken, weitere Kredite zu vergeben. Dies System hat sich aber überholt, da so die Kreditvergabe nicht wirklich marktgerecht gesteuert wird.[72] Zwar müssen die Geschäftsbanken für jeden Kredit, den sie vergeben, einen Anteil bei der Notenbank hinterlegen, was durchaus hemmend auf die Kreditvergabe wirken kann, selbst dann, wenn nur 1% zu hinterlegen ist. Gemeinsam mit der Vorschrift des Vorhaltens von Eigenmitteln könnte dies die Kreditvergabe einer exakten Steuerung unterziehen, wäre da nicht das immer weiter ansteigende Potenzial an nicht gebundenem Kapital. Es stellt sich die Frage, ob wirklich noch das zusätzliche Geld aus den Ankaufsprogrammen benötigt wird. Dennoch ist davon auszugehen, dass ein Ankaufprogramm, so wie von der EZB durchgeführt, die Kreditvergabe der Banken eher erhöht denn zurückdrängt. Zu beachten ist auch die Wirkung auf das Zinsniveau, da der Ankauf von Anleihen durch die Notenbank auch die Zinsen herunterdrückt und damit in die gleiche Richtung wirkt wie die Herabsetzung des Leitzinssatzes und des Basiszinssatzes. Die Herabsetzung des Leitzinssatzes der EZB auf 0% führt zum Beispiel dazu, dass sich Banken von der EZB Geld leihen können, ohne dafür Zinsen bezahlen zu müssen. Dennoch muss der Bankkunde bei den meisten Banken für die Überziehung zwischen 10% und 15% bezahlen. Die Notenbank bestimmt demnach nicht unmittelbar das Zinsniveau bei der Bank und im sonstigen Geldverkehr am Markt, sie kann aber zinslos Geld verleihen und zinsbasierte Wertpapiere aufkaufen! Mit der Forderung nach einer vorgeschriebenen Eigenkapitalbildung kann sie ebenso ihren Einfluss auf die Geschäftsbanken ausüben, wie auch mit der Forderung bei jedem Kredit einen Anteil von 1% bei der Notenbank zu hinterlegen, soweit diese nicht mehr alleiniger Schöpfer des Geldes ist. Heutzutage liefert die Notenbank nur noch das Bargeld in Form von Scheinen und Münzen. Allein dadurch, dass bei jeder Kreditrunde ein kleiner Teil des Geldes abgezweigt wird, sofort nachdem es neu geschöpft wurde oder auch aus Spargeldern genommen wurde, kommt es zu einer Entwertung des Geldes bereits an der Quelle. Die Notenbank sorgt sich nicht wirklich um die Wertstabilität des Geldes, sondern um eine permanente Entwertung, womit sie die Löcher im Staatshaushalt stopft, ersichtlich auch an dem Ziel, die Inflation auf 2% einpendeln zu wollen. Nehmen wir uns jetzt mal den Kredit vor, so wie er ursprünglich organisiert wurde, und fragen dann noch mal, was daraus geworden ist, so müssen wir davon ausgehen, dass die Notenbank in früheren Zeiten ihren gesamten Kredit mit Gold hinterlegte, was so viel heißt, dass man jederzeit sein Geld in Gold eintauschen konnte. Davon hat sich die Praxis im Laufe der Jahre immer weiter entfernt, zunächst mit Teildeckungen bis hin zur Nulldeckung im letzten Jahrhundert. Seitdem sich das Buchgeld immer mehr ausbreitete, ein Geld, das nur auf dem Konto als Guthaben steht das nicht mehr in Form von Bargeld gehalten wird, man spricht auch von Giralgeld, seitdem verliert die Notenbank auch nach und nach den Überblick über die Gesamtheit der im Umlauf befindlichen Gelder. Die Notenbanken kümmern sich immer mehr nur noch um den Nachschub an Bargeld, das zudem mit dem Aufkommen des Plastikgeldes immer weiter von der Bildfläche verschwindet. Damit ist auch zu erklären, dass in den skandinavischen Ländern die Notenbank als erste die Herausgabe eines eigenen digitalen Geldes in Erwägung zieht.

Ersetzt die Notenbank das Bargeld durch eigenes digitales Geld, so handelt es sich dabei im Sinne der bisherigen Darlegungen um ein Aktivgeld. Damit wird aber nicht alles Geld zum Aktivgeld, da die Kreditgelder auch weiterhin als Buchgeld den Markt beherrschen werden. Betrachten wir deshalb die Kreditvergabe etwas genauer. Insofern in der weiteren Vergangenheit die Privatbanken ursprünglich nur Spargelder als Kredite weitergeben konnten, so war die Kreditvergabe abhängig von den zur Verfügung stehenden angesparten Einlagen; nur bei hohen Sparquoten konnten auch hohe Kreditquoten erreicht werden. Genauso konnte die Golddeckung, soweit sie noch der Volldeckung nahekam, begrenzend wirken. Da der Kredit inzwischen vor allem durch ein Versprechen in die Zukunft gedeckt wird, ist es wichtig, etwas über die Eigenkapitalisierung der Bank zu wissen und den Garantien des Souveräns zu vertrauen, zumal er als Letzthaftender auftritt. Eine wertstabile Währung wird aber in keinem Land versprochen und erst recht nicht gehalten. Gold, das zunächst in den Münzen enthalten war, wurde dann von den Notenbanken als letzte Sicherheit zur Deckung für Papiergeld gehalten, wenn auch nach und nach mit immer geringerer Teildeckung. In den Zeiten der Volldeckung hätte man die Währung noch leicht wertstabil halten können, wäre da nicht der Anreiz gewesen, durch eine kontinuierliche Verringerung der zur Sicherheit eingelagerten Goldreserven die Währung zu entwerten, und zwar zugunsten des Staates, der eigentlich Hüter der Währung sein sollte. Dies war die Chance für alle Geschäftsbanken, sich von den Krediten der Notenbank immer weiter abzuseilen, indem sie das Recht erhielten, selber an der Geldschöpfung beteiligt zu werden, und dabei nur noch einen ganz kleinen Teil zur Sicherheit bei der Notenbank hinterlegen mussten, wodurch das neu geschaffene Geld auch gleich einem Entwertungsprozess unterzogen wurde. Es müsste da doch möglich sein, das Geld durch Kredit neu zu schaffen, ohne es gleich beim Entstehungsprozess schon zu entwerten, und zwar, indem das Geld so wie im Kreditvertrag festgelegt zu 100% ausgezahlt wird und nach Ablauf der Kreditphase auch wieder zu 100% zurückgezahlt wird. Das würde zudem ein klareres Bild zur aktuellen Umlaufmenge hergeben. Dies gilt natürlich auch, wenn die Notenbank die Quelle aller Kredite ist, sie könnte schließlich am ehesten Verluste kompensieren, indem sie einfach fehlende Gelder neu auflegt und als Ersatz in den Umlauf bringt. Die Geschäftsbank hingegen muss mit Eigenmitteln die Verluste ausgleichen können oder aber den Staat um Hilfe bitten.

Die Sicherheit durch den Souverän schwindet aber, je mehr sich dieser selber verschuldet hat Zeit, auch über neue Banken und Notenbanken nachzudenken, zum Beispiel Freie Notenbanken, die nicht von staatlichen Organen abhängig sind und nur privaten Vertragswerken folgen. Im Gegensatz zu den derzeitigen staatlichen Notenbanken sollte die private Freie Notenbank Geld nicht mit staatlichen Absicherungen und nicht mit dem Letzthaftenden, dem Steuerzahler absichern, sondern nur über die beste aller Bonitätsabsicherungen, die aktuelle und die bereits realisierte Arbeitskraft des Kreditnehmers.

VI. Sicheres Geld, ist das möglich?

„Schon im Jahre 1921 hat der amerikanische Ökonom Frank Knight, der später an der Universität von Chicago forschte und lehrte, zwischen Risiko und Unsicherheit unterschieden, Risiko können wir messen, Unsicherheit nicht."

(Thomas Mayer: Die Neue Ordnung des Geldes, S. 65, 2014)

Wie wir gesehen haben, kann die Notenbank die Wertstabilität des Geldes nur bedingt garantieren und will es in der Regel auch nicht. Der Finanzmathematiker kann Risiken berechnen, aber auch keine Sicherheiten anbieten. Wer Geld für geleistete Arbeit entgegennimmt, der will damit aber adäquate andere Leistungen und Waren erstehen können, und dies möglichst nicht nur für die nächsten Stunden, sondern auch noch in den kommenden Jahren. Geld sollte also wertstabil sein, wenn möglich bis in alle Ewigkeit. Dies schien mit den Goldmünzen seit Krösus durchaus der Fall zu sein, wurde doch der geprägte Wert durch den Metallwert abgesichert, die Wertangabe auf der Münze sollte nur die Wertbestimmung im Alltag erleichtern, man brauchte nicht mehr zu wiegen, konnte den Wert durch Abzählen bestimmen. Daher wurde der Johannisthaler, der in Silber geprägt wurde, als Münze der landläufigen Goldmünze im 16. Jahrhundert im Gewicht gleich gehalten, um so eine Parität zur Goldmünze zu erreichen, obwohl das Edelmetall ein anderes war. Dieser vor 500 Jahren erfundene Thaler[73] war noch wertstabil, insofern er seinen Wert durch den Metallwert in sich trug, und nur zusätzlich auch werthaltig durch die sich im Aufdruck widerspiegelnde Konvention.[74] Geld, das nur über allgemeine Konventionen, ob durch die Notenbank oder die Geschäftsbank, entsteht, sollte aber doch auch entsprechend den Goldmünzen im Mittelalter abgesichert werden können. Bei einem Aktivgeldsystem kann dies das Vertrauen in die Institution und deren Vertreter sein, ohne bewertbare Sachwerte als Absicherung, die einzig noch mögliche Absicherung. Besteht Geld wie eine Goldmünze aus an sich werthaltigem Material, so stützt dies die Vertrauensbasis, setzt aber dennoch ein grundlegendes Vertrauen in die Institutionen voraus. Edelmetalle können das notwendige Vertrauen stärken, ebenso wie staatliche Zusicherungen und Garantien, es bleibt aber dennoch ein notwendiges Grundvertrauen. Das Passivgeldsystem bietet hingegen die vertragliche Vereinbarung und Absicherung auf der privaten Ebene im Rahmen der bürgerlichen Gesetze an. Ist die Rechtssicherheit für private Verträge gegeben, so kann auch auf dieser Ebene Geld vertraglich abgesichert werden. Als Sicherheiten kommen Vermögensgegenstände und das Einkommen in Frage. Beim Vermögen stellt sich die Frage, mit welcher Gewissheit kann man das geliehene Geld in der Zukunft zurückerhalten? Ist dieses Geld rückgebunden an unvergängliche Sachwerte, wie bei der voll gedeckten Goldwährung, so kann ich in der Zukunft mit einer hohen Gewissheit erwarten, die vorher festgelegte vereinbarte Goldmenge zurückerhalten zu können. Diese Rückbindung an das Gold kann man so lange aufrechterhalten, solange ausreichende Goldmengen zur Verfügung stehen. Dabei stellt sich ganz klar die Frage nach der benötigten Geldmenge und den damit erreichbaren Absicherungen. Mit einer immer schneller wachsenden Bevölkerung wächst auch der Bedarf nach Absicherung, beim Goldstandard der Bedarf an reinem Gold, beim Silber als Standard nach reinem Silber.

Eine andere Absicherung kann die Notenbank geben, indem sie die Herausgabe jeglicher zurückgeforderter Geldmengen für getätigte Einlagen garantiert. Staatliche Notenbanken können diese Garantien abgeben, da sie notfalls neues Geld schaffen, um den entsprechenden Verbindlichkeiten nachkommen zu können. Dabei kann dies Geld dann über Steuern vom Bürger wieder zurückgeholt werden. So erhalten wir ein staatlich abgesichertes Geld, das wegen der staatlichen Absicherung auch nur auf nationaler Ebene existieren kann und zudem auch nur eine Art Pseudosicherheit anbietet. Die Abkehr vom Goldstandard in den 80er Jahren des 20. Jahrhunderts war da auch die endgültige Abkehr von der Idee, Geld müsse in seinem Wert durch Sachwerte gedeckt sein. Da zum Schluss nur noch eine Teildeckung vorlag, war die Sicherheit durch die Notenbank und den Staat schon länger nur noch eine Pseudosicherheit, da bei einer Finanzkrise keine zeitlos wertvollen Äquivalente für die Einlagen bei den Banken hinterlegt sind, das Geld selber mitunter absolut wertlos ist.

Auf der privaten Ebene lässt sich Geld nur über private Sicherheiten für Kredite absichern. Diese sollten aufgrund von vertraglichen Absprachen überall und jederzeit eingefordert werden können. Diese Sicherheiten, ob Sachwerte oder vertraglich zugesicherte Rechte wie auf den Zugriff gegenüber dem laufenden Einkommen, müssen genau fixiert und in den Verträgen minutiös festgehalten werden. Fragen wir uns da zuerst mal, was die allgemeinen Werte absichern kann und sie zu konvertiblen Werten macht. Eine Immobilie kann bei Zahlungsunfähigkeit des Schuldners als Sicherheit dienen, da man durch einen Verkauf die fehlenden Geldmittel hereinholen kann. Doch wie ermittelt man den Verkaufswert einer Immobilie zum Beispiel für einen 20 Jahre in der Zukunft zu verortenden Termin? Geht man vom aktuellen Marktwert einer Immobilie aus, so kann dieser den wahren Wert übersteigen oder auch darunterliegen. Deshalb soll hier vorgeschlagen werden, als Bezugspunkt die aufgewendete Arbeit zu nehmen, die in der Immobilie steckt. Das Grundstück soll hier ausgeklammert werden, weshalb wir von einem Erbbaugrundstück ausgehen wollen. Da die Immobilie einer Abnutzung unterliegt, ist davon auszugehen, dass nach 20 Jahren der Wert geringer ist als zum Beginn der Kreditlaufzeit. Die Wertminderung lässt sich nun objektiv am einfachsten ermitteln, wenn nach Ablauf des Kredits der Aufwand herangezogen wird, der notwendig ist, um das Gebäude auf den zeitgemäßen Stand im Vergleich zu der Ausstattung von vor 20 Jahren zu bringen. Zieht man diesen Aufwand in Geld ausgedrückt vom Anfangswert ab, so sollte man abschließend den aktuellen Wert erhalten, wenn kein vorab geleisteter Erhaltungsaufwand gegenzurechnen ist.

Zusätzlich zum Erhaltungsaufwand ist auch der Aufwand für eine Modernisierung noch abzurechnen, will doch niemand in

20 Jahren auf die Annehmlichkeiten des technischen Fortschritts in dieser Zeit verzichten.

Rechnet man den zukünftigen Erstellungsaufwand mit den aufgewendeten Arbeitszeiten ab, so wird man in 20 Jahren danach mit dieser Arbeitszeit sowohl den Erhaltungsaufwand wie auch den Modernisierungsaufwand rechnerisch erfassen können.

Die Arbeitszeit als letzter Bezugspunkt für Wertermittlungen kann auch zur Sicherheit herangezogen werden, will man für die Zukunft den Wert des Geldes stabil halten, so dass in dieser Zukunft mit dem Geld die gleichen Werte geschaffen werden können wie zum Zeitpunkt des Erwerbs. Dazu sind Arbeitszeitkonten zu führen.

An die Führung der Arbeitszeitkonten sind strenge Forderungen zu stellen, die als Anforderungen von den kontoführenden Institutionen einzuhalten sind.

1. Die Register sind nach gleichen, einheitlichen und nachvollziehbaren Kriterien zu führen.
2. Die Arbeitszeiten sind sowohl hinsichtlich der bezahlten Ar beitszeiten als auch hinsichtlich ehrenamtlicher Tätigkeiten und den privaten Tätigkeiten zur Aufrechterhaltung der Arbeitskraft möglichst exakt festzuhalten.
3. Bei den Arbeitszeiten ist neben den chronologischen Daten auch die zum Zeitpunkt der Ausführung vorhandene Qualifizierung festzuhalten.
4. Kredite, auch solche in anderen Währungen, sind nicht nur als solche festzuhalten, sondern auch in die Einheit der Arbeitsleistungen umzurechnen.
5. Vermögen, ob Immobilien oder Maschinen, wie auch Autos und andere sich abnutzende Güter sind aufzulisten, und zwar mit den entsprechenden umgerechneten Arbeitszeitansätzen.
6. Bereits verbrauchte Arbeitszeiten im Arbeitszeitkonto sind direkt einsichtig darzustellen, und zwar im Hinblick auf die noch nutzbaren Zeiten.

7. Rückzahlungsmodi und positive wie auch negative Vorkommnisse sind gesondert zu vermerken und herauszustellen.

Man kann nun diese Forderungen in die Präambel einer jeden kontoführenden Institution wie den Freien Notenbanken schreiben. Letztlich wird es aber einer Gesetzgebung bedürfen, die diese Forderungen zusätzlich in Gesetze überführt, mit denen auch eine Kontrolle dieser Banken erfolgreich durchgeführt werden kann. Die Kontrolle kann dabei von der Bankenaufsicht und der nationalen Notenbank durchgeführt werden, wobei vorauszusetzen ist, dass diese Notenbanken selbst kein Geld mehr generieren, sondern nur noch Kontrollaufgaben übernehmen. Damit die Freien Banken nicht ihre Freiheit aufgrund der Kontrollen verlieren, ist genau festzulegen, wie diese Kontrollen erfolgen können, ohne dass damit der gläserne Kunde produziert wird. Grundsätzlich sollten die sehr umfangreichen Datensätze, insbesondere über die Arbeitsleistungskonten, nicht offengelegt werden, es sei denn, der Kunde verlangt dies hinsichtlich seiner Daten oder ein Gerichtsurteil fordert die Offenlegung spezieller Daten für einen anliegenden Prozess ein. Die Kontrollen der Notenbank sollten sich zunächst darauf beschränken, die nicht auf Kredite bezogenen Aktivitäten zu kontrollieren und hinsichtlich der Kreditkonten, ob die Informationsverpflichtungen der Bank gegenüber ihren Kunden eingehalten werden und ob die Bilanzen der Bank ausgeglichen und nicht aufgebläht werden, so dass keine Insolvenzgefahr droht. Bei einer drohenden Insolvenz ist davon auszugehen, dass weder der Steuerzahler noch der Bankkunde als Kontoinhaber davon negativ betroffen werden.

Beim Sicheren Geld ist das Geld auf den Konten, soweit es Sicheres Geld ist, auch bei einer Insolvenz der Bank sicher, da die Konten direkt von anderen Institutionen, zum Beispiel im Verbund der Freien Banken übernommen werden (laut Vereinbarung zwischen Bank und Kunde). Eine Haftung kann nur im Rahmen der Einlage als Mitbesitzer wirksam werden.[75] Da die Konten mit mehr oder weniger großen, über Arbeitsleistung abgesicherten Krediten belastet sind, kann es im Verbund nur ein

Hauptkonto geben und nur eine Bank, die die Arbeitszeitkonten mit Nachweispflicht führt. Bei einem Umzug müssen mit dem Hauptkonto auch die zugeordneten Archive umziehen. Während einer Übergangszeit von 1 bis 2 Jahren sollte es auch möglich sein, ein Unterkonto des alten Hauptkontos bei der Bank am neuen Wohnort als vorläufiges aktives Konto einzusetzen.

Hauptkredite oder auch Lebenszeitkredite sollten sich generell über Arbeitsleistungskonten absichern. Dies verlangt natürlich die Speicherung aller Verbindlichkeiten und Leistungsbewertungen einschließlich der geleisteten Arbeitszeiten in einem Arbeitsleistungsverzeichnis. Nicht einplanbare Ausfallzeiten durch Krankheit und Unfall sind entweder über die Gemeinschaft oder über je private Versicherungsverträge abzusichern. Um dabei die Mutter von 2 Kindern gegenüber dem Alleinverdiener nicht zu benachteiligen, ist auch die häusliche Arbeit und die Zeit für die Kindererziehung als Arbeitszeit zu berücksichtigen. Damit geht man zwar den Weg der Kommerzialisierung der ursprünglich nicht dem Geld unterworfenen Lebensbereiche einen Schritt weiter, muss das aber, um der Gerechtigkeit willen so durchführen. Lebenswerte, die so zu Geldwerten werden, können wir wieder hereinholen, indem wir die Absicherung der persönlichen Lebenshaltung auf einem menschenwürdigen Niveau als ein Ziel der Gesellschaft definieren, für das die Wirtschaft dieser einen Beitrag schuldet. Realisieren lässt sich das mit einem hinreichenden Grundgehalt für jeden Bürger als eine solidarische Leistung aus den Gewinnen der lokalen Wirtschaft und allgemein den Gewinnen am lokalen Markt mit ihrem Marktbeitrag.

Geht man zusätzlich von einem Recht auf Arbeit aus bis hin zu einem auf Arbeitsleistung aufbauenden Sicheren Geld, so wird sich die Diskussion um die rechte Inflationshöhe als irrelevant erweisen, das Geld sollte ja wertstabil sein, also keine Inflation stattfinden.[76]

1. Kredit und Sparkonten ohne Zins?

„Erhalten die Banken Geld ohne Zinsen als Einlagen und müssen sie ebenfalls Bereitstellungsgebühren entrichten, wenn sie das Geld nicht weitergeben, so brauchen auch Kreditnehmer keine Zinsen mehr zu bezahlen." (

M. Kennedy, S. 54)[77]

M. Miller weist unter der Überschrift „Das zinsbasierte Geldsystem ist grundlegend krank"[78] darauf hin, dass die Differenz zwischen Nullzinsen für Geschäftsbanken und den hohen Dispozinsen in der Eurozone von bis zu 21,8% nicht mehr normal ist: „Das ist schlicht krank."[79]

Da wird nun nicht grundlegend das zinsbasierte Geldsystem attackiert, eher die Auswüchse. Nicht nur wer in einer kapitalistischen Gesellschaft aufgewachsen ist, kann sich kaum vorstellen, dass der Zins plötzlich nicht mehr existiert, hat doch der Zins offensichtlich nach den klassischen ökonomischen Theorien und auch der allgemeinen Anschauung zufolge die Funktion, zwischen dem Ansparwillen und dem Investitionswillen zu vermitteln. Fehlt Kapital für Investitionen, so kann der Zins auf das Spargeld den Sparer durch eine Erhöhung des Zinssatzes dazu anregen, mehr zu sparen und somit das notwendige Kapital bereitzustellen. Ist danach hinreichend Kapital vorhanden, ist auch zu erwarten, dass die Zinsen sinken, bei Vollbeschäftigung gegen null laufen, da dann die Sparbereitschaft am höchsten ist und nicht mehr durch höhere Zinsen weiter zu fördern ist. Bei Keynes heißt es dazu: „Wir könnten somit in der Wirklichkeit (und es liegt hierin nichts Unerreichbares) auf eine Vermehrung der Menge des Kapitals zielen, bis es aufhört knapp zu sein, so dass der funktionslose Investor nicht länger einen Bonus erhalten wird."[80] Man könnte dies nun so auslegen, dass bei einem Wegfall der Knappheit von Kapital die entsprechenden Zinsen nicht mehr angebracht sind und damit dem Kapitalisten die Grundlage entzogen wird, Kapital über Zinsen „wachsen" zu lassen. Kapital im Überfluss macht es möglich, dies auch nur gegen eine Erstattung der Kosten dem Schuldner zu überlassen. Im 21. Jahrhundert wird die Kapitalknappheit wohl nur noch in Relation zur Bonität des Schuldners eine Rolle spielen, die Sicherheit zum entscheidenden Kriterium werden. Da die Banken das Geld als Anleihe auf die Zukunft in prinzipiell beliebiger Höhe produzieren können, sie sind schon seit langem nicht mehr auf die Einlagen ihrer Kunden angewiesen, kann auch allein deshalb von einer Knappheit keine Rede mehr sein. Die Banken erzeugen in der Folge eine Pseudoknappheit in Relation zur Bonität des Kunden, um so den Zins zu rechtfertigen, der zum einen als Überziehungskredit (Dispokredit) zum Beginn des 21. Jahrhunderts für den Privatkunden bei 12% und mehr angesiedelt ist, obwohl andererseits bei einem Leitzins der Notenbank von 0% in Europa den Kommunen und Geschäftsbanken das Geld zum Nulltarif angeboten wird. Auch die öffentliche Hand kann sich so prinzipiell Geld für 0% beschaffen, was kaum dazu anregt, keinen Kredit aufzunehmen. Dennoch haben es Politiker verstanden, aus grundsätzlichen Erwägungen heraus das Sparen der öffentlichen Hand populär zu machen. Inzwischen mehren sich allerdings die Stimmen, die jetzt in der Niedrigzinsphase sich dafür einsetzen, mit neuen Schulden die Konjunktur weiter zu befeuern und durch Umschuldungen insgesamt dennoch die Zinslast abzubauen. Erstaunlicherweise wird nicht die Insolvenz der überschuldeten Staaten im Währungsverbund ernsthaft diskutiert, obwohl die so notwendigen Schuldenschnitte kaum den normalen Bürger treffen würden! Die Streichung aller Zinsen auf Altkrediten wäre mitunter schon ausreichend, um die Überschuldung der öffentlichen Hand schrittweise abbauen zu können. Um auch die privaten Zinsen nicht in den Himmel wachsen zu lassen, sollten die Kreditzinsen bei 5% gedeckelt werden, so denn überhaupt noch Zinsen berechnet werden. Beim zinsfreien Sicheren Geld sind derartige Maßnahmen natürlich nicht nötig, wir müssen aber mit Zwischen- und Übergangslösungen rechnen, will man realistischerweise dem Geldsystem mit Sicherem Geld eine Chance einräumen. Eine Bewusstseinsänderung, die es als notwendig ansieht, dem Bürger das Recht einzuräumen, sich selber sein Geld zu schaffen, und dieses neue Bewusstsein zu befördern, das sollte Realität werden.

Entzieht man in diesem Sinn den Banken die Möglichkeit, Gewinne aus der Pseudoknappheit[81] von Kapital zu ziehen, und vergibt nur noch Kreditverträge ohne Zins, so müssen alle Kosten und der notwendige Gewinn für die Bank aus Mitgliedsbeiträgen und Gebühren gedeckt werden. Dies mag zunächst wegen der anderen Gewohnheiten im Umgang mit Banken schwierig zu vermitteln sein, sollte aber im langfristigen Modell allein schon wegen der damit erreichten Transparenz dem Kunden als das bessere Modell zu vermitteln sein. M. Kennedy schlägt dazu eine Umlaufsicherung über Bereitstellungsgebühren vor.[82] Kennedy weist auch schon darauf hin, dass der Wegfall einer Liquiditätsprämie „Zins" eine bessere Steuerung der Umlaufmenge zulässt, als das bisher der Fall war.

Finanziert sich die Bank allein über Gebühren und Mitgliedsbeiträge, so verringert sich auch das Risiko für die Bank und den Kunden enorm, es verringert sich derart, dass ein Verzicht auf Reservehaltung und Rückstellungen im Geldverkehr möglich, und damit zusätzliche Transparenz erzeugt wird. Der Zins hat schon oft Probleme aufgeworfen und Gegenmaßnahmen heraufbeschworen. Schuldenerlass einerseits und das Verbot, Schulden aufzunehmen, waren die Mittel, um eine Überschuldung und die damit ins Stocken geratene Wirtschaft wieder in Gang zu bringen, neues Wachstum zu generieren. Kann jeder nur so viel Schulden aufnehmen, wie er an Arbeitsleistung anbieten kann, so kann es im Prinzip auch keine Überschuldung geben.[83]

Wenn Geld wertstabil ist, und die Kosten anderweitig abgerechnet werden, dann ist es auch möglich, auf die Zinsen zu verzichten. Der Bank keine Zinsen bezahlen zu müssen, das kann sich noch keiner vorstellen, mitunter noch eher mit diesem Gedanken anfreunden, soweit er selbst keine Zinsen zahlen muss, hingegen eher weniger, sobald auch absolut kein Zins mehr für angespartes Geld zu erhalten ist. Deshalb brauchen wir eine neue Form des Sparens. Beim hier vorzustellenden Ansparkredit ist es kein Problem, sich vorzustellen, dass in der Kreditphase kein Zins zu bezahlen ist, wenn in der Ansparphase auch kein Zins gezahlt wurde, die Parität der beiden Phasen vorausgesetzt. Beim Direktkredit oder auch Hauptkredit, Lebenszeitkredit, der mit der Geldschöpfung verbunden ist, wird dies mitunter etwas komplizierter. Werden dabei die Kosten der Geldschöpfung dem Kunden zusammen mit den Bearbeitungskosten in Rechnung gestellt, so ist es auch hier kein Problem, auf Zinszahlungen zu verzichten, allerdings wird dieser Kredit verständlicherweise teurer als ein Ansparkredit. Dabei wird dann immer angenommen, dass diese Verträge mit „sicherem" Geld arbeiten, so dass auch kein Risikoaufschlag notwendig ist, da der Wert des Geldes durch die Absicherung auf geleistete oder potenzielle Arbeitsleistungen voll gedeckt ist. Ansparkredite basieren nun auf dem Prinzip der zeitversetzten geldbasierten Gegenseitigkeit, also hilfst du mir heute, so helfe ich dir morgen.[84] Beim Hauptkredit, oder Lebenszeitkredit, wird die geldbasierte Gegenseitigkeit durch eine arbeitsbasierte Gegenseitigkeit ersetzt, was im Folgenden noch näher zu erklären ist, doch zunächst zum Stand einer potenziellen Sicheren Währung mit arbeitsbasierter Gegenseitigkeit im Umfeld einer Wirtschaftsordnung, in der auch andere Währungen genutzt werden.

Wird das Sichere Geld in Geld einer anderen Währung umgetauscht, was in einer Übergangsphase in jedem Fall notwendig ist, so ist dies wegen der die Sicherheit erzeugenden Bindungen des Sicheren Geldes nur über ein Konto bei einer Freien Bank mit sicherem Geld möglich, die in die Geldschöpfung von Sicherem Geld involviert ist. Voraussetzung ist zudem die Führung von Fremdwährungskonten neben den Konten mit Sicherem Geld (NIM-Konten).[85] Alle Kunden einer solchen Freien Bank müssen schon bei der Eröffnung von NIM-Konten auch Fremdwährungskonten einrichten, so dass der Transfer in die parallel im Markt genutzten Währungen jederzeit möglich ist, also nicht nur für Kunden, die primär daran interessiert sind, ihr Barvermögen auf sicheren Konten zu lagern. Kunde A könnte zum Beispiel auf sein Fremdwährungskonto 10.000 Euro einzahlen und diese der Bank als Vermittler zum Umtausch anbieten. Findet die Bank einen Kunden, sagen wir Kunde B, der gerne seine NIM in Euro eintauschen will, so kann dies mit einem vorgefertigten Vertrag erfolgen, der nach Vorlage bei der Bank folgenden Transfertausch auslöst, wenn zum Beispiel auf der Basis von 9 zu 10 getauscht wird: B überweist auf das Konto von Kunde A genau 9.000 NIM und erhält auf seinem Konto von Kunde B 10.000 Euro. Die Bank sorgt dafür, dass die Beträge den richtigen Währungsunterkonten zugewiesen werden. Kunde B hat somit ein NIM-Konto mit 9.000 NIM[86]und bezahlt für die Aufbewahrung seine Kontogebühren wie jeder Kontoinhaber bei der Bank, überdies eine Gebühr für den Transfer. Dafür erhält er zwar keine Zinsen wie bei anderen Banken, muss sogar noch Gebühren bezahlen, hat aber die Gewähr, sein Vermögen abgesichert auf seinem Konto über die nächsten Jahrzehnte retten zu können.[87] Auf einem Eurokonto bei einer anderen Bank könnte er vielleicht 0,5% Zins erwirtschaften, was bei einer Inflation von 2% zu einem Verlust von 1,5% führt. Rechnet man noch 0,5% für Gebühren bei sicheren Konten ab, bleibt immerhin noch ein Gewinn von 1% gegenüber dem konventionellen Konto, und das, obwohl keine Zinsen gezahlt werden. Berechnet man dies alternativ über den Realzins, so wird das Bild für das aktuelle klassische Geldsystem noch düsterer, denn da schlagen noch die Entwertungen durch hohe Zinskosten in anderen Bereichen mit zu Buche wie zum Beispiel beim Dispokredit und ebenso die diversen Abschläge bei der Geldschöpfung durch Notenbanken und Geschäftsbanken, die dem Bürger eher verschlossen bleiben.[88]

Wie aber werden Kontoüberziehungen gehandhabt, wenn kein Zins anfällt? Ohne Beschränkungen könnte das zinslose Konto schnell zu nicht mehr überschaubaren Kreditbeträgen führen, alle würden sich über beide Ohren verschulden, um das mal sprichwörtlich bildlich darzustellen. Eine Bank ohne Zinsberechnung muss auf dem Prinzip der Gegenseitigkeit und der reellen Abrechnung der Arbeitsstunden das Geschäftsmodell aufbauen. Bei der Überziehung kann man davon ausgehen, dass diese immer in dem Rahmen möglich ist, in dem man auch anderen zinslos das Geld zur Verfügung gestellt hat. Wer den Puffer von

4 Wochen für eine mögliche Überziehung haben möchte, der sollte vorab 4 Wochen genau so viel Geld auf seinem Konto zur Verfügung gestellt haben, wie er selbst später dies als Überziehung in Anspruch nehmen möchte.[89] Darüber hinaus sind für den längerfristigen Bedarf Kredite auf die Lebensarbeitszeit und die Möglichkeit der Rückzahlung einzuschränken. Wer bereits 25% seiner Lebensarbeitszeit für Kredite hinterlegt hat, sollte bei einer allgemeinen Beschränkung der Absicherung auf 50% der Lebensarbeitszeit nur noch bis zu 25% als Kredit erhalten können. Die zweite Beschränkung, die eine problemlose und sichere Rückzahlung garantieren soll, kann sich an die dem Finanzamt gegenüber deklarierten Lebenshaltungskosten halten: Werden 2.000 Euro für die Lebenshaltung bei der Gewinnberechnung von den Einnahmen abgezogen, so ist es einleuchtend, dass dann nur das, was darüber zur Verfügung steht, für eine Rückzahlung von Krediten eingesetzt werden kann. Generell kann man auch sagen, dass maximal nur 50% vom Gewinn als belastbare Rückzahlung zur Verfügung stehen sollten. Damit ist ausgeschlossen, dass die Zinsfreiheit der Kredite dazu führt, dass diese in einem überbordenden Maße in Anspruch genommen werden. Ansparkredite und speziell auch die Überziehungskredite als eine besondere Art der Ansparkredite, sollten möglichst das Konto der Lebenszeitkredite nicht belasten, hier gilt nur noch die Begrenzung durch die belastbare Ratenhöhe. Liegt ein Lebenszeitkredit mit einer Rückzahlungsrate von 500 Euro im Monat vor, so kann bei einem durchschnittlichen Gewinn von 2.000 Euro im Monat die Überziehung nur noch im Rahmen einer zusätzlichen Belastung von 500 Euro im Monat erfolgen. Damit, so denke ich, könnte das zinslose Konto salonfähig werden.

Lebenszeitkredit und Ansparkredit bieten eine Möglichkeit, endlich zu einem funktional handhabbaren Geldsystem zu gelangen, in dem die immer wieder geforderte Abwendung vom zinsbasierten Geldgeschäft denn endlich gelingen möge.[90]

Im Alten Testament wird ein Zinserlass für jedes 7. Jahr gefordert, Kaiser Justinian erließ ein Zinsverbot und Papst Leo I. d. Gr.

erließ im Jahre 3 v. Chr. ein Zinsverbot.[91] Meines Wissens gibt es nur im Islam noch den zinsfreien Kredit, bei den islamischen Banken demnach bis heute erhalten, bzw. wiederbelebt, und zur Information, es gibt inzwischen auch eine islamische Bank in Deutschland.[92]

Dennoch wird im derzeitigen Geldsystem der Zinsverlust des Sparers, in Zeiten des Nullzinses bei den Leitzinsen der Notenbanken, als Enteignung der Sparer nicht nur so empfunden, der Sparer erhält tatsächlich weder eine Belohnung für sein Sparverhalten noch einen Ausgleich für die in den negativen Bereich absackenden Realzinsen. Es bleibt dem Bürger schwer zu vermitteln, dass dies die Folge der noch immer vorliegenden Zinsbelastungen auf dem Geld ist, die mit einer Entwertung des Geldes einhergeht, dennoch ist es genau so.[93] Zu beachten ist dabei, dass der Überziehungskredit bei den meisten Banken im Jahre 2018 auf 12% und darüber steht. Sicheres Geld ohne ein vorab schon eingeplantes Entwertungsprozedere, das wird umso wichtiger, weil die Sicherheiten im klassischen Geldsystem von Jahr zu Jahr immer mehr dahinschwinden.[94]

2. Eine Sicherheit vermittelnde Finanzkontrolle

Das Sichere Geld und nicht nur dieses sollte eingebunden sein in ein Konzept der Absicherung von jeglicher Art eines Finanzgeschäftes einschließlich der sicheren Transaktion und Anlage von Geldmitteln. Wünschenswert wäre es, wenn die Bafin jegliche Art von Geldgeschäften und Finanzgeschäften nicht nur formal kontrollieren würde wie bisher, sondern auch den Geldtransfer unter die Lupe nehmen würde. Ein obligatorischer, dem Kunden ersichtlicher Verweis auf genehmigungspflichtige und nicht genehmigungspflichtige Finanzgeschäfte sollte den derzeitigen Zustand schon verbessern. Leider beschränkt sich die Genehmigungspflicht derzeit auf rein formale Kriterien wie die Art der Prospektwerbung und nicht auf harte Daten der Finanzunternehmen. Viele Unternehmen entziehen sich sogar noch dieser Verpflichtung und den Hinweisen auf die tatsächlichen Risiken bei diesen Geldanlagen. Im grauen Finanzmarkt werden zudem nahezu unkontrolliert Beteiligungen an geschlossenen Fonds angeboten, wobei überhaupt nicht darauf hingewiesen wird, dass bei unvorhersehbarem Geldbedarf der vorzeitige Verkauf der Papiere in der Regel absolut unmöglich ist. Auch dieser graue Finanzmarkt sollte bestmöglich kontrolliert werden. Nur ein kontrollierter Finanzmarkt kann und darf auch mit Sicherem Geld arbeiten dürfen.

Da bei Sicherem Geld letztlich mit der eigenen Arbeitskraft bezahlt wird, die bereits erbracht wurde oder aber in der Zukunft noch zu erbringen ist, muss auch die Frage nach der Bewertung gestellt werden, ist es doch ein Unterschied, ob ein Arzt seine Arbeitskraft zur Verfügung stellt oder der Werftarbeiter. Der am Markt bezahlte Preis bewertet die Arbeitsstunde und berücksichtigt dabei Ausbildung und Erfahrung, vor allem aber die Knappheit an entsprechenden Arbeitskräften. Die Bewertung nach Knappheit und die nach der Qualität sollten nicht zu sehr differieren, aber auch nicht einfach egalisiert werden. Für den Kredit sollte die Qualität ausschlaggebendes Kriterium sein, für die Gewinnerwartung die Knappheit. Eine wirksame Finanzkontrolle sollte diese Differenzen aufzeigen und transparent machen, natürlich auch kriminelle Ansätze einer unrechtmäßigen Gewinnmaximierung.

Da mit sicherem Geld, letztlich mit der eigenen Arbeitskraft bezahlt wird, diese in der Zukunft erbracht, den Kredit zurückzahlt, ist es wichtig zu verhindern, dass am Markt Preise verlangt werden, die weit über der tatsächlichen Arbeitsleistung anzusiedeln sind oder auch die Arbeitsleistung nicht hinreichend berücksichtigen. Hier stellt sich die Frage nach der Knappheit der nachgefragten Ware und wie die ausreichende Versorgung mit den nachgefragten Waren zu gewährleisten ist. Verfolgt man diesen Gedankengang weiter, so wird man sich fragen müssen, ob die notwendigen Ausbildungskapazitäten vorhanden sind und ob Waren, die nicht in beliebigen Mengen auf den Markt gebracht werden können, nicht dem Markt entzogen und in einem marktfremden Verfahren unter staatlicher Aufsicht zu verteilen sind. Ein Beispiel für nicht beliebig nachlieferbare Güter ist der Boden, auf dem die Häuser stehen, in denen die Bürger wohnen, ebenso der Boden, der vom Landwirt bearbeitet und genutzt wird. Alles, was sich nicht mit der Arbeitskraft der Menschen beliebig vermehren lässt, sollte als Gemeineigentum von der Gemeinschaft verwaltet und gegen eine Nutzungsentschädigung oder Pacht einzelnen Bürgern mit Vertrag zur Verfügung gestellt werden. Auch hier kann die Finanzaufsicht mit herangezogen werden, um eine gerechte Preisbildung zu erreichen. Ziel sollte es dabei sein, die Übervorteilung einzudämmen und eine finanziell verursachte Versklavung zu verhindern. Zu starke Abweichungen zwischen Marktpreis und Arbeitszeitbewertung sollten öffentlich gemacht und so für eine Eindämmung zu starker Differenzen gesorgt werden. Gegebenenfalls ist auch an eine Aufwertung der in den Arbeitszeitkonten zugrunde gelegten Leistungsbewertungen zu denken.[95] Nicht nur die Pseudoknappheit ist dabei im Auge zu behalten, sondern auch das Pseudoüberangebot.

Einschreiten sollte die Finanzaufsicht sowohl bei Wucher wie auch bei unrealistischen Wertzuwächsen jedweder Art. Kurzfristige Wertzuwächse von über 100% sind in jedem Fall steuerlich abzuschöpfen. Bedauerlich ist in diesem Zusammenhang auch, dass in Deutschland Bitcoin-Börsen ohne Genehmigung durch die Bafin gegründet werden können. Es wird Zeit, dass endlich Gesetze ausgearbeitet werden, die eine hinreichende Kontrolle aller Finanzgeschäfte garantieren können.[96] Die damit zu erzielende Sicherheit dürfte nicht nur viele Bürger vor Verlusten bewahren, sondern auch die Investition in solide Unternehmen fördern und damit ebenso reales Wachstum befördern.

VII. Das Sichere Geld und die Banken

„Verzweifelt über die Hoffnungslosigkeit, ein politisch praktikables Problem … nämlich die Inflation zu stoppen …, machte ich vor ungefähr einem Jahr in einer Vorlesung einen etwas verblüffenden Vorschlag,[97] dessen weitere Verfolgung ganz unerwartet neue Horizonte eröffnet hat … Die weitere Verfolgung des Vorschlags, dass der Regierung das Monopol der Geldemission entzogen werden sollte, eröffnete die faszinierendsten theoretischen Ausblicke …"

(Hayek, Monetärer Nationalismus und internationale Stabilität; 2011, [1937])

Mit dem staatlichen Monopol der Geldschöpfung sind auch die Banken in ein Geldsystem eingebunden, das es grundsätzlich nicht zulässt, andere Geldsysteme zu akzeptieren. Dennoch etablieren sich in der letzten Zeit immer mehr nichtstaatliche Geldsysteme, die allerdings nicht völlig unabhängig sind vom staatlichen System.

Die Akzeptanz des Geldes in einem bestimmten Währungsraum beruht auf dem Vertrauen, das dem Herausgeber, dem Schöpfer des Geldes entgegengebracht wird, das man ihm glaubt, entgegenbringen zu können. Geld ist, erst recht, da auf gesellschaftlichen Vereinbarungen beruhend, eine Vertrauenssache. Bei geringem Vertrauen kann mitunter der hohe Zins noch zu einer Anlage überreden. Zinsloses Geld zu erhalten wird deshalb nur möglich sein, wenn eine vertrauenswürdige Institution die dazu notwendige Sicherheit anbieten kann. Edelmetalle bieten da schon eine gewisse Sicherheit. Besser ist hingegen das vertraglich abgesicherte Versprechen einer Arbeitsleistung. Eine Institution, die Arbeitszeitkonten führt und überwacht, sowie auch Buch führt über alle Schulden und Besitztümer des Schuldners, die könnte das notwendige Vertrauen für den Gläubiger schaffen. Die notwendige Kontrolle kann von einer staatlichen Institution oder auch einer rechtlich und moralisch unbelasteten und allgemein akzeptierten Autorität durchgeführt oder doch wenigstens überwacht werden. Bei entsprechenden rechtlichen Absicherungen kann dies sicherlich ebenso eine private

Institution leisten. Im Gegensatz zu Kryptogeldsystemen, die keine Kundendaten zu den möglichen Arbeitsleistungen ihrer Kunden festhalten müssen, ist dies bei einer sicheren Währung unbedingt nötig, und zwar in einer rechtlich einwandfrei nachweisbaren Form. An dieser Stelle wird auch bereits klar, dass Sicheres Geld nur an Privatpersonen, im juristischen Sprachgebrauch natürliche Personen und nicht an juristische Personen, als Kredit ausgezahlt werden kann. Nur Privatpersonen können das Sichere Geld mit ihrer Arbeitsleistung absichern. Deshalb können im System des Sicheren Geldes weder die öffentliche Hand noch Firmen und Institutionen als juristische Personen derartige Kreditverträge abschließen. Wichtig ist nun auch die absolute Diskretion und gesicherte Aufbewahrung der Kundendaten; dafür ist nicht nur das sichere Datensafe bereitzustellen, sondern auch der gesicherte Rechtsraum, in dem diese Daten juristisch abgesichert aufbewahrt werden. Sind die Rahmenbedingungen entsprechend abgeklopft und in Statuten und sonstigen Regelwerken und Gesetzen fixiert, so steht einem Bankenwesen mit Sicherem Geld nichts mehr im Wege.[98] Dies kann allerdings kaum mit dem klassischen Bankensystem in staatlicher Lizensierung aus dem 20. Jahrhundert verglichen werden. Wer Freie Banken mit Sicherem Geld will, der kann durchaus die herkömmlichen Banken im derzeitigen klassischen System für überflüssig erachten, so wie es Jonathan McMillan in seinem Buch zur Zukunft des Finanzwesens vorträgt.[99] Danach benötigen wir in der Zukunft des elektronischen Geldes keine Banken mehr. Wird stattdessen eine Währungsbehörde eingerichtet, so könnte diese über ein bedingungsloses Grundeinkommen und eine Liquiditätsprämie die Geldmenge kontrollieren, so die Auffassung von McMillan.[100] Im System von McMillan ist es der Staat, bzw. die staatliche Institution, womit die notwendigen Sicherheiten erzeugt werden. Tatsächlich kann diese aber auf Dauer nur durch staatliche Regelwerke und Gesetze, nicht aber durch den Staat selber garantiert werden.[101]

Liegen die notwendigen Regelwerke vor, so wird auch auf natürliche Weise das Feld geöffnet für Freie Banken, gemeint sind damit Banken, die unabhängig von staatlichen Institutionen nur ihren Kunden verpflichtet sind. Idealerweise sollte die Freie Bank ihren Kunden gehören, so dass sowohl die Eigenkapitalquote kein Problem darstellen kann wie auch die Frage der Absicherung und Ausübung der Bankgeschäfte im Sinne der Kundschaft. Die hier angesprochenen Freien Banken haben gewiss nicht sehr viel gemein mit den zum Beginn des 19. Jahrhunderts in den USA noch existierenden freien Banken. Insbesondere sollten sich die zukünftigen Freien Banken ohne Wenn und Aber einer freiwilligen Kontrolle unterziehen, einer Kontrolle, die auch durch staatliche Institutionen durchgeführt werden könnte.

Die Bank muss die Kundendaten genau prüfen, und die Daten elektronisch gesichert und auch physisch gesichert verwahren. Werden die Daten von der den Kreditvertrag emittierenden Bank gesichert vorgehalten, dann bedeutet dies auch, dass weitere Kredite ebenso von dieser Bank zu bearbeiten sind, bei der ein Erstkredit bearbeitet wurde, der sogenannten Hausbank des Kunden. Sollen wegen Wohnortwechsel zum Beispiel weitere Kredite bei einer anderen Bank im Verbund der Freien Banken aufgenommen werden, so sind die gesamten Daten an diese andere Bank zu übertragen. Natürlich könnte man bei einem Bankenverbund auch zentrale Datenbanken errichten, auf die alle Banken im Verbund zugreifen können. Aus Sicherheitsgründen und wegen der Nähe zum einzelnen Kunden ist jedoch die dezentrale Datenspeicherung und Datensicherung vorzuziehen. Der Verbund sollte allerdings garantieren, dass alle angeschlossenen Banken bei Bedarf über eine kurze Anfrage Daten bei der ausgebenden Bank zwecks Überprüfung einsehen können. Dort wo die Kreditverträge ausgegeben werden, dort kann man auch noch den Überblick behalten und sowohl die papierne wie auch die elektronische Datenarchivierung durchführen.

Die Bank muss vertraglich so eingebunden sein, dass die notwendige Archivierung gesichert und gesetzliche Vorgaben problemlos eingehalten werden. So kann dem Kunden eine höchstmögliche Sicherheit vermittelt werden. Gesetze und die Überprüfung der

Einhaltung von relevanten Gesetzen sollten strikt dafür sorgen, dass im Falle der Insolvenz Kundengelder nicht angegriffen und auch nach Schließung der Bank die Aufbewahrung der Daten und die Weiterführung der Konten durch eine andere Bank gesichert ist. Die Bank darf in einem solchen System auch keine Wertpapiere auf eigene Rechnung kaufen, sondern nur als Vermittler auftreten. Einlagen dürfen als Sicherheit für Kredite zwar eingesetzt werden, müssen aber gegebenenfalls durch Versicherungen zusätzlich abgesichert werden.

Wichtig ist auch, dass die Banken im Sicheren Geldsystem, die Freien Banken, weder Geld von der nationalen Notenbank, bzw. EZB, noch von anderen Banken als Kredit erhalten, also nur in einen durchlaufenden Geldverkehr eingebunden sind.

Die staatlichen Notenbanken können dabei durchaus noch neben der Ausübung von Kontrollfunktionen auch allgemeine Liquiditätsmängel beseitigen helfen. Dazu müssen sie keine Kredite vergeben, sie können punktuell zu einem Stichtag allen Bürgern einen bestimmten Geldbetrag überweisen, der nicht zurückzuzahlen ist, aber nur eine beschränkte Gültigkeit hat.[102] Möglich wäre es, zum Beispiel im November jedem Bürger 1.000 Euro anzuweisen, die von jedem Finanzamt und jeder Kasse der öffentlichen Hand innerhalb von 12 Monaten als Geld zum Ausgleich von Verbindlichkeiten akzeptiert werden, bei Geschäftsinhabern innerhalb der folgenden 18 Monate. Selbst eine Erhöhung bei der Gewinnsteuer um 1 % im folgenden Jahr sollte die positive Wirkung nicht wieder vollständig zurücknehmen.[103]

Wichtig ist auch, dass auf gesondert aufgelegtes Extrageld der nationalen Notenbanken mit beschränkter Laufzeit keine Gewinnsteuer erhoben wird, denn das Geld muss genau so wieder zurückkommen, wie es herausgegeben wurde.

Die Freien Banken als freie Notenbanken sind nur dann als frei zu bezeichnen, wenn keine Verbindung zu dem klassischen Bankensystem, wie in der EU vorzufinden, existiert. Freie Banken dürfen auf keinen Fall für andere Banken Haftungsrisiken übernehmen, weshalb entweder eine Sonderstellung im EU-Bereich auszuhandeln ist, sie nicht als Banken im herkömmlichen Sinne aufgefasst werden oder aber Bankgründungen außerhalb des EU-Bereichs stattfinden müssen. Man kann durchaus der Frage nachgehen, ob das Sichere Geld überhaupt noch einer Bank im herkömmlichen Sinn bedarf. Mitunter reicht es aus, eine freie Finanzplattform zu kreieren, bei der Arbeitsleistungen getauscht und eingekauft werden, nicht aber Kredite im herkömmlichen Sinn vergeben werden, und die deshalb auch nicht Teil einer Bankenunion werden kann.[104] Vielleicht ist auch die Loslösung von den uns bekannten Banken notwendig. Bankenvereine oder Finanzinstitutionen auf Gegenseitigkeit könnten als Alternative angesehen werden und die notwendige Änderung im Finanzwesen auf den Weg bringen. Die Zeit ist reif für eine neue Geldwirtschaft mit freien Finanzinstitutionen und Freien Banken, einem Finanzsystem, das in die Zukunft weist.

Sicheres Geld kann nur von Banken oder Vereinigungen herausgegeben werden, die unabhängig sind von Regierungen, gleich welcher Art, keine Haftungsrisiken von juristischen Personen übernehmen und auch keine Haftungsrisiken von anderen Banken oder Firmen. Ein transparentes sicheres Geldsystem verlangt überdies auch eine generelle Transparenz im Vergütungssystem, vergleichbar den aktuellen Zuständen in den skandinavischen Ländern.[105] Gäbe es eine generelle Pflicht zur Offenlegung der Gehälter, dann würde es nicht zu den bei Banken und Autofirmen immer wieder zu beobachtenden überzogenen Gehältern kommen.[106]

1. Die Freie Bank als Zielvorhaben

Wir benötigen Freie Banken oder Bankenvereine, wollen wir sicheres Geld etablieren, Banken, die frei sind von staatlichen Einflüssen und Abhängigkeiten. Die Freie Bank, ob unter einem Dach oder als kooperative Bankenvereinigung, Vereinigung von

Bankenvereinen oder auch nur Finanzplattform, sie muss auch ihre Unabhängigkeit gegenüber anderen Banken und Finanzdienstleistern wahren, und zwar von Anfang an aufgrund entsprechender Statuten, Statuten, die nicht veränderbar sind. Alle Banken, Finanzdienstleister und Institutionen im Verbund der Freien Banken sollten über eine IT-Plattform miteinander verbunden sein, so dass Informationen und Überweisungen immer direkt von Bank zu Bank, von Kunde zu Kunde erfolgen können. Ausnahmen sind die Aktivitäten über Fremdwährungskonten, soweit diese eingerichtet wurden. Will ein Kunde eine Rechnung direkt in Euro bezahlen, so kann dies auch bei Freien Banken nur im klassischen Verfahren ablaufen.

Um die allgemeine Akzeptanz zu erhöhen, sollte es möglich sein, die Fremdwährungskonten einer Freien Bank wie das alte, bekannte Konto bei der früheren Hausbank einsetzen zu können, muss aber nicht von allen Finanzinstitutionen im Verbund der Freien Banken auch notwendigerweise so angeboten werden.

Was alle Banken, die im Verbund der Freien Banken arbeiten, verbinden sollte, das sind die Arbeitszeitkonten, in die ein jeder Kunde seine Daten zu dem vorhandenen Vermögen und den noch abzubezahlenden Schulden eintragen lassen muss. Die Arbeitszeitkonten müssen nach einheitlichen Regeln geführt werden Als Erstes sind die Arbeitszeiten pro Jahr jeweils nach Jahresabschluss in das Verzeichnis einzutragen und mit einem Faktor zu multiplizieren, der den Ausbildungsgrad plus der gewonnenen Erfahrung und den allgemeinen Bildungsstand repräsentiert. Als Formel könnte dies etwa so aussehen:

Ah (Bs + Ag + Be) = Al. Einzutragen sind die Arbeitsstunden (Ah), der Bildungsstand (Bs), der Ausbildungsgrad (Ag) und die Berufserfahrung (Be), was dann die potenzielle Arbeitsleistung (Al) ergeben sollte. Vorhandenes Vermögen ist als erbrachte Arbeitsleistung einzutragen, und zwar mit der ursprünglichen Arbeitsleistung abzüglich der zu verrechnenden Abnutzung. Daneben kann man die zukünftige Arbeitsleistung als Erwartungswert berechnen und eintragen. Die Aufgabe der Freien Bank ist somit durchaus verschieden von der einer herkömmlichen Bank, weshalb auch keine Eingliederung in das klassische Bankensystem gelingen kann.

Insoweit nun eine Banklizenz im Euro-Raum damit verbunden wird, dass man gleichzeitig in den Haftungsverbund der Banken mit eintritt, der die europäischen Banken sicherer machen soll, insoweit ist die Gründung einer Freien Bank in diesem Einflussbereich nur bedingt möglich,[107] Vielleicht ist aber die Gründung als Bankenverein oder freies Finanzinstitut eher angesagt, fehlen doch die Risiken der klassischen Banken. Insofern ist die Freie Bank ja auch keine Bank im herkömmlichen Sinn.

Sollten rechtliche Probleme auftreten, bietet die Gründung einer derartigen Bank in Lichtenstein, der Schweiz oder aber in Norwegen, eventuell auch in Großbritannien einen Ausweg an.[108] Damit bewegt man sich aber von dem gewünschten Einsatzort mitunter doch sehr weit weg, was ebenso problematisch sein kann, wie die Gründung einer Bank im EU-Bereich. Glücklicherweise gibt es im Finanzsektor noch andere Möglichkeiten der Verwaltung und der Etablierung von Zahlungsmitteln, ohne dafür eine Bank gründen zu müssen.

Geht man den Weg von E-Geld-Instituten, so kann man über E Konten, die mit einer Karte arbeiten, auch Kartenzahlungen tätigen und Überweisungen ausstellen. ohne eine allgemeine Banklizenz zu besitzen. Die Erlaubnis, E Geld-Dienstleistungen anzubieten, kann man über die Bafin erhalten. Interessant ist dabei, dass ein E Konto auch als Pfändungsschutzkonto eingerichtet werden kann. Damit hat man noch kein Konto mit Kreditgeld, wohl kann man Kreditgeld auf dies Konto einzahlen. Kredite können zudem auch über entsprechende Plattformen zwischen Privatpersonen ausgehandelt werden. Zunächst kann man aber, wie bei Bitcoin-Konten, Geld auch in ein Kartenkonto einzahlen, das in einer fremden Währung geführt wird. Man könnte also Euro in das Sichere Geld eintauschen und dieses dann gleichzeitig auf einem Konto bei den Freien Notenbanken für Sicheres Geld oder einem zugeordneten E Konto gutschreiben lassen.

Zur Vorbereitung könnten sich Bankvereine und Finanzdienstleistervereine konstituieren, die auch als Sparvereine antreten könnten, zum Beispiel mit dem Ziel, Geld für größere Anschaffungen anzusparen und nach Erreichen eines Halbansparzieles Geld von anderen Sparern zur Verfügung gestellt zu bekommen. In der Verbindung mit einer Genossenschaft für den Erwerb, den Erhalt und die Vermarktung von Immobilien und anderen Vermögenswerten könnten bankähnliche Dienstleistungen auch ohne die ansonsten übliche Bankkonzession erfolgen. Die Genossenschaft könnte, ob mit oder ohne Bankkonzession, durchaus Geld auf der Grundlage von Arbeitsleistungsbewertungen sammeln und gegen eine Art Arbeitsvertrag auch herausgeben, ohne damit das klassische Bankgeschäft zu betreiben.

Im ersten Schritt ist ein Verein zu gründen, der in seiner Satzung festhält, wie die Arbeitsleistung der einzelnen Kunden zu bewerten ist, und anschließend dies in einem Katalog auflistet. Nicht fehlen darf ein Algorithmus, mit dem die Stundenleistung zu berechnen ist. Vorhandene Sachsicherheiten sind ebenso in Stundenleistungen umzurechnen, beim Haus zum Beispiel die Stundenleistungen zu berechnen, die notwendig sind, um es neu aufbauen zu können, wenn ein Brand alles vernichtet hat. Die Stundenleistung wird dabei sinnvollerweise in einer neuen fiktiven Währung festgehalten, zum Beispiel der Sicheren Währung (NIM), so dass auch Umrechnungen leicht in andere Währungen möglich sind. Wird das, was ein ungelernter Arbeiter in 10 Stunden erarbeiten kann, als Stundenleistung mit einer Einheit festgeschrieben, so kann man davon ausgehend die Stundenleistungen eines Lehrers, eines Journalisten, eines Fachverkäufers bestimmen. Zur Festlegung der einzelnen Stundenleistungen kann man anfänglich selbstverständlich auch die aktuellen Lohn- und Gehaltszahlungen mit heranziehen.[109] Die Absicherung des neuen Geldes über Arbeitsleistung verlangt auch eine Absicherung für den Krankheitsfall und den Tod des Kontoinhabers. Insofern muss mit den Kreditverträgen zum Sicheren Geld eine Risikoversicherung auf die Arbeitsleistungen abgeschlossen werden, damit diese im Krankheitsfall und nach dem Ableben des Kreditnehmers gesichert sind. Ob dabei externe Versicherer mit herangezogen werden oder aber eine interne Versicherung diesen Service leistet, das sollten die zukünftigen Bankkunden und Bankeigner entscheiden, wenn die Statuten festzulegen sind. Das Ziel einer Freien Bank ist es dabei, eine Institution zu schaffen, die bestehende und zukünftige Arbeitsleistungen in eine Währung transferiert, die durch den Bezug zur Arbeitsleistung abgesichert ist. In einer Welt mit sehr vielen anderen Währungen wird es notwendig, einen möglichen Wechsel in diese anderen Währungen von Beginn an mit einzuplanen. Sich einspielende Wechselkurse können mitunter die Sonderstellung der Freien Banken etwas relativieren. Dazu muss jeder Kunde über ein Verrechnungskonto, ein Guthabenkonto und möglichst ebenso ein Fremdwährungskonto verfügen.

Im Verrechnungskonto sollte der Kredit in der neuen Währung zur Verfügung gestellt werden, die nicht aktuell benutzten Gelder auf dem Guthabenkonto und Fremdwährung auf dem Fremdwährungskonto. Insgesamt sollte jeder Kunde im Sicheren Währungssystem demnach prinzipiell drei Konten besitzen, das Verrechnungskonto, das Guthabenkonto und das Fremdwährungskonto.

Im Gegensatz zum klassischen Bankensystem sollte das System der Freien Banken mit Sicherem Geld für gleiche Dienstleistungen auch das gleiche Geld berechnen, eine Bezahlung nach Aufwand erfolgen und nicht über den Zins, niedrige Bauzinsen für die Reichen und hohe Überziehungszinsen für die weniger betuchten Bürger.

2. Wie wird die neue Währung eingesetzt?

Bei einer sicheren Währung sollte nicht nur der Einsatz beim Einkauf sicher sein, die einzelnen Schritte bis zur Rückzahlung eines Kredits notfalls sicher schrittweise zurückverfolgt werden können, schließlich geht es um die Sicherheit derselben. Existiert die Währung nur als virtuelle Währung im Netz, so kann jeder einzelne Schritt in einem Protokoll wie der Blockchain nachvollzogen werden. Wegen der komplexeren Gestaltung bei der Ausgabe von papiernen oder auch plastikbasierten Noten soll zunächst von einer rein virtuellen, nur im Computer existierenden Banknote, ausgegangen werden. Bei einer reinen kartenbasierten Zahlung kann man nicht nur auf den Druck von Banknoten verzichten, die einzelnen Zahlungsvorgänge sind auch direkt verfolgbar und problemlos bis auf kleinste Bruchteile der geliehenen Geldmenge abrechenbar. Bei rein digitalen Abrechnungen kann man sogar den Code für die Stückelung erst beim Bezahlvorgang erzeugen.[110]

Neben Bankkarten, mit denen direkt vom vorhandenen Kontobetrag abgebucht wird, kann man auch Budgetkarten einführen, bei denen nur eine vorab festgelegte Summe, das Budget, für die Abbuchung zur Verfügung steht, und zwar vergleichbar den bereits existierend Prepaid-Kreditkarten. Dies ließe sich dann auch mit Fremdwährungskarten kombinieren. Noch einfacher ließe sich die Budgetkarte oder Bargeldkarte mit den neu auf den Markt drängenden elektronischen Bargeld-Börsen über das Smartphone realisieren. Die Kassenzettel und Rechnungen in der Sicheren Währung sollten so normiert werden, dass jederzeit eine schnelle Kontrolle möglich und für den Kunden leicht nachzuvollziehen ist. Zudem sollten die Abrechnungen so gestaltet werden, dass sie im Rechenunterricht einsetzbar sind.[111] Im Laden direkt nach dem Einkauf aufs Handy geschickt, könnte alles sofort papierfrei kontrollierbar sein und zu Hause am Ende des Einkaufstages ausgedruckt oder abgespeichert werden. Der Umgang mit abzählbarem Bargeld muss deshalb nicht verlorengehen, kann aus didaktischen Gründen selbst im Computer nachvollzogen werden, im lokalen Markt eingesetzt sogar den Alltag vor Ort mitbestimmen. Ein nur in einem speziellen lokalen Markt gültiges Bargeld könnte sogar nützlich sein, will man die Märkte gegeneinander trennen, um so den lokalen Aspekt zu stärken. Gleichzeitig kann die Arbeit mit einem Geld, das noch die volle Sensorik mit einbezieht, auch emotional und lernbedingt den Bürger besser in seiner Ganzheit fördern und fordern. Ein nur lokal gültiges Geld könnte im Markt mit der Bargeldkarte über digitales Buchgeld in Bargeld eingetauscht und am Ende des Marktganges das nicht genutzte Geld wieder zurückgetauscht werden.

Staatliche Institutionen können nur über Steuern, Gebühren und Pachtzinsen an das Geld der neuen Währung gelangen, dies auch nur, wenn dieses Geld zur Zahlung von Schulden gegenüber der öffentlichen Hand akzeptiert wird. Um die allgemeine Akzeptanz des neuen Geldes zu erhöhen, ist es nicht unwichtig, sich darum zu kümmern, dass die staatlichen Organe dieses Geld auch annehmen. Für die staatlichen Organe ist es wichtig, dass sie mit der Akzeptanz von NIM Arbeitsleistungen als Zahlungsmittel akzeptieren und in den Tresor einlagern. Mit Sicherem Geld könnten dann auch Arbeitsleistungen für die Allgemeinheit, den Staat, finanziert werden.[112]

Geld wird neben der Absicherung der Kosten für die Lebenshaltung, gleich welcher Art, auch eingesetzt für größere Anschaffungen wie Autos und größere Reisen, sowie für den Immobilienerwerb, aber auch für den Erwerb von Wertpapieren. Bei größeren finanziellen Transaktionen wird der Einsatz von Geld desgleichen als Einsatz von Kapital beschrieben, das vielfach auch erst anzusparen ist. Ist Geld im Überfluss vorhanden, so gibt es allerdings keinen Grund, dieses anzusparen. Erkennt man Sparen aber als unbedingt notwendig im nachhaltigen Wirtschaften an, so ist die Kreditbeschaffung ohne vorheriges Sparen zu begrenzen. Begrenzend wirkt im klassischen Geldsystem natürlich ein hoher Zinssatz. Deshalb könnte ein Wegfall von Zinsen beim Sicheren Geld zu verstärkter Kreditnachfrage führen, wenn nicht andere begrenzende Maßnahmen vorliegen. Absolut begrenzend ist zum einen die im Rahmen der Lebenszeit zur Verfügung stehende potenzielle Arbeitsleistung, die mit jedem dazugewonnenen Lebensjahr abnimmt. Begrenzend muss auch die tatsächliche Möglichkeit einer aufgeteilten Rückzahlung berücksichtigt werden. Zudem sind Wert und mögliche Rekapitalisierung einer Anschaffung in einen Algorithmus zur Begrenzung von aktuellen Kreditnachfragen mit einzubeziehen. Langfristig sollte dennoch im Rahmen des Sicheren Geldes auch das Kapital zunehmen.

Nun könnte man meinen, dass die Zunahme des Kapitals, eine Erhöhung des Kapitalstocks, den Kapitalismus stärken sollte. Dies könnte aber auch zu einer Schwächung oder gar dem Ende des kapitalistischen Systems führen, weil ein Überfluss an Kapital irgendwann nicht mehr in der Lage ist, die Produktivität in einem sinnvollen Maße zu erhöhen. Geld und Kapital können dann jedenfalls irgendwann auch nicht mehr begrenzender Faktor sein. Beim Sicheren Geld ist allerdings die intrinsische Begrenzung dieser Geldart zu beachten, Sicheres Geld kann nur in der Menge in den Umlauf gelangen, die tatsächlich als potenzielle Arbeitszeit zur Verfügung steht.[113]

Es mag nun als ein Widerspruch erscheinen, dass wie im klassischen System ebenso im System des Sicheren Geldes der Marktwert stark vom Arbeitszeitwert abweichen kann, wichtig, die Differenz darf nicht durch die Notenbank ausgeglichen werden, was den Freien Banken im System des Sicheren Geldes auch eh nicht möglich ist, sonst würde ja der Arbeitszeitwert im Nachgang verändert, was nicht sein darf. Wer mehr für eine Ware bezahlt, als darin als Arbeitsleistung enthalten ist, der muss dies halt auch mit einem erhöhten Arbeitsaufwand seinerseits bezahlen. Auch dies sollte die Kreditaufnahme im System der NIM-Währung begrenzen helfen.

Die in jedem Geldsystem notwendigen Begrenzungen der Kreditaufnahme werden im derzeitigen klassischen staatlichen System immer schwächer, und das nicht nur wegen der Absenkung des Leitzinses auf 0%, sondern auch wegen der nahezu grenzenlosen Kreditgewährung an Kommunen und andere juristische Personen.

Die Begrenzungen für den Faktor Geld aufzulösen war und ist das erklärte Ziel der aktuellen Politik der EZB, nicht die notwendige Begrenzung für kommunale und staatliche Organe zu verschärfen. Ob dadurch wie erwartet die Investitionstätigkeit gefördert wird, das mag theoretisch eine Option sein, tatsächlich kann das Geld im Überfluss aber andere Faktoren, die begrenzend wirken, nicht immer ersetzen. Erst recht kann es nicht sinnvoll sein, Faktoren zu ersetzen, die aktuell in keiner Weise begrenzend wirken. Ebenso können Faktoren, deren Wirkungen bereits maximal ausgeschöpft werden, nicht durch Geld in ihrer Wirksamkeit weiter erhöht werden. Sind zum Beispiel genug Arbeitskräfte vorhanden, so kann der Tausch von Geld in noch mehr Arbeitskräfte keine Wirkung mehr zeigen. Fehlen hingegen Arbeitskräfte, zum Beispiel Spezialisten, so kann Geld vielleicht für mehr Ausbildungsplätze sorgen, kaum aber sofort die fehlenden Spezialisten bereitstellen. Damit wird es in vielen Situationen auch unerheblich, wieviel Geld zur Verfügung steht. Ist Geld im Überfluss vorhanden, so kann auch weiteres Geld keine Wirkung mehr zeigen. Damit erweist sich der durch gesellschaftliche Konvention geschaffene Faktor „Geld" als durchaus äquivalent zu den natürlichen Faktoren, wie Arbeit und Energie, denn er kann trotz seiner Besonderheit als Superfaktor nur wirksam werden, wenn die Knappheit der zu ersetzenden Faktoren nicht allgemein strukturbedingt ist.

Wachstum wird nun nicht immer proportional zum Einsatz von Geld erfolgen, es wird hier wie bei allen anderen Faktoren auch eine auf jeden Wachstumsvorgang gesondert angepasste Sättigungsgrenze geben. Die Sättigung mit Geld kann dann im Einzelfall auch dazu führen, dass zur Verfügung stehendes Geld nicht benötigt wird. Was aber fängt man mit Geld an, das existiert, aber nicht benötigt wird? Man wird es sinnvollerweise zurücklegen und nicht für projektfremde Zwecke einsetzen, nur weil man nicht weiß, was mit dem Geld anzustellen ist. Zurückgelegtes, nicht eingesetztes Geld erhöht den Kapitalstock, das einsetzbare Kapital vermehrt sich, womit wir hier für das Geld die Aufbewahrungsfunktion ansprechen, die in der Einleitung schon angesprochen wurde. Begreifen wir Geld als intermediäres Tauschobjekt, so ist die Aufbewahrungsfunktion aufzufassen als ein Tausch innerhalb der Zeitdimension, der aktuelle Tausch hier und heute im Markt als ein Tausch in den Raumdimensionen bei nur scheinbarer Vernachlässigung der Zeitdimension, die Wertbemessung hingegen als ein Tausch in den relationalen Dimensionen. Geld muss dabei nicht den Besitzer wechseln, um als Maßstab herangezogen zu werden, der die Wertschätzung für das Konkurrenzprodukt ermittelt.[114]

Die Sicherheit des Geldes ist, darauf sei ausdrücklich hingewiesen, für Wachstumsprozesse wichtiger als alle anderen Eigenschaften einer zu bewertenden Währung.

Zum sicheren Umgang mit Geld und zum sicheren Warenverkehr gehört auch die hinreichende Geldmenge am Markt. Um das garantieren zu können, wird es im Aktivgeldsystem einer Kontrollinstanz bedürfen, im System des Sicheren Geldes sollten entsprechende Statuten und Gesetze ausreichen. Die klassischen Notenbanken können dafür auch nichtkreditbasiertes Geld in den Umlauf bringen, müssen dann aber auch dafür sorgen, dass überflüssiges Geld dem Umlauf wieder entzogen wird, im einfachsten Fall über Steuergelder.[115]

Da vielfach Produkte im Markt auch höher bewertet werden, als es die Arbeitsleistung zulassen sollte, so ist in der Tat mehr in den Umlauf zu bringen, als dies die Arbeitszeitkonten vermuten lassen. Beim kreditbasierten Passivgeld NIM sollte dies durch einen erhöhten Kreditbedarf ausgeglichen werden, was nicht heißt, dass im Passivgeldsystem die staatliche Kontrolle völlig überflüssig wäre. In einem über Arbeitszeitkonten kontrollierten Passivgeldsystem kann zusätzliches Geld in der Bilanzierung auch über die nicht entlohnten Anteile in den Konten abgerechnet werden. Gehen wir in einer Modellrechnung mal davon aus, dass jeder ca. 75 Stunden im Monat für seinen eigenen Haushalt aufbringen muss, also bei 2 Personen dann 150 Stunden, so würde eine Verrechnung pro Haushalt ca. 3.000 Euro ergeben. Damit könnte man sogar das Grundgehalt über die Arbeitszeitkonten abrechnen. Tritt der Staat als Geldgeber auf, so kann er das Geld aus den Steuern schöpfen, sollte es auf keinen Fall über Kredite generieren. Will man auch hier den Staat heraushalten, so kann der erhöhte Bedarf an Geldmitteln nur über Lebenszeitkredite geschöpft werden. Wichtig ist es dabei die Art der Kontoführung in der hier vorgeschlagenen Währung zu beachten. Da NIM eine kreditbasierte Währung ist, so muss auch das Kreditkonto eine zentrale Bedeutung erhalten. Bei der Kontoeröffnung muss deshalb immer auch ein Kredit aufgenommen werden, selbst dann, wenn das vornehmliche Ziel die Aufbewahrung von angesammeltem Kapital ist. Das Guthaben kann erst dem zugeordneten Guthabenkonto gutgeschrieben werden, wenn der Kredit dem Verrechnungskonto gutgeschrieben wurde. Mit jeder Kontoeröffnung ist deshalb gleichzeitig ein Kreditvertrag abzuschließen. Praktisch kann das dann so aussehen, dass ein Kredit beantragt wird, der mindestens die für das erste Jahr zu erwartenden Unkosten abdeckt. Daneben kann dann Geld auf das auch einzurichtende Fremdwährungskonto eingezahlt werden. Das Geld auf dem Fremdwährungskonto kann anschließend, sobald ein Tauschpartner gefunden wurde, in NIM eingetauscht auf dem Guthabenkonto geparkt werden. Erst wenn das Guthaben in der Höhe den gewährten Kredit übersteigt, kann auch ein Überziehungskredit gewährt werden.

3. Konkret, die neue Sichere Währung

Die neue Währung ist einmal abgesichert durch das Register zu den Arbeitsleistungen, zum anderen durch den darauf bezogenen Kreditvertrag.

Die Geldschöpfung per Kreditvertrag kann zwar in jeder der bereits existierenden Währungen durchgeführt werden und wird ja auch bereits praktiziert, allerdings nicht als rein private Geldschöpfung durch ein privates Bankenkonsortium, einen privaten Finanzdienstleister oder eine privat organisierte Genossenschaft mit einem Arbeitsleistungsregister.

Mit dem neuen Geld können alle notwendigen Absicherungen von Anfang an in die Verträge eingebaut werden, um die

Abhängigkeiten in den alten Währungen erst gar nicht mitzuschleppen. Deshalb bietet es sich an, mit einem neuen Geldsystem auch ein komplett neues Geld einzuführen. Da die hier anzusprechende Absicherung eine Absicherung über die vertragliche Zusicherung von Arbeitsleistungen ist, so kann dies nicht mit den zurzeit sonst üblichen Kreditverträgen verglichen werden. Mit diesen vertraglichen Absicherungen ist es auch nicht möglich, eine andere Bank zu stützen oder abzusichern, die keine der neuen Absicherungen kennt.

Da das neue Geld nicht national gebunden sein sollte, so ist es von Anfang an als international auftretendes Geld zu konzipieren. Hierbei ist an die Ausführungen von F.A. Hayek zu erinnern, der als erster Ökonom vorschlug, dem Staat das Monopol der Geldschöpfung und insbesondere die Ausgabe von Metallgeld zu entziehen[116]. Gerade an dieser Stelle ist auch die Diskussion, um eine Abschaffung des Bargeldes zu erwähnen, eine Diskussion, an der sich auch Notenbankökonomen beteiligen, erwähnt wird da auch die Möglichkeit, Bargeld bei Einlage oder Umtausch im Wert zu beschneiden.[117] Mit einer neuen Währung wären auch all diese Überlegungen vom Tisch, wobei es nicht nötig ist, die neue Währung mit Bargeld auszustatten, was vielleicht sogar eher hinderlich sein dürfte.

Vor der Geburt des neuen Geldes ist wie in der Regel vor jeder Geburt ein Name zu finden, kurz, wie soll das neue Geld heißen? Wegen des internationalen Auftritts ist es sinnvoll, einen englischsprachigen Namen zu finden, Vorschlag: New International Money. In der Abkürzung ergibt sich daraus NIM und könnte im Deutschen dann auch unter dem Namen Neue Internationale Moneten laufen, die Institutionen, die NIM herausgeben als „New International Money Maker", NIMM. Will man die Sprachpräferenz vermeiden, bietet sich auch „Moneta" als Name an.Wesentlich ist nun die Zuordnung zu einer festgelegten Arbeitseinheit. Ein NIM könnte zum Beispiel das Äquivalent für 10 Stunden Arbeit eines ungelernten Arbeiters sein, womit dann die Basisarbeitsleistung bestimmt ist. Wird diese Arbeitsleistung in Euro mit 100 Euro vergütet, so sollte man für 100 Euro ein NIM eintauschen können, wobei sich dieser Kurs, wenn frei am Markt entwickelt, auch etwas darüber oder darunter einpendeln könnte. Dies würde außerdem bedeuten, dass eine Arbeit, die mit 20 Euro die Stunde vergütet wird, in NIM dann mit 0,2 NIM zu vergüten ist, eine mit 40 Euro vergütete Stunde mit 0,4 NIM. Dies könnte somit auch ein erster Anhaltspunkt dafür sein, wie die Qualität der Arbeitsleistung im Arbeitskataster zu berücksichtigen ist. Da wohlhabenden Bürgern in vielerlei Hinsicht die Sicherheit wichtiger ist als ein möglicher Gewinn, so kann man davon ausgehen, dass nach einer Anlaufphase mit einem Run auf die neue Währung NIM zu rechnen ist. Durch den Eintausch von Euro, Pfund und Dollar in NIM erhält die NIM produzierende Institution, hier als „Freie Bank" deklariert, Devisen, die nützlich sind, um den Mitgliedern andere Währungen anbieten zu können, da nicht jeder so schnell die neue Währung im Handel akzeptieren wird. Wegen der eventuellen Probleme im EU-Raum kann man die eigentliche Notenbank oder Mutterbank auch in der Schweiz oder Liechtenstein gründen und von dort aus die zugeordneten nationalen E Geld-Institutionen mit diesem Geld per Überweisung füttern. Es könnte dann eventuell so aussehen, dass der Kunde ein Konto bei der Mutterbank eröffnet und gleichzeitig ein E Geld-Konto an seinem Wohnort. So kann Geld von der Mutterbank auf das lokale E Geld-Konto überwiesen und am Wohnort direkt in einer vorher avisierten Währung genutzt werden. Sinnvollerweise wird man die E Konten von Beginn an in wenigstens zwei Währungen laufen lassen, einmal in NIM und zum anderen wahlweise in Euro, Dollar, Pfund, Schwedischen Kronen oder Schweizer Franken. Die Mutterbank kann als Notenbank, aber auch als Geschäftsbank konzipiert werden, die alle Kreditverträge sowohl in der Papierform wie auch elektronisch verwahrt und im Verbund mit anderen Freien Banken, die als Mutterbanken für ihren Bereich auftreten, den Zahlungsverkehr in dieser neuen Währung, IT-basiert, wenn gewünscht zum Beispiel auch mit der Blockchaintechnik, gewährleisten.[118] Sollen nach Euro-Einzahlungen als NIMs auf einem Konto gutgeschrieben werden, so müssen allerdings andere Kunden bereit sein, ihr NIM-Guthaben zum Eintausch in Euro anzubieten.[119]

Eine Firma, die ihre Mitarbeiter in NIM auszahlen will, hat zunächst ein Problem, denn wie kommt man an dieses Geld? Da dieses Geld über private Kreditverträge geschaffen wird, stellt sich die Frage konkreter, insofern als die Privatleute zu finden sind, die der Firma NIM als Anleihe zur Verfügung stellen oder auch Anteile an der Firma in NIM erwerben. Werden anschließend Geschäfte in NIM abgeschlossen, so kann es funktionieren, genug NIM in der Kasse zu sammeln, um damit die Mitarbeiter zu entlohnen. Reicht es nicht, so kann Fremdwährung eingewechselt und auf Geld zurückgegriffen werden, das Mitarbeiter zum Beispiel in Euro zurückwechseln.

Ein grundlegendes Problem ist insbesondere zum Anfang die Versorgung von Firmen und Geschäften mit Kreditgeldern, da Kredite beim Sicheren Geld ja nur an natürliche Personen vergeben werden können. Kaum ein Problem würde entstehen, wenn alle Mitarbeiter auch Miteigentümer werden, da dann jeder nur einen Teilbetrag aufnehmen muss, damit insgesamt das benötigte Kapital zusammenkommt. Damit wird langfristig auch ein anderes Geschäftsmodell zu bevorzugen sein, als dies bislang üblich ist. Am ehesten passt dazu das Modell einer Genossenschaft, wie es bei den verschiedenen Genossenschaftsbanken, den Volksbanken, aber auch bei den landwirtschaftlich orientierten Raiffeisengenossenschaften zu finden ist.

Da jeder Geldschein in der neuen Währung NIM genau genommen ein Schuldschein ist, so sind die Registrierungen der Noten auch entsprechend mit einem Registrierungscode auszustatten, der identisch ist mit der Registrierungsnummer auf dem Kreditvertrag. Wird jedem Kreditvertrag zuerst ein Code für das den Kredit aushändigende Institut vorangestellt, so könnte dies so aussehen, dass für alle Kredite der Freien Notenbank in Köln der Registrierungscode mit BuD-Koel für „Bundesrepublik Deutschland Koeln“ beginnt. Der Ländercode sollte dabei immer dreistellig sein, der Stadt- oder Bereichscode hingegen

4-stellig. Danach können dann das Jahr, der Monat und die fortlaufende Vertragsnummer in diesem Monat folgen, beginnend mit dem ersten und endend mit dem letzten Vertrag in diesem Monat, vielleicht 22 oder auch 3.560. Wird nun ein Kredit über 100.000 NIM ausgezahlt, so ist noch auf die Stückelung zu achten, geht man schließlich nicht mit 100.000, egal ob in NIM oder Euro, Lebensmittel einkaufen. Für den Einkauf im örtlichen Einzelhandel ist die neue Währung nicht nur in Multiplikativen der Einheit 1 NIM, sondern auch in Teileinheiten von 1 NIM einzuteilen. Wird der tausendste Teil eines NIM der kleinste gestückelte Kreditbetrag, so kann man die Einteilung vornehmen in 1 NIM x 10 hoch 3 bis 1 x 10 hoch 4. Damit benötigen wir wenigstens 8 Stellen zur Darstellung dieses Codes. Ein Code mit ca. 20 Stellen sollte ausreichen, hier die notwendige Eindeutigkeit zu erzeugen. Dabei ist es nicht wichtig, ob tatsächlich entsprechende Noten gedruckt, oder aber nur fiktive Noten im digitalen Netz ausgetauscht werden. Wichtig ist der Austausch am Ende der Laufzeit. Dieser sollte mit der Bank durchgeführt werden, die den Kredit aufgelegt hat. Bis alles Geld gesammelt ist, um den fälligen Kredit auszulösen, kann der Ablauf in einer Blockchain oder auch einem vergleichbaren Verfahren festgehalten werden, um anschließend den Tauschvorgang reibungslos abwickeln zu können, schließlich wird die Rückzahlung mit Banknoten vorgenommen, die gerade zur Verfügung stehen, und nicht unbedingt mit genau den Noten, die bei Kreditvergabe und Auszahlung in den Umlauf gelangten. Damit diese Rückzahlung in jedem Fall gesichert ist, muss die Arbeitsleistung, die als erste Sicherheit eingesetzt wird, noch durch eine zweite Sicherheit eine Art Rückversicherung gedeckt werden, und zwar für den Fall, dass der Kreditnehmer durch Erkrankung und Tod die hinterlegten Arbeitszeiten nicht mehr voll zur noch fälligen Rückzahlung einbringen kann.[120]

Um Wohnungseigentum auch dort finanzieren zu können, wo heutzutage der soziale Wohnungsbau das Feld belegt, sollten die entsprechenden Baukredite mit Sicherem Geld bei den „sozial Schwachen" zum einen auf Erbbaugrundstücken und zum anderen mit langfristig angelegten Krediten zwischen 30 und 50 Jahren aufgelegt werden, dann könnten die monatlichen Raten den derzeitigen Mietzins sogar unterlaufen.

Bei der Kontoeröffnung im Sicheren Geldsystem sind zudem Einlagen als Geschäftseinlagen wichtig, die nicht nur den Mitbesitz an der Bank dokumentieren, sondern auch ein Sicherheitspolster darstellen sollen und im Ruhestand eine Restabsicherung für das Ruhegehalt bei gesundheitlichen Problemen im Alter. Deshalb kann auch die Rückzahlung der Einlage frühestens bei Kontoauflösung zum Rentenantritt erfolgen. Nach dem Tod sollte der Rest der Einlage nach Abzug von Zahlungen an die Hinterbliebenen zur Abwicklung aller mit der Beisetzung verbundenen Auslagen und einer eventuellen Schuldentilgung eingezogen werden, ein Überschuss als solidarischer Beitrag, um in Notfällen Mitgliedern auch Hilfen anbieten zu können, die sonst nicht möglich wären.

Das neue Geld NIM kann natürlich prinzipiell auch über Kreditkarten und Bankkarten digital eingesetzt werden, ebenso über Bezahlsysteme per Handy.

4. Ansparkreditvertrag und Überziehungskredit genauer betrachtet!

Wie wir gesehen haben, kann jeder normale Kreditvertrag der Geldschöpfung dienen. In einem durch normale Banken dominierten Kreditgeschäft sollte diese Art der privaten Geldschöpfung jedoch generell von staatlichen Beeinflussungen unberührt zur alleinigen Art der Geldschöpfung werden, so wie im System der Freien Banken vorgesehen. Das bedeutet nun nicht, dass Kredite nur in dieser Art und Weise vergeben werden können. Daneben ist die Kreditvergabe in der Kopplung mit Sparverträgen, wie bereits angesprochen, als eine eigenständige Möglichkeit zu sehen, Kredite zu vergeben und wie bereits gezeigt gleichzeitig das Sparverhalten zu fördern.

Wird zum Beispiel für ein Auto gespart, so kann man einen Vertrag so anlegen, dass ein Kredit nur gewährt wird, wenn die Hälfte des benötigten Geldes angespart wurde. Kostet das gewünschte Auto 20 000 Euro, so sind 10 000 Euro anzusparen, und erst wenn dieses gesparte Geld auf dem Guthabenkonto eingegangen ist, kann der Kredit in der Höhe des angesparten Geldes ausgezahlt werden. Damit sind dann 10 000 Kreditschulden entstanden, die in diesem Fall nicht über ein Arbeitszeitkonto abgesichert werden, als vielmehr durch den erworbenen Sachwert. Damit wird dann kein neues Geld geschaffen, lässt aber eine Kreditgewährung auch dann zu, wenn keine sonstigen Sicherheiten vorhanden sind, außer der aus dem zu erwerbenden Objekt.[121]

Der Ansparkreditvertrag entspricht damit eher dem alten Bausparvertrag, sollte aber in einer allgemeineren Form auch den Erwerb von kleinenWunschobjekten ermöglichen. Spart ein Schüler zum Beispiel für ein neues Handy, ein Fahrrad oder ein Auto, so ist der Ansparkredit besser als der zu früh eingesetzte Lebenszeitkredivertrag, der ja prinzipiell nur für Bürger in Arbeit eine Möglichkeit darstellt, an Geld zu kommen.

Auch der bei nahezu jedem Konto eingeräumte Dispositionskredit kann als Ansparkredit gemanagt werden, wenn man hingeht und jeweils genau so viel an Überziehungskrediten gewährt und zubilligt, wie zuvor angespart wurde, indem das Konto insgesamt im Plus geführt wurde (1 Monat mit 100 Euro im Plus berechtigt 1 Monat mit dem Konto 100 Euro im Minus zu bleiben). Deshalb ist jedes Konto mit dem neuen Sicheren Geld auch mit einem dazu passenden Dispositionskreditvertrag zu verbinden, der vom Grundprinzip her einem Ansparkreditvertrag entspricht. Prinzipiell sollte nur das Kredit- oder Verrechnungskonto in den Minusbereich rutschen können, Guthabenkonto und Eurokonto nur im positiven Bereich geführt werden.

Derartige Regelungen kann man immer treffen, also auch bei unterschiedlichen Zinsmodellen, sind aber unbedingt notwendig, will man mit zinslosen Konten arbeiten.

Herauszuheben ist noch, dass der Verzicht auf Zinsen die Leistungen der Bank transparenter werden lässt, da nicht mehr die verschiedenen Leistungen in einem Zinssatz verschwinden, der Nichtleistungen verdeckt als Leistungen erscheinen lässt, und damit das Ganze intransparent wird. Ziel sollte es sein, Geld als eine Art Pfand auf abrufbare Arbeitszeit aufzufassen und auch entsprechend zu bewerten. Bei Leistungen auf Gegenseitigkeit heißt das aber auch, dass die bereitgestellte Leistung vorab eine nachgestellte Leistung einfordern kann. Damit kann man auch Tendenzen entgegenwirken, die das Sparen nicht mehr belohnen und dem Bürger die Kontrolle über sein Geld nach und nach vollends aus den Händen nehmen. Der damit verbundene zinslose Kredit vereinfacht zudem den Umgang mit Geld, da Zins- und Zinseszinsberechnungen entfallen, was grundsätzlich auch in anderen Währungen umsetzbar, jedoch am besten mit der neuen Währung NIM zu realisieren ist.[122]

5. Der Kredit als Basis und Versprechen

Die neue Währung muss sich auf den Kredit als die Basis für das neue Geldsystem stützen und darauf aufbauen können. Der Grundgedanke ist der, dass bevor überhaupt Geld gespart werden kann, es Geld geben muss, das man sparen kann, und wenn nicht vom Souverän zur Verfügung gestellt, dann durch Kreditverträge auf Gegenseitigkeit. Will man also nicht mit einem Kredit der staatlichen Notenbank arbeiten, so muss der Bürger zunächst über einen Kreditvertrag das neue Geld schaffen, um es dann in den Umlauf bringen zu können. Der Kontoinhaber verspricht dabei mit Vertragsunterzeichnung den geliehenen Geldbetrag mit seiner Arbeitsleistung zurückzubezahlen. Der Basiskredit bezieht sich wie alle Lebenszeitkredite auf die noch zu leistende Arbeit bis zum Lebensende. Auch wenn das zu erwartende Leistungspotenzial insgesamt bis zum Lebensende berechenbar ist, heißt dies nicht, dass auch diese Leistung insgesamt zu beleihen ist, gar beleihbar ist. Die Laufzeit kann auch hier individuell ausgehandelt werden, allerdings ist von längeren Laufzeiten denn bei herkömmlichen Krediten auszugehen. Obligatorisch sollte eine Versicherung sein, über die eine Rückzahlung auch im Krankheitsfall und bei vorzeitigem Lebensende garantiert ist. Das Sichere Geld bietet somit auch in jeglicher Hinsicht eine bessere Planbarkeit, sowohl für den Gläubiger wie auch für den Schuldner.

In Abstimmung mit den Forderungen der Finanzämter an einen Jahresabschluss könnte man bei NIM-Konten die Verrechnungskonten über einen jährlich abzurechnenden Jahreskredit aufarbeiten. Die Minusposten könnten dann im kommenden Jahr mit einem neuen Kredit ausgeglichen werden. Damit wäre dann auch eine Kontoführung über eine Blockchain möglich, die nach jeweils 12 Monaten abbricht. Eine damit verbundene dezentrale Verwaltung des Kontos innerhalb eines Jahres könnte auch in vielerlei Hinsicht als vorteilhaft angesehen werden. Die Bank würde dann eventuell nur noch die jährlichen Umbuchungen von einem am Jahresende zu schließenden Kredit auf einen zum Jahresanfang neu abzuschließenden Kredit durchführen müssen.

VIII. Währung und Finanzkapital

Geld kann in der neuen Währung wie auch in anderen Währungen gespart werden, und zwar wie gezeigt mit gekoppelten Kreditsparverträgen (Ansparkrediten). Dabei wird kein neues Geld geschaffen, sondern vorhandenes Geld gesammelt, sozusagen angespart. Sparen kann sinnvoll sein, wenn größere Anschaffungen nicht unmittelbar bezahlbar sind, kann aber auch eingesetzt werden, um Kapital zu bilden.

Kapital kann ebenso aus Krediten mit Geldschöpfung entstehen, sollte aber bis zur doppelten Volljährigkeit vornehmlich über Sparverträge, also durch die Akkumulation angesparter Geldbeträge gebildet werden, was inzwischen leider nicht mehr die Regel ist!

Gleichgültig, wie Kapital entstanden ist, es wird als Geldfaktor Wachstum in bestimmten Situationen und wirtschaftlichen Konstellationen fördern können. Fehlt Kapital, so kann dies auch bei hinreichendem Vorhandensein der anderen Faktoren das Wachstum einschränken, wenn zum Beispiel nicht genug Pufferkapazität vorhanden ist. Unter welchen Bedingungen Wachstum aufgrund fehlenden Kapitals ganz ausfallen kann, das soll hier zunächst ausgespart werden, ist dies doch von bestimmten Konstellationen fehlgeleiteter gesellschaftlicher Absprachen abzuleiten, die zu diskutieren mehr Platz benötigen dürften, als hier zur Verfügung steht, aber durchaus in den Folgebänden zu klären ist. Zunächst ist die Besonderheit von Kapital ins Bewusstsein zu holen. Mit Finanzkapital können nämlich andere faktorielle Begrenzungen mitunter teilweise oder auch ganz aufgehoben werden. Andererseits kann es ohne Finanzkapital durchaus auch Wachstum geben, wenn dieses Wachstum mit den restlichen Bedingungen und Faktoren nicht mangelhaft ausgestattet ist. Insbesondere das Humankapital kann in speziellen Fällen das Finanzkapital ersetzen, da auch mit nicht bezahlter menschlicher Arbeitskraft Projekte vorangetrieben werden können.

Eine hinreichende Ausstattung mit Finanzkapital kann hingegen sowohl fehlende Energie finanzieren wie auch den Einkauf von Ressourcen und von Arbeitskraft. Dies mag der Grund sein, weshalb sich die Auffassung eingebürgert hat, dass bei genügendem Kapital eigentlich nichts weiter fehlen kann.

Zwar kann man auch Patente und Ideen einkaufen, dennoch ist die notwendige Bereitstellung von Informationen mitunter als begrenzender Faktor selbst dann wirksam und bleibt wirksam, wenn genug Kapital bereitsteht. Umgekehrt können auch Energie und menschliche Arbeitskraft, wie auch die Ressourcen in Finanzkapital umgewandelt werden. Genauer sollte man dabei allerdings von verschiedenen Kapitalformen ausgehen, die ineinander umgewandelt werden können. Danach lässt sich Finanzkapital in Sachkapital ebenso umwandeln wie in Humankapital oder auch in Bildungskapital oder Ordnungskapital.[123]

Ein grundsätzliches Problem ergibt sich gerade mit dem Zeitalter „Industrie Vier“, wenn die Gewinnmargen nicht entsprechend gerecht aufgeteilt werden, da dann zu befürchten ist, dass eines Tages die Produktionskapazitäten nicht mehr abgerufen werden, weil die Bürger kein Geld haben, um die Produkte auch kaufen und bezahlen zu können. Eine positive Entwicklung könnte sich ergeben aus der immer stärker werdenden Tendenz nicht von indifferenten Konzernen die Produkte abzunehmen, sondern von genossenschaftlichen Gemeinschaften, Commons und Produktions-Kunden-Kooperationen, mit anders vermarkteten Produkten. Dabei könnte in solidarischen Kooperationen die Produktion „on demand“ dadurch abgesichert werden, dass Mitgliedschaften die Fixkosten absichern und die Null-Grenzkosten anschließend dafür nur den Mitgliedern der Solidargemeinschaft zugutekommen, so dass die Vision von nahezu Null-Produktionskosten auch auf breiter Basis ihre Nutznießer findet und auf diese Weise zudem die Produktion nicht zum Stillstand kommt.

Daneben ist im klassischen Finanzwesen weiterhin mit hohen Abflüssen an Kapital in graue Kanäle bei vor allem größeren

Produktionseinrichtungen zu rechnen. Steht Sicheres Geld zur Verfügung, so ist ebenso nicht auszuschließen, dass Sicheres Geld auch dabei eine Rolle spielen kann. Eine zu erwartende Kapitalrendite kann nun gleich in welcher Währung auch zur Alterssicherung eingesetzt werden, was keineswegs abzulehnen ist.

Da das Kapital und die daraus erwirtschafteten Einkünfte sehr unterschiedlich sein können, sowohl hinsichtlich Herkunft als auch hinsichtlich des Einsatzes, so sollte es auch keine gesonderte Besteuerung geben. Kapitaleinkünfte sind wie die Einkünfte aus einer Unternehmertätigkeit oder einer Tätigkeit in einem abhängigen Arbeitsverhältnis gleich zu behandeln. Es ergibt keinen Sinn, wenn der Staat die Kapitaleinkünfte geringer besteuert, aber auch nicht, wenn andere Einkünfte geringer besteuert werden. Wie bei anderen Einkünften sollten bei Kapitaleinkünften die allgemeinen Kosten für den Lebensunterhalt und ebenso der Aufwand für arbeitsbedingte Ausgaben vom Gewinn abgezogen werden können, so dass erst der verbliebene Rest als Gewinn versteuert wird. Bevor die Gewinne berechnet werden, sind die Einkünfte, gleich welcher Herkunft, zusammenzurechnen. Einkünfte als Mitarbeiter aus einem Arbeitsverhältnis oder aus dem Einsatz von Kapital sind auf allen Ebenen gleich zu behandeln. Wegen der ungleichen Behandlung bis ins 21. Jahrhundert hinein entstehen Ungleichheiten, die sonst nicht entstehen würden. Bereits auf der Ebene der Firmenabschlüsse werden diese Ungleichheiten wirksam, wenn das Finanzkapital eine höhere Ausschüttung aus den Einnahmen erhält als das Humankapital. Werden die Kapitalkosten für eingesetzte Maschinen und Gebäude als durchschnittliche Kosten ebenso von den Einnahmen abgezogen wie die entstandenen Lohn- und Gehaltsausgaben einschließlich aller Sonderausgaben und nichtpekuniären Leistungen, so sollte auch der daraus sich ergebende Gewinn auf Finanzkapital und Humankapital zu gleichen Teilen aufgeteilt werden. Für die Mitarbeiter könnte dies eine jährliche Auszahlung als Gewinnbeteiligung bedeuten. Sinnvoll ist auch die Berücksichtigung einer 20%igen Rücklage vor Berechnung der Gewinnanteile. Die paritätische Behandlung von Humankapital und Finanzkapital wird einen Druck auf die Rentabilität des Einsatzes von Maschinen und Robotern bewirken. Wenn die Folge davon eine Verringerung des Tempos ist, mit dem das Internet der Dinge realisiert wird, so ist dies sicherlich keine negative Folge, eher eine wünschenswerte Entwicklung, da eine gelungene Anpassung der Menschen an eine robotisierte Welt Zeit benötigt.[124]

1. Kapital und Vermögen

In den modernen Volkswirtschaften können wir mit Fug und Recht davon ausgehen, dass ohne Geld kein Kapital gebildet wird und ohne Kapital auch die Bildung von Vermögen in dem bekannten Ausmaß kaum vorstellbar ist. Im Laufe der Zeit verfestigt sich Vermögen und Kapital über die großen Erbschaften in bestimmten Familien, die den Kapitalmarkt beherrschen und damit das Wirtschaftsgeschehen lenken, so wie ehemals die Fürsten über ihre Ländereien innerhalb der Wirtschaft in den historischen Agrargesellschaften. Insofern kann man die heutige Wirtschaft auch in der Folge der abgelösten aristokratischen Landaristokratie als eine Kapitalaristokratie verstehen. Deshalb wird es verständlich, wenn hier Vorschläge in die Diskussion geworfen werden, die einen Abbau der aristokratischen Strukturen in der Wirtschaft durch möglichst hohe Erbschaftssteuern erzwingen wollen. Weil nun aber die Erbschaftssteuer, so wie sie zurzeit gehandhabt wird, eine substanzielle Besteuerung ist, scheint mir diese Art und Weise der falsche Weg zu sein, obwohl damit auf den ersten Blick der Gerechtigkeit gedient ist, aber nur auf den ersten Blick. Dem Wohle aller und dem Wohl der Volkswirtschaft als ganzer wird dies weniger dienlich sein. Will man die zu hohen Unterschiede in den Startbedingungen für die nächste Generation verringern, so bieten sich durchaus auch Alternativen an. Eine Alternative könnte die sein, die Erben großer Vermögen auf mehrere Dekaden verteilt verstärkt heranzuziehen, die ungelösten gesellschaftlichen Probleme mit ihrem Vermögen einer Lösung näherzubringen. Vererbt ein Mittelständler ein millionenschweres Unternehmen an seine Kinder, so könnten diese eine gesellschaftliche Aufgabe übernehmen, zum Beispiel die Bereitstellung von Wohnraum für verarmte Rentner oder kostenlose Computer für lokale Bildungseinrichtungen. Neben Sachspenden kann natürlich auch Geld gesellschaftlich notwendige Projekte auf den Weg bringen, die bislang nicht möglich waren, und dies alles aus den erzielten Gewinnen, Ausgaben, die sogar steuermindernd die Gewinne reduzieren.

Geld nutzen wir als Tauschmittel, aber auch als Schuldscheine für Dienstbarkeiten und Sachleistungen, die wir aufbewahren, um zukünftige Bedürfnisse befriedigen zu können, nicht zuletzt auch um Machtbedürfnisse zu befriedigen. Wer ein Erbe antritt, das es ihm ermöglicht, ohne Arbeit das weitere Leben zu gestalten, der ist damit der Gesellschaft gegenüber, in der er lebt, in der dies Vermögen erwirtschaftet wurde, in der Pflicht, verpflichtet etwas zurückzugeben von dem, was er erhalten hat, und zwar sein Leben lang. Die Schuld der Gesellschaft gegenüber, die sich aus einem großen Vermögen ergibt, ist tatsächlich nicht mit einer einmaligen Steuerleistung beglichen und auch nicht an den aktuellen Wohnort gebunden.

Mit vorhandenem Kapital kann man auch Vermögen erweitern oder neu aufbauen. Wie der Name schon andeutet, handelt es sich dabei um Sachwerte und Geldreserven, die Aktivitäten und damit auch Wachstum ankurbeln, anders ausgedrückt, sie vermögen Wachstum zu fördern. Man könnte hier den Vergleich zu den Hormonen im Pflanzen- und Tierreich heranziehen. Kapital kann Wachstum generell fördern, mitunter die Richtung angeben. Dazu benötigen wir aber auch die anderen Faktoren und das genaue Wissen darüber, wie Kapital eingesetzt werden sollte bzw. eingesetzt wird. Es ist sicherlich ein Unterschied, ob der Kapitaleinsatz im Bereich der Logistik, der Produktion oder der Auftragserteilung und Auftragsabwicklung bis hin zur Rechnungsabwicklung erfolgt. Berechtigt ist auch die

Frage, in welchem Teilbereich der Wirtschaft Kapital vor allem eingesetzt wird, in der Landwirtschaft, der Industrieproduktion, im Gesundheitswesen oder im Freizeitbereich. Finanzkapital kann sehr schnell überall hinfließen, es kann neues Leben, Abbauprozesse und Wachstum fördern und ist somit vergleichbar dem Wasser in der unberührten Natur.

Viele dem Normalbürger verborgene und auch kaum fassbare Geldströme verlaufen in Bereichen, die nicht dem Wohl der Bevölkerung dienen wie zum Beispiel die Gelder, die in den Drogenmarkt fließen und damit die Gesundheit vieler Menschen zerstören sowie die Arbeitskraft vieler davon Abhängigen ruinieren.[125]

Wird durch den Einsatz von Kapital ein Gewinn erzeugt, so fördert dies vielfach die Bildung von Vermögen, allein schon dadurch, weil der Hauptanteil der Gewinne aus dem Kapital solchen Kapitaleignern zufließt, die damit nicht ihren Lebensunterhalt finanzieren, sondern nach Finanzanlagen suchen, die das Geld vermehren sollen und es damit zur Vermögensvermehrung einsetzen. Dies sollte nun nicht zu dem Schluss führen, dass die dadurch sich aufbauende Ungleichheit in der Vermögensverteilung mit einer gesonderten Steuer auszugleichen ist. Nur eine gleiche Belastung von Kapitaleinkünften und Einkünften aus abhängigen Arbeitsverhältnissen wird auf lange Sicht eine evolutionäre Veränderung bewirken können, die den natürlichen Entwicklungssträngen folgt und nicht Unruhen und Revolutionen den Weg bereitet.

2. Kapital und Geld

Ist eine Währung stabil und liegt die Inflationsrate in einem überschaubaren Bereich, so wird sich in jedem Währungsraum Kapital ansammeln. Bei einer hohen Inflation ist es hingegen wahrscheinlich, dass das Kapital in andere Währungen flieht, und zwar gleich wo es entstanden ist. Da die Sicherheit ein wichtiger Aspekt ist, so wird es vor allem den sicheren Ort aufsuchen, auch wenn Zinsaufschläge dazu verleiten sollen die Sicherheit hintanzustellen. Da im System des sicheren Geldes NIM nicht mit Zinsaufschlägen gearbeitet werden kann, zählt hier letztlich allein die Sicherheit. Kurzfristige Gewinne durch Zinseffekte können ein Vermögen vermehren, sind aber nicht geeignet langfristig das Vermögen zu bewahren und das Sparen zu fördern. Wem der Zinsgewinn aufs Geld zu unsicher ist, der weicht in unserem klassischen Geldsystem in Sachwerte aus, sei es nun Gold, Kunst oder Immobilien. Beim Sachkapital, darauf sei hier hingewiesen, ist auch nicht alles risikofrei, der Besitzer muss im Laufe der Jahre mit Abnutzung und schlechteren Bewertungen rechnen.

Dennoch, nur aktives Kapital, Kapital, das arbeitet, kann wachsen, die Vermehrung von Geldmitteln durch Zinsen ist kein Wachstum, sondern eine einfache Vermehrung, und zwar zu Lasten der Stabilität, da hierbei Geld nur verschoben, nicht aber neu geschaffen wird. Weil die Verschiebung in der Regel zu Lasten der Armen und nicht der Reichen abläuft, kann man auch zugespitzt von einer Maschinerie zur Bereicherung der eh schon Reichen sprechen. Dies sollte vielleicht zu Proteststürmen führen und nicht den akademischen Diskurs befeuern.[126] Geld sollte weder durch Zinsen noch durch Inflationen im Wert vernichtet werden, und dennoch diskutiert man offen darüber, wie man dies so geschickt macht, dass es den Bürgern nicht auffällt. Diese Diskussion wird uns nicht weiterführen, wenn wir nicht den Tatsachen ins Auge schauen, um danach den rechten Einsatz von Geld zu fördern, um Vermögen wieder vor allem durch Arbeitsleistungen aufzubauen oder auch Investitionen zu tätigen, die dies ermöglichen. Nicht durch Arbeitsleistung entstandene Werte gehören der Gemeinschaft, somit allen, und können keinen reellen Marktpreis erhalten. Diese im Steuerrecht als nichtabnutzbare Werte eingestuften Werte sollten nicht in den Privatbesitz gelangen, sie sollten nur über Pacht oder Mietzins vom Bürger genutzt werden können, soweit nicht für alle Bürger eine freie Nutzung festgeschrieben wurde.

3. Kapital und Investment

Kapital wird vielfach auch dazu eingesetzt, Maschinen einzukaufen, die in der Produktion die Arbeit der Menschen übernehmen, in jüngster Zeit immer häufiger nicht nur in der Produktion, sondern ebenso im Büro und in der Logistik. Die mit Kapitaleinsatz möglich gemachte Maschinenarbeit ersetzt von Jahr zu Jahr immer mehr die menschliche Arbeitskraft. Man könnte es auch so ausdrücken, dass immer häufiger der Einsatz von Finanzkapital den Einsatz von Humankapital ersetzt. Dadurch entsteht ein Ungleichgewicht, das immer mehr das Werkzeug dem Arbeiter oder Beschäftigten, bzw. Mitarbeiter, entreißt und in den Besitz des Kapitalisten überführt. Marx hat schon früh daraus die Schlussfolgerung gezogen, dass die Arbeitsmittel, die Maschinen und die Agrarflächen, seiner Meinung nach alles Produktionsmittel, zu vergesellschaften sind. Dieser Ansatz ist in mancherlei Aspekten richtig, in vielerlei Hinsicht jedoch falsch, in seiner Zeit aufgrund des historischen Informationshintergrunds allerdings verständlich. Zunächst ist das, was die Natur uns anbietet, also vorgibt, kein Produktionsmittel, sondern der Rohstoff, den wir bearbeiten und verarbeiten können. Die natürlichen Rohstoffe und das Land, der Boden, sie sind uns allen zur verantwortlichen Nutzung übergeben, so wie auch Wasser und Luft. Deshalb sollten auch alle Bürger mit in die Verantwortung und in die Nutznießung genommen werden, was die Nutzung und den daraus gezogenen Gewinn betrifft. Anders verhält es sich mit den Maschinen, die über den Kapitaleinsatz aus vorheriger Arbeitsleistung entstanden sind. Wird aufgesparte Arbeitsleistung eingesetzt, so sollte diese auch entsprechend besitzbezogen am Gewinn beteiligt werden. Keinen Sinn ergibt es, die aufgesparte Arbeitsleistung zu vergesellschaften, sie ist wie die Arbeitsleistung selbst immer Privatbesitz. Wenn Menschen zusammenarbeiten und zum Zweck der Herstellung von Produkten für den Verkauf Verträge abschließen, so muss der Staat darauf achten, dass die Verträge dem allgemeinen Rechtsempfinden genügen sowie der Gemeinschaft der Bürger nicht schaden. Wer angesparte Arbeitsleistung in Form von Kapital zur Verfügung stellt, sollte nicht benachteiligt, aber auch nicht bevorzugt werden. Deshalb sind die Gewinne aus der Produktion nicht einseitig zugunsten der Halter von Produktionsmitteln an die Kapitaleigner zu verteilen, sondern paritätisch auf das pekuniäre Kapital und ebenso das Humankaptal, also in gleichen Anteilen. Gerade wenn wir uns vorstellen, dass eines Tages Roboter nahezu allein ohne menschliche Arbeitskraft die Produktion bewerkstelligen, so kann es nur gerecht und sinnvoll sein, den Gewinn auf pekuniäres Kapital (Geldmittel) und Humankapital zu gleichen Teilen aufzuteilen. Dies dürfte in jedem Fall sinnvoller sein, als eine nachrangige Umverteilung über eine Reichensteuer einzuführen.[127] Dies könnte mitunter den Einsatz von Robotern innerhalb einer gewissen Zeitspanne reduzieren, da es die Aussichten auf maximale Renditen auf das eingesetzte Kapital verringern könnte, wenn der Einsatz von Maschinen mit nunmehr gebremster Geschwindigkeit vorangetrieben wird. Insgesamt ist zudem darauf zu achten, dass jedem Bürger eine Mindestarbeitszeit pro Woche als Anspruch zugeschrieben wird.[128] Nicht der Mindestlohn ist entscheidend[129] und bei Grundgehalt und Gewinnbeteiligung auch irrelevant, sondern der Anspruch auf eine Mindestarbeitszeit, denn die ist aus humanitären Gründen wichtig.[130] Zu beachten ist in diesem Zusammenhang, dass der Einsatz von Maschinen und Menschen prinzipiell gleichartig zu bewerten ist. Damit kann auch ein anderes Problem aufgearbeitet werden, nämlich die Tatsache, dass die im Überfluss hergestellten Produkte im Zeitalter des Internets der Dinge auch Käufer finden müssen, ansonsten können keine Gewinne generiert werden. Genossenschaften, die eine Kooperation zwischen Käufer und Produzent herstellen, könnten die Gewinne vergemeinschaften und so eine Kultur der Commons erzeugen, die zukunftsträchtig ist. Bei den Commons möchte ich an dieser Stelle auf die Ideen von Jeremy Rifkin zu diesem Thema hinweisen.[131]

Das Internet kann uns vielleicht dazu verhelfen, schnell Gleichgesinnte zu finden, mit denen man in begrenztem Rahmen Produktionen nach dem Muster von Industrie Vier.0 aufbaut und dabei die Produktion zu den Kunden befördert, nicht aber die Produkte quer über den Globus hinweg. Die Produktion gehört dorthin, wo die Produkte gebraucht werden. Dort entstehen die Gewinne, dort sind sie auch zu besteuern.

In keinem Fall sollte man die „Geldexperimente von gestern" einfach wiederholen, zumal wenn sie langfristig nicht erfolgreich waren. Was immer wieder versucht wird, Regierungen und Wirtschaft mit billigen Krediten zu versorgen, das kann kurzfristig Investitionen ankurbeln, wird langfristig aber vor allem den Banken Gewinne einbringen, jedoch nur bedingt nachhaltig Wachstum befördern. Passend dazu schreibt Mayer in seinem Osterbeitrag in der FAZ eine Kolumne zu dem Gebaren des Finanzjongleurs Law, indem er die kritischen Äußerungen von Laws ehemaligem Mitarbeiter, dem Bankier Richard Cantillon, zum neuen Papiergeld heranzieht, „Dem neuen Geldsystem misstraute er. Seiner Meinung nach würde es nur so lange funktionieren, wie die Leute das Papiergeld zum Erwerb von Vermögenswerten nutzten. Sobald sie es zum Kauf von Gütern, Dienstleistungen und Edelmetallen einsetzen wollten, würden sie seine Wertlosigkeit erkennen. Im Frühjahr 1720 kippte die Stimmung und mit ihr der Aktienkurs von Laws Firma...Es gab eine Währungsreform, in der Laws Papiergeld entwertet und durch metallgebundenes Geld ersetzt wurde."[132] Damit schaffte man Papiergeld nicht grundsätzlich ab, wohl aber die aufgehobene Rückbindung an das Metallgeld. Wichtige Investitionen werden durch Währungsreformen nicht verhindert, wohl aber gestört. Ob mit Metallgeld erworben oder mit Papiergeld oder Naturalien, die Beteiligung an einer Firma stellt auch heute noch den wichtigsten Anteil an den vielfachen Investitionsgeschäften dar. Finanzkapital wird nicht nur beim Aufbau einer Firma, sondern auch bei der Erweiterung und dem Aufbau neuer Produktionsstätten oder neuer Vertriebswege benötigt. Natürlich wird auch gewettet, und zwar auf steigende und fallende Kurse mit Schranken nach oben und unten. Die in diesem Feld sich immer weiter entwickelnden und sich ausbreitenden Derivate, Anleihen und Obligationen sollen hier ebenso wenig Thema sein wie die verschiedenen privaten und staatlichen Lotterien.

Gleich welche Wetten abgeschlossen werden, die Gewinne sollten jedoch wie alle Gewinne entgegen den derzeitigen Gepflogenheiten in Deutschland mit einer Gewinnsteuer belastet werden. Dafür sind alle investiven Tätigkeiten und grundsätzlich auch die Arbeit selbst nicht zu besteuern. Es ist zu erwarten, dass dann auch mehr Geld aus angespartem Kapital zur Verfügung steht und Kredite für juristische Personen wie Firmen und Kommunen nicht mehr nötig sind. Werden auch die Haftungsrisiken nicht mehr beschränkt, sondern gerecht verteilt, dann kann es mit den noch nötigen Krediten allein schon aufgrund der breiteren Aufteilung eine höhere Sicherheit geben und faule Kredite nur noch Seltenheitswert bekommen.

B. STEUERUNG UND KONTROLLE DER MÄRKTE

IX. Die Steuerung der Märkte und Finanzen

„Der Wert des Papiergeldes kann offensichtlich aufgrund verschiedener Gesichtspunkte reguliert werden … wenn es auch mehr als zweifelhaft ist, ob irgendeine mit unbegrenzter Macht ausgestattete demokratische Regierung dies jemals zufriedenstellend bewerkstelligen kann."

(Hayek 2011, S.149)[133]

Steuerung und Regulierung bedürfen vorab einer Zielbestimmung, hat doch der Kapitän, der ein Schiff steuert, ein Ziel im Auge, das er ansteuert. Deshalb kurz ein Hinweis darauf, welche Ziele denn innerhalb der Märkte anzusteuern sind. Soll das BIP erhöht und deshalb immer mehr Wachstum angesteuert werden, so wird damit der zu maximierende Erlös angesprochen, Erlös- oder Gewinnmaximierung als Ziel, schließlich soll sich der Einsatz, die Kosten, rentieren. Zusätzlich sollen die Freiheitsgrade der handelnden Bürger maximiert werden, unter anderem mit der Begründung, dass dies sich positiv auf die generelle Gewinnmaximierung auswirken wird. Als drittes Ziel lässt sich noch das sichere Umfeld anführen. Sicherheit, die langfristige Planung zulässt, Freiheit, die eine hohe Handlungsflexibilität erlaubt, und Erlöse, die mit geringen Kosten erzielbar sind, also die Rentabilität, das sind die Ziele einer jeden Steuerung in den Märkten. Geld ist dabei der Mediator, der eingesetzt wird, um das angestrebte Ziel zu erreichen. Die Steuerung von Geldflüssen muss man sich als hochkomplex vorstellen. Gleich welches Geld im heimischen Markt genutzt wird, es muss Regeln und Gesetze geben, die den Finanzsektor regulieren. Der Bürger muss langfristig planen können und vor Finanzhaien und unlauteren Geschäften mit Geld geschützt werden. Nur so kann Geld in der gewünschten nachhaltigen Weise Wachstum fördern und die Produktivität steigern.

Wenn Finanzkapital in der Lage ist, die Produktivität anzukurbeln, so kann die Kontrolle über den Einsatz von Geld und Kapital mitunter von zentraler Wichtigkeit sein, und deshalb ist die Kontrolle nicht nur notwendig, sondern sogar entscheidend für den Erfolg einer Volkswirtschaft. Zwei konträre Auffassungen haben sich dazu etabliert, die nach Auffassung von Friedmann[134] beide nicht wirklich annehmbar sind. Zum einen steht die Meinung im Raum, die Wirtschaft könne das allein regeln, insbesondere wenn man zum Goldstandard zurückkehrt, weshalb eine gesonderte Kontrolle nicht nötig sei. Die zweite verbreitete Auffassung geht davon aus, dass nur Experten den Kurs bestimmen könnten. Diese Experten könnten bei der Zentralbank angesiedelt sein oder in einem Währungsamt mit einem Team von Ökonomen innerhalb einer bürokratischen Körperschaft. Verblüffend ist da der Hinweis von Thomas Mayer in der Sonntagszeitung der Frankfurter vom 13.5.2018, der hier zu zitieren ist: „Kurz nach der Pleite der amerikanischen Bank Lehman Brothers stellte die britische Königin Elisabeth-II. im November 2008 die Frage, warum denn keiner der ökonomischen Experten die Finanzkrise vorhergesagt habe. Bis heute hat es die Zunft der Ökonomen nicht geschafft, der Queen eine schlüssige Antwort zu geben."[135] Nun hat man nach der Lehman-Krise versucht, Maßnahmen zu ergreifen, die den Bankensektor stabilisieren sollen, dabei aber das Krisenmanagement denen überlassen, die mitverantwortlich waren für die Krise. Maßnahmen wie die mit Basel-III, eventuell Basel-IV oder allein die Forderung nach höheren Eigenkapitalquoten, all das erscheint mir wie ein Kurieren an den Symptomen, während die absolut notwendigen Maßnahmen erst überhaupt nicht in Betracht kommen. Banken, die ihre Aktivitäten nicht hinreichend kontrollieren, Mitarbeiter, die mit dem Geld der Kunden spekulieren und wegen ihrer Größe systemrelevant sind, solchen Banken sollte man die Zulassung entziehen. Bei Großbanken könnten die Aufsplitterung und der Erhalt in einem Verbund ein Lösungsansatz sein.

Die Notenbank, in Amerika die Fed, in Europa die EZB, kann die Geldmenge kontrollieren, erst einmal, indem sie allein die

Geldschöpfung besorgt und den Geschäftsbanken dies untersagt, sie könnte natürlich auch über ein Meldesystem an diese Informationen gelangen. Die Forderung, dass die Geschäftsbanken bei jedem Kredit einen kleinen Teil davon bei der Notenbank hinterlegen müssen, ist eine Art Meldesystem mit einem Sicherheitsaspekt, der im Laufe der Zeit allerdings immer mehr in den Hintergrund geraten ist. Auch scheint man sich nicht so recht über die statistische Relevanz Gedanken zu machen und diese entsprechend zu nutzen. Ein Problem der privaten Geldschöpfung ist nämlich zurzeit die unzureichende Kontrolle über die so geschaffene Geldmenge. Im derzeitigen Geldsystem des Euro wird dies zwar noch durch die fraktionierte Reservehaltung und die Rückbindung über Bankkredite an die Notenbank so halbwegs garantiert, insgesamt scheint es aber sehr schwierig zu sein, genaue Auskünfte über die aktuelle im Umlauf befindliche Geldmenge zu erhalten.

Dabei stellt sich nicht nur die Frage nach der im Umlauf befindlichen Geldmenge selber, sondern auch nach der Steuerung derselben. Die Notenbank kann einmal über den Basiszins den Markt beeinflussen, den Zins also, zu dem die Notenbank den Banken Geld leiht, oder durch den Ankauf von Wertpapieren von den Banken, um so neues Geld auf den Markt zu bringen.

Wenn es stimmt, dass die Weltwirtschaftskrise von 1933 wesentlich durch fehlende Geldmittel im Umlauf bedingt war, so kann man mit Recht dies als Ergebnis fehlerhafter oder auch nicht erfolgter Eingriffe der Notenbank auffassen. Friedman[136] weist darauf hin, dass zwischen 1929 und 1933 die Geldmenge in den Vereinigten Staaten um ein Drittel sank. Interessant ist auch der Hinweis, dass ca. zwei Drittel davon durch die Abkehr Großbritanniens vom Goldstandard entstanden sein soll, und die Auffassung Friedmans, dass eine derart drastische Verringerung der im Umlauf befindlichen Geldmenge von der Fed hätte verhindert werden können.[137] Damit wird die Kompetenz der in der Fed versammelten Expertengruppe in Frage gestellt, kann sie doch offensichtlich weder den Finanzmarkt in der rechten Weise kontrollieren noch richtig steuernd eingreifen. Auch der Versuch der Regierenden, hier steuernd einzugreifen, misslingt offensichtlich. Sollte man die Regierungen da nicht besser daran hindern, steuernd einzugreifen? Dabei stellt sich natürlich auch die Frage, ob die Geldpolitik überhaupt die Macht hat, die man ihr so gerne zuschreibt. Betrachtet man die historische Entwicklung, so kann man mit Friedman aufzeigen, dass die Einführung des Federal Research System in den USA nicht die erwartete Stabilisierung gebracht hat, die man sich davon erhoffte. Die Expertenrunde kann ebenso zu Fehlentscheidungen kommen wie der unregulierte Markt. Dennoch wird man Fehlentwicklungen eher vom unregulierten Markt erwarten, und zwar zu Recht. Dies bedeutet nun nicht, dass es unbedingt der Expertengruppe bedarf, um einen optimal geregelten Markt zu erhalten. Insoweit selbstregulierende Kreislaufsysteme im Markt auszumachen sind, sollte diesen möglichst der Vorzug gegeben werden. Doch was könnten diese Selbstregulatoren sein? Allgemein formuliert müssen wir hierbei nach Gesetzen und privaten Regelwerken Ausschau halten, die in der Lage sein könnten, im Sinne von rückgekoppelten Regelkreisen die Freiheit der Bürger weder unnötig einzuengen noch den stabilisierenden Regelkreis zu zerstören. In jedem Fall sollte die Geldschöpfung aus dem Bedarf der Bürger heraus sich entwickeln und nicht der Entscheidung eines Gremiums überlassen sein.

Wenn die EZB auf den Finanzplätzen und bei den Banken große Mengen an Anleihen und anderen Papieren aufkauft, so wird damit neues Geld in die Märkte geflutet, da das Geld für den Kauf von Wertpapieren nicht aus Sparverträgen stammt, sondern extra zum Kauf dieser Papiere neu geschaffen wird. Dies geschieht, um keine Deflation aufkommen zu lassen, sogar mit dem ausdrücklichen Ziel einer 2%igen Inflation. Sowohl die natürliche Inflation wie auch der Aufkauf von Wertpapieren durch die Notenbank sorgen jeweils schon allein für eine Entwertung der Währung. Eigentlich sollte die Kontrolle durch die Notenbank ja dafür sorgen, dass die Währung wertstabil bleibt, also keine Geldentwertung stattfindet. Das Hauptproblem ist hierbei die Mischung von privater und staatlicher Geldschöpfung und nicht die Frage, ob es sich um Aktivgeld oder Passivgeld handelt.

Die Notenbank als staatliche Institution kann den Markt mit Geld überfluten, wie uns die EZB zeigt, fraglich nur, ob damit auf lange Sicht die gewollte Steuerung möglich ist. Andererseits, mit einer rein privaten Geldschöpfung kann man erst recht keine zentrale Steuerung der umlaufenden Geldmenge vornehmen. Allerdings muss es auch keine zentrale Steuerung geben, wenn im Markt jeder Marktteilnehmer durch seinen Kredit genau die Geldmenge schafft, die er benötigt. So sollte genug Geld in den Umlauf kommen, um die Geschäfte nicht ins Stocken zu bringen, andererseits aber auch nicht zu viel Geld, da zu hoffen ist, dass nur wenige ihre Kreditmöglichkeiten vorzeitig voll ausschöpfen werden. Eine rein private Passivgeldordnung lebt, das müssen wir uns bewusst machen, von Anfang an von der Kreditaufnahme, weshalb davon auszugehen ist, dass jeder Bürger wenigstens seinen ersten Bürgerkredit aufnimmt. Als Bürgerkredit kann man den Kredit bezeichnen, der notwendig ist, um seine Einlage in die Gemeinschaftskasse als Bürger zu finanzieren. Dadurch, dass die umlaufende Geldmenge von der Anzahl der beteiligten Bürger und ihren Aktivitäten im Markt abhängt, sollte die Geldmenge auch automatisch mit einer wachsenden Bevölkerung ansteigen und bei einer Schrumpfung im Bevölkerungswachstum ebenso zurückgehen. Damit erreichen wir eine Selbststeuerung, die jedem Expertengremium überlegen ist. Zur Erinnerung, es handelt sich bei der hier angesprochenen Selbststeuerung nicht um den sich selbst überlassenen Markt, sondern um einen durch Gesetze und Verträge abgesicherten, vielfach sich etablierenden Regelkreis, der an unterschiedlichen Stellen im volkswirtschaftlichen Gesamtgefüge der Wirtschaft Stabilität und Wachstum verspricht.

Die Kontrolle wird in den je unterschiedlichen Regelkreisen, die insgesamt für eine geregelte Geldmenge sorgen können, von einerseits unterschiedlichen Sollvorgaben gesteuert, andererseits über die an einer vereinheitlichten Regelstrecke abgegriffenen Ist-Werte und den daraus abzuleitenden Soll-Ist-Wert-Differenzen, die zu Stellwertveränderungen führen, mit denen die Abweichungen minimiert werden. Da jeder versucht, die

Differenzen optimal zu minimieren, sollte im gesamten Mittel ein besserer Steuerungseffekt herauskommen, als wenn dies über eine Expertenkommission im Diskurs herauszufinden ist. Dabei ist der Diskurs im unmittelbaren Umfeld der Kreditaufnahme nicht nur Teil einer transparenten Informationsvermittlung, sondern auch in seiner Relevanz weder zu unterschätzen noch zu unterbinden.

Dabei sollte die bewusste Etablierung von Regelkreisen zur Selbststeuerung im Finanz- und Geldsystem mit den dazu notwendigen Regeln weitgehendst kompatibel mit den Grundsätzen des Ordoliberalismus der österreichischen Schule[138] sein. Werden die notwendigen Regeln von einer Kommission oder der Notenbank vorgegeben, so mag dies bei optimalen Voraussetzungen ebenso, vielleicht sogar besser funktionieren, es fehlt dann aber die demokratische Komponente. Die Regeln müssen deshalb von der Legislative erarbeitet und festgelegt werden, in Europa durch das Europäische Parlament, und von den nationalen Parlamenten bestätigt werden. Sinnvoll wäre es, wenn entsprechende Gesetzesvorlagen den nationalen Parlamenten zur Überarbeitung vorgelegt werden, bevor in Straßburg darüber abgestimmt wird. So ließe sich die fehlende politisch-demokratische Komponente gleich mehrfach mit einbauen. Damit die Regeln sowohl greifen wie auch angepasst werden können, ist eine durch die Exekutive einzurichtende Institution damit zu beauftragen, nicht nur die Kontrolle zu übernehmen, sondern andererseits auch notwendige Korrekturen als Gesetzesvorlagen der Legislative zuzuleiten.

1. Die finanzielle Kontrolle über die Produktionsmittel

Allgemein wird man kaum Widerspruch erwarten, wenn behauptet wird, dass der Kapitaleigner in einem Betrieb, also der Besitzer der Geldmittel = Kapital, auch der Eigner der Produktionsmittel ist. Der Kapitaleigner wird als Kapitalist zum Herrn über die Produktionsmittel und damit angreifbar, sollten doch die Produktionsmittel in die Hände derjenigen gehören, die auch die Produktion mit ihrer Arbeit vorantreiben, kann doch ohne Arbeit keine Produktion stattfinden, gleichgültig wie viele Produktionsmittel auch immer zur Verfügung stehen. Die Vergesellschaftung der Produktionsmittel, seit dem Kommunistischen Manifest[139] eine probate Reaktion, führt leider nicht zu einer Kontrolle über die Produktionsmittel durch die Beschäftigten, wie von Marx und den von ihm inspirierten Autoren vermittelt wird. Richtig ist nur, dass die Produktionsmittel in die Hände derjenigen gehören, die damit arbeiten, in der richtigen Schlussfolgerung in die privaten Hände derer, die an der Fertigung und der Vermarktung eines Produktes beteiligt sind. Beteiligt sind aber nicht nur diejenigen, die an den Maschinen stehen und diese steuern und lenken, sondern auch diejenigen, die das Geld besorgen und hergeben, um diese Maschinen zu finanzieren. Die Kommune sollte, da sei noch mal darauf hingewiesen, in keinem Fall als Geldgeber auftreten, da sie dann keine äußere Kontrolle übernehmen kann, ohne in den Zwiespalt zu geraten, sich irgendwann selber kontrollieren zu müssen, was klar dem Grundsatz der Gewaltenteilung in der Demokratie widerspricht.[140] Die öffentliche Hand kann Steuern auf den Gewinn erheben, darf aber nicht direkt an der Erwirtschaftung des Gewinns beteiligt sein. Insofern kann man die bereits durchgeführten Privatisierungen und die noch geforderten Privatisierungen von Beteiligungen der öffentlichen Hand an Wirtschaftsunternehmen nur positiv bewerten. Dabei wird dann in der Regel aber vergessen, dass der Grund und Boden, auf dem die Geschäftsgebäude stehen, nicht in das Privatvermögen gehören sollten. Die Beteiligung des Landes Niedersachsen zum Beispiel sollte in einem Tausch dem VW-Konzern gegenüber gegen die Grundstücke im Besitz der Firma übergeben werden, also Beteiligung gegen Grundstück. Für die genutzten Grundstücke kann dann eine Pacht vereinbart werden, die den Verlust an Dividendeneinnahmen doch immerhin teilweise ausgleichen kann. Damit wären ab sofort alle Verstrickungen von Politik und privater Wirtschaft ausgeschlossen, ohne grundsätzlich auf eine Beteiligung an den Einnahmen verzichten zu müssen.[141]

Bei neu zu gründenden Firmen und auch kleineren Betrieben sowie Handelsgeschäften sollte der notwendige Grund und Boden von der Gemeinde als Pachtgrundstück zur Verfügung gestellt und das Unternehmen zudem bevorzugt als Genossenschaft gegründet werden. Nur die Genossenschaft oder auch genossenschaftlich strukturierte Commons können von Beginn an dafür sorgen, dass jeder Angestellter, jeder Arbeiter und jeder, der Kapital beisteuert, sowohl aktiv im Betrieb eingebunden ist wie auch seinen Anteil am Kapitalstock und damit auch ein Mitspracherecht zugesichert erhält. Der Kommune, das sei noch mal ausdrücklich festgestellt, sollte kein Einfluss auf die Geschäftsführung zugestanden werden, die Kontrolle nur so weit zulässig sein, als sie im öffentlichen Interesse fixiert ist als notwendige Außenkontrolle. Zur Außenkontrolle gehört es auch, dafür zu sorgen, dass Finanzkapital und Humankapital gleichberechtigt am Gewinn beteiligt werden. Es ist im Interesse der staatlichen Organe, dass Produktivität pro Kopf und Einnahmen pro Kopf in einem Zustand des Gleichgewichtes gehalten werden, schließlich müssen sich auch Käufer finden, die für eine kontinuierliche Abnahme der Warenbestände durch den Einkauf sorgen.

2. Das Werkzeug in der Hand der Beschäftigten

Im modernen Produktionsbetrieb sind Maschinen nicht mehr wegzudenken, und ohne Kapital sind diese nicht zu erwerben. Deshalb sind neue Firmen kaum ohne Kapitaleinsatz zu gründen. Eine andere Tendenz sorgt allerdings dafür, dass immer kleinere und weniger Maschinen eingesetzt werden, dafür neue Ideen das Kapital binden. Neue Ideen und Innovationen benötigen Kapital und haben schon immer Kapital benötigt, um zu einem erträglichen Geschäft zu werden, scheinen jetzt aber verstärkt wichtiger zu werden als das Finanzkapital. Mit dem Fremdkapital holt man sich in der Regel neben dem nötigen Geld auch den Investor mit ins Boot. Der Investor ist vornehmlich daran interessiert, die Rendite zu erhöhen, dafür hat er die Maschinen, das Werkzeug, die Entwicklung von Patenten finanziert. Der Gewinn aus dem Verkauf der produzierten Waren kann aber nur entstehen, wenn Maschinen und Menschen zusammenarbeiten, weshalb es eigentlich selbstverständlich sein sollte, den Gewinn zwischen Kapitaleignern und Mitarbeitern aufzuteilen. Der Angestellte, der Arbeiter, ob Manager oder nur Kontrolleur an der Maschine, sie sind wesentlich am Erfolg mit beteiligt und nicht nur ein Kostenfaktor in der Bilanz. Ist es ausdrücklicher Wille der Politik, dem Mitarbeiter seine Produktionsmittel in die Hand zu geben, so kann dies durch die Förderung von Kapitalbeteiligungen der Arbeitnehmer geschehen. Die Enteignung der Investoren würde vielleicht das Gerechtigkeitsempfinden vieler Mitbürger befriedigen, die Wirtschaft dabei jedoch in den Abgrund ziehen. Nur die gleichberechtigte Kooperation zwischen Kapital und Arbeit wird den notwendigen evolutionären Fortschritt bringen. Dabei könnte es auch hilfreich sein, wenn grundsätzlich juristische Personen keine Kredite aufnehmen dürfen, insofern auch kein Kapital durch juristische Personen über die Kreditaufnahme entstehen kann. Stattdessen ist der Einsatz von Arbeitnehmerkapital zu fördern, was auch notwendig ist, wenn das Kapital von juristischen Personen wegfällt. Durch den Wegfall von Kapital aus Institutionen, in denen es über juristische Personen gehalten wird, kann dies nur durch ein Kapital von natürlichen Personen ersetzt werden, wobei viele kleine Beiträge zunächst schwieriger einzusammeln sind, eine Verteilung auf alle Betriebsangehörige hier eine Lösung darstellen könnte!!

3. Werden Zahlungen effizient und kontrolliert abgewickelt?

Damit jeder für seine Leistung ordnungsgemäß entlohnt wird, ist es notwendig, dass diese mit einem angemessenen Betrag vergütet werden. Nicht nur die Auszahlung der Gelder durch die Betriebe, sondern auch der schnelle Transfer angewiesener

Gelder ist wichtig für eine effiziente Kreislaufwirtschaft. Die Kontrolle sollte in erster Linie Aufgabe der Finanzämter sein! Maßnahmen wie der Mindestlohn und direkte Kapitalkontrollen notwendig, um den Arbeitsmarkt nicht außer Kontrolle geraten zu lassen. Es reicht, wenn offene Stellen auch durchgängig den Arbeitsämtern gemeldet werden! Neue Bezahldienste und Kryptowährungen glänzen vor allem durch die schnellere Abwicklung vor allem im internationalen Transfer, Banken sind da teilweise noch zu sehr in den alten nationalen Strukturen verhaftet.

4. Zinsfuß, Preisbildung und der Arbeitsmarkt

Grundsätzlich ist auch bei der Höhe von Lohn und Gehältern davon auszugehen, dass sich der Preis am Markt wie bei den Waren über die Nachfrage und das Angebot herausbildet. Dabei ist zu berücksichtigen, dass Leistungen und Waren, die nicht vermehrt werden können, nicht am Markt handelbar sind. Ebenso können Waren und Leistungen, die permanent im Überfluss vorhanden sind, nicht am Markt gehandelt werden. Vergessen wird dabei vielfach, dass auch die permanente und nicht über den Kaufpreis aufzuhebende Verknappung die Bildung eines fairen realen Marktpreises unterbindet. Der so entstehende irreale Marktpreis entspricht in keinem Fall auch nur annähernd einer Arbeitsleistung und damit den notwendigen Nebenbedingungen für die Entstehung von fairen Marktpreisen. Der Marktpreis sollte sich zwischen Knappheit und Überfluss entlang vertretbarer Arbeitsleistungen und Wertschätzungen entwickeln.[142] Das Verhältnis von Knappheit und Überfluss sollte deshalb nicht ohne den Bezug auf die Arbeitsleistung diskutiert werden. Erst die Arbeitsteilung hat dazu geführt, dass Produkte, die der Bürger nicht mehr selbst herstellen konnte, auch knapp wurden, zum Beispiel weil es an Spezialisten mangelt, die diese Ware herstellen können. Damit wird der Arbeitsmarkt angesprochen, gibt es doch offensichtlich einen Bedarf an eben diesen Spezialisten. Benötigt man auf der anderen Seite diese Spezialisten nicht mehr, so werden diese arbeitslos mit den daraus folgenden sozialen Problemen. Das Pendel zwischen Knappheit und Überfluss der Waren bestimmt im Mittel das Gleichgewicht zwischen Nachfrage und Angebot am Markt, das immer wieder einzustellen ist, aber auch in Abhängigkeit vom Arbeitsmarkt und vom Kapitalmarkt. Man könnte nun den Arbeitsmarkt in einem Modell ebenso konstruieren und analysieren wie den Warenmarkt. Diese Übertragung auf den Arbeitsmarkt scheint mir allerdings aus mehreren Gründen heraus nicht zulässig.

Eine wirtschaftliche Entwertung der humanen Arbeitsleistung darf schon aus ethischen Erwägungen heraus nicht zulässig sein, auch wenn noch so viele überflüssige Arbeitsleistungen abgreifbar sind. Der Markt muss so ausgerichtet werden, dass er zuerst die grundlegenden menschlichen Bedürfnisse nach einer zufriedenstellenden Arbeit berücksichtigt. Der Arbeitsmarkt kann aber auch deshalb so wie heute organisiert nicht nach dem Prinzip von Angebot und Nachfrage funktionieren wie der Warenmarkt, da die Abhängigkeiten von langen Ausbildungszeiten und staatlichen Bildungsinstitutionen nur langfristig sich einpendelnde Gleichgewichtslagen zulassen, die dem aktuellen Marktgeschehen dann nur zeitversetzt folgen können.

Bei der Diversifikation der menschlichen Arbeit, also der Arbeitsteilung in immer weitere Spezialbereiche, die immer detaillierteres Wissen voraussetzen, wird prinzipiell die Knappheit durch die zur Verfügung stehende Arbeitsleistung bestimmt. Mit der Übertragung von Arbeitsleistungen auf Maschinen wird aber die Knappheit der Arbeitsleistung aufgehoben und damit ad hoc die Arbeitsleistung selbst entwertet. Dies folgt dem gleichen Prinzip, nach dem der reale Geldwert mit der Geldmenge an Wert verliert. Dies wird in einem Denkkurzschluss sofort verständlich, ist doch die Arbeitsleistung in Geld ausgedrückt eben auch wie Geld handelbar und einsetzbar. Dennoch ist es brandgefährlich, den Arbeitsmarkt mit dem Finanzmarkt und dem Warenmarkt über einen Kamm zu scheren. Für den Unternehmer ist die eingesparte Arbeitskraft eine Geldersparnis und bedeutet weniger Kosten. Der freigesetzte Mitarbeiter, der keinen anderen Arbeitsplatz mehr findet, der muss dann anschließend jedoch zu Lasten der gesamten Gesellschaft finanziert werden. Eine Volkswirtschaft muss deshalb nicht nur aus ethischen Erwägungen heraus dafür sorgen, dass möglichst alle Bürger in Arbeit sind, also einer sozialversicherungspflichtigen Arbeit nachgehen. Wenn Arbeitskräfte im produzierenden Gewerbe freigesetzt werden, in der Zukunft wohl vermehrt durch Roboter, so muss die Gesellschaft einen Ausgleich finden, zum Beispiel Arbeitsplätze über Gewinne der Firmen zu finanzieren, die Arbeitskräfte freisetzen. Eine Gesellschaft, die alle Arbeitsplätze durch Roboter ersetzt, ohne neue Arbeitsplätze zu schaffen, könnte irgendwann am technischen Müll ersticken, an einem modernen Antiquariat, dass keiner mehr will, da es keiner bezahlen kann, selbst wenn der Marktpreis unter die Fixkosten fällt, bzw. die Grenzkosten gegen null tendieren. Gerade die immer zu berücksichtigenden Fixkosten zeigen uns, dass der Markt nicht allein im Gleichgewicht zwischen Angebot und Nachfrage stabil zu halten ist, sondern auch die Frage nach den Investitionen zu berücksichtigen ist. Werden Investitionen vom Zins mitbedingt, so können niedrige Zinsen selbst bei geringer Nachfrage zu Investitionen verleiten. Falsche Investitionen und damit auch falsche Investitionsimpulse können zu hohen Verlusten bis hin zur Insolvenz führen, gesamtgesellschaftlich eine Rezession einleiten. Hilfreicher als billiges Geld könnten Aufträge der öffentlichen Hand sein, werden dadurch Bürger in der Arbeit gehalten oder sogar in Arbeit gebracht. Die Arbeitsleistung der Bürger kann für dauerhaftes Wachstum sorgen, muss aber auch finanziert werden. Da die Arbeitsleistung der Grundpfeiler für den allgemeinen Wohlstand ist, kann es auch kein wirklich bedingungsloses Grundeinkommen geben, jedenfalls nicht, ohne die Lebensarbeitszeit zu berücksichtigen. Das Grundeinkommen als weitgehendst bedingungslos, ein solidarisches Grundeinkommen ist einer der besten Ansätze, eine Wohlfahrtsgesellschaft auch für die Zukunft stabil und weiter lebenswert zu gestalten. Die Bereitschaft des Beschenkten, der Gesellschaft etwas zurückzugeben für ein ansonsten bedingungsloses Grundeinkommen, das sollte die bedingende Grundvoraussetzung sein, um in den Genuss eines Grundeinkommens zu kommen. Diese Grundvoraussetzung ist nicht eine Wenn-dann-Forderung, ergibt sie sich doch bereits aus der Forderung im Grundgesetz, die Menschenrechte zu achten, denn die Arbeit für die Gemeinschaft sollte Teil der Arbeit sein, auf die jeder ein Anrecht hat, um menschenwürdig leben zu können und am Gemeinschaftsleben partizipierend teilzunehmen.

In der realen Wirtschaft lässt sich die Befriedigung dieser Ansprüche nur dann realisieren, wenn ein allgemeines Bewusstsein von notwendigen gegenseitigen Abhängigkeiten existiert. Es muss ein Bewusstsein geschaffen werden, dass ein Leben in immer weiter verdichteten Umfeldern noch als erträglich und verantwortbar erscheinen lässt. Dies Bewusstsein kann gefördert werden durch eine auf dem Kredit aufbauende Geldwirtschaft, die nicht nur die Bereicherung im Auge hat und nicht die Gier einzelner Bürger befriedigt, sondern Grundbedürfnisse absichert, wie bei dem hier favorisierten Sicheren Geld und der Arbeit in genossenschaftlich organisierten Arbeitsfeldern.

Die Steigerung der Produktivität wird nun vielfach mit einer Entwertung menschlicher Arbeitskraft bezahlt, die auch zu einer zu beobachtenden Massenarbeitslosigkeit führen kann. Das muss nicht so sein, sonst müssten wir wieder in die Steinzeit zurück, um glückliche Menschen zu werden. Nein, wir müssen jedoch die Bewertung der menschlichen Arbeit den neuen Bedingungen anpassen, und das immer wieder. Die um sich greifende Missachtung des geistigen Kapitals ist ein Problem dabei. Geistige Produkte, die einmal mit viel Arbeit entstanden sind, können anschließend mit einem Mausklick kopiert und beliebig weiterverbreitet werden. Nicht umsonst waren die alten Familienrezepte eines Bäckers strenger Geheimhaltung unterworfen, waren sie doch das wahre Kapital dieser Familie, das geistige Kapital, hier im Buch und besonders im Folgeband mit dem Bildungskapital angesprochen.

Heute wird all dies zum Nulltarif im Internet angeboten oder aber durch gezielte Betriebsspionage einfach gestohlen und im besten Fall durch den Kauf der Firma erworben. Dies mag dann als die Verzinsung des Wissenshorizontes abgehakt werden. In der Regel gewinnen hier aber nicht so sehr die Urheber an den neuen Errungenschaften, sondern vielmehr die Manager in der Verkaufsorganisation. Kaufen nun noch große Konzerne das in der Arbeitsteilung entstandene Spezialwissen, bleibt das Wissen zwar erhalten, es verschwindet aber eine Nische, ein wichtiger Marktteilnehmer. Die Oligopolisierung mit nachfolgender Monopolisierung führt dann zu einer Verarmung im relationalen Raum. Nur die Vielfalt der Nischen garantiert die Stabilität und Robustheit eines ökonomischen Systems. Deshalb ist es eine der wichtigsten Aufgaben des Staates, dafür zu sorgen, dass Oligopole und Monopole am Markt nicht entstehen können. Dennoch, Größe kann auch vorteilhaft sein, vor allem wenn die damit verbundenen Rationalisierungsgewinne betrachtet werden. Fusionieren zwei Firmen, die in der gleichen Nische arbeiten, so ist dies vorteilhaft, sowohl für die Firma wie auch für die zugehörige Volkswirtschaft. Fusionieren hingegen Firmen, die unterschiedliche Marktsegmente bedienen, also in unterschiedlichen Nischen tätig sind, so wird die Nischenvielfalt reduziert, was die Stabilität einer Volkswirtschaft negativ beeinflussen kann.

Der Markt, der nur zwischen Knappheit und Überfluss faire Preise bilden kann, muss dabei auf die Vielfalt der Anbieter zurückgreifen können. Dies führt bei unfairen Preisen zur Insolvenz oder bei fehlgeleiteten Erwartungen oft auch zu Überproduktionen und dem verschwenderischen Umgang mit knappen Ressourcen.

Wird wirklich nur das produziert, was auch einen Abnehmer findet, da nur auf Anforderung produziert wird, so kann sich der Preis weit unter den heute üblichen Preisen einpendeln, ohne damit den Gewinn zu schmälern. Gibt es zudem gemeinschaftliche Strukturen zwischen Produktion und Konsumtion, die dem Produzenten einen dauerhaften Absatz garantieren und dem Konsumenten beste Warenqualität, so kann sich ein Preis auf Gegenseitigkeit bilden. Die Nutzung gemeinschaftlicher Produktionsmittel kann mit einer Gebühr für den einzelnen Nutzer abgegolten werden. Die Abnutzung mit einem Zins aufzurechnen ist nur akzeptabel wenn die Bereitstellung von Finanzmitteln nicht zusätzlich noch in einem Zinssatz mit eingerechnet wird. Der Zins, in den unterschiedliche Berechnungen mit einfließen, führt ja leider in der Regel zur Intransparenz in den Kostenansätzen und kann nur dem gerade recht sein, der die wahren Kosten verschleiern will, um so höhere Gewinne herausschlagen zu können. In jedem Fall sind auch Investitionen besser zu kalkulieren, wenn keine Zinszahlungen für das benötigte Kapital zu zahlen sind. Mit dem Sicheren Geld wird das möglich, bedarf allerdings andersartiger Regulationen als derzeit üblich, hier im Buch aber im Prinzip hinreichend dargestellt.

Derzeit versuchen die Notenbanken über die Erhöhung oder Senkung des Leitzinses den allgemeinen Zinssatz zu verändern und damit einen Einfluss auf die Investitionstätigkeit auszuüben. Da bei der Sicheren Währung mit Sicherem Geld die Konten zinslos geführt werden, erübrigt sich damit die Diskussion über den Zinseinfluss auf Preisbildung und Arbeitslosigkeit, eine im klassischen Ökonomiebetrieb durchaus wichtige Strukturgröße. Mit Sicherem Geld und abgesichertem Kapital können, das muss angemerkt werden, wie bisher geschehen, ebenso Arbeitsbeschaffungsprogramme finanziert werden. Diese Art, die Arbeitslosigkeit beseitigen zu wollen, ist in den letzten Jahrzehnten immer wieder angewendet worden, hat aber auch die Schuldenquote der öffentlichen Hand regelmäßig erhöht, weil es zurzeit keine wirklich hilfreichen Verbote für die öffentliche Hand gibt, Geld zu leihen. Ein anderer Weg im derzeitigen Geldsystem ist die Herabsetzung des Leitzinses und die Erhöhung der Geldmenge. Kurzfristig sind so immer wieder kleine Erfolge möglich, einen Durchbruch hat man damit bislang noch nicht erreicht. Die Idee, in Zeiten hoher Arbeitslosigkeit die Staatsausgaben zu erhöhen, um neue Arbeitsplätze zu schaffen, und in Zeiten der Vollbeschäftigung die Schulden zu tilgen, klappt nahezu gar nicht, vielleicht, weil es einfach zu leicht ist für die Politiker, immer wieder neue Schulden zu machen und mit der Tilgung von Schulden im Nachhinein abzuwarten, da sich damit keine Wahlversprechen realisieren lassen!

Im System des Sicheren Geldes gibt es diese Schuldenfalle für die öffentliche Hand nicht, es fallen andererseits viele Möglichkeiten der Finanzierung, wie oben angesprochen, weg, da die öffentliche Hand halt keine Kredite in dieser Währung aufnehmen kann. Dies mag man bedauern, doch gibt es auch gute Gründe, dies mit einer gewissen Freude zu vermerken, sind die angeführten Maßnahmen im herkömmlichen Geldsystem doch letztlich wirkungslos, wenn die Schulden der Kommunen kontinuierlich steigen und steigen. Gelingt es hingegen, Arbeitsplätze zu schaffen, ohne sich zu verschulden, so dürfte dies förderlich für das angestrebte Wachstum sein, und zwar nachhaltig förderlich. Andererseits, ist zu wenig Geld im Umlauf, kann sich dies negativ auf die Wachstumsprozesse auswirken, kann diese sogar stoppen, Geld wird zum begrenzenden Faktor. Geld kann trotzdem nicht mehr Wachstum bewirken, als es die anderen Faktoren zulassen. Im Sicheren Geldsystem wird die Geldmenge durch den Bürger als Kunde gesteuert, es wird ja je nach Bedarf produziert, deshalb sollte Sicheres Geld im entsprechenden Geldsystem immer in ausreichenden Mengen vorhanden sein, so dass dies in dieser Hinsicht nicht wachstumshemmend sein kann. Entscheidend ist im System des Sicheren Geldes die Zielvorgabe, mit der neue Projektideen zum Aufbau neuer Strukturen auf den Weg gebracht werden, und nicht das Geld, da dies erst nachrangig zum Zuge kommt. Sollte es dennoch zu Liquiditätsproblemen kommen, so kann die nationale Notenbank punktuell Geld in den Markt schleusen,[143] indem sie eine bestimmte Menge Geld ohne Kreditvertrag, quasi wie ein Geschenk, in den Markt pumpt, und dies sinnvollerweise mit einer begrenzten Gültigkeit. Wenn es keinen Zins auf geliehenes Geld gibt, kann es keine Wachstumshemmungen durch den Zins geben, wichtig ist nur noch die Korrelation zwischen Geld und Arbeitsleistung. Wird zum Beispiel eine Immobilie gekauft, die der Absicherung durch Arbeitsleistung für das erhaltene Geld entspricht, so ist nur noch dafür zu sorgen, dass die monatlichen Tilgungsraten von den Kunden aller Wahrscheinlichkeit nach auch aufgebracht werden können, und zwar in einer angemessenen Höhe zum erwartenden Wertverlust des Objekts.

Generell würde man im System des Sicheren Geldes die Arbeitslosigkeit nicht mit Geld der öffentlichen Hand beseitigen, sondern mit Projekten, an denen sich die Kommune mit Ideen, kostenfreien Lizenzverträgen und zeitweise kostenfreien Erbbaugrundstücken beteiligen kann, und ansonsten die nötigen Geldmittel privat aufbringen.

Der Idealzustand im Sicheren Währungsbereich wäre der, wenn es keine Inflation gibt und die Beschäftigung grenzwertig zur Vollbeschäftigung verbleibt, es also auch keine Preisblasen oder Massenarbeitslosigkeit gibt. Wenn sich die Preisbildung an den Arbeitsleistungen orientiert, so könnte man davon ausgehen, dass es auch keine Inflation gibt und insofern die Sichere Währung im Idealfall sogar die Vollbeschäftigung mit stabilem werthaltigem Geld verspricht. Da die Inflation vornehmlich den Wertverlust einer Währung widerspiegelt, so sollte eine sichere Währung ohne Wertverlust auch keine Inflation kennen. Die Realität könnte dem sehr nahe kommen werden verbindliche Arbeitszeiten mit dem Anspruch auf eine Mindestarbeitszeit festgehalten. So kann auch das Grundgehalt für jeden sicher finanziert werden. Arbeitszeiten, Lohnentwicklung und Gewinne dürfen nicht entkoppelt werden. Per Erlass und Gesetz ist zum Beispiel die Kundenbetreuung vor Ort im lokalen Markt auch für Großkonzerne vorzuschreiben. Es ist an der Zeit, sich mehr Gedanken zu den Arbeitsplätzen der Zukunft zu machen und dabei nicht davon auszugehen, dass dies schon der Markt selbst regulieren kann. Es müssen dazu regulatorische Gesetze beschlossen werden, die in der Lage sind, die Beschäftigung so zu regeln, dass jeder Bürger einer Arbeit nachkommt, ohne dazu eine staatliche Verwaltung der Arbeitslosigkeit zu benötigen. Unterschätzen sollten wir hier vor allem nicht die Innovationskraft der im Wettbewerb stehenden Firmen unter dem Druck, mit Innovationen auf den Markt zu kommen, um so eine Nische für sich als Alleinvertreter dieser Nische zu erobern. Ein falsch verstandener Wettbewerb führt hingegen zu prekären Arbeitsverhältnissen und einer Verwaltung der so auch entstehenden überflüssigen Arbeitslosigkeit, was bestimmt nicht förderlich ist für ein dauerhaftes und nachhaltiges humanes ökonomisches Wachstum! Zu den notwendigen Regularien, den entgegenwirkenden regulatorischen Gesetzen gehören auch solche, die effizient die Vielfalt in unseren Märkten erhalten und ausbauen. Wichtig sind dabei selbstregulierte demokratische lokale Märkte und lokale Produktionsgenossenschaften sowie Familienbetriebe, die so zu stabilisieren sind, dass sie es mit den großen Konzernen aufnehmen können. Gegebenenfalls wird man auch Oligopolisten im Markt zerschlagen müssen, um lebensfähige kleinere Einheiten im Markt zu erhalten und notfalls sogar neu zu schaffen.[144] Irgendwann wird man sich darauf einigen müssen, die Macht im Markt ebenso wie die Macht in den politischen Systemen nach sachlichen Erwägungen zu verteilen und so zu beschränken. Weder Geld noch die Stimmenmehrheiten in der Demokratie sind geeignet die demokratisch-republikanischen Errungenschaften der Machtaufteilung zu erhalten und gar auszubauen. Dazu bedarf es eines stark verankerten Bewusstseins von den entsprechenden demokratischen Werten in den Köpfen der Bürger. Dies kann allein durch Bildung, gleiche Bildungschancen und leistungsgerechte Entlohnung erreicht werden.

6. Wie werden Leistungen für die Gesellschaft rechtens entlohnt?

Viele für die Gesellschaft schädliche Aktivitäten werden mit Geldmitteln finanziert, die nicht nur privaten Mitteln entstammen, sondern auch öffentlichen Budgets. Bei vielen positiven Aktivitäten hingegen fließen die Mittel mitunter nur spärlich. Schädlich sind auch Zahlungen in rein machtpolitischer Absicht. Der Bauer, als Umweltschützer und Helfer bei dem Ziel, die Klimaneutralität zu erreichen, sollte stärker unterstützt werden, wie auch der Bürger, der bereit ist für eine positive Klimapolitik auf eigene Bequemlichkeiten zu verzichten. Ebenso sollte mehr Geld in die Unterstützung ehrenamtlicher und freiwilliger Leistungen fließen.

Wird ein Grundgehalt auch im Ruhestand gezahlt, so sollte dies bei Ehrenämtlern angemessen aufgestockt werden. Ehrenamtliche Tätigkeiten dürfen ebenso wie der Einsatz für die Familie, die Kinder und die Alten, besonders im privaten Pflegebereich, nicht unbeachtet bleiben. Eine Aufstockung des Grundgehaltes oder eine Berücksichtigung bei der Berechnung des Ruhegehaltes sollten selbstverständlich sein. Hier sollten die emotionalen Linien bewusst zu einer Stärkung der Gemeinschaft auch in der rationalen Ebene führen. Rationale Strategien bedürfen für ihren Erfolg der emotionalen Ausgeglichenheit. Dies gilt nicht nur für den einzelnen Bürger, sondern auch auf nationaler Ebene für den Ausgleich im internationalen Waren- und Geldverkehr.

7. Gemeinschaftswährung und nationale Währungen

Seit der Einführung einer gemeinsamen Währung in der EU mit dem Ziel, in allen Staaten, die der EU angehören, den Euro als Gemeinschaftswährung einzuführen, sind bis zum Jahre 2020 noch viele der Mitgliedsstaaten nicht Teil der Währungsunion. Zwischen den Staaten, die zur Währungsunion gehören, ist zudem ein großes Gefälle hinsichtlich der Wirtschaftskraft zu beobachten. Die finanziellen Steuerungsmöglichkeiten sind dadurch erschwert, obwohl die Kontrollmöglichkeiten denen einer nationalen Notenbank vergleichbar sind. Die nationale Notenbank kann relativ schnell im Abgleich zur wirtschaftlichen Entwicklung passende Maßnahmen für die entsprechende Volkswirtschaft treffen. Die EZB hat es da nicht so leicht, muss sie doch die Entwicklung in allen Mitgliedsstaaten, insbesondere denen innerhalb der Währungsunion, beachten, die leider nicht einheitlich verlaufen. Die Notenbank einer Gemeinschaftswährung läuft dabei immer Gefahr, die Währung nicht für alle Mitgliedsstaaten im für sie rechten Gleichgewicht zu halten, einen zu hohen oder zu niedrigen Wechselkurs zu akzeptieren. Wegen der fehlenden Möglichkeiten, die Währung für die einzelnen Mitgliedsstaaten genau anzupassen, sollten Staatspapiere in dieser Gemeinschaftswährung nicht zulässig sein, die bestehenden, in Euro lautenden Papiere zum Beispiel, sollte man auslaufen lassen und weitere Emissionen stoppen, mitunter kaum realisierbar, ein Dilemma. Ein Ausweg aus diesem Dilemma könnte die Einführung von Parallelwährungen sein. Dazu müssten nur die alten Währungen als Zweitwährung wieder zugelassen werden, und EU-Staaten ohne Euro könnten den Euro als Zweitwährung einführen sowie die eigene Währung als Hauptwährung weiterlaufen lassen. Hat man sich erst an zwei parallele Währungen gewöhnt, könnte es auch einfacher sein, noch eine dritte Währung im Umlauf zu akzeptieren.

Zahlungen für geleistete Arbeit und den Erwerb von Dienstleistungen und Vermögensgegenstände lassen sich heutzutage schneller abwickeln als dies noch vor 50 Jahren der Fall war, vor allem die grenzüberschreitenden Zahlungen im Euroraum sind einfacher und effizienter abzuwickeln. Dennoch sind noch immer mehrere Schritte und mitunter auch mehrere Banken nötig, um das Geld von A nach B zu bringen. Die Digitalisierung der Abläufe verspricht zwar schnellere Bearbeitung, soweit es nur um die Weiterleitung geht, die notwendige Kontrolle ist aber nach wie vor zeitaufwendig. Erst eine direkte Abwicklung von Konto zu Konto könnte dies grundlegend ändern. Mitunter kann es durchaus wichtig sein, dass die Abwicklung einer Finanztransaktion nur Bruchteile von Sekunden benötigt. Deshalb werden internationale Geschäfte in der Regel in einer der Leitwährungen durchgeführt, die meisten in US-Dollar. Genauso könnte auch der Transfer zwischen zwei Freien Banken in der NIM-Währung unkompliziert direkt ablaufen, wenn die Partner ein Konto bei einer Freien Bank besitzen. Die Zukunft wird uns aber vielleicht auch eine andere Leitwährung präsentieren, mitunter den chinesischen Renminbi, vielleicht wird aber auch verstärkt mit Kryptowährungen gearbeitet.

Selbst wenn Zahlungen in der gleichen Währung ablaufen, so heißt dies nicht automatisch, dass alles mit der Geschwindigkeit eines Telefonats erledigt ist. Analysiert man die derzeitigen Abläufe genau, so fällt auf, dass der sichere Transfer über Transfersysteme gesteuert wird, wie über das Target2-System, bei dem Umwege und mehrschrittige Abläufe nicht nur Zeit verschlingen, sondern auch Ungleichgewichte zu Tage fördern, die leicht falsch verstanden werden.[145] Höhere Guthaben zugunsten der nördlichen Regionen in der EU und die korrespondierenden Schulden für die südländischen Regionen verweisen auf ein Ungleichgewicht, nicht aber auf rechtlich einklagbare Schulden. Kranen zeigt in seinem Aufsatz „Über Scheinriesen"[146] sehr klar, dass die unausgeglichenen Target-Salden durch jährliche Umbuchungen auf ein Konto bei der EZB ausgleichbar sind. Damit werden zwar die Probleme, die ein solches Ungleichgewicht anzeigt, nicht gelöst. Da bei direkten Einkäufen auch Gelder an den Banken vorbeilaufen können, selbst im grenzüberschreitenden Verkehr, wenn diese mit eigenen Währungsreserven bezahlt werden, geben die Target-Salden auch keine allumfassende Information über den Geldverkehr wieder. Auch der direkte Transfer zwischen zwei Freien Banken dürfte die Target2-Salden nicht berühren. Ob direkte Abrechnung oder der Transfer über spezielle Transfersysteme, wichtig sind Regeln und Gesetze, die einen sicheren Zahlungsverkehr garantieren. Zu unterscheiden ist zwischen dem internationalen Zahlungsverkehr und den lokalen Zahlungsabläufen. Auch wenn global die digitale Abwicklung Sicherheit mit hoher Geschwindigkeit verspricht, im lokalen Bereich könnte das Bargeld oder ein entsprechender Ersatz effizienter und sicherer sein. Eine partielle Abschirmung des lokalen Marktes wäre wünschenswert und würde dem Bürger im Markt seines Vertrauens auch mehr das Gefühl einer Sicherheit geben, als dies bei internationalen Absicherungen je möglich sein kann. Würde man in den lokalen Märkten mit lokalem Bargeld arbeiten, so wäre es möglich, trotz der Digitalisierung im Finanzwesen die eigenen Finanzen besser im Blick, besser in der privaten Börse, zu behalten und zudem auch dem Nachwuchs den rechten Umgang mit Geld in einer alle Formen der Sensorik einzubeziehenden Form weiterhin vermitteln zu können. Wird das Bargeld mit der Karte zunächst zu dem lokal gültigen Wechselkurs eingetauscht, kann man es nach dem Kauf entsprechend wieder zurücktauschen. Die Tauschgebühren können direkt verrechnet oder auch über die allgemeinen Marktgebühren abgerechnet werden. Im lokalen Markt sollten dann allerdings auch nur Bargeldkarten und das lokale Bargeld akzeptiert werden.

8. Wird leistungsgerecht entlohnt?

In einem Artikel in der Frankfurter Allgemeinen mit der Überschrift „Wie Leistung bestraft wird“ erhält man eine Teilantwort für den Niedriglohnbereich mit dem Blick auf ein kaum beachtetes Phänomen, das „Soziale Sägeblatt“. Zwischen 15000 und 40000 Euro Jahreseinkommen gibt es mehrere Sprungstellen, was heißt, dass dort ein erhöhtes Bruttogehalt zu einem Minus im Netto führt. Da stellt sich für die Betroffenen zu Recht die Frage, ob es sich da noch lohnt, mehr Leistung zu bringen. Weitere Beispiele kann man anhand der Steuerprogression anführen. In all diesen Fällen wird Geld nicht, wie normalerweise zu erwarten ist, Wachstum befördern, sondern blockieren. Derartige Effekte können entstehen, wenn parallellaufende Entwicklungen nicht hinreichend aufeinander abgestimmt sind, und die Sachbearbeiter, erst recht aber die Gesetzgeber, nicht den notwendigen Überblick und die erforderlichen Einblicke haben.

Erhält jeder ein Grundeinkommen, mit dem die Grundbedürfnisse zu befriedigen sind, und hat er im besten Fall noch bis zum Doppelten des Grundeinkommens keine Einkommensteuer zu bezahlen, so kann es derartige Effekte grundsätzlich nicht mehr geben. Wird ein solches Grundeinkommen eingeführt, so kann man andererseits dafür Sozialleistungen wie Hartz IV ebenso streichen wie das Wohngeld oder auch die Ausbildungsbeihilfe. Wird dann steuerlich nur noch das berücksichtigt, was das doppelte Grundeinkommen übersteigt, so sind die Sprünge wie beim „sozialen Sägeblatt" wohl nicht mehr vorstellbar. Generell sollte man berücksichtigen, dass eine Entlohnung, die nicht leistungsgerecht ist, zu Störungen im Wachstumsprozess führen wird. Auf der anderen Seite können auch nicht leistungsgerechte Boni wachstumshemmend wirken. Der Besitz an den Produktionsmitteln alleine ist auch nicht als zu entlohnende Leistung anzusehen, wohl aber die damit angesparten Arbeitsleistungen und deren Verwaltung.[147]

Geld kann als Entlohnung für jede Art von Arbeitsleistung eingesetzt werden, um Kriege zu finanzieren, kriminelle Handlungen zu bezahlen, generell um steuernd in die Entwicklung und Abläufe einer Gesellschaft einzugreifen, sowohl positiv wie auch negativ. Sowohl Aufbau wie auch Abbau werden mit Geld gesteuert. Geld ist weder gut noch böse, aber auch nicht rational gebunden. Im Markt wird der Geldfluss häufiger als angenommen auch emotionalen Linien folgen. Die relationalen Muster gehorchen dabei eher den rationalen Linien, die psychischen Muster eher den emotionalen Linien. Belohnung folgt vielfach sowohl den rationalen wie den emotionalen Mustern. Um auf das Problem der leistungsgerechten Entlohnung zurückzukommen, hier fehlen mitunter klare rationale Vergleichsanalysen, die eine gerechte Entlohnung befördern. Natürlich wird auch dann nicht leistungsgerecht entlohnt, wenn die Notsituation von Menschen ausgenutzt wird, geschlechtsspezifisch oder nach dem Vitamin-B-Prinzip die Einstellung und die Entlohnung vorgenommen wird, um insgesamt mit unterdurchschnittlicher Entlohnung den eigenen Profit, den der Familie und von Freunden zu maximieren. Gerade in vielen Entwicklungsländern, aber auch in verschiedenen Bereichen hochentwickelter Länder wird die erbrachte Leistung nicht immer hinreichend entlohnt. Man wird es auch nicht immer ausschließen können, dass Arbeitsleistungen, die momentan nicht so gefragt sind, zeitweilig nicht der Leistung entsprechend entlohnt und bezahlt werden. Dies kann kurzfristig geduldet werden, darf aber nicht dazu führen, dass so längerfristig Gewohnheitsrechte entstehen und damit die Schere zwischen Arm und Reich immer weiter auseinanderklafft.

9. Ist der Finanzmarkt überhaupt kontrollierbar?

Wird im lokalen Markt nur mit lokalem Geld bezahlt, so ist dies auch noch relativ leicht kontrollierbar. Erst beim globalen Geldtransfer wird die Kontrolle äußerst schwierig bis unmöglich. Die Kontrolle der Lieferanten des lokalen Marktes sollte noch hinreichend gelingen. Die Kontrolle von Aktienmärkten sowie den Anleihenmärkten und den nicht über die Börse gehandelten Papieren dürfte schon schwieriger sein, insbesondere wenn keine gesetzliche Handhabe existiert, mit der auch Finanzjongleure außerhalb der geregelten Märkte zu kontrollieren sind. Ohne den Zwang, ein jegliches Finanzpapier, das gehandelt wird, auch bei der Finanzaufsicht anzumelden und regelmäßig Daten zur kontrollierenden Analyse der Geschäftsgebaren zu liefern, wird man den Kapitalmarkt niemals unter die Kontrolle bekommen. Es ist Finanzhaien und auch kleinen Gaunern nach wie vor zu leicht, mit den verschiedensten Tricks das Vorhandensein des notwendigen Geschäftskapitals vorzutäuschen und eingesammeltes Geld in ein Steuerparadies zu transferieren, um anschließend auch noch die Insolvenz zu beantragen. Dabei ist davon auszugehen, dass 50 bis 60% der Insolvenzen mit einer hinreichenden kriminellen Energie eingefädelt werden und die Insolvenz durch den ehrbaren Kaufmann hätte vermieden werden können. Etwas anders stellt sich die Frage, wenn wir die Perspektive ändern und nicht die Kontrolle des einzelnen mehr oder weniger wehrlosen Bürgers betrachten, sondern die Kontrolle aus dem Blickwinkel der globalen Konzerne unter die Lupe nehmen, da zählt jedenfalls nur das Wohl und Wehe des Konzerns! Wenn erst nicht mehr die Bank die Transaktionen der Gelder kontrolliert, sondern der Bezahldienst des Konzerns, dann stellt sich die Frage, ob und wann der Staat und seine Notenbank endgültig den Einfluss auf die Geldmärkte verloren haben. Man könnte diesen Zustand als den Zustand mit der wünschenswerten privaten Kontrolle herausstellen, leider verläuft die Kontrolle der Oligopolisten über die Köpfe der Bürger hinweg, ohne einen demokratischen Bezug herzustellen. Der Informationserwerb der Konzerne dient generell nicht der demokratischen Transparenz, sondern eigenen eher manipulativen Zielsetzungen.

Etwas anders stellt sich die Frage, wenn wir die Perspektive wechseln und nicht so sehr die Kontrolle zugunsten des einzelnen Bürgers, sondern die zugunsten des Konzerns betrachten, da zählt dann das Wohl und Wehe des Konzerns. Wenn dann auch noch die finanziellen Transaktionen nicht mehr über die Bank, sondern über den konzerneigenen Bezahldienst abgewickelt werden, dann wird irgendwann in der Zukunft die Kontrolle dieser Konzerne kaum noch möglich sein. Multinationale Konzerne werden alles daransetzen, dem Markt alle nur erdenklichen Informationen zu entlocken, um den gläsernen Bürger anschließend besser manipulieren zu können. Wer das Kaufverhalten der Kunden genau kennt und die finanzielle Lage dazu, der kann den Markt gezielt beeinflussen und damit Machtpositionen besetzen, und dies weltweit. Deshalb muss der Bürger im demokratischen Staat auch vor der kostenlosen Vereinnahmung von Informationen durch kommerzielle Institutionen und Organisationen geschützt werden; eine Weitergabe von personenbezogenen Informationen durch die öffentliche Hand sollte per Gesetz untersagt sein. Eine nicht demokratische Kontrolle über den Markt in seiner vollen Komplexität sollte zudem allen nicht demokratisch dazu legitimierten Institutionen untersagt sein. Werden die bei den Banken gelagerten und verwalteten Informationen über die Kunden so abgesichert geschützt, wie dies von Freien Banken im Sicheren Geldsystem zu erwarten ist, so sollte bereits eine Schleuse geschlossen sein, durch die ohne den ausdrücklichen Wunsch der Bürger Informationen in fremde Hände gelangen können. Deshalb ist auch die direkte Kontrolle der Kontoinhaber innerhalb des Bankensystems wichtig, vielleicht am besten durch eine Bank im Besitz ihrer Kunden.

Ohne eine klare Position der Gesellschaft und ihrer Institutionen dazu wird es der einzelne Bürger sehr schwer haben, sich gegen die global agierenden Konzerne durchzusetzen. Der Nationalstaat oder eine übergeordnete, durch den Bürger legitimierte Machtstruktur muss die gesellschaftliche Kontrolle innehaben und ausnahmslos gegen jeden durchführen.

Damit ist nicht gesagt, dass sich der Staat immer und überall einmischen soll, im Gegenteil, er soll weder Beteiligungen an Firmen anstreben noch Finanzgeschäfte in eigener Regie durchführen, auch nicht durch die Notenbank als staatliches Organ. Notenbanken sollten zusammen mit der Finanzaufsicht die Kontrolle durchführen, nicht aber selbst in die Geschäfte eingreifen.

Die Handelnden im Markt benötigen die übergeordnete Kontrolle, können sich selbst nur in demokratischen Gremien und Institutionen anhand von klaren Regularien kontrollieren, weshalb hier klare Gesetze notwendig sind, mit denen ein kontrollierbares Zusammenleben innerhalb selbstbestimmter Grenzen möglich wird. Notenbanken, die mit der staatlichen Aufgabe betreut werden, als einzige Institution im Staat das nationale Geld zu schöpfen, können durchaus auch die Geschäftsbanken kontrollieren, denen sie das Geld übergeben, können dann aber nicht mehr die Geldschöpfung selber kontrollieren, dies müsste eine von der Notenbank unabhängige Institution übernehmen.

Da gerade der Finanzmarkt die nationalen Grenzen sehr leicht und schnell überschreitet, gilt für die nationalen und die lokalen Märkte, dass hier die Rechtsgeschäfte im Markt zu den lokalen Institutionen herunterzuholen sind. Wir müssen dabei unterscheiden zwischen einer gesellschaftlichen Kontrolle, der Kontrolle durch Gemeinschaften und der privaten Kontrolle, die juristisch klar zu trennen sind.

X. Die gesellschaftliche Kontrolle

> *„Die wesentliche Voraussetzung der derzeitig geltenden Währungsordnung ist die monopolistische Stellung der Zentralbanken, da auch die private Geldproduktion durch Buchgeld ihrer Aufsicht unterliegt und in der staatlichen Währungseinheit notiert."*
>
> (Kowalski, 2018)[148]

Die noch vorhandene Kontrolle der Geldschöpfung durch die Notenbank ist zum Beispiel in der EU nicht mit einer effizienten Steuerung gleichzusetzen. Ein Problem dabei ist die geteilte Steuerung, und zwar durch Notenbanken und Geschäftsbanken! Es fehlt die demokratische Kontrolle, die demokratisch legitimierte Steuerung, die entweder durch eine vom Parlament eingesetzte und kontrollierte Institution oder durch gesetzlich geregelte Abläufe eines sich selbst regulierenden Kreditwesens hereinzuholen ist. Man könnte auch sagen, dass der Kapitalismus in demokratisch gelenkte Bahnen zu bringen ist. Ob wir nun eine freiheitliche liberale Ordnung anstreben oder eine mehr zentralistisch gelenkte Wirtschaftsordnung, in jedem Fall bedarf es der guten Gesetze, die einen Handel in Ruhe und ohne dauerhafte Streitigkeiten möglich machen.

Auch wenn die Kontroverse zwischen Kapitalismus und Sozialismus wie zu Zeiten des „Kalten Krieges" nicht mehr existiert, die ideologischen Auseinandersetzungen sind damit nicht gänzlich verschwunden. Anscheinend gesellen sich seit dem Ende des 20. Jahrhunderts neue religiös begründete Auseinandersetzungen aus dem islamischen Raum hinzu, mitunter noch aggressiver, als dies aus den bisherigen Religionskriegen und den Auseinandersetzungen im säkularen Bereich bekannt ist. Neben der Forderung nach einer Religionsausübung in humaner Art, die mit dem politischen System ihren Frieden geschlossen hat und dementsprechend ihre Religionsfreiheit einfordern darf, sollte ein offener politischer Diskurs die religiöse ideologische Auseinandersetzung auf eine sachliche Ebene herunterholen. In dem Bemühen, eine sachliche politische Kontrolle herzustellen, kann man sich auch fragen, ob es einen humanen Kapitalismus geben kann und wie Kapital in einem Gesellschaftssystem positiv und human den Bestand der Gemeinschaft sichern könnte. Und was könnte ein humaner Sozialismus sein, beides integriert in eine humane und freie Demokratie?

In jedem Fall wird die Kontrolle über Gesetze und Verordnungen mit Abgaben und Steuern durch staatliche Institutionen ausgeübt, die dafür sorgen, dass die regulatorischen Vorgaben auch eingehalten werden. Neben verhaltenssteuernden Gesetzen[149] sind die den Besitzanspruch regelnden Gesetze von herausragender Bedeutung. Was von den Gütern soll Privatbesitz sein, was gemeinschaftlicher, was gesellschaftlicher Besitz?

Produktionsmittel, sei es nun nur der Hammer und der Zollstock oder auch eine Maschine, dürfen nicht vergesellschaftet werden, sie gehören eindeutig zum Privatvermögen und können höchstens auf vertraglicher Basis frei vergemeinschaftet werden.[150] Die Vergesellschaftung der Produktionsmittel garantiert nicht die bessere Kontrolle im Sinne der arbeitenden Bevölkerung. Hingegen kann eine Gemeinschaft von Handwerkern gemeinschaftlich Maschinen erwerben, die der Einzelne nicht bezahlen kann, und diese als gemeinschaftliches Vermögen deklarieren. Eine solche Vergemeinschaftung ist klar von der Vergesellschaftung zu unterscheiden, und das gleichgültig, wie auch immer der Staat politisch organisiert ist. Man wird desgleichen nicht abstreiten können, dass die Anhäufung von Kapital in den falschen Händen zu einer privaten Machtkonstellation führen kann, bei der diejenigen, die in dieser Gesellschaft die Arbeit verrichten, nicht mehr Herr der Produktionsmittel sind, mit denen sie die gesellschaftlichen Mehrwerte schaffen. Die vergangenen Jahrzehnte haben gezeigt, dass die Vergesellschaftung der Produktionsmittel hier keine Abhilfe schafft, vielleicht eher die Vergemeinschaftung in Genossenschaften und Selbsthilfegruppen sowie in Solidargemeinschaften.

Unter dem Kontrollaspekt zeigt sich sehr klar, dass der Vergesellschaftung weitestgehend die Kontrolle fehlt, die bei der

Vergemeinschaftung durch die vom Gesetzgeber gesetzte Kontrolle per einklagbaren gesetzlichen Regelungen gegeben ist. Die gesetzlichen Regelungen sind dabei genau das, womit der Staat steuernd eingreifen sollte und muss. Wenn laut einer Meldung der FAZ[151] die Deutsche Bank einen gesetzlichen Rahmen für Green Bonds fordert, da nur so exponentielles Wachstum möglich sei, so ist dies ein gutes Beispiel für die staatliche Kontrollfunktion. Wie die Geldströme fließen, das ist nicht nur, aber auch, von den gesetzlichen Rahmenbedingungen abhängig. Das Aktienrecht und die gesetzlichen Rahmenbedingungen für Gesellschaften mit beschränkter Haftung haben einen wesentlichen Anteil an den strukturellen Bedingungen für die Bildung von Kapitalgesellschaften. Wer verhindern will, dass Kapitaleigner die Gewinne einstreichen und die Verluste den Kunden und der Gemeinschaft anlasten, der muss die gesetzlichen Bestimmungen zur Haftung grundlegend ändern. Moralische Aufrufe und Ethikseminare für Manager helfen hier kaum weiter. Abgesehen von Veränderungen bei der Haftung im Gesellschaftsrecht muss es gelingen, international agierende Großkonzerne zum Wohle eines jeden Bürgers in die lokalen Märkte einzubinden, nicht nur, was die Haftung betrifft, sondern auch, was den Kundenkontakt und die Präsenz vor Ort angeht. Der Kunde vor Ort muss mitbestimmen können, wie die im lokalen Markt verkauften Waren produziert und herangeschafft werden.

Zu hoffen wäre, dass es gelingt, weltweit Finanzkapital und Humankapital zusammen zu bringen und sie gleichberechtigt bei der Gewinnermittlung zu berücksichtigen. Anstatt über die immer wieder in die Diskussion eingebrachte Reichensteuer einen Kapitalausgleich zu schaffen, könnte es doch sinnvoller sein, die Gewinnverteilung am Ursprungsort des Gewinns zu verändern, was gerechter und zudem in jedem Fall gesamtwirtschaftlich kostengünstiger sein dürfte.[152] Will man die Arbeitsleistung der Maschinen gleichartig besteuern wie bereits die Arbeitsleistung der Menschen, so könnte man den Gewinn vor Steuern zu gleichen Teilen auf das eingesetzte Finanzkapital und das Humankapital aufteilen, wobei dann bei der Berechnung der

Steuer auch die Kosten entsprechend gleichartig vorab zu verrechnen sind. Zur exakten Kosten-Gewinnermittlung sollten von den Einnahmen zunächst sowohl die Kosten für den Einsatz der Maschinen wie auch die Kosten für Lohn und Gehalt, sowie weitere Aufwendungen für die Mitarbeiter abgezogen werden, bevor die Gewinne vor Steuer für Finanzkapital und Humankapital ausgewiesen werden.

Betrachten wir die Ungleichheiten in der Welt, so stellt sich direkt die Frage, wie diese zustande kommen und wo wir die größten Ungleichheiten finden. Andersherum kann man natürlich auch danach fragen, wo es die geringsten Ungleichheiten gibt. Nach Friedman sind dies die kapitalistischen Systeme. Wenn dies so stimmt, dann stellt sich sofort die Frage, wie es denn dazu kommt, dass es so ist, wie es ist. Der Kapitalismus nutzt offensichtlich systemimmanent die Kräfte, die sich aus den Potenzialdifferenzen zwischen den Ungleichheiten ergeben. In den nichtkapitalistischen Systemen werden Ungleichheiten entweder negiert, oder man versucht, sie systematisch zu beseitigen sowie systematisch höheren Mächten zuzuschreiben. Vielfach wird sogar die natürliche Tendenz zur Aufhebung der Ungleichheit blockiert, oder aber man trifft bei dem aktiven Bemühen, Ungleichheiten zu beseitigen, auf nicht mehr auf friedlichen Wegen ausgleichbare Differenzen, die schneller als erfassbar auf eine Systemzerstörung zusteuern. Nur die kleineren Ungleichgewichte können sich immer wieder auflösen, kurz nachdem sie entstanden sind. Deshalb sollte es vorrangiges Ziel sein, die Vielfalt zu erhalten und nicht aber die verschiedenen Subsysteme und Nischen möglichst gleichzeitig alle ins Gleichgewicht zu bringen. Die Stabilität des Systems ist aber deshalb auch nicht aus der Summe der betroffenen Systemelemente zu bestimmen, es ist immer mehr als die Summe ihrer Teile, da die Relationen zwischen den einzelnen Teilen und hier zwischen den einzelnen Nischen erst das Ganze bestimmen und erklären können.

Wenn wir von Ungleichheit sprechen und dabei an die Ungleichheit im Zugang zu den Errungenschaften der Wohlstandsgesellschaft denken, so sollten wir das nicht nur pauschal aufarbeiten. Neben der Ungleichheit im Besitz von Vermögen ist vor allem die Ungleichheit in der Einkommensverteilung und die Ungleichheit in den Begabungen und Ausgangspositionen beim Start ins Leben anzusprechen und nicht zu vergessen. Es ist durchaus löblich und sinnvoll, ungerechte Ungleichheiten ausmerzen zu wollen. Dabei sollten die natürlichen Triebfedern zur Beseitigung und Eindämmung von Ungleichheiten nicht außer Acht gelassen werden. Auf keinen Fall ist Tendenzen nachzugeben, die versuchen die Ungleichheit mit bürokratischen Mitteln aus der Welt zu schaffen, denn so missachtet man die natürlichen Kräfte, die dies besser bewerkstelligen können. Dabei verpuffen dann auch nutzbare Energien, und es entstehen stattdessen Reibungswiderstände, die irgendwann eruptionsartig ausbrechen können, sich in Revolutionen widerspiegeln. Der Kapitalismus in seiner vielfältig gebrochenen Form mag die vorhandenen Ungleichheiten nie völlig verschwinden lassen, kann sie aber immer wieder in das zentrale Gleichgewicht des Systems zurückholen, dies sicherlich aber nur, soweit eine hohe Vielfalt an Nischen hierzu die notwendigen Möglichkeiten offenhält. Sobald diese Vielfalt verschwindet und nur noch wenige Monopole das kapitalistische System verkörpern, wird man mit mehr und höheren Ungleichheiten und Ungleichgewichten rechnen müssen, die irgendwann auch zum unerwünschten Ausbruch und letztlich zum Bürgerkrieg führen!

1. Ungleichheiten und Ungleichgewicht!

Aus dem Blickwinkel des Finanzkapitals sind Vermögen und Einkommen die beiden zentralen Pole der Ungleichgewichte im wirtschaftlichen Ablauf, die Ungleichheit erzeugen. Wenn Piketty in seinem Buch[153] davon ausgeht, dass in einem Vergleich über viele Jahrzehnte hinweg sich offensichtlich zeigt, dass punktuell die Schere zwischen Arm und Reich kontinuierlich immer weiter auseinanderklafft, obwohl generell die Tendenz nicht von der Hand zu weisen ist, dass es auch den Armen in unserem Jahrhundert besser geht als in den Jahrhunderten zuvor, kann man wie Piketty eine Umverteilung durch eine Reichensteuer fordern. Damit wird der Versuch unternommen, die Auswirkungen einer falschen Entwicklung durch Regeln zur Umverteilung zu minimieren. Besser wäre es, aktuelle finanzielle Probleme aktuell mit einer einmaligen Abgabe zu beheben, zum Beispiel eine einmalige Abgabe zur Sanierung der Schulen, oder zur finanziellen Förderung des Digitalisierungsbedarfs in den Bildungseinrichtungen. Eine andere Möglichkeit, die Armut direkt zu bekämpfen, ist die Idee der negativen Steuer, wie Friedman dies vorschlägt.[154] Natürlich muss das aus der negativen Steuer zum Beispiel im praktischen Bemühen abgeleitete Grundgehalt mit Steuereinnahmen finanziert werden. Es entspricht meiner Meinung nach aber nicht den Vorstellungen Friedmans, dies mit einer zusätzlichen Steuer zu bewerkstelligen. Das Konzept von Friedman läuft eher darauf hinaus, diese Ausgaben über wegfallende Sachleistungen aus dem Sozialetat zu finanzieren, da es besser ist, dem Bedürftigen das Geld direkt in die Hand zu geben und nicht eine Gängelung über Sachleistungen zu favorisieren, um so die Verantwortlichkeit für das eigene Leben dem „Sozialhilfeempfänger" nicht aus der Hand zu nehmen. Mit einem Grundgehalt bekämpft man vorrangig nicht so sehr die Armut, es wird damit vor allem eine Hilfe zur Selbsthilfe geleistet, die menschenwürdiger ist als die gängelnde Sozialhilfe der vergangenen einhundert Jahre. Diese Vorgehensweise verlangt natürlich auch den psychischen Beistand, nur wenn nötig, und gegebenenfalls auch Restriktionen, wenn trotz Hilfen das zur Verfügung gestellte Geld nicht zur Aufrechterhaltung eines menschenwürdigen Lebens eingesetzt wird. Dabei geht es darum, dass Ungleichheiten und Ungleichgewichte nicht durch bürokratische Maßnahmen und staatliche Eingriffe verstärkt werden.

Eine Beratung in staatlichen Beratungsstellen ist damit nicht ausgeschlossen, diese kann sogar besser erfolgen, wenn nicht die Jobvermittlung und die Zahlung und Bewilligung von finanziellen Hilfen damit verbunden werden.

Positive Effekte aus Ungleichgewichten sind nur dann zu erwarten, wenn die daraus entstehenden Potenzialdifferenzen sich in systemtheoretischer Betrachtungsweise frei austauschen können und zudem nicht zu starke Differenzen entstehen. Übersetzt in die Alltagssprache, es muss den freien Aktivitäten zur positiven Einordnung in das gesellschaftliche Umfeld Platz gelassen und staatliche Eingriffe nur dann vorgenommen werden, wenn die Ungleichgewichte ein nicht weiter ertragbares Ausmaß annehmen. Der Staat sollte allerdings immer in der Pflicht stehen, wenn es darum geht, die Kontrollfunktionen nicht zu vernachlässigen, sei es nun zum Schutz der privaten Sphäre oder auch zum Schutz der ökonomischen Handlungsfreiheiten.[155] Eine Volkswirtschaft ist heutzutage ohne Banken und bankähnliche Institutionen nicht mehr denkbar, weshalb die Kontrolle dieser Institutionen unumgänglich ist, zumal sie weitgehendst systemrelevant sind. Private Banken sind nun ebenso wenig durch Eingriff des Staates vor der Insolvenz zu schützen, wie dies auch für Transportunternehmen gilt. Die Infrastruktur bereitzustellen, das ist die vornehmliche Aufgabe der öffentlichen Hand, nicht die substanziellen Positionen zu besetzen. Wie diese Infrastruktur von Privatfirmen genutzt wird, das sollte im Grunde Privatsache bleiben, soweit das öffentliche Interesse gewahrt bleibt, und dies kann durch Kontrollen gesichert werden.[156] Es ist dabei darauf zu achten, dass im Finanzsektor keine Institutionen und Firmen entstehen und sich behaupten können, die den Regeln einer guten kaufmännischen Führung widersprechen und unnatürliche, nicht legitimierbare Gefälle in den relativen Bewertungen entstehen lassen.[157]

Neben der Umleitung von Geldern im Sozialbereich sind auch steuerliche Maßnahmen denkbar. Diese sollten nicht einfach durch weitere Steuern erfolgen, sondern durch Umstrukturierungen, die auch Schlupflöcher verschwinden lassen und das Steuersystem insgesamt vereinfachen und transparenter gestalten. Die Transparenz dürfte allein durch eine Gewinnsteuer mit dem Wegfall von Umsatzsteuer und Einkommenssteuer schon zu verbessern sein. Die Schlupflöcher werden zudem auch verschwinden, wenn der Gewinn konsequent nur dort versteuert wird, wo er auch entsteht.[158]

Man muss dabei keine Sorge haben, dass dadurch einer exportorientierten Wirtschaft, wie der in Deutschland, übermäßig Steuergelder verloren gehen, da hoher Export langfristig auch hohe Importe impliziert, insbesondere wenn gleichzeitig die Umsatzsteuer wegfällt.

Die Anhäufung von Finanzkapital ist nicht nur problematisch, weil damit die Reichen reicher und die Armen ärmer werden, sie kann sich auch bereits ohne die steigenden Spannungen zwischen Reich und Arm nach und nach systemzerstörerisch auswirken. Wird durch den verstärkten Einsatz von Finanzkapital und einem Rückzug beim Humankapital ein Ungleichgewicht mit gleichgerichteten Tendenzen im Markt und in den politischen Machtzentren erzeugt, so kann dem entgegengewirkt werden, wenn mit einer die Umsatzsteuer und Einkommenssteuer ersetzenden Gewinnsteuer und einem Verzicht auf Erbschaftssteuer und Vermögenssteuer das Kapital nicht verjagt wird, dafür aber die Gewinne daraus hoch besteuert werden. Die Gleichheit der Bürger vor dem Gesetz sollte auch im Markt gelten, Kapitalgewinne nicht geringer besteuert werden als die Gewinne aus harter und unermüdlicher Arbeitsanstrengung. Es dürfte auch gerechter sein, generell nicht mehr Sachwerte also substanziell zu besteuern, sondern nur funktional die Gewinne dort, wo sie entstehen. Die Gewinne bei Interneteinkäufen entstehen immer dort, wo sich der User zum Zeitpunkt des Einloggens gerade physisch befindet, in der Regel der Wohnort des Käufers.

Die reine Gewinnsteuer könnte Probleme bereiten, wenn jeder seine Gewinne durch einen erhöhten Kostenansatz bis auf möglichst null reduziert. Dazu sind dann aber entweder die Investitionen hochzuschrauben oder aber die Entlohnung der Mitarbeiter anzuheben. Wenn die Investitionen in den Maschinenpark zum Beispiel keine höhere Rendite und auch keinen Wertzuwachs der Firma versprechen, dann bleibt wohl nur der Weg über die bessere Entlohnung, was durchaus wünschenswert sein kann. Kosten, die nicht dem Ziel der Gewinnerzielung dienen, können natürlich auch unberücksichtigt bleiben, diese Option bleibt dem Finanzamt ebenfalls bei einer Umstellung auf die Gewinnsteuer. Eine effiziente gesellschaftliche Kontrolle ist aber auch nur dann möglich, wenn alle Gewinne gleich besteuert und zudem erst mal überhaupt versteuert werden. Nicht nur die großen Konzerne zahlen am liebsten keine Steuer. Legal kann nach derzeitigem Recht jeder Bürger die Zahlung von Steuern vermeiden, wenn er die Immobilie, die er verkaufen will, zunächst mal selber bewohnt. Dies kann in einem reinen Gewinnsteuersystem nicht beibehalten werden, sollte auch den Normalbürger nicht stärker belasten als bisher. Wenn beim Verkauf der selbst bewohnten Immobilie der Gewinn zu versteuern ist, so wird dies den Verkaufspreis erhöhen, was für den Käufer nicht automatisch zu höheren Kosten führt, fällt doch gleichzeitig die substanzielle Grunderwerbssteuer für den Käufer weg. Der Gewinn des selbst bewohnten Hauses wie beim vermieteten Haus wird zwar besteuert,[159] Kosten für Sanierung und Renovierung einer Immobilie könnten aber beim Verkauf eine Gewinnsteuer erheblich mindern, so dass diese Umstellung in der Regel nicht zu erhöhten Steueraufwendungen führt.

Fatal ist auch die Gewerbesteuer, wenn diese den Unternehmer dazu bringt, sein Gewerbe in einem Steuerparadies anzumelden. Es sind gerade große Unternehmen, die gerne diesen Weg wählen und damit einen Reichtum erzeugen, der keineswegs Ergebnis der unermüdlichen Arbeit des Besitzers ist. Ebenso kann der Zins auf verliehenes Geld einen Reichtum erzeugen, der nicht leistungsbezogen, sondern einfach nur dem besseren Algorithmus zu verdanken ist. Die Abschaffung der Gewerbesteuer und die Erhöhung der Kapitalsteuer ließen sich daraus mit vollem Recht fordern, zumal in der weiteren Folge eine Verschmelzung von Gewerbesteuer und Kapitalsteuer einer gerechteren Steuer entspricht.

Der Vorschlag einer globalen Kapitalsteuer könnte eventuell einen schnelleren Ausgleich in den auseinanderfallenden Besitzverhältnissen versprechen. Einhalten könnte dies Versprechen die globale Kapitalsteuer aber nur, wenn sie nicht die Gewinnsteuer unterläuft und aufgrund von internationalen Absprachen keine Schlupflöcher zulässt. Dabei bleibt dann zu klären, wo die Kapitalsteuer zu entrichten ist und wie eine damit verbundene Reduzierung des globalen Kapitals einzuordnen ist. Geht man davon aus, dass die Steuer immer dort zu entrichten ist, wo die Gewinne entstehen, dann ist dies beim Einkauf von Lebensmitteln recht unproblematisch, bei den Kapitalgewinnen hingegen nicht. Der Kapitalgewinn aus Aktien entsteht natürlich genau genommen am Firmensitz, ebenso wie dort auch der Gewinn aus Lohn und Gehalt, am Arbeitsplatz entsteht. Wegen der Aufsplitterung eines Aktienbesitzes auf viele verschiedene Aktien mit unterschiedlichen Firmensitzen, kann dies Probleme bereiten; es sollte deshalb beim Kapitalbesitz auf Antrag auch der Wohnsitz des Halters eines Wertpapiers als Ort der Entstehung eines Gewinns angesehen werden können.[160] Als Wohnort kann aber nur der Ort des dauerhaften Aufenthalts gelten, an dem auch andere Erlöse und Einnahmen registriert wurden.

Gewinne können aber auch entstehen, wenn Geld der einen Währung in eine andere Währung umgetauscht wird, gleich ob in einer Wechselstube oder auch in der Bank. Grundsätzlich sollte der Gewinn beim Währungstausch über die Differenz der beteiligten Warenkörbe berechnet werden.

Sei es die Steuerhoheit oder die Gesetzgebungshoheit, immer ist der Staat mit seinen Organen gefordert, auch und gerade dann, wenn es um Erhalt und Ausbau der bürgerlichen Freiheiten geht. Deswegen sind, um den Erhalt der Freiheit willen auch staatliche Interventionen und Kontrollsysteme grundsätzlich nicht abzulehnen. Der Markt kann nur funktionieren und selbstregulierend arbeiten, wenn die dazu notwendigen Gesetze und Kontrollsysteme funktionieren, Kontrollsysteme, die einen fairen Wettbewerb garantieren. Den Markt im Sinne eines Laissez-faire-Stils sich selbst zu überlassen, ohne mit einer allgemein akzeptierten Regelung die notwendigen Grenzen zu setzen, ist ganz einfach blauäugig und hat auch nichts mit Liberalität zu tun, eher mit einem verantwortungslosen Laissez-faire-Verhalten, das die Macht des Stärkeren befördert und so die

Freiheit des einzelnen Bürgers einschränkt. Wird nicht rechtzeitig eingeschritten, kommt sonst bald die Argumentation, dass die Firma, die Bank, zu groß sei, gar systemrelevant, um über eine Insolvenz abgewickelt zu werden. Wie auch bei anderen Firmen, so muss bei großen Konzernen und systemrelevanten Banken ohne Ausnahme bereits vor einer drohenden Insolvenz die Größe und die Vernetzung unter Kontrolle bleiben.[161] Wie diese Kontrolle aussehen muss, das hängt nicht zuletzt auch vom Geldsystem ab, in dem wir uns befinden. Finanztransaktionen sollten auch dann kontrolliert und registriert werden, wenn sie nicht über das Bankensystem ausgeführt werden.

2. Geldpolitik, Steuerung oder Bereicherung?

> *„Wir dürfen vor allem einen Scheinerfolg nicht dadurch erringen wollen, dass wir durch eine fortschreitende Verwässerung unseres mittlerweile wieder stabil gewordenen Geldes in eine neue inflationistische Entwicklung einmünden und damit noch einmal auf unsichtbare Weise dem Sparer sein ehrlich verdientes Geld aus der Tasche ziehen. Dies wäre wahrlich die fluchwürdigste Methode, die wir uns denken können."*
>
> (L. Erhard 1957)[162]

Die Geldpolitik kann einmal über die Notenbank in die Gesellschaft hineinwirken, zum anderen über die Ausgabenpolitik der öffentlichen Hand, und auch über die Steuergesetzgebung eingreifen, aber ebenso urch die Geldschöpfung selber. Seit Urgedenken, erst recht seitdem die Bindung an Edelmetalle weggefallen ist, ist es üblich bei der Geldschöpfung, die nach wie vor ein Regal der Herrschenden ist, einen Teil des damit geschaffenen virtuellen Wertes zurückzubehalten, die Seigniorage[163], Geld, das dem Bürger ungefragt weggenommen wird. Anstatt Geld zu drucken, zu schöpfen, sollte der Staat mittels der Exekutivorgane die Gesetze zur Geldschöpfung in ihrer gesetzestreuen

Ausführung überwachen und kontrollieren. In der Aktivgeldordnung kann die Hauptkontrolle direkt über die staatlich angeordnete Geldschöpfung erfolgen, in der Passivordnung hingegen ist dieser Vorgang bereits durch Gesetze nur indirekt kontrollierbar. In beiden Systemen sollten die Richtlinien durch das Parlament bestimmt werden, und zwar in seiner Aufgabe, die notwendigen Gesetze auf den Weg zu bringen. Wird mit der Einführung von Vollgeld die Geldschöpfung über Kredite vollständig abgeschafft, so kann der Staat mit seiner Notenbank Geldmenge und Zirkulation relativ gut kontrollieren und steuern, was aber eher zu einer planwirtschaftlichen Steuerung passt und den weisen Herrscher favorisiert. Eine demokratische Steuerung ist in jedem Fall komplexer, kann in der Aktivgeldordnung mit einem gewählten Expertenrat realisiert werden, in der Passivgeldordnung mit Institutionen, die wie die Freien Banken ein Register mit den potenziellen Arbeitsleistungen ihrer Kunden führen. Die Kontrolle sollte aber auch hier wie bei anderen Initiativen in der Demokratie von der Legislative ausgehen, da sie die Regeln dazu in Gesetze fassen kann, die dann in einer Finanzexekutive die notwendige Kontrolle vor Ort erfahren sollte. Ob dies den Finanzämtern zugeordnet wird oder aber doch eher die Bafin damit betraut wird, wichtig ist die Unabhängigkeit von der politischen Machtzentrale, damit der Staat nicht bedenkenlos in die Geldtöpfe greifen kann. Ohne eine spezielle demokratische Legitimation sollte niemand den Geldmarkt bestimmen können. Auch wenn man für Vollgeld votiert, wie dies Thomas Mayer im Zusammenhang mit den Diskussionen zur Schweizer Abstimmung über Vollgeld getan hat, muss man über bessere entsprechende Regelungen und Möglichkeiten einer Kontrolle durch die Bürger nachdenken. Entsprechende Regelungen werden umso wichtiger, da die großen internationalen Konzerne eigene Bezahlsysteme aufbauen und damit in der Zukunft wohl auch die Geldschöpfung an sich reißen, in jedem Fall die Kontrolle über das Geldsystem in ihrem Bereich übernehmen. Die Digitalisierung beschleunigt derartige Vorgänge und führt zu weltweiten konzerninternen Geldkreisläufen, die dieser Konzernwährung helfen könnten aus der

Ecke der Kryptowährungen herauszutreten. Bei hinreichenden Währungsreserven könnten die Mitarbeiter in der Konzernwährung bezahlt werden und damit eine selbständige internationale Währung entstehen! Solange der Staat seinen Bürgern nicht erlaubt, damit die Steuerschulden zu begleichen, handelt es sich noch nicht um eine staatlich akzeptierte Währung, der Weg ist mitunter aber nicht mehr weit bis dahin. Auch wenn dies mit vielen Annehmlichkeiten dem Kunden schmackhaft gemacht wird, die damit erreichte konzerninterne Kontrolle und Steuerungshoheit entzieht dem Bürger noch mehr die so notwendige individuelle Kontrolle, als dies heutzutage die Banken schon tun. Gleichgültig wie Geld entsteht und wer dies kontrolliert, der Staat muss Geld in die Hand nehmen, um all die Aufgaben erfüllen zu können, die man von ihm erwartet. Deshalb ist es wichtig, hinreichend Einnahmen für den Staat zu generieren, jedoch nicht über den Geldschöpfungsprozess. Einnahmen für die öffentliche Hand sollten über Steuern, Gebühren und Pacht, sowie Lizenzgebühren fließen, also Teil der Finanzpolitik sein, nicht Teil der Geldpolitik. Geld sollte stabil bleiben und nicht durch die Bereicherung derer, die es verwalten, und den Entstehungsprozess selber entwertet werden. Das Geld, um das Heer derer bezahlen zu können, die für den Staat arbeiten, das scheint mir naheliegend, ist über Steuern zu generieren. Investitionen in Straßennetze, Kommunikationsnetze und das Bildungssystem sind hingegen auch durch die partizipierenden Nutzer finanzierbar, so dass in diesen Bereichen keine allzu hohen Kosten entstehen müssen. Da ein gutes Bildungssystem überlebenswichtig ist, wird man die Grundbedürfnisse einer allgemeinen Bildung jedoch ebenfalls über Steuern finanzieren. Wegen der großen wirtschaftlichen Bedeutung wird man vor allem Investitionen in Bildung und Infrastruktur in zinsbasierten Geldsystemen über eine Kreditfinanzierung realisieren. Als vernünftig anzusehen ist es da dann, in Zeiten des billigen Kredits die Wirtschaft mit Kreditgeld anzukurbeln, um in Zeiten der teuren Kredite diese zurückzuzahlen. Wichtige Investitionen zu vernachlässigen, selbst wenn das Geld zu Negativzinsen zu haben ist, das ist unvernünftig. Es darf nicht sein, dass lebenswichtige Investitionen einer Schuldenbremse zum Opfer fallen, wenn der Zins unter null sinkt. In einem zinslosen System wird man allerdings andere Maßstäbe ansetzen müssen, als dies derzeit üblich ist.

Grundsätzlich erscheint es mir aber besser, wenn sich Geldmenge und Geldwert aus der Aktivität der Bürger heraus entwickelt, wie das bei einem auf persönlichen Krediten aufbauenden Geldsystem zu erwarten ist. Gleichgültig wie Geld entsteht und in gewisser Hinsicht auch unabhängig davon, muss der Staat Geld in die Hand nehmen, um seine Beamten und Angestellten zu finanzieren, um die Verkehrswege weiter auszubauen, sowie das Bildungssystem zu finanzieren, um nur die Hauptaufgaben anzuführen. Die Investitionen in Straßennetze, Kommunikationsnetze und Bildungssysteme sind lebensnotwendig und können die wirtschaftlichen Aktivitäten stärker steuern und ankurbeln, als dies alles Geld der Welt vermag. Natürlich sind Investitionen nicht kostenlos, und dennoch darf es nicht sein, dass derartige Investitionen einer Schuldenbremse zum Opfer fallen. In einem zinsbasierten Geldsystem sollte es vernünftig sein, in Zeiten der billigen Kredite sich zu verschulden und in Zeiten der teuren Kredite sich zu entschulden. Wichtige Investitionen zu vernachlässigen, wenn das Geld selbst zu Negativzinsen zu haben ist, das ist unvernünftig. In einem zinslosen System wird man allerdings andere Maßstäbe ansetzen müssen, wird aber auch in einem solchen System notwendige Investitionen nicht unnötig hinausschieben wollen.[164] Will man deshalb den schuldenfreien Staat, so wird man andere Wege finden müssen, um die notwendigen Investitionen finanzieren zu können. Eine Möglichkeit wäre die Umlage der Kosten auf die Nutznießer der staatlichen Investitionen, zum Beispiel über Gebühren und Nutzungsentgelte. Eine andere Möglichkeit wäre es, die Steuern anzupassen, zu erhöhen. Steuern werden in den meisten Staaten ja fast schon immer eingesetzt, um die Ausgaben des Staates zu finanzieren. Viele Steuern wurden aber bei der Einführung mit steuernden Funktionen begründet, die dann sehr bald vergessen sind. Steuern auf alkoholische Getränke, auf Kaffee und Zucker wurden und werden unter anderem eingeführt, um bewusst die entsprechenden Waren zu verteuern und damit den Konsum in diesen Bereichen einzudämmen.

Neuerdings wird in mehreren Staaten die Zuckersteuer diskutiert und auch schon eingeführt, um den ungesunden Zuckerkonsum einzudämmen. In einem Staat mit Zollgrenzen mag dies auch die erwünschten Auswirkungen zeigen, in einer Zollunion sollten diesbezüglich unterschiedliche Steuern unerwünscht sein, man müsste sich schon auf eine einheitliche Steuergesetzgebung einigen. Die Neueinführung einer vereinheitlichten Gewinnsteuer bei gleichzeitiger Abschaffung der vielen substanziellen Steuern mag auch aus Angst vor der Aufgabe von Steuerungsfunktionen zunächst auf Ablehnung stoßen, kann man doch mit der Gewinnsteuer anscheinend nicht mehr steuernd in das Wirtschaftsgeschehen eingreifen. Tatsächlich ist ein Umdenken nötig, mit einer kleinen Hilfsstrategie sollte es aber leichter gelingen als zunächst angenommen. Gehen wir die aktuellen Steuern durch und fragen uns, weshalb sie eingeführt wurden und wie sie kostenmäßig als zu besteuernde Ausgaben oder auch Einnahmen vor Steuern auftreten. Nehmen wir die Kaffeesteuer, die selbst unter dem Aspekt der Gesundheitsvorsorge kaum noch sinnvoll ist und deshalb am besten einfach abzuschaffen ist. Sollte man dennoch den zu hohen Kaffeekonsum auch weiterhin steuerlich belasten wollen, so kann man dies dadurch erreichen, dass bei der Einzelaufrechnung der abziehbaren Kosten Kaffee nicht anrechenbar ist. Besonders alle Luxusgüter kann man ebenso wie gesundheitsgefährdende Stoffe herausnehmen, wenn die anrechenbaren Güter aufgelistet werden, zur Erinnerung, es geht darum, die Lebenshaltungskosten bei der Gewinnberechnung von den Einnahmen abzuziehen. Bei Produkten, deren Kosten nicht von den Einnahmen abzuziehen sind, verteuert sich damit der Preis des Produkts nach Steuern, was einer gesonderten Steuer so in etwa gleichkommt.[165]

Eine andere Frage ist die, ob Steuergeschenke, wie sie im Wahlkampf häufig versprochen werden, Teil einer positiven Steuerung sein können oder doch eher der Bereicherung einer spezifischen Klientel dienen. Wenn es darum geht, durch eine Senkung der Benzinsteuer oder auch der Kfz-Steuer die

Autofahrer steuerlich besser zu stellen, so steht die Bevorzugung einer bestimmten Klientel dabei sicherlich im Vordergrund, kann aber in gewissen wirtschaftlichen Situationen auch als gelungene geldpolitische Maßnahme verkauft werden. Dabei kann eine kurzfristige positive Wirkung langfristig auch wieder ins Negative umkehren, was den Politiker, der dann nicht mehr im Amt ist, auch nicht groß kümmern muss.

Bevor wir die steuernde Wirkung der Steuergesetzgebung im Rahmen der Geldpolitik weiter diskutieren, sollten wir zunächst klären, wer durch den Wegfall einer bestimmten Steuer unmittelbar davon profitieren würde. Von dem Wegfall der Gewerbesteuer wird zunächst der Gewerbetreibende profitieren und nicht der Käufer. Soll der Käufer im Markt entlastet werden, so wird man wohl eher die Umsatzsteuer im Visier haben. Ist der Arbeitnehmer zu entlasten, so sollte die Lohnsteuer reduziert werden. In der Regel werden derartige punktuelle Entlastungen schnell wieder zurückgenommen, wenn die ursprünglichen Versprechungen nicht mehr so akut im Gedächtnis noch vorhanden sind. Besser wäre es deshalb, strukturelle Veränderungen vorzunehmen, die zwar nicht direkt bestimmte Klientelgruppen begünstigen und auf kurze Sicht mitunter sogar für keinen eine Steuerentlastung bringen, langfristig aber allen Vereinfachungen und Transparenz versprechen, so dass sich in dieser Folge zum Schluss auch finanzielle Entlastungen einstellen werden.

Kommen wir auf die Geldschöpfung zurück, und betrachten wir die direkten Einflussmöglichkeiten des Staates, um hier steuernd einzugreifen. Beim kreditbasierten Geld der Bürger wird der direkte steuernde Eingriff mitunter fast unmöglich, ist aber bei einer funktionierenden Selbstregulation des Geldmarktes auch nicht nötig. Damit die Eigenregulation funktioniert, sind allerdings die lückenlose Kontrolle und der dazu notwendige Gesetzesrahmen die unabdingbare Voraussetzung. Eine private Geldschöpfung im Rahmen klarer gesetzlicher Rahmenbedingungen würde auch die Probleme der Target2-Salden, so wie Sinn dies beschreibt, vom Tisch fegen. Dies ist nachzulesen in dem Aufsatz: „Fast 1000-Millionen Target -Forderungen der Bundesbank: Was steckt dahinter?“ (H.W. Sinn, 2018)[166]

Wenn auch der Staat und die Banken keine Kredite mehr aufnehmen dürfen, ist auch das Risiko für den Steuerzahler auf null reduziert, für deren Zinsen und Tilgung aufkommen zu müssen. Die nahezu kostenlose Verschuldung der öffentlichen Hand in den Euroländern wird unseren Enkeln immer mehr finanzielle Lasten aufbürden. Ohne einen Schuldenschnitt wird man hier in einer Sackgasse enden, werden die gewollten Steuerungen irgendwann unmöglich werden bzw. unabhängig vom politischen Einfluss durch die Konzernverwaltungen vorgenommen! Da stellt sich auch die Frage, ob und wann, wenn überhaupt, eine Währung auch bei hoher Staatsverschuldung noch zu retten ist. Für den Euro schlägt Stiglitz vor, den einzelnen Staaten im Euroraum von Brüssel aus mehr Kompetenz zuzubilligen, so dass zum Beispiel Italien ihre Probleme mit einer Parallelwährung zum Euro lösen könnte.[167] Da dies nicht voll kompatibel zu den EU-Richtlinien ist, schlägt Enrico Grazzini den TDB (TaxDiscountBond) vor[168], der zwar die staatlichen Bilanzen nicht direkt belastet, aber wie alle Bonds zurückzuzahlen ist, wenn auch nicht in Geld, sondern in erlassenen Steuerschulden. Da scheint es mir doch besser, die Schulden direkt in eine andere Währung zu transferieren, um so einen schuldenfreien Euro zu erhalten. Mit Parallelwährungen für alle EU-Länder könnte man auch sofort den gewünschten einheitlichen Währungsraum schaffen, der bislang ja noch nicht existiert.

Wird in allen EU-Staaten mit einem Schlag der Euro zur amtlichen Währung und gleichzeitig die alte, nationale Währung daneben ebenso akzeptiert, so könnte auch Schweden den Euro einführen und daneben die digitale schwedische Krone als neues Notenbankgeld kreieren.

Solange der Staat hoheitlich sein Machtmonopol im Geldsektor aufrechterhält, solange kann er die Geldmenge bestimmen und Fremdwährungen nur im Außenverkehr zulassen. Darüber hinaus sind es noch die Steuern, mit denen der Staat einen Einfluss auf die Wirtschaft ausüben kann. Man kann den geldpolitischen Einfluss auf die Wirtschaft ablehnen, muss dann aber ordnungspolitisch die Voraussetzungen dafür schaffen, dass Geld nachhaltig die Wirtschaftskreisläufe positiv begleitet und stabilisiert und nicht mehr im politischen Ränkespiel eine dubiose Rolle spielt. Eine Steuergesetzgebung, die wahllos hier und da neue Steuern aus der Taufe hebt, ohne die gesamten Zusammenhänge im Auge zu behalten, kann dies sicherlich nicht leisten. Die Steuergesetze müssen einen Kanon bilden, der insgesamt eine sich selbst regulierende Volkswirtschaft möglich macht. Wie aber könnte ein solcher Kanon in der Grundstruktur aussehen? Sinnvoll wäre es, über einige Axiome der Steuergesetzgebung nachzudenken, die in einer Demokratie wie der Bundesrepublik Deutschland als unumstößlich gelten sollten!

1. Steuern sollten in der Lage sein, flankierend zu den Einnahmen aus Gebühren, Abgaben und Pachtzinsen genügend finanzielle Mittel zu generieren, damit der Staat seinen Verpflichtungen nachkommen kann.
2. Steuern sollten die wirtschaftlichen Aktivitäten nicht abbremsen!
3. Substanzielle Steuern sollten nur in extremen Sonderfällen zugelassen werden und dann auch nur zeitbeschränkt.
4. Steuern auf die zum Erhalt grundlegender Lebensbedürfnisse notwendigen Mittel sollten in keinem Fall zulässig sein.
5. Die Gesamtbelastung aus Steuern sollte nur in gut begründbaren Ausnahmefällen höher als 60% der Einnahmen betragen.
6. Steuern sollten kein Ersatz für Mietzahlungen, Pacht und Gebühren, zum Beispiel auch Lizenzgebühren sein.
7. Die Steuergesetzgebung sollte so einsichtig und transparent sein, dass sie jeder Bürger sofort versteht!

Eine Gewinnsteuer, die jedem das Recht einräumt, von seinen Einnahmen die lebensnotwendigen Ausgaben zur Ermittlung des Gewinns abzuziehen, erfüllt bereits in der Grundstruktur die oben aufgeführten Axiome einer gerechten Steuergesetzgebung! Ist es nun noch das Ziel des Staates, dem Bürger zu möglichst hohen Gewinnen zu verhelfen, ohne sich selber zu verschulden, so könnte damit die Basis geschaffen werden für eine wahrhaft gerechte und nachhaltig effiziente Steuergesetzgebung. Der Versuch, schrittweise die hier skizzierte Richtung einzuschlagen, könnte damit beginnen, Umsatzsteuer und Einkommensteuer zusammenzufassen zu einer einheitlichen Gewinnsteuer. Wird dabei eine einheitliche Gewinnberechnung vorgeschrieben, die jedem Bürger das Doppelte der zur Befriedigung existentieller Bedürfnisse nötigen Mittel zugesteht, so ist dies eine gute Basis. Um die auch geldbasierte Triebfeder für Leistungen im Arbeitsbetrieb nicht unnötig zu stutzen, sollte die steuerliche Belastung 60% der jährlichen Einnahmen nicht überschreiten. Wegen der Transparenz bietet es sich an, die Gewinne nicht prozentual steigend, sondern einheitlich mit 50% oder auch 60% zu besteuern. Der einheitliche Steuersatz erzeugt nicht nur Transparenz, sondern auch eine bessere Berechenbarkeit mit den Effekten eines geringeren bürokratischen Aufwands und einer höheren Planungssicherheit, die nicht unwesentlich das nachhaltige Wachstum fördert. Wer Angst hat, dass damit wichtige Steuerungsfunktionen der Steuer verloren gehen, wie zum Beispiel bei der Tabaksteuer, der sollte über Alternativen zur Gewinnberechnung nachdenken, wie zum Beispiel mit der Streichung der Absetzbarkeit von bislang absetzbaren Kosten. Es stimmt schon, dass mit der angehobenen Steuer auf Tabak der Konsum zurückgeht. Bei genauer Betrachtung der Zusammenhänge wird man aber schnell auf Möglichkeiten stoßen, dies auch mit anderen Mitteln zu erreichen. Steuerungseffekte können genauso erzielt werden, wenn die Kosten für alle Genussmittel, die zu einer mehr oder minder starken Abhängigkeit führen, nicht als Kosten für die Lebensführung abgesetzt werden können[169] und zusätzlich sogar nur pro Kopf personalisiert limitiert abgegeben werden dürfen.[170] Bei einem unbotmäßigen Gebrauch von Drogen und gesundheitsschädlichen Stoffen könnte generell auch eine Einschränkung bei dem Bezug von Sozialleistungen vorgenommen werden, auch wenn ich dies nicht für die beste Lösung halte. Sofern man dennoch bestimmte Sondersteuern für nötig hält, so sind diese nur mit beschränkter Gültigkeit auf den Weg zu bringen. Wichtig ist es auch, die Steuergesetze daraufhin zu durchforsten, ob bestimmte Grundsätze eingehalten werden. Arbeit und Besitz sollten grundsätzlich nicht besteuert werden, sind sie doch die

Quellen für jegliche Gewinnerzielung, ohne die es keine Gewinne geben kann. Wenn der normale Gewinnsteuersatz bei 50% liegt, könnte ein Gewinnsteuersatz auf Drogen begründbar bei 90% angesetzt werden, ohne damit die gegebenenfalls vorliegende Illegalität aufzuheben. Wird jedweder Besitz aufgrund grundsätzlicher Erwägungen nicht besteuert, so wird man auch Drogen als Ware nicht besteuern, wohl aber illegal erworbene Drogen beschlagnahmen und jeglichen Handel hoch besteuern. Natürlich ist dann auch der Besitz von Grund und Boden nicht zu besteuern, soweit man den Privatbesitz daran zulässt.[171] Es kann nicht sein, dass bei Bürgern, die sich hoch verschuldet haben, Steuern auf deren Besitz die Schulden noch weiter erhöhen, während andere hohe Gewinne steuerfrei einstreichen und dabei möglichst noch die Gemeinschaftsgüter kostenlos nutzen. Mit Nutzungsentgelten auf die Nutzung von Gemeinschaftsgütern könnten nicht nur Einnahmen generiert, sondern auch wichtige steuernde Funktionen ausgeübt werden, nicht zuletzt zum Schutze unseres Klimas und der unmittelbaren Umwelt, die sonst der irreparablen Zerstörung ausgesetzt sein könnte. Wer mitverantwortlich ist für die Klimaveränderung und generell die Verschmutzung von Luft, Wasser und Boden, der sollte auch die tatsächlichen oder auch fiktiven Kosten für eine Schadenbeseitigung übernehmen. Leider ist dies bisher nur unzulänglich umgesetzt worden. Werksschließungen statt Aufrechnung der Kosten versprechen kurzfristigen Erfolg, was ihre Beliebtheit bei Politikern und Aktivisten verständlich macht, den Klimawandel aber nur marginal eindämmt. Nachhaltig wird nur die Kostenrechnung den gewünschten Effekt hervorrufen. Erst wenn der Verursacher die Kosten übernehmen muss, erst dann entsteht ein direkter Druck, diese Verschmutzung der Umwelt möglichst klein zu halten, nicht nur durch die Suche nach Alternativen, sondern auch durch den Einsatz von zum Beispiel effektiven Filtern zur Reinhaltung von Luft und Wasser.

Vielleicht gibt es dann auch seltener die in den letzten Jahrzehnten und Jahrhunderten immer wieder auftretenden Finanzkrisen, wenn mehr auf sich selbst steuernde Kreisläufe gesetzt wird, anstatt direkt in die Wirtschaftskreisläufe einzugreifen, sei es mit Verboten oder auch mit Firmenschließungen.

Die Steuergesetzgebung sollte zudem auf keinen Fall dazu herhalten, die Folgen von fehlenden und fehlerhaften Strukturveränderungen mit je neuen Steuergesetzen zu kaschieren. Auch für den Staat gilt zudem, was für den einzelnen Bürger schon lange gilt: Hat man Geld in guten Zeiten zurückgelegt, dann kann man in schlechten Zeiten darauf zurückgreifen, ohne Schulden eingehen zu müssen.

Der Staat muss sowohl Vorsorge für schlechte Zeiten im eigenen Land als auch generell Vorkehrungen treffen, damit kein Raubbau an der Umwelt lebenswichtige Ressourcen vernichtet. Maßnahmen zum Klimaschutz bedürfen zusätzlich internationaler Verträge, damit die beschlossenen Maßnahmen auch die notwendige weltweite Wirkung zeigen. Bei den Gütern, die allen im Staat, der Staatengemeinschaft, gehören, beginnt die Kontrolle bei der entsprechenden Ausgestaltung von Nutzungs- und Lizenzverträgen. Der private Besitz hingegen unterliegt den gesetzlichen Regelwerken, niedergelegt im Bürgerlichen Gesetzbuch und dem Strafgesetzbuch. Dabei wird die direkte Kontrolle durch den Justizapparat ausgeübt, nicht ohne die direkte Beteiligung der Bürger. Die Kontrollfunktion der Gesetze ist insofern eine indirekte, wobei die Parlamente die Richtschnur setzen. Recht und Gesetz sollen auch den Zusammenhalt in der Gesellschaft garantieren, indem Auseinandersetzungen vor dem Gericht möglichst gerecht eine Lösung finden. Per Gesetz soll auch die Achtung der Menschenwürde durchgesetzt werden und ein Auskommen im Alter gesichert sein.

3. Sozialstaat und Grundeinkommen

Nicht nur, aber in der besonderen Verpflichtung für die solidarische Einstellung im System der sozialen Marktwirtschaft, ist die Bundesrepublik Deutschland als Wohlfahrtsstaat mit weitreichenden sozialen Absicherungen von Staats wegen ein Vorzeigebeispiel. Die immer neu hinzutretenden Gesetze im Sozialbereich sollen mehr Gerechtigkeit herbeiführen, führen aber vor allem zu einer nicht mehr zu durchblickenden Komplexität und Intransparenz, zu komplizierten, nicht immer aufeinander abgestimmten Regelungen. Es darf zum Beispiel im Sinne eines „Lohnabstandsgebotes" nicht sein, dass der Sozialhilfeempfänger (Hartz-IV-Empfänger) bei vergleichbarer Situation besser dasteht als der fleißig arbeitende Bürger. Jede Stunde, die ein hilfsbedürftiger Bürger arbeitet und damit verantwortlich durch eigene Arbeit Geld erwirtschaftet, muss bis zu einer Sozialbruchstelle steuerfrei sein. Als Grundlage für eine Berechnung können die Lebenshaltungskosten eines Arbeiters herangezogen werden, die vereinfacht beim doppelten des Existenzminimums anzunehmen sind. Wer eine Vereinfachung will, dem bietet sich da die Idee des Grundeinkommens an, die eine neue Transparenz erzeugen kann, und dies ohne die Idee der Gerechtigkeit auszuklammern. Hinzu kommt die Stärkung der Verantwortlichkeit aller Bürger für ihren Staat, wenn der Bürger nicht als Bittsteller auftreten muss, sondern in eigener Verantwortung mit dem Grundeinkommen die notwendigen Kosten für sein eigenes Leben davon bestreitet.

Die Berücksichtigung sozialer Belange in der Idee Ludwig Erhards[172] von einer sozialen Marktwirtschaft geht nicht so weit, wie die des unbedingten Grundeinkommens, kommt ihr jedoch in mancherlei Hinsicht nahe und hat nicht zuletzt den Aufschwung in der Bundesrepublik mit bewirkt, in jedem Fall positiv beeinflusst. Leider sind im Laufe der Zeit sehr viele Gesetze und Regelungen entstanden, die die Soziale Marktwirtschaft stärken sollten, aber nur schlecht und recht aufeinander abgestimmt sind, so dass selbst die damit befassten Sachbearbeiter Probleme damit haben, diesen Gesetzeswirrwarr zu durchblicken, um ihren Kunden adäquat helfen zu können. Ein solidarisches Grundeinkommen als Ersatz für die verschiedenen aktuell gültigen Regelungen im Sozialrecht könnte dem Wirrwarr ein Ende bereiten und die Betroffenen zum einen aus der Rolle des Bittstellers herausnehmen und zum anderen ihnen mehr eigene

Verantwortung übertragen und auch zutrauen. Weil sich damit dann auch mehr Bürger wieder selber verantwortlich fühlen für die eigenen Belange, gewinnen wir ein Plus an Demokratie und eine höhere Stabilität im gesamten Wirtschaftsgefüge. Allein dadurch, dass dem Einzelnen mehr Geld zur Verfügung steht, um die täglichen Bedürfnisse in Eigenverantwortung zu verwalten und zu steuern, kann eine bessere Steuerung des Bedarfs an Lebensmitteln und Bekleidung im gesamten Markt erwartet werden, womit der Markt auch besser in einer stabilen Lage zu halten ist. Genau dies dürfte auch für den Millionär, den Milliardär interessant sein, da niemand daran interessiert sein kann, dass der Markt destabilisiert wird. Instabile Märkte, wie sie aus übermäßig großen Differenzen im Einkommen entstehen, müssen irgendwann zu revolutionären eruptiven Veränderungen führen, die in der Regel mit großen Verlusten für alle einhergehen. Eine Voraussetzung für stabilisierte wirtschaftliche Märkte ist die Absicherung der Bürger vor dem möglichen Absturz in Bereiche, die unterhalb des Existenzminimums liegen, weshalb eine Absicherung in diesem Sinne nicht nur sozial angebracht ist, sondern auch wichtig ist für nachhaltiges Wachstum im Markt! In diesem Sinne ist dem Vorschlag von Müller in Berlin mit dem solidarischen Grundgehalt viel Positives abzugewinnen, wenn auch bei genauerer Betrachtung ein schales Gefühl im Magen nicht zu leugnen ist.[173]

Ein Problem, das nicht nur in Deutschland dem Sozialsystem anhaftet, ist die Tatsache, dass es durchaus eine Absicherung gibt, diese aber so funktioniert, dass im Niedriglohnbereich der fleißig arbeitende Bürger mitunter weniger zum Leben hat als der Bürger, der alle Segnungen des Wohlfahrtsstaates ausnutzt, ohne eine Leistung dafür zu erbringen. In der Kombination mit einem Gewinnsteuersystem kann ein allen zustehendes Grundgehalt auch diese sonderbaren Blüten eines Sozialstaates verhindern. Ohne einen grundsätzlichen Umbau der Märkte, der Volkswirtschaft, in mehreren aufeinanderfolgenden Schritten, wird man dies aber nicht erreichen können.[174] Wird der besteuerbare Gewinn so berechnet, dass alle Kosten aus dem Lebensunterhalt einschließlich der Kosten, die zusätzlich durch eine Arbeitsaufnahme entstehen, abgezogen werden vom Einkommen, so lohnt sich in jedem Fall die Arbeitsaufnahme. Die Pauschale kann auf 750 Euro gesetzt werden, wie auch das Grundgehalt, was im ersten Schritt durchaus pragmatisch sinnvoll ist. Nur mit schrittweisem Herangehen an die Probleme wird man das System verändern können, da reichen mitunter auch 500 Euro im ersten Schritt, so dass die Staatskasse nicht höher belastet wird als bisher.[175] Für die Berechnung am Fallbeispiel ist es jedoch sinnvoll, von je 1000 Euro auszugehen, was sogar die aktuellen Kosten im Sozialsystem nicht überschreiten dürfte. Gehen wir rein rechnerisch von 1000 Euro als Grundgehalt aus, so kann dem, der zum Beispiel 1200 Euro verdient, das Grundgehalt als Pauschale von 1000 Euro als Kostensatz angesetzt werden, und er muss damit nur 200 Euro als Gewinn deklarieren. Benötigt er zusätzlich ein Auto, um zur Arbeitsstätte zu kommen, so sollten die dafür aufzuwendenden 600 Euro ebenso als Kosten angerechnet werden. Dieser Arbeitnehmer kann somit Kosten in der Höhe von 1800 Euro anrechnen lassen. Da er bei Einnahmen von 1200 Euro rein rechnerisch mit einem Verlust von 600 Euro rechnen muss, ergibt dies keine Steuerschuld, sondern ein Steuerguthaben. Man könnte nun beschließen, solche Steuerguthaben auszuzahlen, entweder generell oder auch nur soweit sie das allen zustehende Grundgehalt nicht überschreiten. Wird nur maximal die zusätzliche Verlusthöhe von 1000 Euro ausgeglichen, so würde das für den vorliegenden Fall bedeuten, dass die höheren Ausgaben voll ausgeglichen werden durch eine Zahlung von 800 Euro. Dadurch wird es für den Arbeitnehmer durchaus noch interessant, auch eine Arbeit anzunehmen, die ohne Auto nicht durchführbar wäre. Bringt die Aufnahme einer Arbeit in diesem Fall auch nicht mehr ein als den zusätzlichen Besitz eines Autos, so ist dies dennoch eine generelle Erhöhung der Lebensqualität, für die es sich lohnt zu arbeiten. Der Sozialstaat darf seine Bürger nicht dazu animieren, lieber keiner Arbeit nachzugehen! Arbeit muss sich lohnen, gleich wie auch immer der Lohn aussieht, und zwar immer.

Grundeinkommen und Gewinnsteuer sind so aufeinander abzustimmen, dass damit die Selbstverantwortung der Bürger gestärkt und die Selbstbedienungsmentalität unterbunden wird, dann könnte die Einführung eines Grundeinkommens, am besten als Bürgergeld, ein großer Schritt für mehr Freiheit der Bürger und ein Gewinn für die freiheitliche Demokratie werden. Jeder, der ein Grundeinkommen bezieht, sollte bis zu einem angemessenen darüber liegenden Betrag dazuverdienen können, ohne dafür Steuer bezahlen zu müssen. Bei einer Gewinnsteuer ist es der einfachste Weg, die Kostenpauschalen entsprechend anzupassen.[176] Im Rahmen der Kostenrechnung gewinnt man auch dadurch eine größere Gerechtigkeit, dass die höheren Mieten in den Ballungszentren ebenso den Gewinn minimieren, wie es das Auto, das Motorrad oder auch das Fahrrad tun. Zur Finanzierung eines solidarischen Grundgehaltes kann man zusätzlich zu Steuern und Gebühren den Bürgern eine für die Gemeinschaft zu leistende Arbeit im Rahmen der persönlichen Möglichkeiten abverlangen, die auf Antrag auch in Geldleistungen umzuwandeln ist.[177]

Der freiheitliche Sozialstaat kann mit einer guten Sozialgesetzgebung auch Kapitalströme lenken und so dafür sorgen, dass immer ein mehr oder weniger gutes Gleichgewicht gelingt oder doch angestrebt wird. Gelingt es, wenigstens 90% der Bürger in den Prozess der weiteren Demokratisierung mit einzubeziehen, so wird es auch unseren Kindern und Enkeln noch relativ gut gehen. Vergessen dürfen wir aber nie, dass weder Geld noch der Mehrheitsbeschluss ein Garant für den Wohlstand aller Bürger ist.

Eine Frage muss aber unbedingt geklärt werden: Kann ein Sozialstaat sein Sozialsystem auch allen Gastarbeitern bedingungslos öffnen, oder sollte es unterschiedliche Zugangsmöglichkeiten zu den nationalen Sozialsystemen geben? Ein Grundgehalt wird man bei aller Gerechtigkeitsliebe nur den eigenen Bürgern zugestehen können, kann aber allen Bürgern mit fremdem Pass, die bereits mehrere Jahre im Land leben und arbeiten, die Einbürgerung erleichtern.[178] Wollte man allen Menschen, die in Deutschland leben, ob als Deutsche oder als Gast, ein bedingungsloses Grundgehalt anbieten, so kann dies nur verstanden werden als die Aufforderung an alle Menschen dieser Welt, sich möglichst schnell auf den Weg zu machen ins Schlaraffenland Deutschland. Das kann eigentlich keiner wollen, weil es nur in einem Chaos enden kann!

4. Wohlstand im Alter für alle Bürger

In einer Gesellschaft, in der die Erwerbstätigen nicht mehr die wohlverdiente Rente der Ruheständler finanzieren können, da kann etwas mit der Verteilung der Gewinne aus den Produktiverlösen nicht mehr stimmen. Geburtenschwache Jahrgänge können nicht herangezogen werden als Begründung für die fehlenden Finanzmittel, vielmehr ist zu fragen, ob die Finanzierung der Rente aus den Einnahmen der Rentenversicherungspflichtigen nicht vielleicht der falsche Weg ist. Natürlich kann man rein rechnerisch die Rente dadurch sichern, dass der Rentenbezug hinausgeschoben wird. Dabei kann man den Rentenbeginn so weit herausschieben, bis die Bilanz ausgeglichen ist. Wenn alle bis zum 70. Lebensjahr arbeiten, anstatt mit 65 in Rente zu gehen, dann werden 5 weitere Jahre Beitragszahlungen generiert, und man spart 5 Jahre Rentenzahlung. Ob die Bürger dies wollen und auch leisten können, danach wird ebenso wenig gefragt, wie danach, ob der Arbeitsmarkt auf Dauer auch wirklich mehr Bürger länger in Arbeit benötigt, oder ob nicht diese Arbeitsplätze den nachwachsenden Bürgern weggenommen werden. Wir müssen in der Zukunft damit rechnen, dass weniger Arbeit für die Bürger bereitgestellt werden kann, und dies auch, wenn wir berücksichtigen, dass für wegfallende Arbeitsplätze neue geschaffen werden. In Wirklichkeit geht es nicht, um zu geringe Lebensarbeitszeiten, sondern um die gerechte Verteilung der Produktivitätsgewinne. Man kann da an eine Umverteilung denken, um so Härten abzumildern oder aber an eine für alle förderliche Verteilung am Ort der Gewinne und nicht erst nachgeschaltet. Da Umverteilungen generell mit gesellschaftlichen und finanziellen Reibungsverlusten einhergehen, ist mitunter eine direkte Lösung die bessere Wahl. Wie aber könnte das im Einzelnen aussehen?

Wird jedem das Nötige zum Leben sichergestellt, kann man wohl auch generell auf Umverteilungen verzichten. Was aber kann das heißen? Allen im Alter steuerfinanziert das gleiche Altersgehalt zukommen zu lassen, wäre eine denkbare Lösung, es entfiele die Notwendigkeit einer privaten Vorsorge, es sei denn, diese soll zusätzliche Bedürfnisse abdecken. Einfacher könnte es sein, jedem bis zum Ableben ein Grundgehalt zuzusichern. Draufgesattelte Renten könnten dann auch niedriger angesetzt werden und sind damit sogar eher finanzierbar. Gleich wie auch immer die Versorgung im Alter abgesichert wird, eine gesellschaftliche Kontrolle, die auch eine Grundversorgung garantiert, ist notwendig. Sind die Grundbedürfnisse abgesichert, kann jeder selber sich um die Ausgestaltung der Komfortzone kümmern.

5. Vergesellschaftung und Staatsplanung

Nicht jede Vergesellschaftung ist Teil oder Anfang einer sozialistischen Vergesellschaftung. Das Freiland, so wie Gesell es auffasst, ist eher die Allmende, hier nur als Beispiel aufzuführen für eine Vergesellschaftung, die nicht in der sozialistischen Ideologie verwurzelt ist. (Gesell, 2015 [1919]) Dies ist eine partielle Vergesellschaftung, nicht vergleichbar mit den sozialistischen Vergesellschaftungen von ganzen Lebensbereichen, wie der von Landwirtschaftsbetrieben oder auch Industriebetrieben, bis hin zu der Vergesellschaftung der Privatsphäre. Zu unterscheiden sind diese sozialistischen Vergesellschaftungen von den Vergemeinschaftungen, die eher privaten Charakter haben. Wir müssen auch unterscheiden zwischen einer Vergesellschaftung auf lokaler Ebene und der auf Staatsebene. Kommunen und Städte besitzen in allen Ländern der westlichen Industriestaaten auch heutzutage Grundstücke, und zwar mit und ohne Immobilien, sind aber nicht alleinige Besitzer von Immobilien und Ländereien. Der überwiegende Immobilienbesitz in der Bundesrepublik ist nach wie vor in privater Hand, was auch für die Wälder in Deutschland gilt. Weder in den kapitalistischen Staaten noch in den sozialistischen Staaten hat man je klare Kriterien entwickelt, nach denen zwischen Privatbesitz und Gemeinbesitz zu unterscheiden wäre, Besitz ist immer das im Grundbuchamt niedergelegte Besitzrecht. Besitzrechte an Grundstücken können im bestehenden Recht sowohl natürliche wie auch juristische Personen erwerben, wobei die Kommune zum Beispiel als juristische Person auftritt. In den sozialistischen Staaten galt und gilt, dass die Produktionsmittel zu vergesellschaften sind, da die Produktionsmittel in die Hand der ‚Werktätigen' gehören. Durch die Vergesellschaftung nach sozialistischer Art wird aber dem nicht selbständig arbeitenden Bürger die Kontrolle über seine Produktionsmittel gänzlich entzogen, weil darüber nach der Vergesellschaftung die Kontrolle durch eine staatliche Bürokratie ausgeübt wird. Die sozialistische Vergesellschaftung hebt nun weder die Abhängigkeit der Lohn- und Gehaltsempfänger von den Eignern der Produktionsmittel auf noch Abhängigkeiten der Wirtschaft von Geld und Kapital. Jedes sozialistische oder auch kommunistische Regime kennt eine eigene Währung wie auch Kapital, nicht nur für den privaten Binnenmarkt, sondern auch beispielsweise zum Kauf von Waren wie auch Aktien im Ausland. Mit nur geringen Einschränkungen funktionieren auch die Börsen in sozialistischen Ländern nach den Prinzipien des Börsenhandels im Kapitalismus. Vergesellschaftungen wurden und werden, auch in der Legitimation, nicht durchgeführt, um damit den Bürger anschließend steuerlich zu entlasten, sondern um planwirtschaftliche Strukturen aufzubauen. Auch verschwindet damit nicht die Geldwirtschaft mit allen ihren Problemen. Selbst die Zinswirtschaft ist bei kommunistischen Regimen nicht ausgestorben. Zinsfreies Wirtschaften findet hier wie dort nur im privaten Bereich, in der Familie und als Nachbarschaftshilfe, statt. Würde in einer Bodenreform jeglicher Grund und Boden im Staatsbereich, also im Bereich des staatlichen Sovereign, zum Besitz der Öffentlichen Hand erklärt, so wäre dies eine Vergesellschaftung, die einen aufgeklärten Kapitalismus stärken könnte. Gleichzeitig müsste die öffentliche Hand auf jeglichen Besitz an privaten Geschäften und Kapitalgesellschaften verzichten. Kapitalgewinne sollten immer nur privat entstehen können und auch privat verteilt werden.[179]

Auf der anderen Seite findet staatliche Planung immer auch in kapitalistisch orientierten Staatsgebilden statt. Der Staat muss in jedem Fall die Kontrolle über die Reinhaltung der Luft, der Gewässer und über den Boden innehaben, und zwar selbst dann, wenn hier privatrechtliche Nutzungen zugelassen sind, die nicht immer von vornherein die gemeinschaftlichen Interessen wahren. Die Reinhaltung der Gewässer, der Luft und die des Bodens müssen der gesellschaftlichen Kontrolle unterliegen. Auch die Etablierung und Kontrolle der Rahmenbedingungen für lokale Märkte obliegt der gesellschaftlichen Kontrolle. Dazu gehört ebenso die Steuerhoheit, die meines Erachtens jedoch von der Basis aus nach oben und nicht umgekehrt zu konstruieren ist. Auch eine reine Gewinnsteuer übernimmt durch die involvierten Institutionen Kontrollfunktionen, wenn die betroffenen Institutionen eine Kontrolle der in Rechnung gestellten Kosten gewissenhaft durchführen, um auf diese Weise die Inrechnungstellung von Luxusgütern als Lebenshaltungskosten zu unterbinden. Die Kontrolle der Kostenstruktur eines Unternehmens im Ausland ermöglicht indirekt sogar die Kontrolle der Warenqualität bis hin zum Ursprungsort, zum Beispiel bei vermuteten Verunreinigungen.

Die staatliche Planung sollte sich demnach vornehmlich im Rahmen der staatlichen Aufgaben bewegen und keine gut privatwirtschaftlich lösbaren Probleme zu lösen versuchen. Die Gelder, die notwendig sind, um die staatlichen Aufgaben zu erfüllen, die sind über Gebühren, Pacht und Steuern hereinzuholen.[180] Der Kredit hingegen und der privatwirtschaftliche Gewinn sollten für jedwede staatliche Geldbeschaffung absolut tabu sein. Andernfalls wird das Prinzip der demokratischen und republikanischen Gewaltenteilung[181] in gröblichster Art und Weise verletzt, so dass es nicht verwundern muss, wenn der Staat in der

Folge seine ihm ureigenst zustehenden Kontrollfunktionen wegen der auftretenden Interessenkonflikte nicht mehr ausführen kann. Bei einer Nichtbeachtung ist langfristig sogar zu befürchten, dass sich die Demokratie selber abschafft, nicht durch äußere Angriffe, sondern durch den inneren Zerfall. Die Angriffe aus der Wirtschaft und insbesondere der dort sich immer weiter anhäufenden Machtkonzentrationen sind ebenso zu beachten. Übergroße Konzerne müssen in kleinere Funktionseinheiten zerstückelt werden; ein Chemieriese, der neben Medikamenten auch Chemikalien für die Landwirtschaft und den Industriebedarf entwickelt und verkauft, sollte zunächst in diese drei Teilbereiche aufgespalten werden, anschließend in regional orientierte Nachfolgefirmen.[182] Die Politik muss zum Beispiel garantieren, dass wichtige Medikamente auch in der lokalen Region produziert werden und nicht nur weit weg auf einem anderen Kontinent, weil dort die Produktion in großen Mengen billiger ist. Im nationalen Rahmen kann man dies mit Gesetzen und notfalls auch durch massive Eingriffe in die Geschäftsführung der zu mächtig gewordenen Konzerne erreichen.

Eine andere Möglichkeit ist die, Produkte von Firmen, die eine maximal akzeptierte Größe überschritten haben, mit einem Gewinnsteueraufschlag zu belasten.

Eine direkte Kontrollfunktion über den Aufsichtsrat auszuüben kann vielleicht bei mittelgroßen Unternehmen hilfreich sein, kann aber nicht allgemein präferiertes Ziel sein, allein schon deswegen, weil dies bei Firmen im Ausland sowieso nicht realisierbar ist.

Auf keinen Fall sollte die öffentliche Hand bei kommerziell arbeitenden Unternehmen beteiligt werden, es sei denn im Rahmen einer Sanierung für einen genau festgeschriebenen Zeitraum.

Grundsätzlich wird es auch nicht von Vorteil sein, gemeinnützige Firmen mit staatlichen Aufgaben zu betrauen. Dazu müssen die gesellschaftlichen Netze, erst eine Infrastruktur bereitstellen, in der Produktion und Handel sich frei entfalten können. Netze und Infrastruktur müssen von der Gesellschaft bereitgestellt und erhalten werden, sie müssen in der Hand der öffentlichen gesellschaftlichen Institutionen bleiben. Der Straßenbau in einer

Gemeinde gehört zum Beispiel in die Kompetenz kommunaler Planung, was nicht ausschließt, einzelne Aufträge an Privatunternehmen zu übergeben. Wartung und kurzfristig durchzuführende Ausbesserungen gehören bevorzugt in die Hand eines kommunalen Unternehmens. Ebenso gehören aber auch Wartung und Ausbau des Internets in die Hände öffentlicher Planer und Gesellschaften, die nicht gewinnorientiert arbeiten, sondern vor allem das Gemeinwohl im Auge haben. Es spricht dann auch nichts dagegen, anschließend eine Nutzungsgebühr von den Bürgern zu verlangen. Sichere Internetverbindungen sollten es uns wert sein, dafür auch den notwendigen Obolus zu entrichten. Öffentliche Gebäude, die nicht Teil einer öffentlichen Infrastruktur sind, sollten deshalb auch besser privatisiert werden. Zum Bildungsnetzwerk gehören allerdings auch die Schulgebäude und die Gebäude universitärer Einrichtungen. Auch die öffentliche Verwaltung, die Justiz sowie Polizei und die Streitkräfte sind Teil des staatlichen Netzwerkes, nicht hingegen die Banken. Das finanzwirtschaftliche Netzwerk sollte nur aus den Notenbanken und den Finanzaufsichtsbehörden sowie den Finanzämtern bestehen. Die Geschäftsbanken sollten privat organisiert werden, wobei auch Gemeinschaften als Betreiber auftreten können, nicht aber eine Institution der öffentlichen Hand. Die Banken für die nächste Krise mit Auflagen zur Eigenkapitalisierung zu immunisieren ist allerdings nicht die eigentliche Lösung, sondern nur eine Zwischenlösung.[183] Sollten bei der nächsten Finanzkrise die Währungsreserven nicht ausreichen um den Währungsverfall zu stoppen, so könnte das zur Rettung vorgesehene Kapital vielleicht über Nacht wertlos sein. Mit dem Sicheren Geld, wie in diesem Buch vorgeschlagen, kann man auch in solchen Krisenzeiten sicherlich besser schlafen als mit Euro, Dollar und Co. Ein finanzwirtschaftliches Kontrollnetz im Rahmen von gesetzlichen Regeln könnte da schon eher auch in anderen Währungen helfen. Wird ein finanzwirtschaftliches Strukturnetz vorgegeben, innerhalb dessen alle finanziellen Transaktionen stattfinden müssen, und vor allem auch gesichert stattfinden, so könnten sogar Banken und bankenähnliche Institutionen zur Not in die Insolvenz gehen, ohne damit dem Gesamtsystem zu schaden.

6. Währungs- und Staatengemeinschaften

Schließen sich mehrere Staaten zu gemeinschaftlichen Wirtschaftszonen und Währungszonen zusammen, so müssen auch Institutionen entstehen, die diese gemeinschaftlichen Aktivitäten steuern und kontrollieren. Dabei kann man sich an den Strukturen der existierenden Nationalstaaten orientieren, aber auch neue Ansätze verfolgen. Eine neuartige Institution in der EU ist die EZB. Obwohl den staatlichen Notenbanken nachempfunden, ist sie doch eine andersartige und somit neuartige Konstruktion, vor allem, da sie dezidiert unabhängig handeln soll. Sie soll nicht mehr die Nationalstaaten finanzieren, was sie leider aber, wenn auch über Umwegen, immer mehr und mehr versucht zu tun. Staatsschulden sollten schleunigst in andere Währungen ausgelagert werden, damit die Gemeinschaftswährung, wie vorgesehen, damit nicht belastet wird. Werden lokale Währungen neben dem Euro zugelassen, wird es auch einfacher, für alle EU-Staaten die Einführung des Euro verbindlich zu machen. Ein neuer Ansatz ist da beachtenswert, wird doch durch den Vorschlag von Salvini zumindest die Richtung der möglichen Lösung in eine föderale Richtung gelenkt, die einen Lösungsansatz bieten könnte. Salvini „erklärte, dass das hohe Privatvermögen in Italien dazu beitragen könnte, die hohen Risikoprämien zu senken. Die italienische Staatsschuld ist zwar hoch, dieser steht aber ein hohes privates Vermögen in Italien gegenüber“[184]. Deshalb könnten Solidaranleihen aufgelegt werden, die nicht über die EZB oder europäische Fonds, sondern als nationales Instrument die italienischen Staatsanleihen in nationale Solidaritätsfonds überführen. Wie Karsten Wensdorff dies beschreibt, wären die damit verbundenen neuen Kredite an private Haushalte in Italien „hingegen stark diversifiziert und mit robusten Sicherheiten hinterlegt“. (Wensdorff, 2018)[185] Ein zweigleisiges Währungssystem könnte diesen Ansatz noch unterstützen. Wichtig wäre es auch, die Stellung der Notenbanken generell neu zu definieren. Notenbanken können die Kontrolle über den Geldmarkt, die Finanzwirtschaft und die Banken übernehmen, soweit sie dies im Auftrag der Parlamente und ohne Beteiligung an der Geldschöpfung tun; eine Zusammenarbeit zwischen Notenbank und Bafin wäre zudem notwendig.[186]

7. Globale Märkte und regionale Interessen (Der global agierende Konzern)

Die globalen Märkte können über internationale Abkommen geregelt, nicht aber im Interesse der einzelnen lokalen Märkte auch gezähmt werden. Hier muss die regionale Gemeinschaft, gegebenenfalls auch eine Staatengemeinschaft, eingreifen und per Gesetz den lokalen Markt stärken.

Der global agierende Konzern wird nicht die lokalen Interessen bedienen, für ihn ist lediglich die konzerninterne Gewinnmaximierung wichtig. Wie können wir ihn aber dennoch dazu überreden, die lokalen Interessen zu berücksichtigen? Auflagen von Seiten der öffentlichen Institutionen können eine Maßnahme sein, ebenso Zölle für unerwünschte Produkte.[187] Besser scheint es mir die Gewinne entsprechend der regionalen Interessen zu besteuern und bei den abziehbaren Kosten genau hinzuschauen, wie diese entstanden sind.[188] Der kommunale Vertreter im Aufsichtsrat wird da wenig ausrichten können, zumal er ja auch nicht im Aufsichtsrat von Unternehmen sitzen wird, die im Ausland ihren Sitz haben. Ein lokaler Markt mit lokaler Gerichtsbarkeit und lokaler Steuerhoheit wird da besser die Bedürfnisse der Bürger vor Ort befriedigen und sie vor den Übergriffen multinationaler Konzerne schützen. Im globalen Wettbewerb werden auch die nationalen gemeinnützigen Firmen, so wie Wagenknecht[189] sie vorschlägt, nicht viel helfen. Wichtiger sind da internationale Vereinbarungen, die allerdings nicht zugunsten der Großkonzerne, sondern zugunsten der Bürger vor Ort den rechtlichen Eingriff ermöglichen sollten. Auch die Gewinnbesteuerung und die Gerichtsbarkeit am Ort des Einkaufs, also an dem Ort, an dem die Gewinne erzielt werden, ist wichtig, um dem Käufer vor Ort am lokalen Markt die Macht zu verleihen, die ihn zum König macht, die Macht zur Klage, die er auf dem Papier auch hat, aber am Sitz der Firma meistens kaum durchsetzen kann. Der Händler vor Ort muss seine Steuer auch bislang schon vor Ort bezahlen und nicht am Produktionsstandort. Der Großhändler müsste sich wohl umstellen, wenn die Gewinne an verschiedenen Stellen zu entrichten sind, den Standorten der Einzelhändler. Nicht so offensichtlich liegen die Lösungen auf der Hand, wenn es darum geht, dass kostenlose Dienste und Waren angeboten werden. Man könnte sie einfach als Kostenfaktor auffassen, hat aber damit auch einen Standort, an dem etwas verkauft wird, und seien es nur Informationen, die mit dem kostenlosen Deal herübergehen. Man kann dies unter Werbungskosten verbuchen, wobei noch zu klären ist, wie und ob Werbungskosten als Kosten von den Einnahmen abzuziehen sind. Werbungskosten und gleichfalls kostenlose Angebote sollten nur dort verrechnet werden, wo auch Einnahmen erzielt werden. Werden Preise ausgesetzt, so sind diese zu versteuern, ob ausgezahlt oder auch nicht, wer ein Gewinnspiel veranstaltet, soll auch eine Gewinnsteuer abführen. Kostenlose Angebote sind wie Gewinne prinzipiell mit dem Wert des Angebots als Gewinn aufzufassen, der nicht vom Empfänger, sondern vom Veranstalter zu versteuern ist. Bei kleinen Geschenken kann man die bereits existierenden Zurechnungen aufrechterhalten, sie sollten durchaus auch weiterhin möglich sein.

Vertretbar sind zudem Gesetze, Regeln und Maßnahmen, die bekannte negative Veränderungen globalen Ausmaßes verhindern, zum Beispiel der weltweiten Temperaturerhöhung entgegenwirken sollen. Weder die CO_2-Steuer noch ein diesbezüglicher Geldtransfer über gekaufte Zertifikate wird uns weiterbringen. Wir brauchen vor allem intelligente Lösungen für notwendige Veränderungen vor Ort, und zwar in den Industriestaaten ebenso wie in den noch nicht industrialisierten Regionen. Nicht der Geldtransfer wird die erhoffte Wirkung erzielen[190], eher die Abrechnung der Kosten, die unsere Umwelt schonen und negative Auswirkungen auf das Klima verhindern. In jedem Fall dürfen nicht alle Kosten als steuermindernd eingestuft werden.

Bei Internetwährungen, die mit einem enormen, kaum zu vertretenen Energieaufwand geschöpft werden, ist nicht zu vergessen, die Kostenstruktur genau unter die Lupe zu nehmen. Gewinne durch Geldschöpfungsprozesse und Währungsgewinne sind ebenso zu versteuern wie andere Gewinne, und auch hier entsteht der Gewinn immer dort, wo der Begünstigte ihn erzielt.

Hier ist zudem ein Augenmerk auf die globale Verflechtung der Drogenmärkte zu richten. Eine Legalisierung aller Drogen und deren Regulierung könnte auch die hier in dunklen Kanälen verschwindenden Geldmittel unter die Kontrolle der Gesellschaft bringen, zudem auch die Abhängigen eher wieder in die Gesellschaft eingliedern und ihnen helfen von den Drogen herunterzukommen. Der illegale Drogenmarkt kostet die Industriestaaten Milliarden und verhindert zudem die erwünschte normale Entwicklung in den armen Ländern, da dort eine Landwirtschaft, die die Menschen ernähren könnte, in vielen Fällen nicht Fuß fassen kann, werden doch diese Felder stattdessen zum Anbau von Drogenpflanzen genutzt. Auch hier sind die lokalen Märkte zu stützen, gleich wie immer dies möglich sein wird. Weder die lokale Mafia noch die Macht der globalen Konzerne sollte die notwendige Infrastruktur stören. Gewinne sollten im lokalen Markt verbleiben, weshalb auch dort die Steuer zu entrichten ist. Gelingen kann dies mit der Abschaffung von Gewerbesteuern und allen anderen nicht an den Ort des Gewinns gebundenen Steuern. Erhebt man nur noch Gewinnsteuern, so sind diese allerdings zwischen den politischen Ebenen nach einem Verteilungsschlüssel aufzuteilen.

Sollte es gelingen, die Gewinnsteuer mit ihren Nachweispflichten nachahmenswert zu gestalten und damit auch in den ärmeren Ländern eine stabile Einnahmequelle zu etablieren, die zudem für bessere Bedingungen an den Arbeitsplätzen sorgen kann, so wäre schon sehr viel gewonnen. Werden verbesserte Arbeitsbedingungen steuermindernd wirksam, so werden sie sich auch eher durchsetzen. Waren, die nur dadurch billig sind, weil die in der Produktion tätigen Menschen weder angemessen entlohnt werden noch die notwendigen Sicherheitsmaßnahmen eingehalten werden, sollten über den Kostenfaktor verteuert werden, so dass der Gewinn und damit auch die Gewinnsteuer höher ausfällt.[191] Bei der Einfuhr der im Ausland gefertigten Waren muss das ebenso nachvollziehbar sein wie bei den heimischen Produkten. Dass Waren im globalen Wettbewerb bestehen können, ist am besten mit der lokal zu erhebenden Gewinnsteuer unter wahrer Zurechnung der Kosten möglich. Auch die nur funktional angebotenen Dienste, wie die der großen Internetkonzerne, können so mit einer Gewinnsteuer belegt werden, die im lokalen Markt zu erheben ist.[192] Wir müssen auch international darauf einwirken, dass langfristig alle Staaten die substanziellen Steuern abschaffen und dafür die funktionale Gewinnsteuer einführen, um nicht den Ast abzuschneiden, auf dem man sitzt.

8. Gemeinschaften und ihr Vermögen

In meinem Buch: „Dauerhaftes Wachstum"[193] wird auf die Notwendigkeit verwiesen, klar zwischen dem privaten Vermögen, dem Privatbesitz und dem Gemeingut zu unterscheiden. Dabei werden leider die Gemeinschaften mit dem gemeinschaftlichen Vermögen nicht hinreichend berücksichtigt. Wenn dies hier nachzuholen ist, dann mit dem Verweis auf die Prinzipien, nach denen zwischen gemeinschaftlichem und privatem Besitz zu unterscheiden ist. Als Erstes gilt dabei festzuhalten, dass man private Besitztümer in jedem Fall auch einer Gemeinschaft mit klaren Statuten zum Besitz und dessen Verwaltung übertragen kann. Dieser Besitz von Genossenschaften und anderen Gemeinschaften mit gemeinschaftlichem Besitz kann von diesen Gemeinschaften, oder Commons im Sprachgebrauch von Rifkin[194], so wie ein Privatbesitz verwaltet werden, wenn der Vorstand laut Statuten und privatrechtlicher Übertragungen auf die Vorstandsmitglieder wie eine natürliche Person handeln kann.[195] Andererseits kann die Zielsetzung eines Vereins, einer Genossenschaft, wenn dezidiert in den Statuten festgelegt, auch nach einer basalen Bodenreform den danach normalerweise nur der öffentlichen Hand vorbehaltenen Besitz an einem Grundstück erwerben, wenn damit die öffentlichen Interessen entsprechend hinreichend gesichert sind. Einer Genossenschaft könnte man zum Beispiel den Erwerb von Grundstücken auch in einer Umgebung erlauben, in der sonst nur die öffentliche Hand Grundstücke besitzt. In den Statuten muss dazu lediglich gesichert sein, dass zum Ersten die gemeinschaftlichen Belange hinreichend berücksichtigt werden und zum Zweiten bei Auflösung der Genossenschaft der reibungslose Übergang der dem Gemeinsinn geschuldeten Besitztümer in den Besitz der öffentlichen Hand gesichert ist, wenn sich keine Nachfolgegemeinschaft findet, die den Besitz übernehmen kann. Hier wie auch bei Immobilien aus einer abgelaufenen Erbpacht sind diese vornehmlich den vorherigen Nutzern und deren Verwandten und Partnern anzubieten, bevor ein Verkauf der Nutzungsrechte an fremde Interessenten in Erwägung zu ziehen ist.

Der Besitz von Commons steht wie diese selber zwischen den politischen Gemeinschaften mit ihren speziellen Besitztümern und der Aufgabe, diese für eine Gemeinschaft in deren Sinn zu verwalten, und den Privatbesitzern, die ihren privaten Besitz für sich und ihre Familie nutzen und verwalten. Gemeinschaften sind nicht nur Genossenschaften und Sportvereine, sondern auch die verschiedenen Religionsgemeinschaften mit ihrem Immobilienbesitz. Entsprechendes gilt auch für den Besitz an kulturellen Gütern bei Kulturvereinen und gegebenenfalls auch bei privaten Bibliotheken und Literaturzirkeln, soweit sie sich einen entsprechenden Status mit notariell abgesicherten und überprüften Einträgen verschaffen. Firmen sollten hingegen keine Landbesitzer sein, im Gegensatz zu Genossenschaften oder entsprechenden Organisationen (Commons), die nachweislich mit wenigstens 55% des eingebrachten Kapitals lokal verankert sind und auch nachweislich gemeinschaftliche Interessen vertreten.[196] Sofern gesichert gemeinnützige Aufgaben übernommen werden, kann der Steuersatz (in dem hier vorgeschlagenen System die Gewinnsteuer) um 10% abgesenkt werden.

Nicht ganz verhindern kann man mitunter, dass gemeinnützige Vereine und Genossenschaften nur gegründet wurden, um als Verein, Manufaktur oder Handelsorganisation die Geschäfte einer Firma zu betreiben; auch dann gilt das Gemeinwohlprinzip, es sollte Vorrang haben, da ansonsten kein Besitz an Gemeingut zulässig sein sollte. Immer, wenn öffentliche Interessen tangiert werden, sollte die 55%-Regel[197] angewendet werden. Öffentliche Interessen werden auch angesprochen, wenn es um Erhalt und Verwaltung von technischen Erfindungen, Kunstgegenständen, Literatur und Musik mit einheimischen Urheberrechten geht. Diese sollten möglichst von Gemeinschaften verwaltet werden, die auch den Urhebern zu ihren Rechten verhelfen und diese über den Tod hinaus vertreten. Patente dürfen nicht automatisch durch den Kauf einer Firma auf den Käufer überschrieben werden. Ebenso gehören Kunstwerke dorthin, wo sie entstanden sind, der Künstler sie geschaffen hat. Ein Sammler sollte sie nur auf Zeit als Leihgabe erwerben können, Patente nur auf Zeit von der Firma als Leihgabe genutzt werden. Die Gemälde von August Macke zum Beispiel gehören nach Bonn, sind aber zu Recht wegen ihrer Bedeutung für die Kunst in verschiedenen Museen anderer Städte zu finden, sollten jedoch außerhalb von Bonn nur als Leihgabe gehalten werden. Ein Verkauf, vor allem an private Sammler, sollte verhindert werden, dafür eine kostenpflichtige Leihgabe auf Zeit angeboten werden.[198]

Der Besitz von Vereinen, Genossenschaften und anderen Gesellschaften und Commons ist als Privatbesitz grundsätzlich jedem Miteigentümer mit seinem prozentualen Anteil an den gesamten Einlagen ebenso mit den gleichen Prozentanteilen zuzurechnen. Besitzt zum Beispiel der Verein XY ein Vereinshaus auf eigenem Grundstück und Gerätschaften sowie Fahrräder und motorisierte Fortbewegungsmittel im Wert von insgesamt 300000 Euro, so kommen bei 300 Mitgliedern auf jedes Mitglied 1000Euro als Miteigentumsanteil.

Genossenschaften haben im deutschen Recht schon seit längerem eine besondere Stellung, sie nehmen eine sehr spezifische

Rechtsposition ein. Für die Zukunft sollten neben den bereits bestehenden Genossenschaften verstärkt freie Immobiliengenossenschaften gegründet werden. Bringt man seine Immobilie in eine Immobiliengenossenschaft ein, so kann sich dies selbst dann lohnen, wenn man sein eigenes Haus, seine ursprüngliche Eigentumswohnung zurückmietet. Außerdem könnten weitere Anteile dazu erworben werden, mit denen sich dann auch der Immobilienbesitz der Genossenschaft erweitern lässt. Neben der besseren fachkompetenten Verwaltung könnte auch die einfachere Vererbung und Übertragung von Anteilen an Kinder und Enkelkinder ein sinnvoller Grund sein, eine Immobiliengenossenschaft zu gründen oder auch dort Mitglied zu werden. Weder muss man sich selber mit Mietern herumschlagen, noch mit Handwerkern und den Abrechnungen, auch sind bei der privaten Steuererklärung keine Mieteinnahmen zu berücksichtigen, dafür allerdings die Dividende aus den Genossenschaftsanteilen, so diese verteilt und abgerechnet werden. Ein Immobilienbesitz im Rahmen einer Genossenschaft reduziert auch nicht wie der Hausbesitz die Mobilität im privaten und beruflichen Umfeld. Gibt es Partnergenossenschaften am neuen Wohnsitz, so kann bei arbeitsbedingtem Wohnortwechsel langfristig auch ein Wechsel in die Partnergenossenschaft geplant und vollzogen werden.

Die Mitgliedschaft in einer Immobiliengenossenschaft oder Baugenossenschaft kann an eine Einlage mit einer Immobilie gebunden sein, aber stattdessen auch ein Einstand mit einer Summe, die einen Anteil an bereits existierenden oder noch zu erstehenden oder zu bauenden Immobilien begründet. Werden die eingebrachten Immobilien und Zahlungen anhand eines Gutachtens im aktuellen Wert auf Arbeitszeitwerte umgerechnet, so kann eine gleichwertige Geschäftseinlage angestrebt bzw. eine Gewinnaufteilung gemäß der Geschäftsanteile berechnet werden, wobei es nicht wichtig ist, ob diese Berechnung in der neuen Währung oder einer der alten Währungen erfolgt. Die Genossenschaft kann den Immobilienbesitz im Eigeninteresse aller Mitglieder auf einem werterhaltenden und wertsteigernden Stand halten und mitunter auch erweitern, somit reelles

Wachstum befördern. Interessant ist in diesem Zusammenhang auch der Vorschlag von Markus Miller zur Gründung einer Familiengenossenschaft.[199] Im Sinn der hier vorgeschlagenen gemeinwirtschaftlichen Nutzungsbedingung sollten entsprechende Statuten wie auch bei Familiengenossenschaften verbindlich vorgeschrieben werden.

Die Statuten, die eine gesetzeskonforme Kontrolle in den Gemeinschaften (Commons) garantieren sollen, sind über eben diese Gesetze in die staatliche Kontrolle mit einzubeziehen. Wie die Nutzung einer Immobilie aus dem Bestand der Wohnungsbaugenossenschaft zu verrechnen ist, das muss den Gegebenheiten vor Ort angepasst werden. Ob nun die Genossenschaft oder eine Stiftung oder nur ein Verein als Rechtsform gewählt werden, das ist ebenfalls vor Ort zu entscheiden. Ganz andere Probleme ergeben sich aus börsennotierten und nicht an der Börse notierten Aktiengesellschaften. Allein Größe und Anzahl der Aktienbesitzer können schon Probleme bereiten. Kleinaktionäre können da leicht ins Hintertreffen geraten, sogar nichts machen, wenn die Manager einer Aktiengesellschaft beschließen, durch ein Delisting aus dem Handel an der Börse auszusteigen, die Aktien von der Börse zu nehmen, so dass diese zukünftig nicht mehr frei gehandelt werden. Hier stellt sich die Frage, ob derartige Beteiligungen überhaupt noch wünschenswert sind und in einem Geldsystem mit Sicherem Geld auch überhaupt noch möglich. Grundsätzlich sollte man in einem solchen System die Umwandlung in genossenschaftlich organisierte Gesellschaftsformen anstreben. Wer dennoch in Aktien investieren will, sollte dies in den alten Währungen auch noch längerfristig tun können. Bei anhaltender Niedrigzinsphase wird es sowieso immer häufiger zu einem Delisting kommen, da die neuen Großinvestoren sich bei niedrigen Zinsen einfacher über den Anleihenmarkt bedienen können als durch die Herausgabe neuer Aktien. Dadurch könnte die Aktie zum Ende des aktuellen Jahrhunderts sogar zum Auslaufmodell werden. Wird der heutige Kleinaktionär dadurch in der Zukunft gezwungen, in hochspekulative Firmenanleihen zu investieren, dann ist abzusehen, wann der geregelte Wertpapierhandel in sich zusammenbricht, sollte sich bis dahin nicht die Beteiligung an Commons wie den Genossenschaften weitgehendst durchgesetzt haben und die heute dominierenden Kapitalgesellschaften in den Hintergrund gerückt sein.

9. Steuerveranlagung: substanziell oder funktional?

Eine substanzielle Steuer besteuert den Sachwert. Dieser Steuer geht eine Bewertung voran, der funktionalen Steuer die Feststellung von Handlungen, bei denen Geld verdient wird. Der Wert einer Ware lässt sich notfalls durch Sachverständige festlegen, wenn sich die handelnden Parteien nicht einigen können. Wie viel Geld bei einem Verkauf zwischen den Partnern fließt, bedarf keines Sachverständigen, sondern nur einer festgelegten Art der Fixierung genau dieses Sachverhaltes durch entsprechende Regelungen und Gesetze. Wird vorgeschrieben, dass bei jedem Verkauf, jeder wirtschaftlichen Handlung, die dabei fließenden Gelder in einer Rechnung oder Quittung mit Datum, Betrag und Angabe der Ware oder Dienstleistung festzuhalten sind, einmal als Beleg für den Käufer und zudem als Beleg fürs Finanzamt, dann kann jede wirtschaftliche Handlung auch kontrolliert und hinsichtlich der funktionalen Abläufe besteuert werden. Entscheidend ist dabei nicht der Papierbon, sondern dass sowohl Verkäufer wie auch Käufer bei Kontrollen mit einem Beleg den Kauf bestätigen können. Der Verkäufer kann dies in der Regel mit der elektronischen Buchung in seinem Kassensystem, der Kunde mit dem Kassenbeleg, der zurzeit nur in Papierform ausgedruckt wird, aber auch dem Kunden auf sein Handy als Beleg geschickt werden könnte. Der Handybeleg ließe sich ebenso wie der Papierbon bei Stichproben dem kontrollierenden Beamten vorlegen.[200] Wird der funktionale Ablauf, aufgrund des dabei fließenden Geldes, besteuert, so erübrigt man sich die mitunter sehr strittige Bewertung der erbrachten Leistungen. Der in den vergangenen Jahrhunderten eher wertbezogene Blick auf die Handlungsaktivitäten weicht erfreulicherweise neuerdings stetig einer Blickweise, bei der die funktionalen Abläufe mehr beachtet werden.

Deshalb ist die Idee, das Vermögen zu besteuern, auch nicht mehr zeitgemäß. Sachliche Gründe untermauern dies noch, kann doch die Besteuerung des Vermögens, nicht nur des betrieblichen Vermögens, diesem Vermögen einen Schaden zufügen, der die Möglichkeit der Gewinnerzielung mit diesem Vermögen einschränkt, bis unmöglich macht. Dadurch werden der Volkswirtschaft wichtige Wachstumsmöglichkeiten genommen. Werden hingegen die im Handel erzielten Gewinne besteuert, wird dies das reale Wachstum nicht hemmen. Deshalb hier die Forderung, grundsätzlich nicht mehr substanziell, sondern nur funktional zu besteuern.

Neben der Vermögenssteuer ist auch die Erbschaftssteuer in ihrer grundlegenden Art eine substanzielle Steuer, kann sie doch vererbte Vermögenswerte zerstören, anstatt dem Erben diese in voller Höhe und vollem Umfang zur Gewinnerzielung zu überlassen. Die Grundsteuer ist eine weitere Steuer, die substanziell besteuert, da der besteuerte Boden mitunter ganz oder teilweise aufgrund der fälligen Steuer verkauft werden muss. Bei der Grunderwerbssteuer kommt noch hinzu, dass damit der Falsche die Steuer tragen muss. Nicht der Käufer, sondern der Verkäufer sollte diese Steuer bezahlen; als Gewinnsteuer veranlagt müssten allerdings dann auch die Kosten anzurechnen sein und die Steuerbelastung erst erfolgen, wenn tatsächlich Einnahmen verbucht wurden und der tatsächliche Gewinn daraus feststeht. Bei der Umsatzsteuer hat man mit dem Namen, hieß diese Steuer doch ursprünglich Mehrwertsteuer, schon die Kehrtwende zur funktionalen Betrachtung vollzogen, ohne allerdings die faktischen Konsequenzen daraus zu ziehen. Besteuert wird wie eh und je der Wertzuwachs was eindeutig eine substanzielle Besteuerung ist. Nur deshalb auch kann es passieren, dass in Deutschland im Gastgewerbe bei den Vorsteuern nur 7 % verrechnet werden, bei den Einnahmen der Fiskus aber 19 % verlangt. Diese Umsatzsteuer wird sofort beim Verkauf fällig, auch wenn gerade Verluste eingefahren werden. Bei der hier vorgeschlagenen Gewinnsteuer würden diese Steuern erst fällig, wenn auch tatsächlich Gewinne eingefahren werden. Deshalb hier der Vorschlag, die Umsatzsteuer mit der Einkommenssteuer als Grundpfeiler in die allgemeine Gewinnsteuer zu integrieren. In der Praxis würde dies bedeuten, dass statt der Umsatzsteuer beim Verkauf 19% Gewinnsteuer A gezahlt werden, eine Steuer, die nicht mit einer Vorsteuer verrechnet wird, dafür aber der zum Jahresende oder auch monatlich abzurechnenden Gesamtgewinnsteuer hinzuzurechnen ist, die sich aus der Gewinnsteuer A und der Gewinnsteuer B zusammensetzt. Die Gewinnsteuer B entspricht dabei der bisherigen Einkommensteuer, so dass es auch erlaubt sein sollte, bei einem Wegfall von Umsatzsteuer und Einkommensteuer zum Vergleich und für die grundlegende Kalkulation die bisherigen Steuern in den mittleren Prozentsätzen zusammenzuziehen, um eine Gewinnsteuer zu erhalten, die das bisherige Steueraufkommen weder erhöht noch erniedrigt. Gehen wir deshalb hier von 19% Umsatzsteuer und 25% Einkommensteuer aus, so erhalten wir zusammengezogen einen Wert von 44% an Steuern, die durch den Wegfall dieser Steuern zu ersetzen sind.

Da auch die Erbschaftssteuer und die Grundsteuer wegfallen sollten, so wird eine auf 50% festgelegte Gewinnsteuer noch unterhalb der bisherigen zusammengezogenen substanziellen Steuerbelastung liegen. Bei der Einkommenssteuer ist allerdings noch ein anderes Prinzip zu beachten, schließlich bedarf diese Steuer keiner Sinnumkehrung wie bei der Mehrwertsteuer, das Einkommen setzt sich aus einem Gewinnanteil und einer die Substanz der Leistung bestimmenden Funktion zusammen. Die notwendige Arbeit, um überleben zu können, ist kein Gewinn, sie dient der Substanzerhaltung dessen, der damit seinen Lebensunterhalt bestreitet.

Der Wegfall einer Vorsteuer vereinfacht die Steuerberechnung für den Gewerbetreibenden, aber auch fürs Finanzamt, schließlich sind nur noch die Kosten vom Erlös abzuziehen, und das für alle Marktteilnehmer. Trotz dieser generellen Vereinfachung kann der Einzelfall durchaus genauso komplex sein wie bisher. Gleiche Berechnungen und eine Gleichbehandlung der Handelspartner sind grundsätzlich nötig und wichtig, können sogar helfen Steuerrecht und Handelsrecht zu vereinheitlichen, was durchaus wünschenswert ist und angestrebt werden sollte. Einige Steuerarten könnten auch schon deshalb wegfallen, weil es keine Besteuerung vom Allgemeinbesitz geben kann und entsprechende, stattdessen anfallende Lizenzgebühren, Pachten und Mieten halt keine Steuern sind. Der Vorteil einer Pacht bei zum Beispiel Grundstücken besteht auch darin, dass die Pachtverträge jeweils individuell ausgehandelt werden und damit besser den lokalen Gegebenheiten anzupassen sind, als dies mit einer Steuer möglich wäre. Natürlich ist auch die Kraftfahrzeugsteuer eine substanzielle Steuer, wobei diese Einnahmen für den Staat zugunsten der Gewinnsteuer auf den Kraftstoff und die Straßennutzungsgebühr entfallen können. Werden in einer Bodenreform die Grundstücke dem Privateigentum entzogen, so kann es auch keine darauf bezogene Steuer mehr geben. Viele Probleme der derzeitigen Besteuerung könnten so sich in Luft auflösen und damit einer schlankeren und einfacheren sowie besser zu durchschauenden Steuergesetzgebung den Boden bereiten. Nur der private Verkauf von Immobilien würde in der Tat für den Verkäufer nicht einfacher, sondern komplizierter, wenn eine allgemeine Gewinnsteuer hier ohne Ausnahmen greifen sollte. Die Verrechnung der Kosten für Renovierung und Instandsetzung bietet aber auch die Chance einer gerechteren Steuer und würde dazu führen, dass Häuser nicht mehr als Spekulationsobjekte mit einem Renovierungsstau in den Markt geschickt werden.

Eine andere Idee, nämlich die Maschinenarbeit zu besteuern, ist geradezu verlockend, deutet man damit doch an, den Arbeiter zu entlasten, indem alle Arbeitsleistungen, und nicht nur seine, besteuert werden. Geht man davon aus, dass die Arbeitsleistung grundsätzlich nicht zu besteuern ist, sondern nur der Gewinn aus dem Ergebnis dieser Arbeitsleistung, so erübrigt sich damit die weitere Diskussion darüber, welche Arbeitsleistung wie zu besteuern ist. Arbeit sollte nicht besteuert werden, weil dadurch die Leistungsbereitschaft der einzelnen Bürger nicht nur nicht gefördert, sondern sogar unterdrückt wird. Geht man bei der Forderung nach einer funktionalen Steuer im Sinne einer wachstumsorientierten Steuerung davon aus, dass eine Steuer auf Arbeitsleistung dysfunktional ist, da dadurch das Wachstum an volkswirtschaftlichen Werten gehemmt wird, so sollte man die Arbeitsleistung nicht mehr besteuern! Die klare Folgerung daraus ist, dass dysfunktionale Steuern ebenso zu beseitigen sind wie die substanziellen Steuern.

Ohne dysfunktionale und substanzielle Steuern würde das Steuersystem transparenter, gerechter und einfacher zu handhaben sein. Zur theoretischen Klärung ist zu überlegen, ob nicht die substanzielle Steuer sogar eine Art dysfunktionaler Steuer ist, wird doch das Wachstum der Wirtschaft durch diese Art von Steuern gebremst, sie dient nicht der positiven ökonomischen Funktion für ein Wirtschaften mit nachhaltigem Wachstum.

Man könnte nun sagen, dass es funktional ist, bei Bestandsimmobilien Haus und Grundstück als eine Einheit aufzufassen, bei Neubauten aber das vor dem Baubeginn gekaufte Grundstück und nur dies steuerlich zu erfassen, soweit dies sich noch im Privateigentum befindet, da so der Wohnungsneubau gefördert wird, es bleibt aber eine substanzielle Steuer. Die positive Funktion geht hier jedoch nicht von der Steuer selber, sondern von den pragmatischen Randbedingungen aus. Funktional nachhaltiger ist mitunter eine den Neubau fördernde Kostenanrechnung durch die Finanzämter bei der Berechnung des persönlichen Gewinns nach Steuern.

Ein Wegfall der Grundsteuer würde nicht nur eine substanzielle Steuer beseitigen, sondern auch einige Ungereimtheiten gleichzeitig verschwinden lassen. Bei der Einkommensteuer ist zu unterscheiden zwischen dem Gewinnanteil und der Besteuerung der Arbeitsleistung als solcher; grundsätzlich besteuerbar ist nur der Gewinn und nicht die Arbeit; die Kosten für Lebensunterhalt und der Aufwand für den Arbeitseinsatz sind bei der Berechnung des Gewinnanteils vom Einkommen abzuziehen, ein pragmatischer Ansatz für die steuerliche Entkopplung beim Einkommen. Eine mitunter gut gemeinte Steuerprogression gibt grundsätzlich keinen Sinn, erst recht nicht bei der Gewinnsteuer. Es kann weder gewollt sein, dass den Hauptleistungsträgern der Gesellschaft die Lust vergeht, sich weiter einzubringen, noch dass sie mit ihren Aktivitäten ins Ausland abwandern und sich mit dem Wohnsitz in einem anderen Land anmelden. Erbrachte Leistung soll sich für jeden lohnen, den Bürger im Niedriglohnbereich ebenso wie für den Multimilliardär. Genauso sollten die Besitzrechte aller Bürger gewahrt werden und den Besitzlosen der Erwerb von Besitz erleichtert werden. Jedem Bürger sollte es ermöglicht werden, im Laufe seines Lebens in seine eigenen vier Wände einziehen zu können bzw. diese zu erweitern, zu sanieren oder auch zu verschönern. Eine bessere Möglichkeit, den Markt zu stabilisieren, als jeden Bürger in seinen vier Wänden zu wissen, kann ich mir nicht vorstellen, weshalb dies zu erreichen das oberste Ziel sein sollte und nicht die Zerstörung des privaten Wohnbesitzes zugunsten großer Wohnungsbaugesellschaften.

Die im derzeitigen Steuerrecht vor allem auf die substanzielle Besteuerung bezogene Methode, die Absetzbarkeit von größeren Ausgaben, sei es für ein Auto oder eine Produktionsmaschine, kann bei funktionaler Besteuerung nicht mehr als AfA im bisherigen Verfahren angewendet werden, wohl aber modifiziert über die Kostenanrechnung. Sind die Kosten höher als die Einnahmen, kann der überschießende Kostenanteil auch in späteren Abrechnungsperioden angerechnet werden, dabei auch progressiv oder degressiv die Kosten abrechnen, vergleichbar den derzeitigen progressiven oder degressiven Abschreibungsverfahren, wohl nicht bezogen auf wirtschaftliche Werte, sondern auf wirtschaftliche Aufwendungen. Aufwendungen sind, das ist definitiv anders, nicht auf die Anschaffungswerte hin zu validieren, sondern über die Frage nach der Notwendigkeit innerhalb eines Wirtschaftszyklus zu beurteilen. Ist es glaubhaft, dass eine Maschine in der Produktion nach 10 Jahren zu ersetzen ist, so kann man die Kosten auch auf 10 Jahre verteilt von den Einnahmen abziehen, selbst wenn diese erst später entstehen. Eine funktionale Besteuerung kann so vieles Bewährtes aus der substanziellen Besteuerung in abgewandelter Form übernehmen, ohne damit Gefahr zu laufen, nur die Wortwahl zu verändern. Es besteht auch nicht die Gefahr, dass damit die

Schere zwischen Arm und Reich noch schneller auseinanderklafft, eher im Gegenteil, dass sie wieder schließt, wenn auch wahrscheinlich mit Zeitverzögerungen. Es ist wohl wahr, dass bei Streichung von allen substanziellen Steuern wie der Vermögenssteuer, Grundsteuer und der Erbschaftssteuer die reichen Familien auch über die nächsten Generationen hinweg ihren Reichtum noch an die übernächste Generation sicher übertragen können. Wird ein Vermögen nicht genutzt, so wird es auch ohne Vermögenssteuer im Laufe der Zeit dahinschwinden, es sei denn, die Vermögenswerte steigen auch ohne Nutzung über spekulative Gewinne. Bei derartigen Gewinnen, die nicht an eine Arbeitsleistung gekoppelt entstanden sind, könnte man die Verfahren zur Gewinnermittlung gesondert anpassen. Eine spezielle, daraus abgeleitete Spekulationssteuer könnte hier durchaus dämpfend wirken. Eine funktionale Steuer könnte den Spekulationsgewinn als nicht mehr funktional für die Wirtschaft auffassen und deshalb versuchen diesen zu mindern. Würde der Spekulationsgewinn mit 90% Gewinnsteuer abgeschöpft, könnte dies die Spekulationsverkäufe eindämmen, wenn auch nicht vollkommen verhindern, was aber auch nicht nötig ist. Nicht angerechnete Kosten, weil als Spekulationskosten eingestuft, könnten jedoch den Gewinn erheblich stärker belasten, als dies eine Steuer vermag. Nehmen wir als Beispiel die Zuckersteuer, die neuerdings in vielen Ländern schon eingeführt wurde und auch hierzulande diskutiert wird, um damit zuckerhaltige Lebensmittel zu verteuern in der Erwartung so den Zuckerkonsum zu verringern. Sie zeigt eine Wirkung, aber geht es nicht auch anders? Man könnte Produkte mit einem Zuckergehalt von mehr als 20% der Gesamtmasse gänzlich aus der Kostenrechnung herausnehmen und bei Produkten mit Anteilen zwischen 10% und 20% nur 50% der Kosten anrechnen, so dass hier sogar eine differenziertere Einflussnahme möglich wird als bei der pauschalen Steuer auf den Zucker oder zuckerhaltige Lebensmittel. Generell müssen nicht alle Kosten voll akzeptiert werden, man kann die Transportkosten aus der dem lokalen Markt nahen Umgebung voll anrechnen und bei Transportkosten aus fernen Ländern diese nur teilweise akzeptieren. Richtlinien zur Akzeptanz von eingereichten Kosten sind auch leichter zu verändern, als dies bei den einmal beschlossenen Steuern der Fall ist.

Die unterschiedliche Sichtweise bei funktioneller, dysfunktionaler und substanzieller Steuer sei jetzt aber noch mal kurz angerissen, bevor die Grundüberlegungen zur gesellschaftlichen Kontrolle abzuschließen sind. Bei jeder gesellschaftlichen Kontrolle und Steuerung ist darauf zu achten, dass hier die Gesellschaft mit ihren Institutionen nur dann eingreift, wenn die private Kontrolle und die gemeinschaftliche Kontrolle nicht die gewünschten Resultate erzielen können. Wichtig ist auch hier zwischen einer gesellschaftlichen und einer gemeinschaftlichen Kontrolle und Steuerung zu unterscheiden, wobei die Steuer immer als ein gesellschaftliches Phänomen aufzufassen ist.

Einer substanziellen Steuer liegt eine Bewertung zugrunde, wobei die Bewertungskriterien sich im Laufe der Zeit ändern können und damit keine Planungssicherheit zu garantieren ist. Die funktionale Steuer hingegen ist nicht abhängig von einem Sachwert, sondern von der Funktion einer wirtschaftlichen Handlung, die über eine Leistung hinaus einen Gewinn verspricht, der das Wachstum nicht hemmt, sondern fördert. Dysfunktional sind Handlungen und Gewinne, die das Wachstum hemmen und deshalb möglichst einzuschränken sind. Hier kann eine dysfunktionale Steuer, in unserem Beispiel die Spekulationssteuer, oder eine dysfunktionale Anrechnung von Kosten bei der Gewinnermittlung helfen. Mit der dysfunktionalen Steuer oder der dysfunktionalen Kostenanrechnung kann man versuchen, dysfunktionale Handlungen zum Nutzen der jeweiligen Gesellschaft einzuschränken.

Nun verlangt nicht jede dysfunktionale Handlung nach einer dysfunktionalen Gegensteuerung. Dysfunktional wäre auch die Entscheidung, den Firmensitz von Deutschland in die Karibik zu verlagern. Da hilft aber schon der Hinweis, dass es in Deutschland keine Gewerbesteuer mehr gibt, sollte man diese auch tatsächlich abschaffen. Dies ist sinnvoll, da bei einer eingeführten allgemeinen Gewinnsteuer die Gewerbesteuer keinen Sinn mehr macht. Sinnvoll und wünschenswert ist es aus verschiedenen Gründen auch, wenn die Produktion zum Verbraucher zieht und nicht der Verbraucher aufgefordert wird zur Produktionsstätte zu wandern. Auch dies ist Teil eines funktionalen Konzeptes, dass nämlich nicht nur die Produktionskosten niedrig zu halten sind, sondern auch die Logistikkosten (Fahrt und Transportkosten).

Der Verzicht auf eine substanzielle Besteuerung ist nicht unbedingt auch ein Verzicht auf jegliche Bewertung, wird man doch ebenfalls bei den Kosten Bewertungen vornehmen, aber auch bei den der Gemeinschaft und der Gesellschaft zugehörigen Werten. Will man die von gesellschaftlichen Institutionen erhobenen Gebühren, Pachtzinsen und Nutzungsentschädigungen berechnen, so wird man um Bewertungen auch hier nicht herumkommen, muss diese dann dem Bürger und den unterschiedlichen Gemeinschaften verständlich machen. Eine unterschiedliche Bewertung von Kostenansätzen ist aber eher einsichtig als die Bewertung von steuerlich zu veranlagenden Vermögenswerten. Dass zum Beispiel die Transportkosten für Äpfel aus Neuseeland nicht im gleichen Maße anzurechnen sind wie die Transportkosten vom Bauern in der Eifel zum lokalen Markt in Köln, das dürfte hinlänglich einsichtig sein, schließlich ist es nicht nötig, so hohe Transportkosten in den Verkaufspreis einzukalkulieren, wenn lokal genügend Nachschub zu organisieren ist. Bei ungesunden oder gar gesundheitsschädlichen Lebensmitteln, selbst bei nur ungesunden Beimischungen können durchaus auch die gesamten Einnahmen als Gewinn angesehen werden, von dem kein Kostenabzug akzeptiert wird.

XI. Die gemeinschaftliche Kontrolle

Bevor die Frage nach der Aufgabe und der Entstehung von zum Beispiel Genossenschaften als Paradebeispiel für Gemeinschaften mit sozialer und wirtschaftlicher Funktion näher zu erläutern ist, sollte geklärt werden, was eine Vergemeinschaftung im Gegensatz zu einer Vergesellschaftung ist.

Privatvermögen kann dann, wenn es zur fehlgeleiteten Machtausübung eingesetzt wird, sehr viel Leid und Elend erzeugen. Da kann man leicht auf den Gedanken kommen, doch dieses Privatvermögen zu vergesellschaften, in dem Bestreben, die Macht von der Privatperson abzuziehen und einem politischen Gremium zu übertragen, das Mehrheitsentscheidungen herbeiführt und hoffentlich besser im Interesse der Gemeinschaft handelt, als dies der Einzelentscheidung zuzutrauen ist. Leider kann man hier ebenso wie bei der Einzelentscheidung kaum vorausschauend die Machtverhältnisse der Zukunft einplanen, selbst kurzfristig können sich die Mehrheitsentscheidungen schnell ändern und können sogar allein zugunsten Einzelner ausfallen und nicht die Gemeinschaft fördern wie ursprünglich gedacht.

Im Gegensatz zu einer Vergesellschaftung, bei der das Kapital den politischen Machtstrukturen überlassen wird, sollte bei einer Vergemeinschaftung das betrachtete Kapital einer Gemeinschaft zur Verfügung gestellt werden, der man als Mitglied angehört und die diese Mittel aufgrund der Satzung und zusätzlich aufgrund vertraglicher Bindungen, so wie von den Mitgliedern gewollt, für ganz spezielle Zwecke einsetzt. Es handelt sich hierbei um Gemeinschaften mit gleichen Interessen, so dass bereits aufgrund der Interessengleichheit eine gewisse Gewähr besteht, dass die Geldmittel auch in dem eigenen Interesse für eine Gemeinschaft eingesetzt werden, in der man sich zu Hause fühlt.

Auch die Genossenschaft ist nun eine solche Gemeinschaft, die zum Beispiel gegründet wird, um gemeinsam Geld und Kapital für die Produktionsmittel aufzubringen, die für den Einzelnen zu teuer sind, oder um die privaten Gelder in einem abgesicherten Umfeld aufbewahren zu können, oder auch um den Einkauf generell durch die Genossenschaft nachhaltig im Sinne einer Gemeinschaft zwischen Produzenten und Konsumenten partnerschaftlich zu organisieren. Wichtig ist, dass hierbei keine Vergesellschaftung der Produktionsmittel wie im Kommunismus vorliegt, die Produktionsmittel bleiben auch weiterhin in privater Hand, selbst dann, wenn es sich nicht um einen einzelnen Kapitaleigner handelt, sondern um viele Kapitaleigner, die ihr Kapital zusammengelegt haben, zum Beispiel in einer Genossenschaft, um gemeinsam mit diesem Kapital zu arbeiten. Genossenschaften können gegründet werden, um gemeinschaftlich einen Agrarbetrieb zu betreiben, oder auch eine Bank, ein Lebensmittelgeschäft, eine Bücherei, ein Bekleidungsgeschäft, ein Hotel und einen Gastronomiebetrieb, prinzipiell aber auch ein Technologieunternehmen. Genossenschaften könnten desgleichen Träger von privat organisierten, gesellschaftlichen Modellexperimenten werden, zum Beispiel im Wohnungsbau, im Zusammenleben unterschiedlicher Generationen oder auch bei der Begründung einer neuartigen Geldwirtschaft.

Genossenschaften als eine historisch entstandene Form des gemeinschaftlichen Wirtschaftens tragen bereits vieles von dem Gedankengut in sich, das den neuen Commons auch juristisch den notwendigen Halt geben kann. Erstaunlich, dass trotz teils widriger Umstände gerade im Finanzbereich sich die Ideen der Genossenschaften recht gut durch die Wirren der Zeit bis heute gehalten haben.[201]

Genossenschaften kennt man heutzutage vor allem aus dem Bankensektor als Genossenschaftsbank, im Agrarbereich als Agrargenossenschaft und in neuerer Zeit im Baubereich als Baugenossenschaft. Gerade im sozialen Wohnungsbau sollte die Idee der Bildung von Genossenschaften stärker unterstützt werden, könnte der Wohnungsbau doch so in eine wünschenswertere Richtung gesteuert werden, als dies mit den heutigen großen Wohnungsbaugesellschaften möglich ist. Der soziale Wohnungsbau sollte kein Mieterproletariat schaffen, sondern Bürgern mit geringerem Einkommen über günstige Mietverträge und nachrangige Kaufoptionen langfristig zu Wohnungseigentümern machen, ob als Einzelbesitzer einer Eigentumswohnung oder auch als Miteigentümer in einer Baugenossenschaft, das sollte den lokalen Bedingungen überlassen sein. So ließe sich auch verhindern, dass nur rentabel vermietbare Massenware durch Wohnungsbaugesellschaften den sozialen Wohnungsbau bestimmt und damit die Bildung sozialer Brennpunkte befördert wird. Ziel des sozialen Wohnungsbaus sollte es sein, mehr Bürgern zum eigenen Heim zu verhelfen.

Jede gesellschaftlich anerkannte Gemeinschaft bedarf einer Rechtsform, mit der die Rechte der einzelnen Mitglieder, und auch ihre Pflichten, möglichst genau dargelegt werden. Das allein reicht aber nicht, die Gemeinschaft muss in ihren Statuten auch die Rechte und Pflichten gegenüber der Gesellschaft ebenso deutlich und klar für alle Mitglieder und die Gesellschaft darlegen. Eindeutige Regelungen und Gesetze können helfen Streitigkeiten zu vermeiden und für ein friedliches Zusammenleben sorgen.

Eine Baugenossenschaft mit dem Ziel, ihren Mitgliedern bezahlbaren Wohnraum zu verschaffen, könnte neben dem Mitgliedsbeitrag einen Baukostenbeitrag, einen Bauplatzbeitrag und einen Selbsthilfebeitrag einfordern. Gesteht man den Gemeinschaften den Besitz von gemeinschaftlich bewirtschafteten Grundstücken und somit den Landbesitz zu, so ist zu regeln, wie die Nutzung einzelner Grundstücke durch die Mitglieder ermöglicht wird. Der Selbsthilfebeitrag eines Handwerkers wäre sinnvollerweise mit der ihm möglichen Handwerkerleistung zu erbringen, die des Kaufmanns mit einer entsprechenden kaufmännischen Arbeit im Büro der Genossenschaft. Gewinnt man einen Architekten, der die Baupläne mit den zukünftigen Bewohnern anhand einfacher Grundelemente individualisiert entwickeln kann, so dürfte es auch hier möglich sein, Kosten einzusparen und dennoch eine gute Wohnqualität zu garantieren. Die gemeinsame Planung wird dem Einzelnen mitunter mehr Zeit abverlangen, Zeit, die er für die Gemeinschaft opfert, dafür aber eine bessere Lebensqualität mit geringerem Kapitaleinsatz erwarten darf.

1. Rechtsformen der Vergemeinschaftung

Ob Genossenschaft, Stiftung, Verein oder Kirche, es handelt sich bei all diesen gesellschaftlichen Institutionen um Institutionen, die Gemeinschaften bilden, wenn auch mit unterschiedlichen Zielen und juristischen Absicherungen. Jede Gemeinschaft muss sich jenseits der speziellen Zielsetzungen auch finanzieren, entweder über Mitgliederbeiträge oder auch durch Einlagen, mit denen das Mitglied zum Miteigentümer wird. Wenn eine Gemeinschaft über die Mitgliedsbeiträge nicht nur den aktuellen Kostenaufwand finanziert, sondern auch Besitztümer erwirbt, so muss festgehalten werden, inwieweit dies zu einem Besitzanspruch einzelner Mitglieder führt, was dann der Einlage gleichzusetzen ist. Für jedes Mitglied einer Gemeinschaft sollte zu jedem Zeitpunkt der Miteigentumsanteil bestimmbar sein. Mit dem Ausscheiden sollte ein Mitglied je nach der aktuellen finanziellen Lage der Gemeinschaft zwischen 10 bis 100% des aktuellen Miteigentumsanteils möglichst sofort ausgezahlt bekommen.[202] Dabei muss man sich darüber im Klaren sein, wie hoch die einzelnen Einlagen der Mitglieder jeweils sind und was vom Gesamtvermögen der Gemeinschaft als kapitalisierbares Vermögen den einzelnen Mitgliedern zuzurechnen ist. Insbesondere das geistige Kapital, hier pauschal als Bildungskapital beschrieben, ist in der Transferierbarkeit in das in Geld abrechenbare finanzielle Kapital zu überprüfen und von Zeit zu Zeit neu zu bewerten. Gerade bei Gemeinschaften, die mitunter Jahrhunderte überdauern, sammelt sich vor allem immaterielles Kapital in Form von Wissen unter anderem in Patenten und in Büchern, aber auch in den Organisationsstrukturen an, ein Wissen, das auf eine Verschiebung in den Vermögenswerten verweist. Nicht nur in den Gemeinschaften, auch im Markt sammelt sich immer mehr Wissen an, ein Wissen, das den monetären Kapitaleinsatz in früheren Zeiten nach und nach verdrängt. Sowohl die Zielbestimmung wie auch der Umgang mit dem gemeinschaftlichen Kapital ist in den Statuten juristisch einwandfrei zu fixieren. Religiöse Gemeinschaften, Baugenossenschaften, Sportvereine und Kulturvereine sind sehr unterschiedlich, was auch unterschiedliche Rechtsformen rechtfertigt, von der recht lockeren Vergesellschaftung im Sportverein bis hin zu einer sehr engen Bindung in Ordensgemeinschaften. Der Besitz an Grundstücken und Kapital sollte allen Gemeinschaften zugestanden werden, aber ohne sie damit zu juristischen Personen wie im derzeitigen Rechtsraum zu erheben. Rechtsgeschäfte dieser Gemeinschaften sollten, so unterschiedlich sie auch sind, mit der Legitimation und der schriftlichen Beauftragung durch alle Mitglieder erfolgen. Vollmachten mit sachlicher und zeitlicher Begrenzung, in der Regel auf ein, zwei oder 10 Jahre, könnten grundsätzlich die Handlungsfähigkeit von Vorstand, Geschäftsführung und Management gewährleisten, wobei die Haftung einer gesonderten Betrachtung bedarf. Gemeinschaften können ihr Geld einer Bank anvertrauen, aber auch selber eine Bank gründen und intern eine eigene Geldwirtschaft betreiben. Die meisten Gemeinschaften sind hierarchisch konzipiert, was auch mit einer hierarchischen Geldpolitik korrespondiert, aber definitiv nicht so sein muss. Stark ausgeprägt sind vor allem die Hierarchien von Religionsgemeinschaften. Anders sieht es bei Genossenschaften mit eher flachen Hierarchien aus. Gemeinschaften können sich theoretisch aber auch als Aktiengesellschaft oder Kommanditgesellschaft etablieren. Die einfachste Form der Vergesellschaftung ist die über eingetragene Vereine, sei es der Gartenbauverein, der Motorsportverein, der Nachbarschaftshilfeverein, die Werbegemeinschaft, der Fußballverein oder auch die Kirche.

2. Beispiel Sportverein und Religionsgemeinschaft

Der Sportverein, ein Fußballverein zum Beispiel, übt seine Tätigkeiten meist auf einem gemieteten Gelände der Stadt, der Gemeinde, aus. Nur wenige Sportvereine sind Besitzer von Immobilien und Grundstücken. Im derzeitigen Rechtssystem ist der Verein, die Kommune, als Handelnder eine juristische Person.

Im neuen Rechtssystem ohne juristische Personen sollten die Mitglieder als Gesamtheit, in der Aufsummierung der einzelnen natürlichen Personen diese Handlungsvollmacht durch klar formulierte Teilvollmachten an gewählte Vertreter sicherstellen und bei umfangreicheren Rechtsgeschäften in Haupt- oder Jahresversammlung mit ihrer Stimmenmehrheit diese Vollmacht für den Vorstand ausstellen. Nur bei Grundstückskäufen sollte der einstimmige Beschluss des Vorstands reichen, dies, um Gemeinschaften bevorzugt zu Grundstücksbesitzern zu machen. Auch Religionsgemeinschaften sollten gesonderte Rechte zugestanden werden, ohne daraus eine juristische Person abzuleiten, selbst wenn die Rechtsauffassung einer Gemeinschaft natürlicher Personen mit delegierten Rechtsansprüchen gerade bei Religionsgemeinschaften nicht unproblematisch sein dürfte. Kirchen erwerben Grundstücke nicht nur für ihre Zwecke als Glaubensgemeinschaft, sondern auch um darauf private Bauten erstellen zu lassen, indem die Grundstücke im Erbbauverfahren zur Verfügung gestellt werden. Bei diesen Gemeinschaften fehlt zwar in der Regel die gemeinschaftliche Kontrolle, vielmehr finden wir die Kontrollgremien in verschiedenen Hierarchieebenen angeordnet, ohne dass die einzelnen Mitglieder hier eine Einsicht in die Abläufe und Beschlussfassungen erhalten. Ob Gemeinschaften auch eine gemeinschaftliche Kontrolle bis in die untersten Ebenen hineinzulassen oder auch nicht, das muss den Gemeinschaften selber überlassen werden. Die Gesellschaft kann den Gemeinschaften die gemeinschaftliche Kontrolle mit besonderen rechtlichen Freiheiten schmackhaft machen, so man dies überhaupt will.

3. Lokale Märkte und die neue Geldwirtschaft

In einem lokalen Markt kann der Bürger noch alle Entscheidungen der Macht ausübenden Gremien nachvollziehen und sollte sie deshalb auch genau dort mittragen und mitentscheiden können. Wer im lokalen Markt seine Waren anbieten darf und zu welchen Bedingungen, das sollten die Marktteilnehmer vor Ort entscheiden können. Das ist die eine Seite der Medaille einer offenen und transparenten Demokratie. Die Wahl von Repräsentanten, die man meist nicht einmal kennt und die schnell den Bezug zu ihrer Basis verlieren, damit verliert die Demokratie über die Jahre hinweg an Boden, vor allem wenn die Konzerne und global agierenden Firmen immer mächtiger werden und über Lobbyisten wirksam den Gesetzgebungsprozess mitbestimmen. Auch die Geldpolitik und der Prozess der Geldschöpfung entziehen sich weitgehend dem Blickfeld des Bürgers. Was wir brauchen sind lokale selbstverwaltete Märkte mit eigenen Marktrechten und lokal verankerten Freien Banken in der Hand der Bürger, einer lokalen Gerichtsbarkeit und lokal gesteuerten und gestützten Institutionen der Finanzverwaltung. Dazu wird es der intensiven Bemühungen aller Bürger im lokalen Markt bedürfen. Soweit es den lokalen Markt nur in Gedanken und in der davon abhängigen Wolke gibt, wird es auch notwendig, den lokalen Markt schrittweise aufzubauen, bis er eine machtvolle Realität darstellt. Erste Ansätze könnten davon ausgehen, die Geschäftsleute vor Ort in einer Marktgemeinschaft zusammenzubringen, und zwar mit dem Ziel einen Markt aufzubauen, in den die Kunden aktiv mit eingebunden werden, um so stabile und dauerhafte Geschäftsbeziehungen aufbauen zu können. Anzustreben ist eine gemeinschaftliche Kontrolle in einem Marktrat, der auch Forderungen der Politik gegenüber durchsetzen kann, mit denen sowohl Kunden- wie auch Händlerinteressen zum beiderseitigen Vorteil berücksichtigt werden. Der Marktrat kann, einmal etabliert, dann einen offiziellen Marktverein gründen, in dem alle im lokalen Markt agierenden Personen Mitglied werden. Die Mitgliedschaft muss natürlich allen einen Vorteil einbringen, der sich in gewisser Hinsicht von selbst ergibt, aber ausdrücklich formuliert mit besonderen Angeboten untermauert werden muss. Der Marktverein kann als eingetragener Verein einen Geschäftsführer bestimmen und den Marktrat als offizielles Organ des Marktvereins genauer fixieren. Ob der Marktrat dann den Vorstand im Markverein übernimmt oder aber zu einer Art legislativen Institution für den lokalen

Markt umgebaut wird, das sollen die Mitglieder im Marktverein vor Ort entscheiden. Wichtig ist, dass es regelmäßige Versammlungen gibt, auf denen Entscheidungen zur Struktur und den weiteren Entwicklungen des lokalen Marktes getroffen werden. Wird so eine Marktstruktur aufgebaut, die den Bedürfnissen der Beteiligten vor Ort angepasst ist, so wird es auch leichter, mit einem so gewachsenen lokalen Markt in der globalen Wirtschaftswelt zu bestehen, wenn zudem die nationalen Parlamente und Institutionen Rückendeckung geben.

Dies ist auch wichtig für eine gesunde Identitätsausbildung der Bürger. Es wird helfen Regionen zusammenzuschweißen, indem lokale Handelsmärkte, lokale Produktionsstätten und lokale Politik in einem demokratischen Konsens zum Nutzen des lokalen Bürgertums zusammengebracht werden, um so die globalen Märkte in den Horizont der einzelnen Bürger herunterzuholen und der Kompetenz seiner Bürger und deren Wünschen anzupassen. Die weltumspannenden Wirtschaftsaktivitäten müssen sich im lokalen Markt widerspiegeln, so dass die Brechkraft der lokalen Institutionen klar erkennbar wird, da nur so die notwendige Diversifikation im Wirtschaftsbereich Wachstum auf Dauer garantieren kann. Dazu gehört auch die Hoheit über die Geldmittel im lokalen Bereich und deren Kontrolle durch gemeinnützige Banken im Kundenbesitz, die in der jeweiligen Region verankert sind. Dennoch spricht nichts dagegen, die lokalen Organisationen und Banken in entsprechenden überregionalen Verbänden zum Wohle der Kunden so zu organisieren, dass ein Waren- und Geldverkehr auch über Grenzen hinweg keine Probleme aufwirft.

Im lokalen Markt, wie er hier als solcher verstanden wird, würden allerdings Banken und Versicherungen mit internationaler Schuldenverflechtung störend wirken, da sie sich der gemeinschaftlichen Kontrolle entziehen. Eine Bankenunion, wie im Euroraum geplant und teilweise schon existent, entzieht sich ebenso der lokalen Kontrolle und ist deshalb abzulehnen. Zur Kontrolle innerhalb der gesellschaftlichen Gemeinschaften und deren Eingliederung in die Gesellschaft gehört auch, dass noch mal ganz klar dargestellt, die Kontrolle des lokalen Marktes als die Kontrolle innerhalb einer lokalen Bürgergemeinschaft. Für geregelte Abläufe sorgen Statuten, die jedes Mitglied akzeptieren sollte, was nicht heißt, dass sie nicht auch im Laufe der Zeit mit der Mehrheit der Mitglieder zu verändern wären. Die Statuten, die sind entsprechend ausformuliert, das Gerüst für ein Marktrecht im lokalen Markt.

Wichtig ist die Aufteilung der Macht in den wirtschaftlichen und den politischen Machtblock. Die Politik hat dafür zu sorgen, dass die nationalen Steuergesetze mit den lokalen Abgabenordnungen harmonieren und die Bewirtschaftung des kommunalen Grundbesitzes nicht mit den Vorstellungen der separaten Gemeinschaften mit Grundbesitz kollidiert. Einerseits sollten die Rechte der Gemeinschaften gewahrt, andererseits die Rechte der staatlichen Organisationen und Institutionen nicht beschnitten werden.

In einer neu zu errichtenden Stadt kann der lokale Markt als ein Ring um das politische Verwaltungszentrum mit Bildungseinrichtungen angeordnet werden. In gewachsenen Städten wird man die aufs Land gezogenen Geschäfte wieder in die Innenstadt holen wollen. Gelingen kann dies über die zu erteilenden Baugenehmigungen, also keine Baugenehmigung mehr für Supermärkte außerhalb der Stadt. Hilfreich wird es auch sein, wenn die Grundstücke im kommunalen Besitz sind. Eine interessante Möglichkeit, um auf das Hauptanliegen in diesem Band zurückzukommen, ist die, im lokalen Markt eine eigene Währung zu kreieren. In einem beschränkten Umfeld wie dem lokalen Markt kann ein nur in diesem Markt gültiges Bargeld in vielerlei Hinsicht vorteilhaft sein. Zusätzlich zu einer Mitgliedschaft im Marktverein würde eigenes Marktgeld die zweite Säule einer engen Bindung der Kunden an diese und möglichst nur diesen Markt sein. Der Eintausch in die Marktwährung sollte kostenlos sein und am einfachsten über Debit- oder Kreditkarten in markteigenen Wechselstuben erfolgen. Mit dem markteigenen Bargeld können die Kinder noch den taktilen Umgang mit Geld erfahren und lernen mit Geld zu rechnen. Der Kunde gibt außerdem beim Kauf im Geschäft auch nicht seine Bankverbindung preis. Nur beim Tauschvorgang in der Wechselstube wird die Bankverbindung offenbart. Durch den Umtausch wird andererseits jeder Käufer im Markt mit seinen Bankdaten registriert, wenn auch nicht direkt beim Kauf der Ware. So wird eine gewisse Anonymität gewahrt.

4. Beschäftigung für alle Bürger?

Für eine Vollbeschäftigung zu sorgen, das ist gemeinhin die Aufgabe der Politiker, so erscheint es jedenfalls häufig in Wahlkampfzeiten. Die damit anvisierte Kontrolle über den Arbeitsmarkt gelingt aber in der Regel nur mäßig, deshalb hier die Frage, ob es mit der Hilfe der unterschiedlichen Gemeinschaften nicht besser gelingen kann.

Mit Geld kann man Arbeitskräfte einkaufen, aber auch die benötigten Ressourcen oder Bildungskontingente für Mitarbeiter sowie die dringend benötigte Energie. Dies ändert natürlich nichts daran, dass jeder Faktor in ausreichendem Maße vorhanden sein muss, um nicht zum beschränkenden Faktor zu werden, was übrigens für alle Kontrollebenen gilt.

Da Geld eingesetzt werden kann, um fehlende Kapazitäten hinsichtlich der anderen Faktoren auszugleichen, so müssen wir uns fragen, wie schnell hier die Geldmittel zur Verfügung gestellt werden können. Bei Geld und Finanzkapital scheint demnach die Verfügbarkeit ein entscheidender Aspekt für das davon abhängige Wachstum zu sein.

Nicht nur die Beschaffung fehlender Finanzmittel, auch die langsam arbeitenden Mühlen der Bürokratie können Wachstumsvorgänge hemmen. Nicht einplanbare Zeitverluste können ganze Projekte zum Kippen bringen.

Sicheres Geld kann für Mitglieder einer Freien Bank relativ schnell über einen Kreditvertrag neu geschöpft werden und damit auch schnell zur Verfügung stehen, alle notwendigen Formalitäten wurden ja in der Regel schon lange vorab erledigt, zum Beispiel bei der Kontoeröffnung oder einer Änderung in den Vermögensverhältnissen.

Einmal vorhandenes Finanzkapital, gleich in welcher Währung, kann aufgrund der leichten Transferierbarkeit auch in der Welt herumvagabundieren, saugen doch die globalen Märkte Kapital gierig auf, nicht immer in der wünschenswerten Weise, stoßen es aber genauso schnell auch wieder ab. Der Wechselkurs spielt dabei eine nicht zu unterschätzende Rolle. Wechselkursdifferenzen können in volatilen Zeiten hohe Gewinne einbringen, aber auch bei größeren Anschaffungen den Kauf mitunter extrem verbilligen.

Verliert die eigene Währung und wird es für den Käufer im Ausland billiger, so hat dies in den meisten Fällen direkt entsprechende Auswirkungen auf den Export und den Import, kann somit das Handelsvolumen und die Handelsbilanz der betreffenden Staaten beeinflussen. Wird zum Ausgleich der Abwertung mehr Geld in den Umlauf gebracht, so beeinflusst dies auch die in Geld ausgedrückten Maßzahlen wie das BIP. Ein so messbarer Handelsüberschuss kann zum Problem werden, mitunter jedoch nur auf dem Papier. Betrachtet man längere Zeiträume und nicht nur die Bilanzen zwischen zwei Handelspartnern, so gleicht sich das in der Regel dann doch wieder aus. Nicht zu vergessen ist dabei die Inflation, die durch höhere Preise der Geldentwertung entgegenwirkt, sie aber damit ebenso fördert. Eine Gemeinschaft wie die Agrargenossenschaft hat darauf zunächst keinen Einfluss, kann aber Partner suchen, die einen von den klassischen Währungen unabhängigen Warenaustausch ermöglichen und damit eine relative Unabhängigkeit von den allgemeinen Schwankungen am Markt erreichen. Kooperationen mit Genossenschaften aus dem Bereich des Handwerks und dem Konsumbereich sollten zusätzlich stabilisierend wirken. So lassen sich auch in der Folge die Arbeitsplätze sichern, und zwar nachhaltiger, als dies über eine staatliche Kontrolle möglich wäre. Innerhalb einer Gemeinschaft können die Arbeitsplätze auch ohne Arbeitsplatzverlust besser den sich verändernden Bedingungen am Markt angepasst werden. Bei einer

Handwerkergenossenschaft wird man relativ problemlos die Aufträge so aufteilen können, dass der Kunde trotz krankheitsbedingter Ausfälle termingerecht bedient wird. Jüngere Kollegen können sich mit den neuen Techniken vertraut machen und die älteren die noch immer vorhandenen älteren Anlagen warten, so dass auch ein verlässlicher Kundendienst mit Wartung auf Jahre hinaus sichergestellt ist. Das Büro kann zudem die Buchführung und Rechnungslegung nach den aktuellen Erfordernissen korrekt führen und dem einzelnen Handwerker auch die bürokratischen, sehr zeitaufwendigen Kontroll- und Schreibarbeiten abnehmen odervorbereitend erleichtern. Eine Firma mit mehreren Angestellten wird dies ebenso handhaben, kann aber nicht alle in eine gleichberechtigte Mitarbeit an den gemeinsamen Zielen mit hereinholen, es sei denn, der Betrieb ist nach den Grundsätzen einer kooperativen Gemeinschaft organisiert. Dabei sollte die Kontrolle nicht von einem Chef durchgeführt und der Betrieb vom Vorstand oder Geschäftsführer gesteuert werden, vielmehr sind die Regeln und die aktuellen Problemlösungen immer wieder auf Betriebsversammlungen zu besprechen und entsprechend den Veränderungen am Markt neu zu justieren.

Dabei wird es dann auch möglich sein, die Aufgaben der einzelnen Mitglieder der Gemeinschaft im Laufe der Zeit in gemeinsamer Absprache umzustellen und damit jedem in der Gemeinschaft seine Arbeit, seinen Arbeitsplatz, zu sichern, abgesehen davon, dass so auch das Gefühl der Fremdsteuerung erst gar nicht aufkommen kann.

XII. Die private Kontrolle

Der Handwerker, der alleine arbeitet und seinen Betrieb steuerlich betrachtet als Familienbetrieb organisiert, der hat in seinem Bereich zugegebenermaßen alles unter seiner Kontrolle, und Fremdbestimmung kann nur durch die staatlich veranlassten Gesetze und Regeln auftreten. Leider ist es so, dass derjenige, dem keiner reinreden kann, jedenfalls kein Kollege und kein Geschäftsführer, häufig den Eindruck nicht abwehren kann, durch die Erlasse und Regelungen von staatlicher Seite sich immer mehr gesteuert fühlt und auch tatsächlich in seinem Entscheidungsfreiraum durch immer mehr Umweltschutzgesetze eingeschränkt wird. Ja, wir brauchen Regelungen für den Umweltschutz und Gesetze, die eine Klimakatastrophe verhindern können. Die gesellschaftlichen Kontrollorgane, die derartige Regeln aufstellen, durchsetzen und kontrollieren, sollten aber berücksichtigen, dass diese steuernden Gesetze erst durch die Hilfe der einzelnen Bürger und deren Kontrolle im privaten Bereich auch umgesetzt werden können. Der einzelne Bürger muss über seine private Kontrolle mit in die Kontrollfunktion der Gesellschaft wie auch die der zugehörigen Gemeinschaft einbezogen werden, was nur funktionieren kann, wenn Bildung und Ausbildung dazu das Gerüst liefern und zudem genug Freiräume belassen werden, in denen der Bürger seinen eigenen uneingeschränkten Kontrollraum besitzt.

Privatkapital und private Schulden sollten primär der Kontrolle des Einzelnen unterliegen, abgesichert durch die Gesetze, die eine Steuerung dieser privaten Kontrolle absichern sollen. Über Anfragen im Parlament sollte es auch möglich sein, dem Bürger die staatlichen Ausgaben bei Bedarf näher zu erläutern.

Privatkapital und private Schulden sollten auf jeden Fall der Kontrolle des Einzelnen überlassen sein und nur durch Anordnung eines Gerichtes nach einem ordentlichen Verfahren diesem entzogen werden können. Im Alltag, so die landläufige Annahme, sollte der Zins das Verhalten der Bürger in Geldangelegenheiten steuern. Bei einem hohen Zinssatz wird man die

Inanspruchnahme eines Kredits wohl eher hinauszögern und bei niedrigen Zinsen sich eher verschulden. Da bei Baukrediten zum Beispiel die Zinsbindung normalerweise nicht über die gesamte Laufzeit gewährt wird und trotz immer neuer Vorschriften zur Beratung durch den Bankberater nicht hinreichend darauf hingewiesen wird, dass bei Inanspruchnahme eines 5%igen Sondertilgungsrechtes bei der Zinsbindung von 10 Jahren immerhin 50% der Schulden alleine durch die Sondertilgung abgetragen sind und bei 2% laufender Tilgung nach 10 Jahren nur noch unter 30% des aufgenommenen Betrages zurückzuzahlen sind, und bei unzureichender Tilgung durch stark angestiegene Zinsen die finanzielle Belastung schnell zu hoch ist. Hier reicht es nicht die Banken zu mehr Beratung zu verpflichten, wird doch eine ehrliche Beratung die Interessen der Bank unterlaufen. Damit die private Kontrolle hier auf breiter Fläche auch funktioniert, ist eine allgemeine Bildung auch in Finanzfragen dringend in den Bildungskanon mit hereinzunehmen. In der Regel ist es doch so, dass die Kredite, die jungen Familien zu Konditionen angeboten werden, die ihrer Lebenssituation angemessen sind, nach Ablauf der Zinsbindungsfrist durch eine Erhöhung der Zinsen die belastbaren Kapazitäten übersteigen und damit auch in den finanziellen Ruin führen können, jedenfalls in vielen Fällen nach der Zinsbindungsfrist jedwede finanzielle Beweglichkeit für diese Familie unterbinden, eine echte private Kontrolle wird so auf vertraglicher Basis unterbunden, ohne dass es die Betroffenen wirklich merken. Der Staat muss dafür sorgen, dass dies nicht passieren kann. Andererseits wird der Sparer in Niedrigzinsphasen zu riskanten Geldgeschäften überredet, da er ja nur so noch Geld verdienen, zumindest doch die Inflation ausgleichen kann. Auch hier wird dem Bürger die Kontrolle über sein Geld aus der Hand genommen. Wir brauchen ein Geldsystem, in dem sich Sparen lohnt, da nur so auch eine vernünftige und nachhaltige Finanzplanung für den Bürger möglich ist. Der Druck, in riskante Anlagen investieren zu müssen, führt zu Verlusten, die nicht der Volkswirtschaft dienen, sondern lediglich verantwortungslosen Geschäftemachern die Brieftasche füllen. Im zinsbasierten System könnten transparente ehrliche Zinsen eine rational begründbare Planung und damit eine gelungene private Kontrolle garantieren, leider gehört die Intransparenz zum Zins wie die Wolke zum Regen. In einem System ohne Zinsen hingegen kann sogar das Sparen ohne Zinsen aufgrund der Transparenz attraktiv sein und damit die Steuerung der privaten Kontrolle, der privaten Finanzen, besser ablaufen. Gerade auch bei größeren Anschaffungen wie dem Auto oder dem Wohnungseigentum muss es möglich sein, eine nachhaltige Planung der privaten Finanzen durchführen zu können, ohne gleich die höheren Weihen der Finanzmathematik erhalten zu haben. Schon mit der Berechnung des Zinseszinseffektes dürften die meisten Bürger überfordert sein und damit die Kontrolle über die Gesamtausgaben bei einem langjährigen Kredit nicht mehr wirklich gegeben sein. Besser ist da die Kontrolle über Arbeitszeitkonten und die Abrechnung auf solidarischer Basis wie beim Sicheren Geld NIM.

Privatkapital und private Schulden sollten der Kontrolle des Einzelnen unterliegen, abgesichert durch die Gesetze, die eine Steuerung dieser privaten Kontrolle absichern. Die staatlichen Organe müssen auf allen Ebenen dafür sorgen, dass ihren Bürgern nicht die Kontrolle über die privaten Finanzen durch undurchsichtige Verträge und unzulängliche oder fehlerhafte Beratung erschwert bis unmöglich gemacht wird.

Gerade die Kapitalbildung aus Schulden heraus läuft beim Nichtkaufmann wegen unzureichender Information schnell aus dem Ruder, insbesondere wenn Zinszahlungen mit im Spiel sind. Die Auffassung, dass Zinsen notwendig sind, um Geld leihen und verleihen zu können, ist falsch und dient nur skrupellosen Geldeintreibern als gutes Argument, um ihre Geschäfte nicht zu torpedieren. Die Kontrolle der Kapitalströme, so wird auch argumentiert, sei ohne Zins nicht möglich. Richtig ist, dass ohne Zins das Geld immer den sicheren Hafen anlaufen würde, mit einem Zinsgefälle dann eher dem Zins folgt, auch wenn der höhere Zins mit einem höheren Risiko verbunden ist. Natürlich spielen im privaten Bereich darüber hinaus emotionale Beweggründe eine nicht zu unterschätzende wichtige Rolle, wenn es darum geht, sein Geld anzulegen oder aber es auszugeben. Das einheimische Unternehmen kann wohl eher die emotionalen Beweggründe aktivieren als das Unternehmen aus einem fernen Land (da steuert der niedrige Preis dann wieder entgegen). Der lokale Markt weist auch rationale Gründe auf, weshalb hier die persönliche Kontrolle besser funktioniert, und zwar wegen der kurzen Wege und der direkten Einsicht in Produktion, Vertrieb und Logistik.

Generell kann die private Kontrolle als Regulativ zur gemeinschaftlichen und zur gesellschaftlichen Kontrolle aufgefasst werden und dazu beitragen, dass die Kontrollfunktionen in der Wirtschaft nachhaltig wirksam sind.[203] Eine bessere private Kontrolle ist im Sicheren System zu erwarten, da hier mitunter noch unterstützt durch die Blockchain-Technik der Kapitalaufbau auch ohne Zins kontinuierlich aus der Arbeitsleistung heraus nach und nach aufgebaut wird, ohne der Gefahr zu verfallen, spekulativen schnellen Geldvermehrungsstrategien nachzufolgen.

Zur privaten Kontrolle gehört auch die private Haftung! Beim einheimischen Familienbetrieb ist dies grundsätzlich kein Problem, da hier der Besitzer immer auch mit seinem gesamten Vermögen die volle Haftung übernehmen muss, nicht so bei den großen überregional agierenden Firmen und Betrieben. Durch die juristische Konstruktion der „beschränkten Haftung" wird hier ein Ungleichgewicht zu Lasten der lokalen Märkte erzeugt. Dass der Kapitalgeber nur in der Höhe des von ihm beigesteuerten Kapitals haftet, das mag noch einleuchtend sein, nicht aber dass die Manager der Firma keine entsprechende Haftung für ihre Entscheidungen übernehmen. Ändern ließe sich das durch grundsätzliche Änderungen im Gesellschaftsrecht! Festzulegen ist, dass die Manager die Resthaftung übernehmen, die nicht von den Kapitaleignern übernommen wird. Zur Resthaftung wird man auch zu einem geringen Anteil die Kunden und die restliche Belegschaft mit heranziehen können. Kapitalgeber sollten Art und Höhe von Managergehältern festlegen, während diese weitgehendst die Gehälter der Belegschaft zu verantworten haben. Kapitalgeber könnten ihre Manager auch vertraglich in die Haftungspflicht mit einbeziehen, eine gesetzliche Regelung ist hier den privatrechtlichen Regelungen jedoch vorzuziehen.

Ohne eine im Gesellschaftsrecht verankerte Haftungspflicht für Manager ist es nicht verwunderlich, wenn diese vielerorts nur marginal mit der Firma und den Risiken für die Firma auch leben und arbeiten, und anstatt dessen nur noch an die eigene Geldbörse denken.

Anders die Geldschöpfung, sie sollte im Grundsatz der privaten Kontrolle unterliegen, allein schon weil die staatliche Kontrolle des Marktes in einem globalisierten Markt ohne private Rückbindung nicht funktionieren kann. Verbesserungen zu erreichen verspricht nur der Schutz des lokalen Marktes im Rahmen internationaler Freihandelsabkommen und die Akzeptanz von privaten Geldschöpfungen. Festzuhalten ist hierbei auch, dass die private Geldschöpfung naturgemäß die nationalen Grenzen überschreitet und damit der Globalisierung im Finanzwesen Rechnung trägt, denn die private Währung benötigt keine national dominierte Leitwährung mehr. Damit könnte auch ein Traum des weitgehend noch immer verkannten Ökonomen Hayek wahr werden,[204] wobei die freie Konkurrenz zwischen beliebig vielen Währungen eher unrealistisch ist. Mehr als drei Währungen sollten nicht zugelassen werden, allein um all die Bürger, die aktuell nur mit einer nationalen Währung vertraut sind, nicht zu überfordern.[205]

1. Privatkapital und Steuergerechtigkeit

Solange Kapital knapp ist, so lange kann man auch von hinreichenden Kapitaleinkünften ausgehen, die weder zu verdammen, aber auch nicht geringer noch höher zu besteuern sind als andere Einkünfte. Geht man von einer Gewinnsteuer aus, so sind auch bei den Kapitaleinkünften entweder 50% oder auch 60% vom Gewinn als Steuer abzuführen. Da die Lebenshaltungskosten und genauso die speziellen berufsbedingten Kosten vorab vom Einkommen abzuziehen sind, wenn der Gewinn beim einzelnen Bürger berechnet wird, so sind selbst 60% Gewinnsteuer voll berechtigt und sinnvoll, soweit nötig. Im Normalfall ist damit zu rechnen, dass selbst bei mittleren Einkommen gut 80% der Einnahmen als Kosten aufzufassen sind, die von den Einnahmen zunächst einmal abgezogen werden. Werden von 20% dann 50% als Steuer abgezogen, sind das im herkömmlichen System 10% bezogen auf das gesamte Einkommen. Als Kosten sollten auch die Kosten angerechnet werden, die durch den Besuch der Hauptversammlung einer Personengesellschaft oder auch Aktiengesellschaft entstehen.[206] Keine anrechenbare Kosten sind hingegen die Kosten zum Erhalt eines Luxusautos oder die Kosten der letzten Urlaubsreise, wohl aber mitunter die Kosten eines Kuraufenthaltes.

Mit der Anhäufung von Kapital sollte es auch zu reduzierten Gewinnen aus dem Kapital kommen. Wenn erst einmal das Kapital niemanden mehr findet, der für geliehenes Kapital einen Zins zahlen will, dann, so könnte man annehmen, ist das Ende des Kapitalismus gekommen. Mir scheint dies, wenn auch irgendwie einleuchtend, dennoch ein Kurzschluss zu sein, und selbst wenn dem so wäre, was folgt dann daraus? Warum sollte man nicht eine künstliche Verknappung erzeugen?[207] Außerdem, auch wenn der Handel mit Geld verschwindet, wird es Reiche und Arme geben. Die wichtige Frage ist deshalb, ob es uns gelingt, die Armut zu besiegen, die den Menschen ein menschenunwürdiges Leben abverlangt, ob durch eine bessere Kontrolle der Geldmärkte oder mit entsprechenden Steuergesetzen. Deshalb wird uns auch weiterhin die Frage beschäftigen, was der Staat tun kann, um Armut zu reduzieren, und wie sich das in der Steuergesetzgebung widerspiegeln kann. Privates Engagement im sozialen Bereich über Spenden oder Stiftungen zu fördern, gibt Aufgaben des Staates ab in die private Kontrolle und stärkt dabei das soziale Gewissen. Die steuerliche Entlastung der Geringverdiener durch eine Nichtbesteuerung von Geldern, die zum Überleben und zum Erhalt der Arbeitskraft nötig sind, das fördert die Eigenkontrolle bis hin zum Lohnarbeiter. Möglichst jeder sollte in der Lage sein, seine Kosten aufzulisten und die monatliche Belastung zu berechnen, das gehört zur privaten Kontrolle, die man auch von jedem Bürger erwarten sollte. Eine Hilfe zur Selbsthilfe wäre hier durchaus angebracht, wenn die Schule es versäumt haben sollte, diese zu vermitteln. Es reicht nicht, einzelne Gesetze zum Wohle der Armen zu erlassen, diese Gesetze sollten auch untereinander und mit anderen Gesetzen harmonieren. Besteuert man unbotmäßig die kleinen Beschäftigungsverhältnisse von Beziehern des Grundeinkommens oder Sozialleistungen anderer Art, so befördert man damit nur die Hängemattenmentalität, anstatt eigenverantwortliches Handeln zu fördern. Vorbeugend gegen Armut und Altersarmut im Besonderen wird es sein, wenn es gelingt, wenigstens 80 bis 90 Prozent der Bürger in eigenen Immobilien unterzubringen. Ein geringes Einkommen ist eher erträglich, wenn wenigstens die Unterkunft in der eigenen Wohnung, im eigenen Haus, gesichert ist. Das sollte auch die Steuergesetzgebung berücksichtigen. Nicht der finanzielle Ausgleich ist anzustreben, sondern der Wohlstand für alle, ein Wohlstand, der sich nach den erfüllbaren Bedürfnissen und nicht nach dem zur Verfügung stehenden Geld ausrichten sollte.

Die in diesem Zusammenhang auch immer wieder aufgeworfene Frage nach einer Reichensteuer geht in der Regel von einer progressiven Steuer aus und der Forderung, dass jeder nach seinen Möglichkeiten auch seinen möglichen Anteil an den öffentlichen Kosten übernimmt. Dass die starke Schulter mehr tragen sollte als die Schwache, das wird auch schon berücksichtigt, wenn 50% des Gewinns als Steuer abzuführen sind, da 50% von 50 Millionen doch erheblich mehr sind als die 50% von 100000. Dabei wird dann nicht eine Vermögensumverteilung angestrebt, wie es mit einer Vermögenssteuer oder Reichensteuer möglich wäre, es wird aber auch nicht in ungerechter Weise die Substanz besteuert. Auch die Erbschaftssteuer könnte bei dem Bestreben einer Vermögensumverteilung behilflich sein. Dagegen sprechen mögliche Strukturzerstörungen, die der gesamten Volkswirtschaft schädlich werden können wie schon bei der Vermögenssteuer angesprochen. Verzichtet man deshalb auf diese Steuerarten, so kann man bei einer progressiven Besteuerung den Spitzensteuersatz erhöhen, die Progression weiterlaufen lassen oder eine spezielle Kapitalsteuer erheben, eventuell die von Piketty geforderte globale Kapitalsteuer.[208]

Mit der Kapitalsteuer kommt man aber genau genommen wieder zur Vermögenssteuer zurück, was nicht wirklich die Lösung sein kann, und zwar aus den bereits genannten Gründen. Die Schwierigkeiten beginnen bei der Bewertung von Wertpapieren und Immobilienbesitz und enden bei der Bewertung von Bildern und Schmuck, der eventuell kaum noch bis keinen Marktwert mehr hat, vom Finanzamt aber nach dem Einkaufswert bemessen wird. Bei der reinen Gewinnsteuer hingegen ergeben sich da andere Möglichkeiten. Der Gewinn unterliegt keinen Bewertungskriterien, geht lediglich von den objektiv vorliegenden Zahlungsbelegen aus. Belege geben Auskunft sowohl zu den Einnahmen wie auch zu den Kosten. Obwohl Investitionen ebenfalls als Kosten von den Einnahmen abzuziehen sind, so ist hier doch genau hinzuschauen, ob die Investitionen notwendig sind oder ob sie nur dazu dienen, den Gewinn zu verkürzen. Um Investitionen als notwendige Kosten in Abzug zu bringen, sind Bedingungen zu erfüllen, zum Beispiel die, dass diese Kosten auf die Abnutzung verteilt anzusetzen sind und bei Verdacht auf Gewinnverkürzung zurückgenommen werden können. Zudem ist bei der Gewinnberechnung darauf zu achten, dass auch mögliche Gewinne, zum Beispiel bei selbstgenutzten Immobilien, zu berücksichtigen sind. Werden bei Vermögen in der Höhe von mehreren Milliarden nur wenige Millionen im einstelligen Bereich als Einnahmen angegeben, so kann das daran liegen, dass selbstgenutzter Besitz nicht hinreichend um den Luxusanteil gekürzt und dies dann steuerrelevant berücksichtigt wird. Ebenso sollte ein nichtvermietetes Haus bei überdurchschnittlich langem nicht erklärbarem Leerstand mit einer potenziellen Miete gegengerechnet werden. Auch kann bei anderen Besitztümern vergleichbar vorgegangen werden. Besitzt eine Familie bei zwei Haushaltsangehörigen fünf Autos, so kann man davon ausgehen, dass zwei Autos auch völlig ausreichend sind, da fünf Autos wohl nicht dauernd eingesetzt werden. Wird in Wertpapiere oder Rohstoffe investiert, so ist der Gewinn mitunter nicht so leicht zu ermitteln, kann aber notfalls geschätzt werden, ergibt sich aber spätestens beim Verkauf. Behandelt man zum Beispiel Goldschmuck als thesaurierende Investition, die erst beim Verkauf das angesparte Geld im Erlös wieder zur Verfügung stellt, so kann man hier entweder auf eine zwischenzeitliche Besteuerung verzichten oder aber bei thesaurierenden Anlagen generell eine Wertberichtigung nach 10 Jahren verlangen und darauf einen vorgezogenen Gewinn berechnen. Verkaufserlöse, Zinsen und Dividenden sollten zu den üblichen Gewinnsteuersätzen veranlagt werden. Gerade bei sehr großen Vermögensanballungen kann die Berechnung von realisierbaren, aber nicht realisierten Gewinnen den gleichen Effekt erzielen wie eine globale Kapitalsteuer, aber die negativen Effekte einer ungerechten, egalisierenden globalen Kapitalsteuer vermeiden und zudem in der Verantwortung vor dem Gemeinwohl dieses damit in jeglicher Hinsicht stärken. Wichtig ist dabei auch die Transparenz, die durch eine einheitliche Gewinnsteuer zu erreichen ist, denn was nutzt die globale Kapitalsteuer, wenn sie durch andere nationale Steuern ausgehebelt wird, bzw. zu weniger transparenten Steuererklärungen führt.

Grundsätzlich ist davon auszugehen, dass Geld und insbesondere Finanzkapital den Mangel bei den anderen Faktoren ausgleichen kann. Insofern spielen Kapitalausstattung und Geld die Rolle eines Superfaktors. Als Superfaktor möchte ich hier einen Faktor beschreiben, der sehr schnell und ohne Umwege in einen der anderen wichtigen Faktoren des Wachstums umgewandelt werden kann. Dies setzt natürlich voraus, dass eine solche Umwandlung im konkreten Fall grundsätzlich überhaupt möglich ist. Fehlen zum Beispiel bestimmte Ressourcen, weil sie gänzlich verbraucht wurden, so kann mitunter selbst alles Geld der Welt die fehlenden Ressourcen nicht herbeizaubern. In einem solchen Fall ist es durchaus gerechtfertigt, dass nicht genutztes Kapital wie auch nicht genutztes Vermögen zeitweise nicht zur Gewinnerzielung herangezogen wird. Nur wenn die Nichtnutzung über Gebühr lange oder auch ohne plausiblen Grund erfolgt, ist eine gesonderte Steuer gerechtfertigt. Wird die Nichtnutzung mit einer höheren Gewinnerwartung in der Zukunft begründet, so ist dies Spekulation, die eine entsprechende Sondersteuer rechtfertigen kann.

2. Grundeinkommen für alle Bürger!

Das Grundeinkommen sollte nicht als Almosen verstanden werden, vielmehr als eine Leistung der Gesellschaft für den Bürger, der mit seiner Identität, als Bürger der Gemeinschaft, von der er das Bürgergeld als Grundeinkommen erhält, den Erhalt der Gemeinschaft mitträgt und befördert. Deshalb kann es auch nur Bürgern gewährt werden und nicht jedem, der sich in dem entsprechenden Staatsgebiet aufhält.

Wird beschlossen in Kommunen, die mit dem Sicheren Geld arbeiten, allen Bürgern ein Grundeinkommen zu zahlen, so kann dies realisiert werden, indem der Bürger dann, wenn das Grundeinkommen nicht mit der Steuerschuld verrechenbar ist, bei seiner Hausbank, im Sicheren System der Freien Bank, einen Kredit aufnimmt, und zwar in der Höhe des Grundeinkommens, und das Finanzamt diesen Kredit mit gegengerechneten Steuerschulden tilgt und als temporären Verlust einem Schuldkonto zurechnet.[209] In diesem Fall müssen sowohl der Kredit, wie auch die Tilgung, idealerweise in der Währung des „Sicheren Geldes", zum Beispiel in NIM erfolgen. Sollten wegen Krankheit oder auch anderen akzeptierbaren Gründen die Lebenshaltungskosten höher ausfallen als in der Pauschale vorgesehen, so sind diese nach Beleg zusätzlich anzurechnen. Das könnte man auch als negative Steuer auffassen! Dadurch, dass jeder Bürger wenigstens über das Grundeinkommen verfügt, wird der Umsatz im Bereich der Waren des Grundbedürfnisses steigen und auf lange Sicht der Markt damit stabilisiert und Wachstum begünstigt. Die Gefahr, dass dieses Grundgehalt Einzelnen zur sozialen Hängematte wird, kann nicht grundsätzlich ausgeschlossen werden, ist aber höchstwahrscheinlich geringer als im bisherigen Sozialsystem![210] Bei zu geringem Steueraufkommen seitens der Steuerzahler kann es dann auch vorkommen, dass am Lebensende noch eine Steuerschuld nicht getilgt ist, eine Steuerschuld, die dann mit zum Erbe gehört. Die Begleichung der letzten Steuerschuld aus dem Erbe sollte in dem Fall die Erbschaftssteuer ersetzen. Damit das Grundeinkommen problemlos ausgezahlt werden und vom Begünstigten auch direkt genutzt werden kann, ist eine Bankkarte einer staatlichen Bank auszuhändigen und erst auf Antrag an eine andere Bank zu überweisen.

Damit die Märkte und mit ihnen die Wirtschaftssysteme auf Dauer stabil bleiben, ist neben anderen Maßnahmen auch dafür zu sorgen, dass das Grundeinkommen genau in dem Rahmen verbleibt, der auf der Kostenseite den Grundbedarf der Beschäftigten im unteren Drittel der Bevölkerung widerspiegelt. Der Grundbedarf sollte bestimmt werden aus den Kosten für die Wohnung, für die Mobilität, die Kosten für Versicherungen, das Essen und die Bekleidung sowie einem Grundbedarf an Kulturgütern und Kosten für die Weiterbildung. Können die Lebenshaltungskosten als Kosten von den Einnahmen abgezogen werden, wenn der persönliche Gewinn berechnet wird, so fallen darüber auch entsprechende Statistiken beim Finanzamt an, auf die man zurückgreifen kann, um den Grundbedarf immer wieder neu berechnen und das Grundeinkommen entsprechend anpassen zu können.

Wichtig ist, dass ein Grundeinkommen als Bürgereinkommen allen Bürgern zustehen muss, dem einfachen Arbeiter genauso wie dem Millionär. Damit dies funktioniert, ist das Grundeinkommen grundsätzlich mit der Steuerschuld zu verrechnen, so dass nur dann ein Grundeinkommen oder auch nur ein Teil davon ausgezahlt wird, wenn nicht entsprechende Steuerschulden vorliegen; wer keine Steuerschulden hat, erhält das volle Grundeinkommen, und wer nur geringe Steuerschulden hat, dem wird dies Grundeinkommen abzüglich der Steuerschuld ausgezahlt. Das Grundeinkommen wird dabei auch als

Kostenpauschale für den Grundbedarf zum Überleben angesehen. Sind Kosten nachweisbar, die den Betrag des festgelegten Grundeinkommens übersteigen, so sollten auch die angerechnet werden, soweit alle Kosten offengelegt werden, in jedem Fall, wenn die höheren Kosten dadurch entstehen, dass diese Kosten im weiteren Sinn erst die Arbeitstätigkeit ermöglichen, wenn zum Beispiel ein Auto benötigt wird, um zur Arbeit zu kommen. Ergeben sich somit Kosten von 1.500 Euro statt der pauschal anzurechnenden 1.000 Euro (soweit dies als pauschaliertes Grundgehalt angesetzt wird), ist dies folgendermaßen zu verrechnen: Angenommen, ein Vorarbeiter oder Polier verdient 2.500 Euro im Monat und benötigt wegen der dauernd wechselnden Arbeitsstätten ein Auto, um immer rechtzeitig am Einsatzort zu sein, so könnte dies bei nachweislichen Kosten von 1.500 Euro im Monat, wenn diese 1.500 Euro als Kosten von 2.500 Euro abgezogen werden, zu einem berechenbaren Gewinn von 1.000 Euro plus der 1.000 Euro aus dem Grundeinkommen kommen. Ist der Gewinn von insgesamt 2.000 Euro mit 50% zu versteuern, so ergibt dies in unserem Beispiel eine Steuerschuld von 1.000 Euro. Wird die Steuerschuld zum Schluss mit dem Grundgehalt verrechnet, so sollten bei einer Steuerschuld von 1.000 Euro und einem Grundgehalt von 1.000 Euro keine Zahlungen mehr fällig sein.

Ein anderer Fall ist der, dass für eine Hilfe im Haushalt, die Haushaltshilfe, 1.000 Euro gezahlt werden, auf die noch 1.000 Euro vom Grundeinkommen dazuzurechnen sind.

Bei Lebenshaltungskosten in Höhe der Pauschale von 1.000 Euro bleibt für die Haushaltsangestellte ein Gewinn von 1.000 Euro übrig, der zu 50% versteuert eine Steuerschuld von 500 Euro ergibt. Wird das Grundeinkommen noch gegengerechnet, verbleibt ein auszuzahlendes Guthaben von 500 Euro und damit insgesamt Nettoeinnahmen von 1.500 Euro.

Etwaige monatliche Zahlungen aus Versicherungen oder auch von Krankenkassen sollten sich entsprechend dem Beispiel vorab bis zu einer Höhe von 1.000 Euro in den Gesamtkosten nicht auf die Auszahlung des Grundgehaltes auswirken. Einen Abschlag könnte man hingegen berechtigterweise für Wohngemeinschaften vorsehen, gleich ob mit Trauschein oder auch ohne denselben. Sinnvoll könnte es sein, bei Erwachsenen nur dem ersten 1.000 Euro Bürgergeld oder Grundgehalt zuzugestehen und den weiteren erwachsenen Personen in der Wohngemeinschaft 750 Euro, sowie minderjährigen Kindern 500 Euro! Einer Familie mit 2 Kindern würden demnach 2.750 Euro Grundgehalt zustehen. Bei einem Familienverdienst von 5.750 Euro inklusive Grundeinkommen (3000 plus 2.750) ergibt dies nach Abzug von 2.750 Euro an Lebenshaltungskosten einen Gewinn von 3.000 Euro und somit eine Steuerschuld von 1500 Euro vor Verrechnung. Nach Verrechnung mit dem Grundeinkommen von 2.750 Euro würde dies eine negative Steuerschuld von 1.250 Euro ergeben. Würde dies Geld nun ausgezahlt, dann stünde der Familie ein Nettogehalt von 4250 Euro zur Verfügung.

Verdienen in einer Familie mit 2 Kindern Vater und Mutter zusammen 12.750 Euro im Monat, so ergibt der Abzug der Kostenpauschale von 2.750 Euro einen Gewinn von 10.000 Euro, auf den allerdings noch die 2.750 Euro aus dem Grundgehalt dazuzurechnen sind. Zu versteuern sind dann diese 12.750 Euro mit 50%, was eine Steuerschuld von 6.537 Euro ausmacht. Nach Gegenrechnung mit dem Grundgehalt von 2.750 Euro verbleibt dann eine Steuerschuld von 3.625 Euro, was im klassischen aktuellen Steuersystem ca. 30% ausmacht. Der Familie stehen somit im Monat nach Steuer 9.125 Euro zur Verfügung. Dies entspricht einer Steuer von ca. 30% in der klassischen Progressionstabelle.[211]

Das letzte Fallbeispiel geht nun von einer älteren Frau aus, die nicht mehr arbeiten kann und somit bis zur Rente keine eigenen Einnahmen hat; werden in diesem Beispiel Kosten von 1.000 Euro angesetzt, so sind keine Steuern zu zahlen, hingegen 1.000 Euro auszuzahlen, eine Art negativer Steuer. Zu diskutieren ist auch, ob bei Unterbringung in einem Pflegeheim und Kosten von 2.300 Euro im Heim dann ebenso diese 2.300 Euro ausgezahlt werden. Hier könnten natürlich auch private

Absicherungen die Differenz ausgleichen, eventuell die im Rentenalter anfallende Rente. In einem System des Sicheren Geldes könnten die 1.300 Euro, die das Grundgehalt übersteigen, auch aus dem Geschäftsguthaben gezahlt werden, das bei Volljährigkeit einzuzahlen ist, um ein Konto bei der Bank zu erhalten, die das Sichere Geld generiert. Man kann im Pflegefall und im Alter auch das Geschäftsguthaben zur Aufstockung mit heranziehen. Insofern übernimmt das Geschäftsguthaben zusätzlich eine Art von Versicherungsleistung sowohl im Notfall wie auch am Lebensende. Wie bei den bekannten Lebensversicherungen kann das eingezahlte Geschäftsguthaben zum Schluss je nach den vorliegenden Bedingungen entweder zur Absicherung der Pflegebedürftigkeit oder, wenn dazu eine hinreichende private Versicherung abgeschlossen wurde, auch teilweise ausgezahlt werden. Bei einer sich aufzehrenden Versicherung kann dann gegebenenfalls der gesamte Restbetrag im Todesfall als Einzahlung in diese Gemeinschaftsversicherung aufgefasst werden. Private Absicherungen und Vermögen können ebenso berücksichtigt werden, sollten aber in jedem Fall zu einer Besserstellung führen, da ansonsten keiner mehr eine entsprechende private Versicherung abschließt.

Grundeinkommen und sicheres Geld bedürfen wahrscheinlich der sorgfältig geplanten und wissenschaftlich begleiteten Modellexperimente. Wichtige Variablen sind die Höhe des Grundeinkommens, die Festlegung der Bezugsberechtigten und die Einbindung in einen lokalen Markt. Auszugehen ist von einem die Menschenwürde bewahrenden Grundprinzip: Jeder Bürger sollte die Möglichkeit haben, seine persönlichen Dinge selber zu regeln und die notwendigen Hilfen erhalten, dies möglichst bis an sein Lebensende auch tun zu können.

Bezugsberechtigte für ein Grundeinkommen kann nur der Bürger sein, nicht aber der Gastarbeiter aus einem anderen Land mit einer anderen Staatsbürgerschaft. Jeder Nichtbürger sollte in sozialen Belangen nach der entsprechenden Rechtsprechung in seinem Herkunftsland behandelt werden, aber die Möglichkeit bekommen, nach mehrjährigem Arbeitsaufenthalt bevorzugt einen Antrag auf Einbürgerung stellen zu können.

Sei es nun ein Brite, ein Amerikaner oder ein Rumäne, für alle diese Fremdarbeiter oder Gastarbeiter muss gelten, dass sie erst dann den Anspruch auf ein Grundgehalt im Gastland stellen können, wenn sie die Staatsbürgerschaft ihres Gastlandes angenommen haben. Wer zum Beispiel nicht einen deutschen Pass hat, der soll bei Einführung eines Grundgehaltes in Deutschland auch weiterhin arbeiten dürfen, sollte in sozialen Belangen aber die Absicherungen seines Heimatlandes in Anspruch nehmen und muss bei Bedarf höhere Kosten über eine private Versicherung abdecken können. Damit könnten die einzelnen nationalen Sozialsysteme geschützt werden und dennoch die Freizügigkeit in der Wahl des Arbeitsplatzes, wie in der EU, beibehalten werden. Auch gibt es keinen Grund, mit der Einführung eines Grundgehaltes die versicherungsbasierten Leistungen wegfallen zu lassen. Leistungen der Krankenkassen sind selbstverständlich, wenn ein Anspruch darauf besteht zusätzlich auszuzahlen.[212]

3. Geld in privater Hand

Geld als Guthaben oder auch Einlage des Bürgers, so könnte man meinen, sei am besten bei jedem Bürger im eigenen Heim im privaten Tresor aufgehoben, genauso wie auch die anderen privaten Werte und Besitztümer. Warum sollte man im Zeitalter von null Zinsen nicht das eigene Geld auch im eigenen Tresor aufbewahren? Als Bargeld im Tresor besitzt man jedenfalls das offizielle Zahlungsmittel jederzeit einsetzbar, was man von der Einlage bei der Bank nicht unbedingt so behaupten kann. Nur Bargeld lässt sich auch sensorisch erfassen und abzählen. Wird Bargeld abgeschafft, dann entfällt diese Möglichkeit, Kinder können dann nicht mehr lernen mit Geld umzugehen, indem sie die Geldmünzen zählen. Auch gibt es ohne Bargeld kein Geld mehr, das von den staatlichen Organen und Institutionen in jedem Fall angenommen werden muss. Da kann man nur sagen

„Wehret den Anfängen“ und fragen, mit welchen Zielen denn das Bargeld abgeschafft werden soll.[213] Wie aber könnte Bargeld im System der Freien Banken mit dem neuen Sicheren Geld eingeführt und gesichert werden? Selbst wenn zunächst nur eine digitale Währung auf den Weg gebracht wird, so ist es doch einer Überlegung wert, ob nicht möglichst bald nach der bargeldlosen Einführung von NIM Münzen zu prägen sind, gegebenenfalls nur für den lokalen Markt bestimmt.[214] Mit der Karte einer Bank könnte man dann vielleicht im lokalen Markt die Münzen erhalten, indem der äquivalente Betrag dem Konto belastet wird. Eine Alternative zum Bargeld könnte zudem die Bargeldkarte sein. Eine Bargeldkarte benötigt keine neue Technik, nur neue Regeln. Eine dieser Regeln: Jede Abrechnung sollte oben zuerst den noch nutzbaren Betrag ausweisen. Weiter sollten Waren, Warenkosten und Gesamtbetrag sowie Restbetrag auf der Rechnung ausgewiesen werden. Die Karten der Zukunft sollten wenigsten zwei Währungen verwalten können. Karten mit einem Euro- und einem Lokalwährungsbudget könnten für die EU sogar verbindlich werden. Wichtig ist die Vereinfachung der privaten Kontrolle auch beim Immobilienerwerb, wenn das Grundstück beim Kaufpreis wegfällt und auch die Grunderwerbssteuer nicht mehr zu bezahlen ist![215] Ohne Zins auf das benötigte Finanzkapital lässt sich zudem der Erwerb einer Immobilie leichter in die Zukunftsplanung mit einbeziehen.[216]

Der Einsatz von privatem Kapital in Gesellschaften, die dem Gemeinwohl dienen, und auch ein solcher in öffentlichen Institutionen sollte durchaus als eine Möglichkeit verstanden werden, eine private Kontrolle in diesen Bereichen auszuüben. Privates Kapital im öffentlichen Bereich sollte aber nicht den öffentlichen Charakter zerstören und deshalb auf 40% des Gesamtkapitals beschränkt bleiben. Reichtum verleiht Macht, was für den einzelnen Mitbürger, aber auch für die öffentlichen Institutionen gefährlich werden kann. Deshalb ist der Einfluss einzelner Bürger im öffentlichen Bereich ebenso zu beschränken wie die Machtansammlung bei einzelnen Bürgern und Firmen. Es sollte prinzipiell reichen, wenn Kartelle verhindert und kleinen Firmen der Weg bereitet wird, um sich im Markt behaupten zu können. Da das Finanzkapital in der Zukunft nicht mehr die derzeitige Rolle spielen wird, weil immer mehr immaterielle Werte das Wirtschaftsgeschehen bestimmen werden, deshalb wird auch das Finanzkapital an Einfluss verlieren, einen Einfluss, den das Bildungskapital und das Humankapital auffangen werden.

XIII. Investitionen mit und ohne Kapital!

Investitionen werden heutzutage in den verschiedenen Währungen getätigt. Ob in Euro oder in Pfund oder in Dollar, immer ist der Einsatz ein solcher mit nur begrenzt sicherem Geld. Auch die zu erwartenden Investitionen unter Einsatz von Sicherem Geld, also in NIM, können trotz Sicheren Geldes das unternehmerische Risiko nicht ausschalten. Wohl kann das Verbot, Geld oder Kapital von juristischen Personen einzusetzen, Änderungen bei den Investitionen erwarten lassen. Mit dem Einsatz von NIM wird das Investment personalisiert und kann somit nur durch natürliche Personen erfolgen. Damit wird der mögliche Kapitaleinsatz begrenzt, kann doch jeder mit NIM nur so viel investieren, wie er an Lebensarbeitszeit als Sicherheit anbieten kann. Die dadurch entstandene Begrenzung in der Sicheren Währung ersetzt den Zins in den alten Währungen, wir bleiben aber dennoch in einem Geldsystem, das, aufgefasst als kapitalistisches System, mit vorhandenem Kapital investiert. Wie aber soll die Investition ohne Kapital aussehen? Tatsache ist, dass immer mehr Firmen mit nur einem sehr geringen Kapitaleinsatz auskommen. Zudem ist die Bewertung der meisten großen Konzerne, vor allem die der IT bezogenen Konzerne, nicht mehr mit anfassbaren Werten zu belegen. Vielfach erscheinen diese immateriellen Werte auch nicht in der Bilanz, können dort auch nur unter ganz bestimmten Bedingungen auftauchen. Erst wenn eine Firma verkauft wird, erhält man einen Wert für die immateriellen Werte dieser Firma, indem man nach Abzug aller materiell bestimmbaren Werte den Rest des verbleibenden Wertes den immateriellen Werten zuschreibt. Dennoch existieren diese Werte auch vor dem Verkauf schon, aber erst nach dem Besitzwechsel kann der neue Besitzer die immateriellen Werte klar und eindeutig mit einem in Geld ausdrückbaren Wert belegen. Patente und Lizenzen wie auch die Organisationsstruktur binden ein Wissen, das als Teil eines Bildungskapitals die Firma wertvoller macht als dies durch den reinen Kapitaleinsatz vor dem Verkauf sich feststellen ließ. Dies lässt es auch zu, dass neue

Firmen, sogenannte Fintech-Firmen, mit nur geringem Kapital an die Arbeit gehen können, bringen ihre Gründer doch in der Regel ein umfangreiches Wissen mit, das sie meist zuvor innerhalb eines Hochschulstudiums erworben haben.

C. RECHTSSICHERHEIT – HAUPTSYSTEMSTÜTZE

XIV. Sicherheit und gerechte Verteilung

Die unterschiedlichen Währungsreformen im Laufe der Geschichte haben gezeigt, dass Geld und die Anlage in Geld nur bedingt Sicherheit vermitteln. Wird eine neue Währung eingeführt, weil die alte Währung nicht mehr werthaltig genug ist, so ist dies sicherlich nur der Endpunkt einer längeren Entwicklung, in der das Geld durch die Inflation und die Druckpresse der Notenbank kontinuierlich an Wert verliert. Die allgemeine Annahme, dass mit dem Wertverlust des Geldes auch eine Inflation einhergehen müsse, scheint dennoch nicht ganz zu stimmen. Für den inneren Wirtschaftskreislauf sollte es in der Tat keine Rolle spielen, wie hoch das eingesetzte Geld im Außenverkehr wert ist. Auch können gleichgerichtete Wertberichtigungen in den wichtigsten Partnerwährungen den Effekt einer Wertminderung abschwächen oder sogar aufheben. Auch wenn das in den Markt gepumpte Geld nicht beim Kunden ankommt, kann es nicht so leicht eine Inflation geben. Das Geld aus der Druckpresse der Notenbank muss erst mal beim Normalbürger ankommen, bevor daraus eine höhere Nachfrage folgt mit dem Ergebnis höherer Erlöse und der Möglichkeit, die Preise zu erhöhen. Landet das auf den Markt gepumpte Geld nicht im normalen Umlauf, dann kann es auch nicht zu einer stärkeren Inflation führen. Wird Geld gehortet oder aber ins Ausland geschafft, so kann damit die erwartete Inflation ausbleiben. Anlagen in Immobilien, Gold und in ausländischen Wertpapieren können zu einem Hortungseffekt zweiter Ordnung führen. Wird Gold gehortet, um damit Geld zu sichern, so wird sich auch dies negativ auf die Inflation auswirken.

Die Forderungen Friedmans[217] für den Ausbau eines freien Gold- und Devisenmarktes haben vielleicht mit dazu beigetragen, den Goldstandard zu verlassen. Grundsätzlich sollte dies den Markt stärken, da nur der frei agierende Markt auch die marktgerechte Preisgestaltung garantiert. Seitdem fehlt allerdings eine feste Bezugsgröße, an der sich die Währung ausrichten kann, die zudem auch die notwendigen Grenzen setzt, die Sicherheit vermitteln. Natürlich war auch die Einsicht, dass Gold nicht in beliebigen Mengen gehortet und vorgehalten werden kann, um die wachsenden Aktivitäten bei zudem permanent steigenden Bevölkerungszahlen befriedigen zu können, ausschlaggebend; selbst die Teilabsicherung der Währung ist auf lange Sicht keine Lösung. Der Notenbankkredit wird nach dem Wegfall der Golddeckung zur reinen Vertrauensfrage, der private Bankkredit bei den Geschäftsbanken ebenfalls, obwohl hier ein Teil über die Sicherungsobjekte gedeckt ist, über die jeder Bankkunde seiner Bank als Sicherheit die Verfügungsgewalt im Falle der Zahlungsunfähigkeit zusichern muss. Eine Volldeckung wird aber in der Regel nicht erreicht. Erst die Absicherung über Arbeitsleistungskonten, wie vorgeschlagen, kann zu einer Volldeckung führen und damit zu real gesichertem Geld. Bei allen zeitsensitiven Projekten, hier vor allem Bauprojekte, wird die sichere Finanzierung immer wichtiger. Nachhaltiges und dauerhaftes Wachstum ist ohne sichere Finanzierung kaum denkbar. Deshalb gehört die nachhaltige Finanzierung unbedingt mit zur nachhaltigen Wirtschaft.

Die Absicherung durch Arbeitsleistungskonten ist sicherer als die durch Gold, hat jedoch den Nachteil der notwendigen vertraglichen Absicherung, während bei Gold allein der physische Besitz eine Rolle spielt. Da weltweit der Goldstandard keine Rolle mehr spielt, ist die Absicherung über Arbeitszeiten und Leistung eine hervorragende Lösung bei der Suche nach einem neuen Standard. Ein solcher Standard hätte vor allem auch den Vorteil der automatischen Anpassung an Bevölkerungswachstum und Schwund in den zu beobachtenden Volkswirtschaften.

Die Arbeitszeitkonten sind, das sei hier ausdrücklich vermerkt, nicht die Grundlage für auszuhandelnde Löhne und Gehälter, die können hierfür höchstens eine Richtschnur darstellen. Arbeitszeitkonten sind nur für die Kreditvergabe essentiell wichtig, können aber in anderen Bereichen bei der Wertbemessung ebenso herangezogen werden. Das Gehalt des Geschäftsführers kann durchaus höher ausfallen, als nach dem Arbeitszeitkonto zu erwarten. Die Sichere Währung bietet vor allem eine Sicherheit bei der Kreditvergabe ebenso wie bei dem davon abhängigen Anlage- und Sparverhalten. Natürlich müssen auch hohe Anforderungen an die sichere Aufbewahrung und den Datenschutz für die Daten der Kunden gestellt und eingehalten werden.

Betrachten wir hingegen die in den letzten Jahren aufgekommenen Kryptowährungen, vor allem die bekannteste, Bitcoin, neben Ethereum und Ripple, so fällt auf, dass diese zwar immer beliebter werden, obwohl sie keine Absicherung bieten, weder durch Gold noch einen anderen substanziellen Wert. Trotzdem ist Bitcoin aus den vergangenen 5 Jahren mit einem Kursplus von 30.000 Prozent herausgegangen und hat noch weiteres Potenzial. Alle Kryptowährungen zusammengenommen sollen bislang (Stand 2018) Milliarden von Dollar in den Umlauf gebracht haben. Da könnte man meinen, dass die problemlose Handhabung und die Geschwindigkeit des Geldtransfers wichtiger sind als die Sicherheit. Das wäre allerdings zu einfach, weil Bitcoin ja mit der Blockchain auch eine Sicherheit anbietet und zwar bei dem Transfer von Geld, keine solche beim Werterhalt. Da der Wert in den letzten Jahren enorm angestiegen ist, so wird der Werterhalt bei Kryptowährungen derzeit auch weniger im Blickpunkt stehen. Die tauschwertbedingte Abhängigkeit von staatlichen Geldsystemen mag angesichts der enormen Wertsteigerungen ebenso noch keinen abschrecken. Die Einführung eines neuen Protokolls hat nun Bitcoin für die nächsten Jahre wieder sicherer gemacht, aber wie lange, und was ist diese Sicherheit wirklich wert? Die Warnungen vor Bitcoin werden immer lauter, bis hin zu der Auffassung, dass es sich hierbei um einen Betrug nach dem Schneeballsystem handelt; andere sehen dennoch in Bitcoin eine Alternative. Miller zeigt sogar auf, wie Bitcoin mit einer auf Bitcoin ausgelegten Kreditkarte zum alltäglichen Zahlungsmittel wird.[218]

Die wachsende Zahl der Kartenzahlungen insgesamt führt dazu, dass immer weniger Bargeld benötigt wird und damit auch weniger Bargeld von den Banken vorgehalten wird. Dies und die immer bessere Sicherheitstechnik führen auch dazu, dass die Zahl der Banküberfälle drastisch zurückgeht. Dafür steigen die kriminellen Aktivitäten im Internet. Geld als solches ist nach wie vor dem Angriff krimineller Aktivitäten ausgesetzt. Die Tatsache, dass Banküberfälle in der Vergangenheit nicht durchweg verdammt, nein, sogar in verschiedenen Filmen verherrlicht wurden, zeigt, dass die auf den reinen Gelderwerb ausgerichtete Kriminalität bis zu einem gewissen Grad sogar gesellschaftlich akzeptiert wird.[219]

Da wird eine Umverteilung unrecht erworbenen Geldes propagiert, die auch kriminelle Handlungen akzeptiert, so nur die Zielsetzung gut ist. Hier bedarf es unbedingt einer Diskussion, um den Wert der Arbeit einerseits und einer Ächtung jeglicher Art von Kriminalität und Sorglosigkeit, die es nicht nur zulässt, dass Vermögenswerte und Geld gestohlen werden, sondern auch wegschaut, wenn noch immer Menschen wie Sklaven arbeiten. Dass die Arbeitsleistung generell gerecht bezahlt wird, davon kann keine Rede sein und wird auch im herkömmlichen klassischen Geldsystem kaum realisierbar sein, kleine Erfolge ausgenommen. Das Sichere Geld NIM lässt hier mehr Hoffnungen zu, denn wird es so wie vorgeschlagen realisiert, sollte es Arbeitszeitkonten geben, anhand derer die Leistungen und ihre Entlohnung besser nachvollziehbar werden.

1. Wachstum in Freiheit und Sicherheit

Auch der regulierte Markt, sogar der geschlossene Finanzmarkt, kann Wachstumsimpulse aussenden. Ob die zentrale Regulierung mit Planvorgaben in jedem Fall die schlechtere Alternative ist, das hängt auch von den allgemeinen Umständen ab. Bei den Finanzen wird einmal die optimale Versorgung mit genügend Geldmitteln wichtig sein; Friedman schlägt hier die kontinuierliche Ausweitung mit einem bestimmten Prozentsatz vor. In jedem Fall muss das umlaufende Geldvolumen mit der Bevölkerung und ihren Aktivitäten zunehmen, sollte aber auch mit dem Rückgang in der Bevölkerungsdichte wieder abnehmen, sollte sich in einem relativen Verhältnis zu der Bevölkerungszahl befinden, in der es gültig ist. Bei nichtnationalen Währungen kann der Bezugspunkt auch auf die Menschen hin fixiert werden, die mit diesem Geld ihre wirtschaftlichen Aktivitäten durchführen. In einer stark diversifizierten Wirtschaft, einer Wirtschaft mit hoher Arbeitsteilung, kann nur Geld den reibungslosen schnellen Austausch möglich machen und, wie es so schön heißt, „Zeit ist Geld". Die zeitliche Komponente, mit der Geld als Beschleuniger wirken kann, vermag vielfach erst Wachstum in Gang zu bringen und zu erhalten. Bei diesen Überlegungen gehen wir immer davon aus, dass Geld knapp ist, also nicht im Überfluss vorhanden. Wie bei jedem Faktor, der Wachstum befördern kann, müssen wir auch beim Geld davon ausgehen, dass nach der Sättigung ein Mehr beim faktoriellen Input kein vermehrtes Wachstum hervorrufen wird. Die Frage, ob eine Sättigung vorliegt, oder aber ein Mangel an dem betreffenden Faktor, der damit zum beschränkenden Faktor wird, das ist wichtig zu wissen, will man den Einfluss auf Wachstumsprozesse richtig einschätzen und in Planungen einfließen lassen. Da immer unterschiedliche Wachstumsprozesse und Zerfallsprozesse zeitlich nebeneinander ablaufen, kann die rechte Einschätzung nur bei einzelnen Prozessen erfolgen, so dass zentrale Planungen in den einzelnen Volkswirtschaften bloß bedingt erfolgreich sein können. Freie Finanzmärkte scheinen hier erfolgreicher auf die unterschiedlichen Projekte hin zu fokussieren.

Mit dem Sicheren Geld „NIM" sollte sich die Geldmenge, die sich im Umlauf befindet, nach den Bedürfnissen der Bürger ausrichten, da sie es ja sind, die für die Geldschöpfung verantwortlich sind. Es wäre allerdings auch die Vorstellung falsch, jeder könne jederzeit grenzenlos Geld in der Währung NIM aufnehmen. Die Grenzen sind aber keine staatlichen Vorgaben oder willkürlichen staatlichen Erlasse, sondern aufgrund von vertraglichen Regeln und Vereinbarungen gesetzte Grenzen.

Bei einem geldschöpfenden Kreditvertrag ist einmal festzulegen, wie viel von den insgesamt im Leben einzusetzenden Arbeitsstunden als Sicherheit verbraucht werden, zudem die Laufzeit und dann die Höhe der zurückzuzahlenden Rate, die Tilgung. Dabei muss gesichert festgehalten werden, dass die vereinbarte Rate auch problemlos aufgrund der aktuellen Beschäftigungssituation und der Lebensverhältnisse aufzubringen ist.

Zu betonen ist, dass die Freiheit der Finanzmärkte und ihre Stabilität sich nur aus den Vertragswerken und deren transparenten einklagbaren Vereinbarungen ergeben können. Die freien Finanzmärkte benötigen deshalb auch eine freie und nur dem Gesetz gehorchende Justiz.

Klare vertragliche Regelungen verschaffen die Sicherheit, ohne die Wachstum in einer modernen Volkswirtschaft nicht ungestört erfolgen kann.

2. Spieler, Zocker, Betrüger und der graue Geldmarkt

„Schon der Anblick von Geldscheinen macht andere Menschen aus uns: Wir werden gierig, geizig und egoistisch."

(Beck, 2018)[220]

Die Frage nach der Sicherheit gilt für den Spieler nicht, er hat nur den Kick und den garantiert „sicheren Tipp" im Blick. Es fragt sich da, ob Spielgewinne das ökonomische Wachstum fördern. Angesichts der Tatsache, dass schon so manche Firma durch die Spielsucht von Besitzern und Mitgliedern des Managements im Ruin landete, ist wohl eher von einem positiven Einfluss auf den Zerfall auszugehen. Auch wenn Spielverluste eher destruktiv wirken, so sind positive Effekte durch Spielgewinne nicht auszuschließen. Der destruktive Anteil ist jedoch höher zu bewerten, allein schon, weil das Spiel um Geld Antipathien erzeugen kann und positive Effekte aus Spielgewinnen eher selten auftreten und dem Zufall geschuldet sind. Auch Fonds können sehr negativ in die Aktivitäten einer Firma hineinwirken, was in den letzten Jahren insbesondere Hedgefonds angelastet wurde. Auch einzelne private Mehrheitseigner können mit ihrer Stimme das Management einer Firma negativ beeinflussen; nicht verschwiegen sei allerdings auch die Möglichkeit eines positiven Einflusses.

Fragwürdig ist es auch, ob Gelder, mit denen Obligationen und Zertifikate erworben werden, dem Wachstum der betreffenden Volkswirtschaft dienlich sind oder eher im Gegenteil das Wachstum hemmen. Insoweit Geld nicht direkt in realen Investitionen oder dem Konsum landet, kann auch keine direkte Wirkung auf das Wachstum erwartet werden. Anders sieht es bei Firmenanleihen und den Kapitalerhöhungen, unabhängig von der Gesellschaftsform, aus. Wird Fremdkapital hereingenommen, so ist dies immer auch mit einer Wertminderung des gesamten Firmenwertes verbunden, kann aber durch neue Investitionen ebenso neue Wachstumsschübe hervorrufen, die weitere Erlöse hereinspülen und damit den Firmenwert wieder erhöhen. Vielfach ist es auch wichtig, Geld möglichst schnell transferieren zu können. Fintechs und generell neuartige Finanzinstitutionen bieten gerade in diesem Segment hervorragende Dienste an, so dass ein Geldtransfer in Sekundenschnelle rund um die gesamte Welt erfolgen kann. Dazu gehören Firmen, die sich gerade auf den schnellen Transfer von Geldmitteln bis in die entlegensten Teile dieser Welt spezialisiert haben, so dass es nicht mehr nötig ist, wie früher mehrere Tage auf den Geldeingang zu warten. Dabei wird auch der Wechsel in eine andere Währung zum Kinderspiel. Dazu sind vor allem international tätige Institutionen prädestiniert, wozu auch die neuen Internetwährungen gehören. Zahlungen in Bitcoin können in Sekundenschnelle weltweit erfolgen. Ein nicht zu unterschätzendes Problem ist allerdings die Art der Geldschöpfung bei Bitcoin durch Mining, wobei die so entstehenden Bitcoins zudem als Gewinn anzusehen sind, wie dies auch der Gewinn im Lotto oder einer Lotterie darstellt, und demnach auch der Gewinnsteuer unterliegen sollten.

Es gibt inzwischen auch Stimmen, die den neuen Kryptowährungen im Internet keine lange Lebensdauer zuschreiben. Die Ursache für den angenommenen Zerfall der Internetwährungen wird dabei in der Unseriosität der meisten Kryptowährungen gesehen. Man kann insbesondere den kometenhaften Anstieg in den Wertzuschreibungen als ein Anzeichen dafür ansehen, dass keine realen Werte dies untermauern. Da auch die nationalen Währungen grundsätzlich keine realen Werte mehr widerspiegeln, so ist die fehlende Bindung an reale Werte auch nicht mit fehlender Seriosität gleichzusetzen, vielleicht die Vorgehensweise bei den nach Miller als Pseudowährungen einzuordnenden Internetwährungen OneCoin und Swisscoin[221]!

Geld, wie auch immer es entsteht, es sollte der Gesellschaft und dem Einzelnen nutzen. Um Gefahren für die Gesellschaft abzuwehren, bedarf es einer gesellschaftlichen Kontrolle, so wie die staatlichen Institutionen der privaten Kontrolle bedürfen. Die Kontrolle sollte negative Auswirkungen aufzeigen, so dass in der Reaktion die Ursachen dafür beseitigt werden können.

Geld ist zu wichtig für ein stabiles Wachstum und die Einstellung zur Erhaltung einer Gleichgewichtslage im gesellschaftlichen Kontext, als dass man die Geldschöpfung unkontrolliert einzelnen Personen überlassen kann, die mitunter ihre persönlichen Interessen so weit in den Vordergrund stellen, dass damit das Wohl aller gefährdet wird. Dies spricht nicht gegen eine private Geldschöpfung, wohl aber gegen eine unkontrollierte Geldschöpfung ohne Regularien und gesetzlich abgesicherte Verträge. Wertpapiere, wie die in geschlossenen Fonds und Aktiengesellschaften, die keinen geordneten und durchsichtigen Nachweis im Kapitalbesitz aufweisen können und zudem nicht frei auf einem kontrollierten Kapitalmarkt gehandelt werden, sollten verboten werden. Wird die Registrierung aller Geldgeschäfte Pflicht, bei denen längerfristige Bindungen eingegangen werden, so könnte dies den als Grauen Markt bezeichneten

Geldmarkt auf längere Sicht zum Wohle der ehrlichen Bürger sehr schnell austrocknen. Es muss dabei die Maxime sein, dass Geld nicht zum Spielball für Kriminelle werden darf. Damit ist der Einsatz des Geldes in krimineller Absicht nicht prinzipiell ausgeschlossen, sondern nur in einem bislang nicht transparenten Teilbereich durch eine neue Transparenz eingedämmt. Werden spekulative Finanzinstrumente entwickelt, so ist dies mitunter nur undurchsichtig für den Laien und vor allem wird dabei die Spielsucht aktiviert, bei der jedwede Vorsicht schnell beiseitegelassen wird. Hier können nur Regulative den möglichen Schaden begrenzen.

Wird Geld hingegen eingesetzt, um damit kriminelle Handlungen zu begleichen, so wird man dies grundsätzlich nie ausschließen können. Strategien, dies einzudämmen, bleiben dennoch Aufgabe einer freien und unabhängigen Justiz. Die Aufgabe der Justiz ist es darüber hinaus, auch Steuerhinterziehung und Sozialbetrug mit rechtskräftigen Urteilen einzudämmen. Zwischen Betrug und Ehrlichkeit ist allerdings eine Grauzone angesiedelt. Gerade bei unzulänglicher oder fehlender Transparenz kann es passieren, dass Fehler auftreten, die vermeidbar sind. Vermeidbar ist auch der Sozialbetrug, der keiner ist, da „nur" eine Gesetzeslücke ausgenutzt wird, lesenswert dazu der Beitrag von Brigitta Beeger.[222]

Zwischen Betrug und dem ehrlichen Umgang mit Geld ist wie gesagt eine Grauzone angesiedelt, eine Grauzone, die nicht immer klar erkennen lässt, handelt es sich hierbei um kriminelle Aktivitäten oder um fehlende Transparenz und fehlende Einsicht.

Interessant auch, dass der Umgang mit Geld sogar davon abhängt, ob es sauber ist oder stark verschmutzt. Wer mit sauberem Geld bezahlt, kann eher mit der Ehrlichkeit des Verkäufers rechnen als derjenige, der mit schmutzigem Geld bezahlt. Die Psyche spielt hier in sehr verschiedenen Facetten eine Rolle. Rein kognitiv-rational funktionierend dürfte die Geldwirtschaft viel besser zu analysieren sein als dies tatsächlich der Fall ist. Geld ist dabei eben nicht nur der aufgedruckte Wert, den es gemäß einer aktuellen psychischen Verfassung einzusetzen gilt, es ist auch die Ursache für verändertes Verhalten. Geld kann die Psyche verändern, ebenso wie der Einsatz von Geld auch die sozialen Beziehungen verändert. Im Handlungsfeld zwischen sozialen Abhängigkeiten, emotionalen Getriebenheiten und rationalem Denken können sich im Umgang mit Geld sowohl egoistische wie auch altruistische Handlungsmuster entwickeln, auch wenn der Anblick von Geld und insbesondere von Geldbündeln eher egoistisches Verhalten hervorbringt. Die Gier nach immer mehr Geld im eigenen Besitz, und zwar unabhängig von erbrachten Leistungen, bringt all die Spieler, Zocker und Betrüger hervor, die uns Sorgen um die Sicherheit unseres Geldes bereiten, ob in der Brieftasche oder auf dem Konto. Die Akzeptanz einer gerechten Verteilung wäre da ein Schritt zu mehr Sicherheit, die gerechte Verteilung selber der nächste Schritt, Hilfen, den rechten Umgang mit Geld zu erlernen, ein weiterer wichtiger Schritt, mehr Sicherheit garantieren zu können. Wird Geld zum gesicherten Abbild für Arbeitsleistungen wie beim Sicheren Geld, so kann dies auch im Bewusstsein positive Änderungen hervorrufen.

XV. Geldschöpfung, Verteilung und sichere Aufbewahrung!

Wird Geld gestohlen, so kann der Dieb mitunter über den Registriercode ermittelt werden, zudem sollen Metallstreifen und Wasserzeichen die Fälschung der Banknoten verhindern helfen. Damit ist aber noch nicht gesagt, dass die Aufbewahrung bei der Bank sicher ist. Die Aufbewahrung im eigenen Tresor mag in Krisenzeiten eine gewisse Sicherheit bieten, schützt aber auch nicht vor Diebstahl mit Einbruch und erst recht nicht vor der Entwertung durch die Inflation und eine Währungsreform. Die sichere Aufbewahrung müsste zweierlei garantieren, erstens die sichere Verwahrung des Geldes, so wie ich es auch in den Tresor legen könnte, und zweitens eine werterhaltende Sicherheit, also keine Entwertung durch Inflation. Den Werterhalt kann man in den derzeitigen Währungen mit keinem Sparkonto sichern, wohl mit Sparkonten des Sicheren Geldes. Sicherheit von Anfang an kann der Bürger nur dann erhalten, wenn er den Geldschöpfungsprozess auch vom Beginn an verantwortlich begleitet. Nur dann kann eine gerechte Verteilung vorgenommen werden, insbesondere wenn dabei die Leistungskriterien eines auf Leistung ausgerichteten Arbeitszeitkontos berücksichtigt werden. Eine gesonderte Kontrolle aller privaten Wertschöpfungsketten kann entfallen, wenn der gesetzte rechtliche Rahmen diese Kontrolle im Rechtsstreit, gerichtlich angeordnet, im speziellen Fall auch nachträglich noch durchführt.

1. Private Geldschöpfung kontra Zentralbankgeld

Das in diesem Buch vorgestellte Sichere Geld ist eine rein private Geldschöpfung, während das im Euroraum übliche Verfahren der Geschäftsbanken, durch Kredite Geld zu schöpfen, keine rein private, aber auch keine rein staatliche Form der

Geldschöpfung ist, selbst wenn der private Anteil relativ hoch ist, es ist eine Art Mischform. Aktuell gibt es schon verschiedene rein private Währungen, die aber genau genommen kein Geld neu schaffen, sondern nur auf dem Vertrauen der Nutzer existieren, dass nach einem Eintausch aus einer anderen Währung dies Geld ebenso eingesetzt und genutzt werden kann wie die unterschiedlichen nationalen Währungen. Beispiele sind die vielen Internetwährungen, am bekanntesten Bitcoin, die aber nicht selbständig existieren, sondern nur in einem Wechselkurs zu Notenbankwährungen. Diese Währungen übernehmen die Sicherheit der Notenbankwährungen, so diese Sicherheiten überhaupt noch vorhanden sind. Als internationale Währungen bieten sie bei allen Transaktionen weltweit innerhalb dieser Währung den Vorteil, dass Kursverluste über Kontinente hinweg innerhalb des Systems zwar ausgeschlossen sind und zudem extrem schnelle Transaktionen ohne lästige Kontrollen, zum Beispiel zu der Herkunft des Geldes, erfolgen können, der notwendige Geldwechsel in eine nationale Währung aber die Vorteile auch schnell in Nachteile verwandeln kann. Wird das Sichere Geld NIM weltweit in der Verwaltung Freier Banken transferiert, die mit oder auch ohne eine Blockchain-Technik in einem entsprechenden IT-Netz für ihre Mitglieder Währung und Transfer kontrollieren, könnte NIM mit vergleichbaren Vorteilen aufwarten wie bei derzeitigen Internetwährungen, jedoch mit dem Unterschied, dass NIM nicht nur in andere Währungen eintauschbar ist, sondern als selbständige private Vollwährung[223] eine Sicherheit bietet, die Kryptowährungen wie Bitcoin nicht bieten können. Die Bindung an Arbeitszeitkonten ist dabei Vorteil und Nachteil zugleich. Der Vorteil ist die volle Absicherung durch Arbeitszeitkonten, der Nachteil die Bindung an die Bank, bei der die Arbeitszeitkonten geführt werden, was auch bei einem Wohnortwechsel einen etwas höheren Aufwand hervorruft als bei anderen Konten, egal, will man das Konto mitnehmen oder auch gänzlich zu einer anderen Bank umziehen. Bei einem weltweiten Netzwerk Freier Banken mit der Währung NIM dürfte allerdings der Nachteil der Bindung an eine Freie Bank mit der Ausbreitung des Systems der Sicheren Währung mehr und mehr vernachlässigbar sein. Gerade in den ersten Jahren dürfte die Akzeptanz noch ein Problem sein. Demgegenüber bietet das Vollgeld der Zentralbank die per Gesetz oder Erlass garantierte Akzeptanz, zumindest die sofortige Akzeptanz durch staatliche Stellen und Institutionen. Ein Nachteil ist der jeweils begrenzte Geltungsbereich beim Notenbankgeld in einem national abgesteckten Rahmen. Zudem ist Notenbankgeld auch den nicht demokratisch kontrollierten Einflüssen der Notenbanker ausgeliefert. Würde die Notenbank kein Geld schöpfen, dafür aber die Geldschöpfung, gleich welcher Art, nur kontrollieren, so könnte dies auch die Einführung demokratischer Strukturen bei der staatlichen Notenbank erleichtern. Weitere Alternativen werden von den internationalen IT-Konzernen vorgeschlagen, allen voran Facebook mit Libra, einer Neuschöpfung, die im Gegensatz zu bisherigen Kryptowährungen eine feste Anbindung an international wichtige Handelswährungen vorsieht. Damit und mit der Möglichkeit, weltweit eine hohe Nutzerzahl zu generieren, könnte erreicht werden, dass hier eine Währung entsteht, die langfristig auch zu einer ernstzunehmenden Alternative zu den bestehenden Währungen wird. Aufgrund der Vielzahl der Nutzer könnte es sogar so weit kommen, dass auch Arbeitsleistungen nicht mehr in Euro oder Doller, sondern in dieser neuen Währung entlohnt werden. Damit hat aber diese Währung wie andere private Währungen noch lange nicht die Akzeptanz eines Notenbankgeldes erreicht. Die Notenbank kann auch hier nach wie vor den Wechsel in das von der Notenbank herausgegebene Geld erzwingen, generell für die Zahlungen an die öffentliche Hand, seien es nun Steuern, Abgaben, Lizenzgebühren oder Pachtzinsen, wenn die neue Währung für derartige Zahlungen nicht akzeptiert wird.

2. Die gerechte Verteilung der Erlöse!

Eine in den Augen aller gerechte Verteilung von Geld und Vermögen wird es kaum je geben, wobei auch noch die Frage zu beantworten ist, was unter „gerecht“ zu verstehen ist! Insofern könnte man das Verteilungsproblem auch als ein Pseudoproblem ansehen. Wir dürfen die gerechte Verteilung aber deshalb weder als gelöst betrachten noch mit einer egalisierenden Verteilung gleichsetzen. Vorab schon mal klarzustellen ist, dass die Schere zwischen Reich und Arm nicht mit Umverteilungen so einfach wieder zu schließen ist. Vermögen muss gesellschaftliche Verantwortung übernehmen, und niemand sollte über den Zins und erst recht nicht über den Zinseszinseffekt vorhandenes Vermögen ohne Arbeit weiter vermehren können, denn genau damit wird die Verantwortung für den Einsatz von Geld bereits abgegeben bzw. nicht übernommen wie zu erwarten! Nun sind Verteilungsprobleme vielleicht am Ende einer Kette kaum noch rational lösbar, es ist vielmehr immer und an jedem Ort die Frage der gerechten Verteilung zu stellen, um die Probleme akzeptablen Lösungen zuführen zu können. Wenn die Gewinne aus der Produktion nicht direkt gerecht verteilt werden, so kann eine nachrangige Umverteilung vielleicht einige Spitzen einer ungerechten Vermögensverteilung abmildern, aber nur unter einem erhöhten Aufwand, und das, ohne die negativen Emotionen bei ungerechter Verteilung am Ursprungsort wieder löschen zu können. Die Übel müssen dort beseitigt werden, wo sie entstehen. Im Rückblick auf die Geschichte wird der Wille, ab sofort nicht mehr die Gewinne so ungerecht zu verteilen, wie dies in der Vergangenheit geschehen ist, die existierenden Ungerechtigkeiten nicht einfach vom Tisch fegen. Die Einsicht in die Notwendigkeit einer gerechten Verteilung bei den Besitzenden wird mitunter zu freiwilligen Umverteilungen führen können, da damit die Stabilität des Systems erhöht wird, was auch die Sicherheit im System steigert und damit auch die persönliche Sicherheit der Reichen und Superreichen. Andererseits muss eine natürliche Ungleichheit auch von allen akzeptiert werden, nur so lässt sich ein solidarisches Miteinander aufbauen und stabilisieren. Es wird halt nicht jeder mit den gleichen Fähigkeiten geboren, sollte aber mit dem gleichen solidarischen Anspruch an sich und die Gesellschaft den Lebensweg beginnen. Deshalb sollte man auch jedem Bürger in solidarischer Absicht das nötige Geld zum Überleben zur Verfügung stellen. Dafür sei nur die solidarische Verpflichtung eingefordert, dass jeder mit seinem Vermögen auch etwas für die Gemeinschaft tut, die ihm diese Absicherung anbietet. Unerheblich ist es dabei, ob Sozialleistungen oder Grundeinkommen dominieren! Die Einführung eines solidarischen Grundeinkommens und einer korrespondierenden solidarischen Grundleistung könnte jedoch viele Probleme in eine Ebene hereinholen, auf der eine Lösung machbar ist.

Wird nun jeder Bürger mit 2,5 Stunden die Woche in die solidarische Pflicht genommen, so kann dies auch die notwendige Steuerlast erheblich absenken, was durchaus wünschenswert wäre. So wünschenswert dies auch ist, es wird jedoch nicht das wichtigste Ergebnis einer solchen Maßnahme sein. Wichtiger sind die damit hervorzurufenden Bewusstseinsänderungen und die Erwartung in eine höhere Bindung an die Gemeinschaft!

Wichtig ist es deshalb, dass jeder diese Zeit für die Gesellschaft mit seinen ihm eigenen Fähigkeiten zur Verfügung stellt, der Lehrer, indem er mit diesen 2,5 Stunden Schülern hilft, den Stoff besser zu verstehen, der Handwerker, indem er kleinere Reparaturen für die Stadt kostenlos übernimmt, und der Polizist, indem er Schulungen und Schnupperkurse für Schüler organisiert und durchführt, der Manager, indem er bei der Planung im öffentlichen Bereich mithilft. Wer nicht in der Lage ist, diese Zeit für die Gesellschaft einzusetzen, sollte trotz Bedenken die Möglichkeit haben, dies dann mit einer Geldzahlung auszugleichen, für den Hilfsarbeiter mit vielleicht 20 Euro pro Woche und für den Manager mit 1250Euro pro Woche (8 Euro bzw. 500 Euro pro Stunde). Ein ausgezahltes oder mit der Steuer verrechnetes Grundgehalt sollte zudem ausreichen, um ein menschenwürdiges Leben innerhalb der Gesellschaft führen zu können.[224] Nicht erbrachte Leistungen für die Gesellschaft könnten wie die Steuer vom Finanzamt eingefordert werden.[225]

Dies sollte auch reichen, um rein rechnerisch die Bedürfnisse der öffentlichen Hand zu befriedigen.[226] Versuchen wir nicht Vermögen zu verteilen, sondern die Ergebnisse der Produktivität, also auch die der Produktivitätssteigerung, so bewegen wir uns auf die wahren Verteilungsprobleme zu, die darin bestehen, den Anspruch auf gesellschaftliche Arbeit, Partizipation und die Befriedigung der Grundbedürfnisse durchzusetzen, Forderungen, die desgleichen von den Reichen und Superreichen nicht nur als gerechtfertigt zu akzeptieren, sondern auch als notwendig für ein friedliches Miteinander mitzutragen sind.

3. Steuergerechtigkeit und Steuervereinfachung

Die gerechte Steuer setzt am Verteilungsproblem an, gehen doch viele Politiker davon aus, dass alle Ungerechtigkeiten bei der Steuer, speziell der Einkommenssteuer, durch eine entsprechende andere Steuergesetzgebung auszugleichen sind. Dabei wird die Steuergesetzgebung immer komplexer und komplizierter, so dass nur noch Fachleute den rechten Durchblick bewahren können. Wenn ich dadurch ohne Steuerberater und Fachleute im eigenen Büro nicht mehr in der Lage bin, die Forderungen des Finanzamtes zu verstehen, dann führt dies bereits zu Ungerechtigkeiten und zu einer Ungleichheit zugunsten der Reichen in dieser Gesellschaft. Deshalb sollte die erste Forderung die sein, Steuergesetze für alle Bürger verständlich zu gestalten. Veraltete Steuergesetze sollten daraufhin überprüft werden, ob sie überhaupt noch einen Sinn ergeben und gegebenenfalls abgeschafft werden. Anschließend ist zu überprüfen, ob es sich bei den einzelnen Steuern um substanzielle oder aber um funktionelle bzw. dysfunktionale Steuern handelt. Bei substanziellen Steuern ist an eine Umwandlung in funktionale Steuern zu denken, zudem möglichst alle diese substanziellen Steuern zu streichen. Dysfunktionale Steuern sind hingegen mit ihrer besonderen, den Verbrauch einschränkenden Zielrichtung sehr genau zu begründen. Die Einführung einer allgemeinen Gewinnsteuer mit Streichung von Umsatz- und Einkommenssteuer wäre die beste sofort durchführbare Vereinfachung im Steuergesetzbuch. Eine weitere Vereinfachung wäre die Abkehr von der progressiven Besteuerung. Wird die Gewinnsteuer auf einheitlich 50% oder gar 60% gesetzt, so kann jeder schnell seine Steuerschuld ausrechnen. Allein die Gegenrechnung der Kosten kann komplizierter werden, sollte dem Bürger aber auch zu einem besseren Überblick und Durchblick seiner Finanzen verhelfen. Zur Entlastung des Normalbürgers kann man hier allerdings auch Pauschalen einführen, wie die einer Lebenshaltungspauschale von ca. 1000 Euro und einer Arbeitsaufwandspauschale von 500 Euro wenn ein Auto notwendig wird, um zur Arbeitsstätte zu gelangen; auf Kilometerabrechnungen sollte man möglichst verzichten, soweit der Steuerpflichtige dies nicht ausdrücklich wünscht.

Dabei sollte man dem Finanzamt aber auch die Überprüfung der Notwendigkeit eines Autos zugestehen, um gegebenenfalls die Gewährung einer erhöhten Absetzbarkeit und ebenfalls auch die der Pauschale verneint zu bekommen. Besondere Pauschalen sind außerdem für die unterschiedlichen Berufsgruppen denkbar. Gesteht man zum Beispiel Lehrern eine Berufsgruppenpauschale von 250 Euro zu, so könnten da pauschal 1.250 Euro anzusetzen sein!

Der Lehrer, der 3.400 Euro verdient, könnte demnach pauschal 1.250 Euro absetzen, wenn er um die Ecke wohnt, hätte somit 2.150 Euro als Gewinn anzugeben und müsste mit 50% davon dann 1.075 Euro Steuern bezahlen. Muss er mit dem Auto zu seiner Schule, dann reduziert sich der Gewinn auf 1.650 Euro, so dass dann nur noch 825 Euro Steuern zu zahlen sind. Wird das Grundeinkommen mit 1.000 Euro noch gegengerechnet, könnte sogar im Einzelfall eine Negativsteuer von 175 Euro entstehen. Reduziert man die Pauschale fürs Auto auf 200 Euro, kommt keine Negativsteuer mehr heraus. Welche Pauschalen angemessen sind, wird sich im Laufe der Jahre genauer belegen lassen.

Ebenso können Pauschalen für Reisende, Repräsentationen und Bewirtungen angesetzt werden. Setzt man die Pauschalen so an, dass sie 75 % der möglichen Einzelabrechnungen abdecken, dann ist auch damit eine gerechte Besteuerung erreicht. Hohe Mieten in der Stadt könnte man auch pauschal berücksichtigen, kann hier aber auch die Einzelabrechnung verlangen und dadurch bei höherer Absetzbarkeit eventuell Steuern sparen.[227]

Eine Vereinfachung für die Finanzämter könnte erreicht werden, indem die Steuern für alle Einkäufe im Netz und für digitale Dienste über ein zentrales Finanzamt oder das Zollamt laufen, also eine nationale Institution und bei der EU vielleicht auch über ein Finanzamt oder Zollamt der EU. Einigt man sich in der Europäischen Union auf eine gemeinsame Gewinnsteuer, so könnte man mitunter sogar auf eine gesonderte Besteuerung der internationalen Internetkonzerne verzichten.

Besonderer Beachtung bedarf aber auch der versteckte Gewinn, der gerade bei Internetkonzernen zum Teil den Hauptgewinn ausmacht. Selbst bei kostenlosen Diensten lässt sich über den versteckten Gewinn die reale Gewinnmarge pro Kundenkontakt bestimmen. Werden Kundendaten erhoben und ausgewertet, so ist das ein Gewinn pro Kunde, der seine Daten zur Verfügung stellt. Klar, dass der Gewinn beim Verkauf einer gegenständlichen Ware leichter zu bestimmen ist. Auf jeden Fall aber ist der versteckte Gewinn besser und leichter zu bestimmen als der versteckte Wert, weshalb die versteckten Gewinne nicht über Bewertungen zu bestimmen sind. Jede Firma, die Gewinne über Kundeninformationen generiert, erzielt auch Erlöse, wenn nicht direkt von all den Kunden, deren Informationen gesammelt und gespeichert werden, so doch über Werbung, der Weitergabe von Informationen gegen Geld und der Generierung von Verkaufsgewinnen. Werden von den Gesamtgewinnen ohne die versteckten Gewinne diese nach einem vereinbarten Verfahren ebenso eingerechnet, so könnte man zu den echten, den realen, Gewinnen kommen. Eine Möglichkeit wäre die, einen bestimmten Prozentsatz von den Gesamtgewinnen als versteckte Gewinne einzustufen, und zwar in Abhängigkeit von den Kosten, die vom Gewinn vor Berücksichtigung der versteckten Gewinne abgezogen werden. Weiß man, dass bei den meisten Produkten im Durchschnitt 40% als Kosten den Endverbraucherpreis bestimmen, so kann man von einem durchschnittlichen Gewinn von 60 ausgehen. Eine Firma, die nach Abzug von allen abzugsfähigen Kosten auf einen Gewinn von 80% kommt, hat laut dieser Logik einen versteckten Gewinn von 20%, der steuerlich relevant sein sollte. Werden bei den der Reklame dienenden Gewinnspielen entsprechende Gewinne ausgezahlt und auch entsprechend als Kosten angesetzt, so sind die dabei erhaltenen Informationen als versteckte Gewinne zusätzlich auszuweisen. Versteckte Gewinne sind aber auch die nicht gezahlten Gewinne aus Gewinnspielen in den verschiedenen Medien, sofern sie angekündigt wurden, aber nur die tatsächlichen Auszahlungen als Kosten gewertet werden.[228]

XVI. Identität und Geld, Aktivatoren im Handlungsraum

„Before we can understand contemporary identity politics, we need to step back and develop a deeper and richer understanding of human motivation and behaviour. We need in other words, a better theory of the human soul“[229].

Der Bürger handelt in der modernen diversifizierten Gesellschaft mit seinem und dem Geld anderer in seinem ihm eigenen Handlungsraum. In diesem Raum hat er seine Identität entwickelt und lebt sie als Mitglied einer Gesellschaft, einer Gruppe mit je eigenen Gruppenidentitäten, die auch sein Verhältnis zum Geld und insbesondere sein Kaufverhalten mitbestimmen. Verständlich wird das, wenn wir den Menschen als durch Bildung und Erziehung geformtes Wesen in seinen sozialen und psychischen wie auch physischen Bedingtheiten betrachten. Dem entsprechen die dimensionalen Teilräume, die den Handlungsraum bestimmen: a) der physikalische Zeitenraum, b) der relationale Zeitenraum und c) der emotionale Zeitenraum. Jede Handlung hat eine physikalische, eine relationale und eine emotionale Komponente. Als dimensionale Komponenten können sie die räumlich-zeitliche Identität herausbilden und formen. Wie aber sind diese Zeitenräume zu skalieren? Beim physikalischen Raum kennen wir drei Dimensionen, die in Meter skalierbar sind, die Länge, die Breite und die Höhe. Relationen hingegen sind über die Intensität der Relation skalierbar, und zwar in den Subdimensionen „Konkurrenz“, „Kooperation“ und „Rückkopplung“. Die Skalierbarkeit von Intensitäten kennen wir aus dem Reich der Töne, da kann man die Lautstärke skalieren. Dem vergleichbar wäre eine Skalierung der relationalen Intensitäten wie auch der emotionalen Intensitäten. Der emotionale Raum könnte dann mit den skalierten Dimensionen „Ich“, „Du“ und „Wir“ beschreibbar sein. Nehmen wir als Beispiel ein Verkaufsgespräch beim Kauf eines Autos: Die emotionale Komponente wird hierbei vom Käufer aus gesehen bestimmt durch die Sympathie dem Verkäufer gegenüber (Du), dem Bestreben, sich gegenüber den Nachbarn, der Familie, hervorzutun, zum Beispiel derjenigen in der Straße, die sich den neuen BMW leisten kann. (Wir) und mir selber gegenüber, der es schafft, ein Auto in seiner Lieblingsfarbe zu erstehen (Ich). Die relationale Komponente wird dabei vielleicht durch die Konkurrenz bestimmt, da das größere Auto mehr Platz für auszuliefernde Waren anbietet. Es kann dann sein, dass kooperative und rückgekoppelte Momente keine Rolle spielen. Immer aber werden selbstverständlich alle drei Dimensionen des physikalischen Zeitenraums angesprochen, beim Autokauf soll das Auto vielleicht in kleine Parklücken passen, es darf also nicht zu lang sein, das festgelegte Budget darf auch nicht überzogen werden. Das Geld für den Kauf muss entweder vorhanden sein, in der Börse oder auf dem Konto, oder aber über einen Kredit beschaffbar, und dass hier und heute beim Kauf. Wenn das Geld erst in 2 Monaten auf dem Konto sein kann, so muss beim heutigen Kauf auch ein Kredit her, sonst kann der Kauf nicht vollzogen werden. Auch wenn alle Identitätskriterien positiv beschieden wurden, fehlt das Geld, kann der Kauf nicht stattfinden. Reicht andererseits das Geld, die Identitätskriterien sind aber nicht hinreichend erfüllt, so wird der Kauf ebenfalls nicht stattfinden. Deshalb sollen die Identitätskriterien anhand der zugeordneten Dimensionen und Teilräume im Handlungsraum näher betrachtet werden. Ein Aufpreis kann eventuell helfen, ein unzulänglich erfülltes Kriterium nachträglich aufzubessern, fehlendes Geld nur bei Kreditwürdigkeit durch einen Kredit ersetzt werden. Der Spitzenverkäufer kann vielleicht über die Zugehörigkeit zu einem Sportverein, einem Freizeitclub Rückschlüsse auf bevorzugte Autotypen eingehen, mit genaueren Hinweisen zur Identität des Kunden diesen sogar auf den Punkt genau beraten, was für ihn das richtige Produkt, das richtige Auto, ist. Vielleicht sucht der Kunde nach einem Statussymbol, vielleicht aber auch nur die beste Arbeitsmaschine für sein Geschäft. Nicht wenige Menschen möchten mit dem, was sie kaufen, beachtet werden, sich herausheben aus dem Meer der Unsichtbaren. Die Gier nach immer mehr Geld ist sicherlich auch als Bestätigung für den Erfolg eine Möglichkeit, sich mit dem Verweis auf das eigene Konto aus der Masse der anderen hervorzuheben und somit beachtet zu werden. Beschreibbar ist dies als Einzelphänomen oder auch systematisch in den verschiedenen Abhängigkeiten im Handlungsraum mit physikalischen, emotionalen und relationalen Bezügen. Vielleicht ist auch nicht der Zerfall des Liberalismus oder der Demokratie das eigentliche Problem in diesen Zeiten, vielleicht ist es der unsichtbare Mensch, der endlich gesehen werden will.[230]

1. Der rationale (physikalische) Zeitenraum

Im physikalischen Raum finden wir Geld als realen gegenständlichen und nutzbaren Sachwert, wir können die Münzen und auch die Banknoten anfassen und bei einiger Übung schnell durch Stapeln der Münzen oder Banknoten den Wert der vorliegenden Geldmengen bestimmen. Der Mensch, der seinen Wert und damit seine Identität über den Besitz an diesem Geld definiert, der wird es als die oberste Maxime erachten, Geld in allen Situationen zu sammeln und zu horten.

Geld existiert nun wie Sachvermögen sowohl real im Jetzt wie auch virtuell in den Dimensionen der Vergangenheit und der Zukunft. Die Geldschöpfung der Geschäftsbanken im 21. Jahrhundert über Kreditverträge ist ein gutes Beispiel dafür, wie die Vergangenheit und die Zukunft aufgrund von Vereinbarungen und Verträgen in die Gegenwart hineinwirken. Geld wird hier als notwendig für den Leistungsaustausch nicht nur in der Gegenwart, sondern auch zwischen vergangenen Leistungen und zukünftigen Leistungen mit den aktuellen Leistungen immer wieder neu geschaffen. Beim Kredit wird Geld geschaffen, um zwischen der Gegenwart und der Zukunft vermitteln zu können, Geld wird dabei aus der Zukunft in die Gegenwart geholt.

Damit wirtschaftliches Handeln im modernen Sinne möglich wird, muss es möglich gemacht werden, Werte nicht nur in der Gegenwart zu tauschen, sondern auch aus der Zukunft zu holen. Dabei können Verschiebungen und Unwägbarkeiten den fixierten Wert in den Dimensionen von Raum und Zeit verändern. So wie die Inflation den Wert des Geldes herabsetzt, so können Innovationen den Wert auch steigern. Obwohl wir vom Wert des Geldes sprechen, heutiges Geld hat in der Regel keinen inneren Wert, keinen Sachwert. Der Sachwert kann in dem Geld einer Währung fixiert, kann aber auch anders festgehalten werden. Sachwerte werden bei sich abnutzenden Sachwerten in der Zukunft geringer sein und bei nicht abnutzbaren Werten in der Regel sogar höher, obwohl zunächst Gleichwertigkeit versprochen ist. Eine Goldmünze besitzt auch einen nennenswerten Sachwert, der Geldschein hingegen nur einen gegen null laufenden Sachwert. Dafür besitzt Geld aber einen zugeschriebenen janusköpfigen Tauschwert. Janusköpfig ist Geld deshalb, weil es zwei Seiten besitzt, und zwar die des Gläubigers und die des Schuldners. Generell fallen die Wertzuweisungen in den gängigen Währungen zwischen Gläubiger und Schuldner auseinander. Der zukünftige Wert ist dabei für den Gläubiger höher als das, was er hergibt, und der derzeitige Wert für den Schuldner geringer als das, was er zurückzahlen muss. Über den Zins verändert sich der Wert des Geldes, und zwar überraschenderweise für die meisten von uns in die negative Richtung. Gegen Zins verliehenes Geld muss mit mehr Geld in der Zukunft zurückgezahlt werden, was die Geldmenge in der Zukunftsperspektive erhöht. In einem reinen kreditbasierten Geldsystem bedeutet die Erhöhung der Geldmenge auch eine Erhöhung der Kreditmenge. Ob wir nun höhere Kredite abschließen müssen, um die durch Inflation erhöhten Warenpreise oder aber um die Zinsen bei der Rückzahlung bezahlen zu können, in jedem Fall wird damit der Tauschwert geringer. Wird der Tauschwert in der Zukunft geringer, so kann dies durch eine Erhöhung des Geldumlaufs ausgeglichen werden. Hinzu kommt auch noch das, was die Banken sich für die Geldschöpfung abschöpfen, bevor sie das Kreditgeld auszahlen. Denkt man diesen Prozess weiter, so ist die Währungsreform in einer absehbaren Zukunft vorprogrammiert. Man kann aber daraus auch folgern, dass bei geringer Inflation oder gar 0 Inflation und 0 Zins das Geld wertstabil bleibt.

Ein anderer Gedanke ist nun der, mit der Zinsabsenkung die Investitionstätigkeit anzukurbeln. Übersetzt heißt dies, dass die Absenkung der Kosten den Unternehmer dazu bewegt, Geld für neue Investitionen aufzunehmen. Was aber, wenn dies nicht als sinnvoll erscheint, weil weder der Absatzmarkt für die zusätzlichen Produkte vorhanden ist noch die alten Maschinen zu ersetzen sind? Besteht die Erwartung, dass der Zinssatz auch in der Zukunft so niedrig bleibt, dann wird der niedrige Zinssatz das Kaufverhalten nicht in dem erwarteten Ausmaß anregen. Eine Erhöhung der Geldmenge wird deshalb nicht automatisch auch zu einer Erhöhung des Investitionsvolumens führen.

Will man nun den Wertverlust des Geldes im zeitlichen Verlauf festhalten, so kann man dazu die Inflationsrate heranziehen. Wie aber wird die Inflationsrate berechnet? Ohne dies zu hinterfragen, ist der so dargestellte Wertverlust ebenso zu hinterfragen wie bei einem anderen möglichen Bezug, dem Verhältnis zu anderen Währungen! Eine Definition zur Inflation im Internet geht davon aus, dass der Geldwert sinkt und das Preisniveau steigt.[231] Gemessen wird die Inflation indem ein Warenkorb aus dem Vorjahr mit dem aktuellen Warenkorb verglichen wird und die Differenz dann die Inflation darstellt. Zentralbanker berufen sich zumeist auf die Kerninflation, eine um Nahrungsmittelpreise und Energiepreise bereinigte Inflation. Da der den Berechnungen zugrunde liegende Warenkorb auch im Laufe der Zeit angepasst wird, sind die Daten des statistischen Bundesamtes nur bedingt für Langzeituntersuchungen ungefragt zugrunde zu legen. Grobe Tendenzen sind jedoch allenthalben mit diesen Daten erfassbar. Man kann aufgrund dieser Daten zum Beispiel die Aussage treffen, dass bei einer durchschnittlichen Inflation von 2% das Geld erst in 35 Jahren nur noch die Hälfte wert ist.[232] Den einen mag dies beruhigen, den anderen beunruhigen. Veränderungen in der Inflationsrate werden aber sicherlich die Geldströme ebenso verändern. Will man den Grundbedarf erfassen, so wäre es ratsam, nicht den offiziellen

Warenkorb, sondern eben einen speziellen nur auf Nahrung, Energiebedarf, Wohnen und Mobilitätskosten ausgerichteten Warenkorb zu erstellen.

Die Geldentwertung in Raum und Zeit ist grundsätzlich gesellschaftlich bedingt und hat keinen in der Physik verborgenen Grund, sie ist mit der Beschreibung der Geldentwertung aber auch nicht anderweitig erklärt, sondern nur beschrieben. Selbst der Hinweis auf eine Inflation ist keine Erklärung, sondern nur eine Beschreibung. Die Erklärung beginnt erst, wenn wir die damit einhergehenden Verschiebungen in den sozialen Feldern betrachten und interpretieren. Auch die Aussage, dass die Reichen immer reicher werden und die Armen immer ärmer ist keine Erklärung, wir müssen schon die Ursachen ergründen. Sollten Kooperationen die Reichen immer reicher machen, oder ist es eher die Ich-Bezogenheit der Reichen?

2. Der relationale Zeitenraum

Die Relationen, das sind die Beziehungen, die zum Beispiel zwischen dem Produzenten und dem Konsumenten oder auch die zwischen zwei miteinander konkurrierenden Produzenten oder die zwischen zwei Produzenten existieren, die in einer kooperativen Beziehung zueinander stehen. Welche Rolle spielt hierbei Geld? Nun ja, mit Geld werden Konkurrenten aufgekauft, mit Geld kann man sich bei dem Kooperationspartner einkaufen bzw. Kooperationen in Gang bringen oder Rückkopplungen stabilisieren.

Die Konkurrenz strebt eine Veränderung an, den Konkurrenten aus dem Feld zu schlagen, ihn zu vernichten, in eine andere Nische zu verdrängen oder auch selber eine neue Nische zu erobern! Eine Konkurrenz kann nur dann die Zeit überstehen, wenn sie durch andere Relationen stabilisiert wird; durch Kooperationen und Rückkopplungen kann eine Konkurrenz, die für sich genommen das Aus bedeuten würde, erhalten bleiben, weil sich die Firma über andere Partner stabilisiert. In der Ökologie werden derartige Relationen in ihren gegenseitigen Abhängigkeiten als Kreisläufe sehr übersichtlich mit Pfeildiagrammen dargestellt; für die Ökonomie kann man den Pfeil vom Konkurrenten A zum Konkurrenten B so formulieren, dass ein Anstieg im Verkaufserlös bei Konkurrent A zu einem Abfall in dem Verkaufserlös bei B führt. Vorauszusetzen ist dabei, dass der Markt nur eine begrenzte Kapazität für die Aufnahme der Konkurrenzprodukte aufweist. Ist der Markt noch lange nicht gesättigt, kann man den Erfolg der Konkurrenten an der relativen Ausweitung der Geschäfte in einem Vergleichszeitraum erkennen. Der Pfeil steht hier für „je mehr, umso weniger", ebenso aber auch für „je weniger, umso mehr". Dies verweist darauf, dass Relationen zunächst immer gegenseitige Wirkungen aufweisen, weshalb sie auch als Kreisläufe darstellbar sind, da die Einwirkung von A auf B auch immer eine Gegenwirkung von B aus auf A hat. Bei Konkurrenten handelt es sich immer um gegenläufige Wirkungen (-) wie vorab beschrieben, bei der Kooperation ist hingegen davon auszugehen, dass es sich um gleichläufige Wirkungen (+) handelt, die Partner verstärken ihre Wirkung gegenseitig, so dass sie per definitionem in der Substanz dauerhaft exponentiell weiterwachsen. Im realen Marktgeschehen haben wir es aber mit einem vernetzten Relativitätsgefüge zu tun, bei dem der Kooperationskreislauf durch die Kopplung mit einem Konkurrenzkreislauf zu einem übergeordneten Konkurrenzkreislauf werden kann. Geregelte Kreisläufe erhalten wir nur in der Kopplung mit rückgekoppelten Kreisläufen, die deshalb auch so wichtig sind, um Gleichgewichtslagen herzustellen und zu stabilisieren. Wie in ökologischen Systemen, so ist auch in ökonomischen Systemen davon auszugehen, dass die Vielzahl der Subsysteme, hier spezieller Relationen, für die Stabilität wichtig ist und die Wirkung auf nächste und übernächste verkettete Relationen berechenbar macht.[233]

In der Ökonomie sind die Relationen das, was zum Beispiel die Beziehung zwischen zwei Produzenten dazu bringt, eine

Kooperation einzugehen, oder das, was zwei Produzenten dazu bringt, im Markt als Konkurrenten aufzutreten. Mit Geld können nun Konkurrenten aufgekauft, Kooperationen in Gang gebracht werden. Ob sich dabei der Kostenaufwand lohnt, heißt, die erhofften Gewinne einbringt, das ist vorab nicht immer mit Gewissheit einzuplanen. Bei Kooperationen können Synergieeffekte die Kosten herunterdrücken, so dass die anfänglich eingesetzten Gelder später wieder eingespart werden. In Konkurrenzsituationen wird man mitunter zeitweise Waren unterhalb der Herstellungskosten verkaufen, um nicht verdrängt zu werden. Es kann aber durchaus günstiger sein, die Qualität zu verbessern oder auch mit andersartigen Produkten eine neue Nische zu besetzen. Das Geld für eine neue Produktentwicklung rechnet sich vielleicht eher als ein Preisdumping.

Ob Konkurrenz, Kooperation oder ein typischer Regelkreis, durch die Rückkopplung zwischen den Relationen bilden sich die Identitäten heraus, die im aktuellen Handlungsraum agieren. Der Fan eines Fußballvereins, die Gruppenidentität im Verein selbst, die Identität in einem Nationalstaat, zum Beispiel als Franzose oder als Deutscher, in der Zukunft auch immer mehr als Europäer, sind sich entwickelnde Einordnungen in eine soziale Gemeinschaft. Die in der Gemeinschaft sich aufbauenden sozialen Beziehungen bilden die Identität der Mitglieder, der Bürger, eines jeden Einzelnen aus. Die Entwicklungen und die Ergebnisse können dabei durchaus recht unterschiedlich sein, der eine definiert sich über sein Haus, das das schönste ist, der andere über das Auto, das das schnellste ist, der andere hingegen über seinen Körper, seine Position, sein Geld. Nicht Geld allein bestimmt hier die Identitätsbildung, ist aber in der Regel auch nicht unmaßgeblich beteiligt.

So wie sich der Geldwert im Laufe der Zeit im physikalischen Zeitenraum verändern kann, so wird er sich auch im Relationengefüge, im relationalen Raum, verändern. Bei genauer Betrachtung ist ja die Veränderung in den Bewertungen in der Raum-Zeit von den Veränderungen in den Relationen abhängig, auch wenn wir das nicht direkt so wahrnehmen. Erst im relationalen Raum lassen sich auch die sozialen Felder in ihren Zusammenhängen betrachten. Wird zum Beispiel in einem Konkurrenzkreislauf der Preis für ein Brot um 10% billiger, so erhöht sich damit der Geldwert, was sich natürlich auch auf den Warenkorb auswirkt. Für den Kunden, der mit einem bestimmten Budget pro Monat auskommen muss, geht es hier darum, wie er sich zwischen konkurrierenden und kooperierenden Anbietern sowie in bestimmbaren Regelkreisen positionieren kann und muss. Da Konkurrenz nicht auf Dauer den Preis drücken kann, ist es sinnvoll, die Preisgestaltung im Zeitverlauf zu beobachten und dabei die Großkonzerne und ihre Preispolitik besonders gründlich im Blickfeld zu behalten. Da über den Preis auch Konkurrenten ausgeschaltet werden, ist die Preisgestaltung bis in die Zeit danach festzuhalten. Der Bürger muss vor Ort und nicht nur als virtueller Weltkunde eine Einflussmöglichkeit auf die Preisgestaltung haben. Zudem muss die vielfach fehlende Transparenz im Hinblick auf Gewährleistungsansprüche und Nachhaltigkeit hergestellt werden, um die personale Finanzplanung auf Dauer abgesichert durchführen zu können. Möglich wird dies in lokalen Märkten mit gesonderten Marktrechten, die zum Beispiel auch die internationalen Konzerne per Marktrecht zu einer Vertretung im Markt zwingen können.[234]

Besondere Beachtung verdient dabei der Regelkreis mit seinen Rückkopplungen. Erzeuger-Verbraucher-Gemeinschaften könnten mit garantierten Abnahmeverpflichtungen und garantierten Preisen einen eigenen geschützten Raum aufbauen, der den Gesetzmäßigkeiten eines Regelkreises folgt. Geld spielt auch dabei eine Rolle, ist aber in der Regel in derartigen Relationen weniger wichtig als bei den anderen möglichen Relationen zwischen Produzenten und Verbrauchern sowie zwischen Lieferanten und Kunden.

Natürlich ist auch der relationale Raum ein Raum, der sich mit der Zeit verändert, so wie wir es vom physikalischen Raum her kennen. Die Basisdimensionen im relationalen Raum sind wie angesprochen

1) Konkurrenz,
2) Kooperation und
3) Rückkopplung, also auch drei Dimensionen vergleichbar den drei Dimensionen Länge, Breite und Tiefe im physikalischen Raum. Die Skalierung im relationalen Raum ist möglich über die Stärke der gegenseitigen Beziehung oder auch Abhängigkeiten auf einer Skala von 0 bis 100, da so die prozentualen Zusammenhänge sofort erkennbar sind.[235]

3. Der emotionale Zeitenraum

Jeder Mensch lebt in einem nur ihm gehörenden beschränkten Zeitenraum und in einem ihn tangierenden Relationenraum mit einem besonderen eigenen emotionalen Raumgefüge, das jedem Menschen seinen eigenen emotionalen Zeitenraum aufbaut, in seiner ihm eigenen Psyche. Im emotionalen Raum finden wir neben der monetären Bewertung der uns umgebenden Dinge und Beziehungen auch nichtmonetäre Bewertungen durch unsere Psyche. Die emotionalen Bewertungen können mit den rationalen deckungsgleich sein, sind jedoch öfter als im wirtschaftlichen Kalkül berücksichtigt stark voneinander abweichend. Übersteigt der emotionale Wert den rein rationalen, so ist man auch bereit mehr auszugeben als das, was sich aufgrund der reinen Arbeitsleistung ergeben würde. Damit lässt sich erklären, weshalb ein Gemälde bei den verschiedenen Kunden unterschiedliche Wertschätzungen erfährt. Die überzogenen Preise von Gemälden bekannter Künstler auf Auktionen sind damit allein zwar noch nicht hinreichend erklärt, tauchen doch noch Erwartungen auf, die den künstlerischen Wert in keinerlei Weise tangieren. Hier kommt der Markt mit seiner eigenen Dynamik ins Spiel. Der Markt erzeugt in unserer Psyche nicht nur Vorlieben und Wohlgefühl, er erzeugt auch Erwartungen, die mit einer ihm eigenen Dynamik nicht bloß in den psychischen Raum hineinwirken. Die Erwartung, in späteren Jahren bedeutend höhere Preise erzielen zu können, kann den Preis im Hier und Heute um ein Vielfaches hochkatapultieren. Gerade bei Kunstauktionen wird der Preis meist durch die Hoffnung bestimmt, in späteren Jahren einen höheren Preis erzielen zu können, und nicht so sehr durch den inneren Wert des Bildes. Beim Auto wird man in die Zukunft projiziert eher einen Werteverlust erwarten. Wertverluste sind normal bei allen abnutzbaren Gütern und da auch typisch, während Wertsteigerungen typisch sind für nicht abnutzbare Güter aus dem ideellen Bereich oder auch aus dem Naturbereich für Güter, die nicht durch eine Arbeitsleistung entstehen und dadurch auch nicht dem Bedarf angepasst werden können. Eine Landschaft kann starke Emotionen hervorrufen, beispielsweise bei der Landschaft, in der man aufgewachsen ist, man spricht dann auch von Heimat, ebenso wie ein Bild, das eine emotionale Erfahrung widerspiegelt, vielleicht sogar die der Heimatverbundenheit. Das Bild kann zerstört werden, kann auch verändert werden, hat nach dem Verkauf des Bildes jedoch einen Abschluss gefunden, der die Bildaussage über Jahrhunderte hinweg transportiert, ohne dass diese ihre Aussagekraft verliert. Dieses Bild ist einmalig und kann deshalb auch in dieser Hinsicht nicht an Wert verlieren, sondern nur gewinnen. Wegen der Einmaligkeit kann es genau genommen keinen wahren Marktwert geben, es gehört deswegen allen Bürgern, die etwas mit diesem Künstler verbindet, es sollte wie Luft, Wasser und Boden Allgemeineigentum sein. Im Museum aufbewahrt, können solche Bilder stark identitätsbildend sein, für eine Landschaft, für eine Region, für eine Nation. Gerade die kulturelle Landschaft kann stark die Identität und damit auch die Aktivität eines Individuums im Handlungsraum beeinflussen. Dabei wird der emotionale Raum ebenso wie die anderen Teilräume des Handlungsraumes immer aus einer Projektion in die Zukunft und einer ebensolchen Projektion in die Vergangenheit getragen. Die Gegenwart ist dabei stets ein Zeitfenster zwischen Vergangenheit und Zukunft.[236] Wer für einen guten Zweck spendet, tut dies vielleicht aus einem Schuldgefühl heraus, einer Emotion, die in die Vergangenheit reicht, unter Umständen geht es dem Spender aber auch darum, ganz allgemein für eine bessere Zukunft einzustehen, damit seine Enkel noch in einer lebenswerten Welt leben können.

Als Koordinaten im psychischen Raum könnten wir das Ich als eine Basisdimension, daneben das Du als weitere Basisdimension und das Wir als dritte Basisdimension einführen.[237] Alle Basisdimensionen im emotionalen Raum lassen sich nach der emotionalen Stärke einer Handlung skalieren von 0% emotionaler Beteiligung bei einer ausgeführten Handlung bis zu 100% emotional bedingter Handlung, jeweils bezogen entweder auf die Ich-Dimension, die Du-Dimension oder die Wir-Dimension. Das Wir wird stark geprägt durch die gesellschaftlichen Normen und Werte, wie sie im Elternhaus, der Schule, der Ausbildung geprägt wurden. Das Wir, im Freud'schen Sinn auch als Über-Ich zu kennzeichnen, gibt uns die moralische Richtschnur vor, das Du hingegen die direkte emotionale Bindung an einen anderen Menschen, das, was auch mit dem Wort „Liebe" bezeichnet wird. Beim Autokauf nimmt man vielleicht das schwarze Lederpolster, weil das der Partnerin so gut gefällt. Die Schnittigkeit hingegen kann vielleicht das eigene Ego zufriedenstellen. Die Dimensionen im emotionalen Raum scheinen weniger komplex zu sein als die im relationalen Raum, eher den physikalischen Dimensionen zu entsprechen. So wie wir einen Punkt im physikalischen Raum durch seine Koordinaten bestimmen können, so könnte man auch die Position im emotionalen Raum bestimmen und damit eine emotionale Koordinate erhalten, die bei stark egozentrischen Menschen höhere Werte für die Ich-Dimension aufweist und bei sehr sozial eingestellten Menschen höchste Werte für die Wir-Dimension. Altruistisches Handeln könnte man so ebenso maßstäblich beschreiben wie egoistisches Handeln. Die Zeitdimension ist hier wie auch bei den relationalen Dimensionen die gleiche wie im physikalischen Zeitenraum, es gibt nur eine Zeit, in der wir uns physisch, psychisch und als soziale Wesen bewegen, eine Zeit, die wir als Mensch allerdings in die Zukunft antizipieren und in die Vergangenheit rekapitulieren können.[238] Wir können die Zeit zurückverfolgen, und das nicht nur im physikalischen Raum, als abgespeicherte Information in unserem kognitiven Kosmos, in dem wir auch die Zukunft kognitiv vorausberechnen können.

4. Der Handlungsraum im Zeitgefüge

Obwohl die aktuelle Handlung am Markt, sei es beim Einkauf oder auch beim Verkauf, nicht nur rational bedingt ist, sondern immer auch von Gefühlen begleitet wird und soziale Beziehungen ebenso eine Rolle spielen, wird in der Regel nur der rational handelnde Mensch im physikalischen Raum gesehen und einer Analyse unterzogen. Tatsächlich vollziehen sich unsere Handlungen in einem aus den drei Teilräumen zusammengesetzten Handlungsraum mit einer allen Räumen zugehörenden Zeitdimension. Die Zeitachse kennt nur die Vergangenheit und die Zukunft. Die Gegenwart ist ein Zeitfenster zwischen Vergangenheit und Zukunft, überlagert die letzte Vergangenheit und die nächste Zukunft. Wir begreifen unseren Handlungsraum aus der Vergangenheit heraus, während wir die Zukunft planen. Bezogen auf einen bestimmten Zeitpunkt kann man diesen Raum näher bestimmen durch die Dimensionen und den sich aus den dimensionalen Werten ergebenden Koordinaten, im physikalischen Raum mit zum Beispiel P (2,00; 2,00; 3,00), im emotionalen Raum mit zum Beispiel E (0,5; 0,4; 0,4); im relationalen Raum R (0,5; 0,4; 0,6). In Worten ausgedrückt könnte man dies so beschreiben: zu 50% Ich-Orientierung, 40% Du-Orientierung, 40% Wir-Orientierung sowie 50% Konkurrenzdruck, 40% Kooperation und 60% Rückkopplung, dies alles in einem Raum von 2x2x3 Meter, vielleicht ein kleiner Verkaufsraum oder mit Bezug auf einen Gegenstand, vielleicht einen Bagger. Diese Art der Skalierung wird wohl zunächst eher eine virtuelle, dem Beschreiber entsprungene Wirklichkeit darstellen, kann aber mit den Methoden der Soziologie sicherlich auch empirisch untermauert werden. Geld ist dabei wie der zum Kauf angebotene Gegenstand Teil des Handlungsraumes, in dem im einfachsten Fall zwei Personen miteinander agieren, Personen, die sich in Konkurrenzverhältnissen befinden, teils ichbezogen reagieren und den Preis für einen Bagger aushandeln. Geld und Kaufgegenstand wechseln dabei in der Zeitschiene die Position. Die Rückkopplung kann eine Rolle spielen, wenn dabei auch dauerhafte Geschäftsbeziehungen vorliegen, und zwar in der

Art und Weise, dass vertragsbedingt bei einem geringeren Warenbestand als dem, der in einer Woche zu verkaufen ist, automatisch die Neubestellung für Nachschub sorgt. Damit werden Konkurrenten nicht mehr beachtet, und es entsteht eine geregelte Geschäftsbeziehung, jedenfalls solange der Vertrag läuft. Der empirischen Beschreibung im Handlungsraum geht aber immer eine Erkundung voraus, die durch Befragung oder auch in hermeneutischem Duktus die möglichen Eckpunkte eines Vertragsverhältnisses herausfindet. Dabei kann die hermeneutische Interpretation auch vorläufig die Zusammenhänge recht gut erfassen, so dass auf die Empirie mit Recht erst mal verzichtet wird. Wollen wir in humanistischen Zeithorizonten denken und handeln, dann müssen wir mit komplexeren Zielfindungen rechnen als bei einer mehr eindimensionalen egoistischen Handlungsweise. Aufbau und Erhalt von lokalen gesellschaftlich funktionierenden Regelkreisen sind sicherlich anspruchsvoller als der nur auf den privaten Erfolg ausgerichtete Konkurrenzkampf. Handlungen der Beteiligten in einem Handlungsraum sind immer zeitbezogen und finden an je einem genau definierbaren Ort statt. Der Konzertbesucher empfindet mit der Musik positive oder auch negative Wirkungen an genau einem bestimmten Ort zu einer ganz bestimmten Zeit, die nie wiederkehren wird. Am Tag darauf wird Beethovens 9. Symphonie ebenso gespielt, wenn dies auf dem Spielplan steht, für den Besucher aber dennoch ein neues Erlebnis, befindet er sich doch in anderen Raumkonstellationen, selbst dann, wenn der Konzertsaal der gleiche und der Nachbar ebenso der gleiche ist; der Tag mit all seinen Erlebnissen ist ein anderer, und selbst die Aufführung wird nicht exakt gleich der Aufführung am Vortag sein. Auch der Markt verändert sich permanent, nahm man ursprünglich noch die Ware zum Tausch mit, so wird heutzutage bloß die Geldbörse zum Einkauf eingesteckt, bezahlt wird mit Bargeld oder mit Karte, zum Teil sogar mit dem Handy über eine Bezahl-App. Dies hat auch Auswirkungen auf die Identität des Einzelnen, kann man doch mit der Platinkarte noch beeindrucken, weniger mit dem genutzten Bezahldienst, eher noch mit der beruflichen Stellung, dem Auto, dem Haus, der Position im Stadtparlament.

Wie aber wird nun der einzelne Bürger mit seiner Identität den Faktoren im Zusammenspiel am Markt trotzen? Vieles wird einfacher, wenn wir in der Zukunft zum Beispiel nicht mehr den Bezahlvorgang gesondert aktivieren müssen, da dieser automatisch bei der Entnahme der Waren erfolgt und wir nach dem Einkauf den Laden mit eingekauften Waren verlassen, ohne eine Geldbörse und ohne Kartenzahlung, auch ohne Kontrolle an der Türe. Über Sensoren und Kameras werden wir dann ebenso kontrolliert und dirigiert wie bislang, auch die Faktoren des Wachstums sind weiterhin wirksam in ihrem Zusammenspiel.

Realitätsverluste, die aus einer nicht voll entwickelten Identität heraus entstehen können und den Prozess der Radikalisierung von Menschen hervorrufen, das könnte zudem auch auf eine fehlgeleitete Identität zurückgeführt werden. Dabei können die Faktoren des Wachstums in ein Ungleichgewicht geraten und nicht Wachstum, sondern Zerstörung die Folge sein. Die Sehnsucht nach der idealen Identität, die als verloren erfasst wird, lässt Menschen auch den Heilsbotschaften hinterherlaufen, gleich wie fundiert die Aussagen sein mögen. Wir müssen die Dimensionen auch immer in ihren historischen Bezügen erkennen und analysieren.[239]

Auch neue Situationen sind besser zu bewältigen, wenn die Erfahrungen aus der Geschichte helfen, Zusammenhänge zu erkennen und zu verändern. Nur wenn die nächste Generation das Zusammenwirken der wirtschaftlichen Faktoren aus der Geschichte heraus versteht und dies nutzt, die eigene Identität zu stabilisieren, dann wird auch die Zukunft zu bewältigen sein. Geld ist dabei der Faktor, der sowohl eine Identität stabilisieren wie auch destabilisieren kann. Eine Identität, die sich nicht vom Geldbesitz ableitet, ist deshalb auch in der Lage, einen Geldmangel zumindest kurzfristig zu überstehen. Wichtig sind hierbei nicht zuletzt Ausbildung und Bildung in einem guten Bildungssystem. Das dem Bildungskapital entnommene und aktivierte Wissen wird immer wichtiger und kann in der Zukunft das Finanzkapital in vielen Bereichen fast vollständig ersetzen, also die bislang sehr dominante Position des Geldes aufheben.

D. DIE WACHSTUMSFÖRDERNDEN ZUSAMMENHÄNGE

XVII. Das Zusammenwirken der Faktoren

Gehen wir davon aus, dass 5 Faktoren bestens aufeinander abgestimmt zusammenwirken müssen, um das optimale wirtschaftliche Wachstum hervorzubringen, so sollten wir die einzelnen Faktoren zuerst jeweils daraufhin untersuchen, wie sie bei den möglichen Variationen von suboptimal bis optimal wirken, wenn die restlichen Faktoren alle optimal auf das Wachstum einwirken. In unserem Fall sollten Arbeit (3), Information, (2) Ressourcen (4) und Energie (5) in optimaler Weise einwirken, um die Variation beim Geldeinfluss (1) zur Untersuchung bringen zu können.[240] Ist der Bauplan bis aufs kleinste Detail genau geplant (2) und die Mitarbeiter stehen in ausreichender Zahl mit den nötigen Qualifikationen bereit (3), an Ressourcen (4) fehlt es ebenso wenig und die nötige Energie (5) steht auch bereit, dann kann es nur noch an dem fehlenden Kapital (1) liegen. So kann Wachstum nur noch am Vorhandensein oder am Nichtvorhandensein von Geld scheitern, wobei Geld der Faktor ist, der im Feld des Finanzkapitals Sicherheit verspricht, eine Sicherheit, die bei plötzlichen Problemen allumfassende Hilfe verspricht. Gehen wir davon aus, dass es lediglich am Kapital fehlt, so kann es sich um den Kapitalbedarf handeln, der für Genehmigungen, Gebühren und Abgaben wie auch Steuern benötigt wird. Der Kapitaleinsatz zum Ausgleich von nicht optimal vorliegenden Nichtkapitalfaktoren ist gesondert zu betrachten, hier aber zunächst auszuschließen!

Fehlt zum Beispiel Geld zum Ankauf von genügenden Ressourcen aufgrund von Fehlkalkulationen, so wird dies das Wachstum, gleich wo wir dies auch immer betrachten, einschränken, verlangsamen oder im Extremfall auch verhindern. Geld hat gegenüber allen anderen Faktoren den Vorteil, recht schnell einsetzbar zu sein und schnell den fehlenden Einsatz anderer Faktoren ersetzen zu können. Natürlich können auch die anderen

Faktoren über den Faktor Geld im Transit in einen anderen Faktor eingewechselt werden. Die einzelnen Faktoren des Wachstums können nämlich ineinander eingetauscht werden, in gewisser Hinsicht vergleichbar mit dem Wechsel von einer Energieart in die andere. Da jeder Faktorentausch aber auch mit Verlusten verbunden ist, so sollte davon nur bedingt Gebrauch gemacht werden, heißt, nicht ohne die Zusatzkosten miteinzukalkulieren. Ein anderer Aspekt ist der der Erwartung oder auch der der Information zu den zukünftigen Bedingungen und der zukünftigen Verfügbarkeit.

Um in die Zukunft schauen zu können, verwendet man vielfach Statistiken, die einen Trend aus Daten der Vergangenheit ableiten, einen Trend, der, in die Zukunft interpoliert, Aussagen zu zukünftigen Entwicklungen zulässt. Prinzipiell kann man solche Prognosen zu allen Faktoren erstellen, ein Echo (Rückwirkung) ist vor allem bei schnell verschiebbaren und schnell umwandelbaren Faktoren wie dem Geld zu erwarten. Deshalb wirken sich Aussagen zu zukünftig zu erwartenden Entwicklungen von Wirtschaftsführern und Geldexperten sehr schnell auf die am Markt vorhandenen Liquiditäten und handelbaren Gütern aus.

1. Geregeltes Wachstum, mit und ohne Geld

Fragen wir uns jetzt, wie Wachstum geregelt in der Balance gehalten wird, so nähern wir uns der Frage nach dem geregelten Wachstum von der entgegengesetzten Seite her wie in einem der letzten Kapitel. Statt geregelt könnten wir auch den Begriff gesteuert einsetzen und damit an den Steuermann und das anzusteuernde Ziel denken. Im Regelkreis ist das der Zielwert oder auch Soll-Wert. Sollen diese Werte skaliert werden, so muss ein skalierbarer Wert vorgegeben werden, auf den man sich zum Beispiel geeinigt hat. In der Ökonomie ist der gebräuchlichste, wenn auch nicht unbedingt der beste Wert das Bruttoinlandsprodukt

(BIP), man könnte sich aber auch auf die Produktivität in geleisteten Arbeitsstunden beziehen, ebenso die Arbeitslosigkeit oder den Umsatz. Gehen wir von zum Beispiel der Zielvorgabe aus, pro Jahr das BIP um 5% zu steigern, so wird der Soll-Wert gleich dem Wert des Vorjahres plus 5% davon. Stellt man dann eine Abweichung um 2% fest, so kann man über die Regelstrecke durch die Stellglieder versuchen, das Wachstum um 2% zu erhöhen. Stellwertveränderungen könnten, bezogen auf die Faktoren, deren erhöhter Einsatz sein. Wird wie hier beim Faktor Geld, der erhöhte Einsatz des Geldes durch Erhöhung der umlaufenden Geldmenge ermöglicht, so kann damit das Wachstum, in BIP gemessen, angekurbelt werden. Das muss nicht gelingen, können doch Störfaktoren dem entgegenwirken. Als eine Störung kann es angesehen werden, wenn das auf den Markt geworfene Geld gehortet wird und damit nicht im Umlauf ankommt, also nicht auf den Marktplatz gelangt. Wird als Soll-Wert ein bestimmter BIP-Wert festgelegt, so kann man versuchen, diesen Wert zu erreichen; ob dies gelingt ist mitunter fraglich, fraglich auch, ob dies überhaupt gelingen sollte! Werden unterschiedliche Daten mit einem Bezug zum Wachstum erhoben, kann man auch diese als Indikatoren heranziehen, um bessere Zielwerte zu erhalten. Ein Indikator für Wachstum kann die rückläufige Arbeitslosigkeit sein, oder auch der Anstieg in der Menge an insgesamt umgesetzten Waren.

Beim Sicheren Geld kann man davon ausgehen, dass die Geldmenge im Markt geregelt wird, ohne dass ein Eingriff der nationalen Notenbank Abhilfe schaffen muss. Sowohl die Geldmenge wie auch der Geldwert werden bei reiner kreditbasierter Geldmenge und privater Absicherung über die Arbeitsleistung durch den Bedarf geregelt. Sollte dennoch eine Schieflage entstehen, kann noch immer die Notenbank mit einmaligen begrenzten Geldmengen und begrenzt gültigem Geld kurzfristig für Abhilfe sorgen. Beim Sicheren Geld können wir von einem fiktiven Soll-Wert ausgehen, der in Korrelation zu der entsprechenden Bevölkerungsgröße multipliziert mit durchschnittlichen Aktivitäten im Markt, der Marktmengenaktivität, steht.

Da mit dem Anstieg auch die Kreditaufnahme ansteigen sollte, so ist mit einer entsprechenden korrelativen Beziehung zu rechnen und damit auch mit einer automatischen Regulierung der Geldmenge. Die Knappheit der zur Verfügung stehenden Arbeitsleistung und die Knappheit der Bereitstellungsmöglichkeiten sorgen zudem für die unbedingt notwendigen Grenzen, die bei nahezu allen anderen Währungen über den Zinsfuß realisiert werden, und zwar nach dem Motto, je höher die Knappheit an Geld, umso höher der Zins. Ist Geld nicht mehr knapp, so muss der Zins gegen null laufen und verliert damit die Möglichkeiten, begrenzend wirksam zu sein. Im rein kreditbasierten Geldsystem, wie bei NIM, wird die Menge an aufgenommenen Krediten über die vertraglich festgeschriebenen Regeln gesteuert, bei NIM über die darin festgelegte Absicherung durch die hinterlegten Arbeitszeiten.

Gleich, ob die Reglung des Wachstums über ein Regelwerk bewerkstelligt wird oder in den Händen von Fachleuten liegt, zum Beispiel den Managern der nationalen Notenbank, beim Vergleich lohnt sich ein Blick in die ineinander verzahnten Rückkopplungen, die sich beim regelbasierten System selbst regulieren können. Es kann nicht schaden, Einblicke in die grundlegenden Mechanismen von Regelkreisen zu nehmen, hier natürlich im Hinblick auf die theoretische Modellbildung als Hilfe zur Rekonstruktion von komplexen Zusammenhängen bei wirtschaftlichem Wachstum.

Wird das Wachstum in einer Volkswirtschaft nicht mehr allein vom erzielten Bruttosozialprodukt her gesehen sondern mehr von der Gleichgewichtslage zwischen wachsenden Einheiten (zum Beispiel Fabriken) und zerfallenden Einheiten (Entsorgung und Demontage von nicht mehr benötigten Produktionseinheiten), so wird es vielleicht auch möglich, das Wachstum einer Volkswirtschaft in einem neuen Licht zu sehen. Die Steigerung des Wachstums im Kreislaufsystem ist immer auch mit einer Mehrung der Zerfallsprozesse verbunden, weshalb ein positiver Kreislauf-Koeffizient anzustreben ist, nicht nur das absolute Wachstum wichtig ist.[241] Geld spielt dabei in modernen Volkswirtschaften immer eine Rolle, und zwar sowohl bei den aufbauenden wie auch bei den abbauenden Prozessen. Grundsätzlich ist aber Wachstum natürlich auch ohne Geld realisierbar. Geld ist damit der einzige der Faktoren auf den man durchaus verzichten kann, wenn alle anderen Faktoren hinreichend einsetzbar sind. Die Arbeiten in der Familie sowie auch die Nachbarschaftshilfe sind Beispiele, die selbst in modernen Volkswirtschaften mit zum Wachstum beitragen, ohne dass hier Geld eingesetzt würde. Wird wirtschaftliches Wachstum nur über Geldflüsse definiert, so wird damit nicht das Gesamtbild wiedergegeben, es fehlen wesentliche Anteile, die mitbeteiligt sind.

2. Zerfall – Zerstörung – Wachstum

Wenn wir an Wachstum denken, dann dürfen wir nicht den Zerfall vergessen, denn ohne den Zerfall ist eine nachhaltige Bewirtschaftung, eine nachhaltige Wirtschaft, nicht denkbar. Langlebige Produkte können sogar den Fortschritt stören oder hemmen. Während man in den vergangenen Jahrhunderten eher nur die neuen Produkte im Auge hatte und den Zerfall sowie die Zerstörung dem Zufall überließ, so sollte zukünftig die gezielte Zerstörung veralteter und abgenutzter Gebrauchsgüter bei der Planung von Wachstum schon mit eingeplant werden. Anstatt Autos auf dem Schrottplatz vor sich hin rosten zu lassen, könnte man die Verwertbarkeit einzelner Teile nach Abnutzung mit einplanen, um so ein effektives Recycling für eine nachhaltige Wirtschaft durchführen zu können. Bei Modulbauweise lassen sich vielleicht einzelne Module wiederaufarbeiten und zum Beispiel im Gebrauchtwarensegment noch einsetzen. Auch ein systematischer Eintausch von alten Autos könnte der Nachhaltigkeit dienen. Leasingangebote für Batterien bei Elektroautos und gebrauchten Autos aus dem 1. Leasingzyklus könnten dies unterstützen. Forcieren könnte man die Entwicklung der E-Mobilität durch eine steuerliche Begünstigung der Leasingverträge für die Batterien, und nicht mit einer Prämie für die Autos. Mit der industriellen Revolution und dem Einsatz von Maschinen, in der Zukunft verstärkt durch den Einsatz von Robotern, verschwindet die Handarbeit und ebenso die Reparaturwerkstatt. Wollen wir weg von der modernen Wegwerfgesellschaft, so müssen wir auch die Wiederaufarbeitung von technischen Geräten und alten Möbeln mit einplanen. Für die Reparatur sind die Firmen, die all die uns vertrauten Waren herstellen, mit in die Verantwortung einzubeziehen, entweder durch eigene Reparaturwerkstätten oder durch entsprechende Kooperationen mit spezialisierten und von den Herstellern zugelassenen Werkstätten. Wer so hilft, das Müllaufkommen zu verhindern und die Langlebigkeit von Produkten zu fördern, der sollte, da so auch im Sinne des Klimaschutzes CO_2 eingespart wird, steuerlich mit großzügigen Kostenanrechnungen belohnt werden, andererseits kann man die Müllentsorgung auch teurer machen, sollte vor allem aber die Strafen für nicht ordnungsgemäß abgelagerten Müll drastisch erhöhen. Sinnvoll ist es auch, die Rücknahme durch die Herstellerfirmen zu verlangen, so dass niemand mehr auf die Idee kommt, Müll auf einer wilden Müllkippe zu entsorgen. Auch landen so mancherlei wertvolle Gegenstände auf dem Müll, anstatt wiederverwendet zu werden. Dies ist aber nur eines der negativen Ergebnisse, es wird zudem auch gezielt auf kurze Lebenszeiten hin produziert und damit der Neukauf angekurbelt. Der Produzent fühlt sich überdies auch nicht für den Müll verantwortlich. Es ist einfacher, den Müll zu verbrennen und anschließend CO_2-Zertifakate zu erstehen. Zerfall und Zerstörung der industriellen Produkte müssen aus dem Hinterzimmer auf die Bühne der Wachstumsstrategen gezerrt werden. Es geht dabei nicht, wie zunächst zu vermuten, um die Verteufelung der Industrialisierung und der immer weiterschreitenden Übertragung von menschlichen Arbeitsleistungen auf Maschinen, wir müssen nur endlich sehen, dass Zerfall und Zerstörung mit zum Kreislauf von Werden und Vergehen dazugehören. Wer an den neuen Produkten verdient, muss auch die Kosten für eine spätere Entsorgung übernehmen. Die moderne

Industriegesellschaft plant nur die Neuentwicklung und die neue Produktion, nicht aber den Erhalt und die gezielte Zerstörung, sowie die Wiederverwertung der abgenutzten Waren und Teile davon. Aus der Sichtweise des Geldpolitikers wird hier Geld am Fenster herausgeschmissen, und zudem werden mögliche Arbeitsplätze nicht nur nicht geschaffen, sondern sogar vernichtet. In einer nachhaltigen Wirtschaft müssen Haltbarkeit und Abnutzung mit in die Kalkulation einbezogen werden. Die produzierte Ware muss grundsätzlich vom Händler zurückgenommen werden, wenn sie nicht mehr genutzt werden kann. Die Kosten der Entsorgung müssen in den Verkaufspreis mit einbezogen werden, da nur so auch langlebige Produkte eine Chance haben. Ohne gesetzliche Vorgaben wird es weiter so gehen, dass Maschinen und Roboter nur Neuwaren produzieren können, zudem mit nur kurzer Lebensdauer und ohne Reparaturservice.

Wir können die Endlichkeit allen Seins, unser Leben, die Produkte unserer Arbeit, nicht einfach nach Beendigung des Wachstums abhaken und dann auf den Müll befördern. Wer Wachstum will, der sollte auch das Ziel haben, den unaufhaltsamen Zerfall in einem Kreislaufsystem aufzufangen und sich damit für eine nachhaltige Wachstumsstrategie einzusetzen, die mit verzögerten Wachstumsprozessen Langlebigkeit einkauft und durch intensives Recycling auch nachhaltig mit den Ressourcen umgeht. Wachstum in derartigen Kreislaufprozessen wird allerdings nicht billiger, jedenfalls nicht auf den ersten Blick. Langfristig ergeben sich zwar Einspareffekte, es werden auch Ressourcen geschont, und der Mensch kann besser in neu geschaffene Arbeitsplätze maschinenorientierter Produktionsprozesse eingebunden werden. Da Abbau, Recycling und die Verwendung von Strategien zur Förderung von Langlebigkeit in allen Bereichen in einem modernen Wirtschaftsgefüge auch Geld und Kapital benötigen, so müssen Strategien gefördert werden, die genau dies bewirken. Ein derartiges Kreislaufsystem kann aber nur funktionieren, wenn alle Faktoren und Bedingungen optimal zusammenwirken.

Gleichgültig, wie hoch oder wie niedrig die Produktionskosten sind, die Entsorgungskosten sind vor dem Verkauf der Ware im lokalen Markt als Aufschlag bei der Berechnung mit einzubeziehen. Für die Küchenmaschine, die doppelt so lange hält wie diejenige der Konkurrenz, ist aus Nachhaltigkeitsgründen die Entsorgungsabgabe zum Beispiel nur mit der Hälfte einzukalkulieren. Entsorgungsabgaben können wie Steuern erhoben werden, wenn gleichzeitig die nicht sachbezogenen Gewerbesteuern reduziert und letztlich abgeschafft werden. Die Kosten der Entsorgung und einer zwangsweisen Wiederverwertung können nicht nur bei Maschinen, sondern auch bei den Bekleidungsstücken, den Gebäuden und ebenso bei Lebensmitteln in den Verkaufspreis mit einkalkuliert werden. Wer die Langlebigkeit seiner Produkte nachweist, kann so viel Geld sparen und damit seine langlebigen Produkte zu einem konkurrenzfähigen Preis anbieten.

Will man die funktionalen Zusammenhänge mathematisch erfassen, so wird man ebenso die Abnutzung in den verwendeten Gleichungen mitberücksichtigen müssen. Der Zerfall ist von Anfang an, bereits in der Wachstumsphase, mit dabei. Eine Wachstumskurve berücksichtigt dies normalerweise nicht direkt. Eine Möglichkeit wäre es, den Zerfall zeitgleich in einer Zerfallskurve aufzutragen, und zwar mit einer gegenläufigen Skala. Dabei wird dann auch klar, dass nachhaltiges wirtschaftliches Wachstum, das mit der Langlebigkeit der Produkte rechnen muss, zwar hinsichtlich der gesamten Produktivität im Neuwarenbereich mit geringeren Zuwächsen rechnen muss, dafür aber die Allgemeinheit geringere Kosten zu übernehmen hat. Die Kosten für die Müllbeseitigung werden erheblich sinken, und damit wird die Effizienz gesteigert. Eine effiziente Kreislaufwirtschaft wird auch darauf achten, möglichst energiesparend und ressourcenschonend zu arbeiten. Firmen, die nachhaltig wachsen wollen, müssen aber auch damit rechnen, dass veraltete Produkte und Produktlinien mit der Zeit immer weniger nachgefragt werden. Ohne Innovationen und neue Produkte wird wirtschaftliches Wachstum stagnieren, und der Abschwung nähert sich, wird Realität, die Rezession ist so nicht mehr abzuwehren. Mit Innovationen können die Firmen sogar neue Nischen besetzen und damit den neuen Aufschwung einleiten, Preisdumping hingegen wirkt nur wie ein Strohfeuer, ist nicht nachhaltig.

3. Störungen im Konzert der Faktoren

Wenn wir von Störungen sprechen und diese unter die Lupe nehmen wollen, so sind die direkten Auswirkungen zu betrachten, aber auch die Reibungsverluste bei ansonsten doch augenscheinlich störungsfreien Aktionen. So viel vorab. Wenn wir im Energiebereich zwischen nutzbarer und nicht nutzbarer Energie unterscheiden, so sollten wir im Finanzbereich zwischen nutzbarem und nicht nutzbarem Kapital unterscheiden, außerdem die Herkunft des Kapitals nicht aus dem Auge verlieren.[242] Kapital kann auch zerstörerisch wirken und muss wie die ungebändigten energetischen Kräfte gebändigt und in die richtigen Bahnen gelenkt werden. Blutgelder und Gelder aus illegalen Quellen sind ebenfalls nicht so ohne weiteres problemlos einsetzbar. Wenn wir beim Kapital analog zur Energie unterscheiden zwischen nutzbarem und nicht nutzbarem Kapital, so ist im Rahmen einer Kreislaufwirtschaft auf die Geldflüsse zu achten. Die Kapitalströme sollten nicht blockiert werden, und müssen kontinuierlich kontrolliert werden. Die Produktion von Waren und Geld gehört deshalb nicht in die Hände der öffentlichen Hand, wenn diese sich nicht selbst kontrollieren will. Störungen in den Kontrollfunktionen sind nicht zu unterschätzen. Nur eine einwandfreie Kontrolle kann Störungen im gesamten System rechtzeitig entdecken und eliminieren.

Die einzelnen Störungen, die durch Kontrollen aufgedeckt werden können, betreffen bei den Finanzen grundsätzlich 6 Bereiche.

Eine Störung im Finanzbereich ist sicherlich 1. die Einsetzung von Kapital und Geld zu **Spekulationszwecken**, anstatt es für produktive Zwecke zu nutzen.

Eine andere Störung entsteht 2. durch die **Nutzung für kriminelle Zwecke.**

Zudem ist Geld immer auch 3. **räuberischen Angriffen** ausgesetzt.

Geld und Kapital können aber ebenso 4. dem **Machtmissbrauch** Vorschub leisten.

Geld und damit Finanzkapital kann 5. zudem den ihm zugeschriebenen **Wert verlieren**, was dann auch Auswirkungen auf die im Umlauf befindlichen Gelder hat, gleich, ob durch allgemeine Entwertung oder durch ein Bevölkerungswachstum. 6. Es kann ein Geldmangel entstehen, ein bedingter Geldmangel, der dann ad hoc nur durch eine Ausweitung der Geldmenge zu beheben ist.

Der Geld- und Kapitalkreislauf wird nicht in der Balance gehalten, wenn die im Umlauf befindlichen Gelder für andere als die den Kreislauf stabilisierenden Zwecke eingesetzt werden. Nur beim privaten kreditfinanzierten Geld kann man davon ausgehen, dass eine Selbstregulation möglich ist, wenn die entsprechenden Rahmenbedingungen dem nicht im Wege stehen. In jedem Fall wird mehr Geld im Umlauf benötigt, wenn die Bevölkerung auf Wachstumskurs ist, und weniger, wenn im Gegensatz dazu die Anzahl der Menschen in dem betrachteten Wirtschaftsraum sinkt. Die im Umlauf sich befindende Geldmenge muss sich in jedem Fall auch den Aktivitäten der Menschen in dieser Gesellschaft anpassen, sonst sind Störungen im Wachstum und in der Aufarbeitung von Zerfallsprozessen vorprogrammiert. Dabei kommt es nicht allein darauf an, wie viel Geld sich im Markt befindet, sondern vor allem darauf, wie viel Geld aktiv den Geldfluss mitbestimmt, gehortetes Geld gehört nicht dazu. Deshalb ist die Ungleichverteilung des Geldes in einer Gesellschaft ab einem kritischen Punkt stark wachstumshemmend. Gehortetes Geld kann nicht aktiv neues Wachstum bewirken, und fehlendes Geld kann keinen Konsum beflügeln. Das dadurch gebremste Wachstum wirkt sich auch negativ für die Reichen und die Superreichen aus, ein allgemeines Grundeinkommen könnte da durchaus positive Wirkungen auf den Wachstumsmarkt haben.[243]

Störend können sich auch Steuern auswirken, die auf substanzielle Werte erhoben werden. Als Beispiel dafür sei hier die Erbschaftssteuer angeführt; wird, im Erbfall das Einfamilienhaus und das Auto der Eltern mit Erbschaftssteuer belegt, so ist das in jedem Fall eine substanzielle Steuer, ebenso wie die Vermögenssteuer. Da der besteuerte Wert nicht als Geld vorliegt, kann die erhobene Steuer nur aus dem ererbten Barvermögen, dem eigenen Vermögen oder dem Verkauf der Erbsachen bezahlt werden. Mit dem Verkauf elterlicher Immobilien aus der Erbschaft entfällt dann die Möglichkeit, diese zu vermieten und damit Gewinne zu erzielen. Fehler bei der Sachbewertung können zudem auch nicht auftreten, wenn diese erst gar nicht zu bewerten sind, was bei der substanziellen Steuer aber unumgänglich ist. Darüber hinaus werden die Bewertungen auch nicht mehr marktgerecht erfolgen können, wenn die betreffenden Sachwerte nicht reproduzierbar sind, schließlich kann man Grundstücke zum Beispiel nicht bei erhöhtem Bedarf marktgerecht vermehren und damit einen gerechten Preis zwischen Angebot und Nachfrage erwarten. Wird dennoch der Preis über Angebot und Nachfrage bestimmt, so kann dies zu falschen Preisen im Markt führen; deshalb sind in solchen Fällen Lizenzverträge, Pachtverträge und Mietverträge für begrenzte Zeit das richtige Mittel, um Fehlentwicklungen zu vermeiden. Werden nicht beliebig vermehrbare Güter genauso bewertet und am Markt angeboten wie die Güter, deren Knappheit leicht zu beseitigen ist, so führt dies zu Störungen, die den ganzen Wirtschaftsraum in eine Rezession führen können. Um solche Störungen zu vermeiden, sollten nicht vermehrbare Güter wie Luft, Wasser und Boden zu Allgemeingut erklärt werden. Notwendige Enteignungen lassen sich durchaus sozial verträglich auf den Weg bringen, indem zum Beispiel Steuern in Pachtzinsen umgewandelt werden und damit die bisherigen Zustände nach außen hin kaum geändert sind. Entsprechende Störungen entstehen aber auch bei exorbitanten Preissteigerungen für geistige, nicht abnutzbare Werte wie die eines Romans oder eines Bildes. Bei Gemälden taucht dies Problem regelmäßig auf, wenn der Maler verstorben ist und somit keine weiteren Bilder mehr von diesem Künstler zu erwarten sind. Mitunter kann nur die Zerstörung des Bildes den exponentiellen Preisdruck aufheben, oder aber die Erklärung des Bildes zum nationalen Kulturerbe mit sofortiger Enteignung zugunsten von Museen, in denen diese Bilder dann dem Bürger zugänglich sind. Schriftliches geistiges Eigentum, ein Roman zum Beispiel kann beliebig oft kopiert und nachgedruckt werden, solange noch ein vollständiges Exemplar vorhanden ist und die Urheberrechte damit nicht verletzt werden. Bei einem Buch ist zu unterscheiden zwischen dem vermehrbaren Buchdruck und dem ideellen Wert, der sich aus dem einmaligen Inhalt ergibt. Dies ist auch auf Firmen zu übertragen, die über ihre Mitarbeiter zu den Rechten an Patenten und auch nicht patentierten Plänen und Strukturen gelangten. Wird eine solche Firma verkauft, werden damit in der Regel auch alle Rechte und Patente mitverkauft. Dies geschieht meistens sogar über die Köpfe der Urheber hinweg. Das Gesetz sollte aber doch diese Urheber in ihren Rechten schützen, was nur möglich ist, wenn substanzielle und ideelle Werte getrennt behandelt werden. Bei ideellen Werten ist die Klärung der Urheberschaft wichtig, bei substanziellen Werten die Kosten bei einem Verlust für die abzusichernde Arbeitsleistung hinsichtlich einer Wiederherstellung. Ideelle Werte sind nur unter Beachtung der Urheberschaft bestimmbar, substanzielle Werte unter Beachtung des ursprünglichen Arbeitsaufwandes und des Nutzungswertes. Bei geistigem Gut könnte allerdings auch die vereinbarte Nichtnutzung bzw. die Unterbindung einer Nutzung zu Störungen führen, ebenso die ungehinderte Nutzung unter Missachtung des Urheberrechts, ganz zu schweigen von den Auswirkungen durch Produktpiraterie und das ungehinderte Abschreiben, ohne den wahren Urheber der Gedanken zu benennen. Erhält der Urheber nicht die notwendige finanzielle Unterstützung, um seine Ideen weiterzuentwickeln, so kann dies schwerwiegende Folgen für die Gemeinschaft haben, gehen doch mitunter wichtige Ideen verloren oder werden nie ausgearbeitet. Werden Firmen verkauft, so sollte das gesamte geistige Gut, das sich dort angesammelt hat, mitunter an die Gemeinde fallen, in der diese Firma ihren Sitz und ihre Produktionsstätten hat. Zur Begründung lässt sich anführen, dass diese Gemeinde die notwendige Infrastruktur und die Bildungseinrichtungen stellt und bezahlt, so dies denn auch einen Anspruch rechtfertigt!

Ein besonderes Problem stellt die neue Form des Informationsaustauschs im Internet dar, auf Pinnwänden und generell dem ungeregelten Gedankenaustausch innerhalb der sozialen Medien. Werden zum Schutz des geistigen Eigentums Filter eingesetzt, die sicherheitshalber möglichst viel herausfiltern, um rechtliche Probleme zu vermeiden, so kann dies von denen, die nur etwas mit anderen diskutieren wollen und sicherheitshalber im Filter festhängen, durchaus als Zensur aufgefasst werden. In einem Gespräch unter Freunden kann man sehr wohl nicht jeden Begriff, jeden Satz urheberrechtlich abklopfen, weshalb geschützte Räume möglich sein müssen, in denen auch Dinge nicht filtriert gesagt werden dürfen, ohne direkt per Filter aussortiert zu werden. Dies wird aber nur möglich, wenn derartige Chaträume mit Sperrfiltern nach außen belegt werden. Fehlgeleitete Informationen können schnell zu den schlimmsten Störenfrieden werden, deshalb ist hier besondere Aufmerksamkeit notwendig, ein Problem, das gerade auch beim Internet der Dinge und im KI-Bereich noch viel Kopfzerbrechen bereiten wird.

4. Gewinnsteuer, eine Steuer, die Wachstum nicht verhindert!

Steuern, die auf substanzielle Werte angesetzt werden, können das wirtschaftliche Wachstum stören und sogar stoppen, da sie nicht gezielt an den Faktoren des Wachstums ansetzen. Werden zum Beispiel Vermögenswerte besteuert, kann dies dazu führen, dass Vermögen verkauft wird, um die Steuern bezahlen zu können. In der Folge sind dann mit dem Restvermögen geringere Einnahmen verbunden, und gegebenenfalls kann dies ein Geschäft, eine Firma, in die Insolvenz treiben. Damit wird dann ein funktionierendes Gleichgewicht gestört. Besser ist es deshalb, auf die substanzielle Besteuerung gänzlich zu verzichten und nur erwirtschaftete Gewinne zu besteuern, also funktional. Ein Grundproblem der substanziellen Besteuerung ist die Bewertung mit dauernd sich ändernden Wertzuweisungen. Selbst zum gleichen Punkt auf der Zeitskala werden verschiedene Gutachter auch zu unterschiedlichen Bewertungen kommen. Bei den Gewinnen ist dies anders, da ein einmal erzielter Gewinn sich anschließend betragsmäßig nicht mehr ändert, es sei denn die Gewinnberechnung wird geändert, was aber in der Regel auch nur die zukünftigen Gewinne verändert. Der Gewinn ist immer das, was zu einem bestimmten Zeitpunkt nach Abzug der Kosten vom Erlös übrig bleibt, also der Wert, der einem Gegenstand oder einer Dienstleistung als Gewinn zu einem bestimmten Zeitpunkt zugeschrieben wird. Zu dem Gewinn zählt dabei nicht nur der Gewinn des Händlers, des Kaufmanns oder des Unternehmers, der seine Produktionskosten vom Umsatz abzieht, um so seinen Gewinn zu berechnen, sondern auch der Gewinn des Angestellten, der seine Lebenshaltungskosten von seinen Einkünften abzieht, um so seinen ganz individuellen Gewinn zu berechnen. Bei vielen Bürgern wird da kein Gewinn mehr verbleiben, dann aber sollten sie folgerichtig auch keine Steuern zahlen müssen. Wer mit seinem Einkommen nur seinen bescheidenen Lebensunterhalt finanzieren kann, der sollte grundsätzlich keine Steuer zahlen, er trägt durch seinen Konsum genug mit zu den Gewinnen der Firmen und Konzerne bei, die aus dem Verkauf entsprechende Gewinne erzielen, welche weit über das hinausreichen, was zum Lebenserhalt unbedingt benötigt wird und nach historischer Rechtsprechung versteuerbar ist.

Gewinne, gleich aus welchen Geschäften und aufgrund welcher Arbeit sie entstanden sind, sie sollten immer am Ort ihrer Entstehung auch besteuert werden. In diesem Sinn ist der Warengewinn stets dort zu besteuern, wo die Ware verkauft wird, der Gewinn aus einem Arbeitsverhältnis dort, wo sich der Arbeitsplatz befindet, der Gewinn eines Anbieters von Dienstbarkeiten im Internet dort, wo die Dienstbarkeiten genutzt werden, und der Gewinn aus einer Lotterie dort, wo die Lotterie ausgetragen wird. Entsteht Geld nicht durch private Kreditzusagen mit

Absicherung über Arbeitszeitkonten und nicht durch staatlich verteiltes Geld, sondern durch private Geldschöpfung ohne adäquate Absicherung, aus Sachwerten oder aus Algorithmen in einem Computer, so ist dies ein ohne Arbeit entstandenes Geld, das voll der Gewinnsteuer unterliegen sollte.[244] Der auf Arbeitsleistung bezogene Kredit ist hingegen kein Gewinn, wird doch das Arbeitskataster nicht nach tatsächlich gezahlten Löhnen, sondern nach Arbeitsleistung auf Gegenseitigkeit vor Gewinn abgerechnet. Ebenso sind der Überziehungskredit und der Ansparkredit keine gewinnbasierten Kredite, da hier nur Leistungen auf Gegenseitigkeit verrechnet werden.

Ob die Gewinne aus einer Lotterie mit den Gewinnen aus einer geschäftlichen Tätigkeit und einer Tätigkeit aus einem Arbeitsverhältnis zu vergleichen sind, das kann hier allenfalls gestreift werden, ist in den wesentlichen Punkten dennoch hier anzusprechen. Wird das Los zum Beispiel in Köln gezogen, so ist Köln der Austragungsort, an dem auch die Steuer fällig wird. Da bei einer Lotterie kein Gegenwert für die eingezahlten Gelder angeboten wird, der Gewinn ist schließlich kein Gegenwert, so ist der ausgezahlte Gewinn kein normaler Gewinn aus einem Tauschgeschäft oder einer Dienstbarkeit wie alle anderen Gewinne, sondern eine Auszahlung aus einem Topf eingesammelter Gelder. Für den glücklichen Gewinner ist es dennoch ein Gewinn, allerdings kein Tauschgewinn, sondern ein Zufallsgewinn, vergleichbar dem zufälligen Gewinn aus einem Fundstück. Bei Zufallsgewinnen entstehen grundsätzlich keine Kosten, so dass auch keine Kosten gegengerechnet werden können. Dies berechtigt zu der Maßnahme, nur die Hälfte der ansonsten fälligen Gewinnsteuer zahlen zu müssen, wenn man das berücksichtigen will. Wer aber soll diese Steuer auf zufällige Gewinne zahlen? Zufallsgewinne müssen deklariert werden, da ansonsten anzunehmen ist, dass es sich nicht um einen Zufallsgewinn handelt, mit der Folge einer 50%igen Steuerveranlagung auf den vollen Erlös. Bezahlen muss die Steuer derjenige, der den Gewinn deklariert oder auch deklarieren muss. Bei Gewinnspielen muss der Veranstalter der Lotterie diese Gewinne deklarieren und somit auch die darauf fällige Gewinnsteuer zahlen. Wer einen verlorenen Gegenstand oder einen wertvollen Stein zum Beispiel findet, muss den möglichen Besitzer ausfindig machen und darf nach einer als ausreichend betrachteten Suchaktion das Fundstück behalten, muss aber die Steuer auf diese Zufallsgewinne bezahlen, wobei die Kosten für die Wertfeststellung und die Suche nach dem Besitzer abzuziehen sind. Deklariert eine Lotterie 50.000 Euro als Gewinn, so muss sie dafür 12.500 Euro an Steuer zahlen, sofern als Zufallsgewinn eingestuft; dem Lottogewinner ist dieser Gewinn als Nettogewinn mit 50.000 Euro auszuzahlen, und der Lotteriebetreiber hat Unkosten von 1.500 Euro plus der Kosten für Verwaltung und Reklame mit geschätzten 1.500 Euro, also insgesamt 15.500, Steuer eingerechnet. Entstehende Kosten, zum Beispiel Verwaltungskosten, können steuerlich aber nur abgezogen werden, wenn der Gewinn nicht als Zufallsgewinn deklariert wurde. Dafür, dass eine Gewinnsteuer gezahlt wird, sollte keine Gewerbesteuer und auch keine Umsatzsteuer erhoben werden. Die Forderung einer Gewinnsteuer sollte auch für Gewinnspiele gelten, die eigentlich nur als Werbung gedacht sind. Die in der Werbung deklarierten Gewinne sind auch dem Finanzamt gegenüber zu deklarieren und die entsprechende Steuer dafür zu bezahlen.

Als eine Steuer, die quasi Einkommenssteuer, Gewerbesteuer, Körperschaftssteuer und Umsatzsteuer zu einer Steuer zusammenfasst, ist die Gewinnsteuer eine erhebliche Vereinfachung im Steuerrecht, wenn auch die zum Abzug berechtigten Kostenabzüge sich durchaus ebenso komplex gestalten können. Zu beachten sind Vereinfachungen aufgrund der einfacheren Berechnung mit dem Grundgehalt als eine Art negative Steuer, wobei das Kindergeld zu streichen ist, da es funktionaler und sinnvoller ist, die Kinder mit einem geringeren Grundgehalt (ca. 50%) auszustatten, dafür ohne Kindergeld und ansonsten steuerlich wie die Erwachsenen zu behandeln. Auch beim Grundeinkommen für Kinder ist eine Pauschale für den Lebensunterhalt anzusetzen, und zwar mit 50% der Pauschale, die bei Erwachsenen angewendet wird. Wächst ein Kind, das berechtigt ist, eine Grundabsicherung zu erhalten, nicht in Deutschland auf, so sind die Unterhaltskosten in dem Land aufzurechnen, in dem das Kind tatsächlich lebt; eine Pauschale ist nur bei in Deutschland lebenden Personen anzuwenden.

Die Gewinnsteuer ist eine funktionale Steuer, die bildlich gesprochen nur einen Teil der geernteten Früchte, nicht aber einen Teil vom fruchttragenden Baum als Einnahme für den Staat fordert. Einkommenssteuer und Umsatzsteuer sind als vornehmlich substanzielle Steuern, bildlich die Forderung nach dem fruchttragenden Ast mit Früchten, so dass im kommenden Jahr mit weniger Einnahmen (Früchten) zu rechnen ist. Eine moderate Gewinnsteuer fördert Wachstum im Gegensatz zu den meisten anderen Steuerarten und ist auch gerechter, wie beim Vergleich mit dem Kindergeld zu sehen ist. Die Gewinnsteuer ist insgesamt gesehen die gerechteste und in der Kombination mit einem Grundgehalt die einzige Steuer, die der Menschenwürde in allen Facetten gerecht wird. Im Gegensatz zur progressiven Steuer mit Spitzensteuersätzen von 75% lässt eine Gewinnsteuer von 50% selbst noch bei 60% genug übrig, um auch dem Spitzenverdiener den Spaß am Geldverdienen nicht zu vergraulen und ihm keinen Grund dafür zu geben, sein Heimatland zu verlassen.[245] Um das Bildungssystem zu stärken und zu fördern, sollten unsere Millionäre und Milliardäre wohl auch bereit sein, freiwillig dem Staat einen Zuschlag zu gewähren, der in wechselnden Abständen als einmalige Abgabe sachbezogen zu erheben ist.

Ein zentrales Problem bei der Einführung einer generellen Gewinnsteuer wird im Außenhandel sichtbar und führt durch die Aktionen der EU-Behörden hinsichtlich einer Digitalsteuer für Internetkonzerne durchaus auf den richtigen Weg. Bei der Umstellung auf eine Gewinnsteuer ist jedoch zu beachten, dass Gewinn nur das ist was nach Abzug der Kosten von den Erlösen noch übrig bleibt.[246]

Der Gewinn entsteht immer dort, wo der Anbieter für seine Ware, seine Dienstleistung, Geld als Erlös verbuchen kann, also beim Nutzer, der dafür bezahlt, und nicht am Produktionsort oder gar der Firmenzentrale. Bezahlt wird die Ware im

Kaufhaus, bei der Hausbank oder im Restaurant, und dort entsteht auch der Gewinn, der bei dem dort zuständigen Finanzamt zu versteuern ist. Am Produktionsort und in der Verwaltung entsteht nur der Gewinn der Angestellten, die dort arbeiten. Lediglich diese Gewinne können am Firmenstandort auch versteuert werden. Briefkastenfirmen haben da keine Chance mehr. Nicht der Briefkopf sollte entscheidend sein, sondern der Ort, an dem auch tatsächlich etwas passiert, Geld gegen Leistung getauscht wird. Neben den Gewinnen der dort Arbeitenden entstehen am Produktionsort natürlich auch die Gewinne der Zulieferer, die dort die benötigten Ressourcen anliefern, die benötigte Energie bereitstellen. Dafür sollten im Gegenzug Arbeit an sich und ebenso Produktion an sich unversteuert bleiben.[247] Für Waren, die im Ausland bereits durch Unternehmenssteuer belastet wurden, kann man diese Unkosten als Kosten ansetzen, die bei der Gewinnermittlung vom Erlös abgezogen werden, zudem sollte es auch möglich sein, da internationale Absprachen zu treffen, damit der Welthandel durch entsprechende Änderungen im Steuerrecht nicht gestört wird. Die Einführung einer allgemeinen Gewinnsteuer sollte auch Grundsteuer und Grunderwerbssteuer überfällig machen. Pachteinnahmen und die normale Gewinnsteuer auf verkaufte Immobilien sollten den Verlust an Einnahmen aus der Gewerbesteuer für die Kommunen durchaus wettmachen.[248] Bei einem Wegfall von Körperschaftssteuer und Gewerbesteuer sind für die Kommunen als Ersatz dafür die Gewinnsteueranteile, die der Gemeinde zustehen, exakt zu umschreiben.[249] Für den Kaufmann ist es wichtig, dass dadurch nur verkaufte Ware besteuert wird und nicht wie bislang auch teilweise die im Lager auf den Verkauf wartende Ware. Nur so können die verschiedenen beim Wachstum wirksamen Faktoren ohne die störende Bremswirkung substanzieller Steuern ungehindert miteinander agieren.

5. Wachstum auf den verschiedenen Ebenen

Mitunter liegen Welten dazwischen, und es ist etwas Unterschiedliches gemeint, wenn von Wachstum die Rede ist, sei es in der Natur, im Labor, im Markt auf der globalen, der kommunalen oder der privaten Bühne.

Wachstum ist zunächst mal auf Individuen bezogen klar zu umgrenzen. Als Individuum oder verallgemeinert als Entität kennen wir die konkrete Pflanze im Blumentopf vor uns, unseren Haushund, unsere Katze, die Bäckerei um die Ecke, das Lebensmittelgeschäft oder auch die Fabrik in der Parallelstraße. Nehmen wir zunächst als Beispiel eine Pflanze, so können wir beobachten, wie aus dem Samen eine Keimpflanze sich mit ihren Keimblättern in das Licht über der Erde hineinstreckt. Dabei sind drei wichtige Faktoren beteiligt, erstens das Wasser, denn ohne Wasser würden Samen nicht aufquellen und die Nährstoffe in den vorbereiteten Keimblättern aktivieren können. Der zweite Faktor, das Licht, lässt die Pflanze zum Sonnenlicht hinwachsen und aktiviert die Photosynthese; der dritte Faktor, die Ressourcen, das sind hier die im Keimblatt zur Verfügung stehenden Nährstoffe, und erst, wenn diese aufgebraucht sind, zusätzlich zum Wasser die Nährsalze aus dem Boden, die Energie des Sonnenlichtes und das CO_2 aus der Luft.[250] Nehmen wir nun zum Vergleich die Bäckerei um die Ecke, so haben wir als Ressourcen das Mehl und die Hefe, aber auch noch die verschiedenen Zusatzstoffe und für einen Kuchen auch noch Obst für den Belag. Ohne Energie, mit der die Öfen betrieben werden, könnte weder Brot noch Kuchen gebacken werden. Zur Anschaffung der Öfen und der Ausstattung des Ladengeschäftes wird zudem Geld benötigt, und natürlich sind auch die Arbeitskräfte in der Backstube und im Verkaufsraum zu bezahlen. Ohne die in einer Ausbildung erworbenen Kenntnisse der Angestellten und des Meisters würde die gerade erst eröffnete Bäckerei sich nicht etablieren und wachsen können. Das, was nötig ist, um überhaupt mal anfangen zu können, das kann verglichen werden mit den Nährstoffen in einem Keimblatt. Natürlich sind auch für den laufenden Betrieb Aufwendungen nötig, ohne die der Betrieb nicht aufrechtzuerhalten ist. Wenn das Preis-Leistungs-Verhältnis stimmt, wird es sich bald herumgesprochen haben, dass man dort frisches Brot und leckeren Kuchen kaufen kann. Kommen mit der Zeit immer mehr und neue Kunden in den Laden, so kann dies als Wachstum begriffen werden und ist am steigenden Umsatz abzulesen. Mit dem Wachstum wird auch der Bedarf an Ressourcen höher, die Ausgaben steigen, und es stellt sich bald die Frage, ob die Einnahmen im gleichen Tempo steigen wie die Ausgaben. Das erste Problem entsteht mit der Wahl des Indikators für Wachstum. Nehmen wir die Zunahme im Gewinn als Indikator oder den absoluten Umsatz, oder doch die Produktivität, das sollte vorab geklärt werden. Auf der unteren Ebene, der des einzelnen Geschäftes, ist sowohl die Maßzahl für den Gewinn wie auch die Maßzahl für die Produktivität von Interesse. Der Gewinn kann absolut in Euro oder NIM oder Dollar angegeben werden oder in einer relativen Maßzahl, wie in Gewinn pro Kapitaleinsatz oder Gewinn pro eingesetzte Arbeitsstunde. Wird die Arbeitsstunde mit ihrem Geldeinsatz als Kapitalaufwand berechnet, so kann man Finanzkapital und Humankapital besser vergleichen, was aus meiner Sicht heraus anderen Berechnungsarten vorzuziehen ist. Andererseits ließe sich auch der Maschinenpark mit dem zeitlichen Einsatz auf Arbeitsstunden umrechnen, und somit wäre der Vergleich über die Arbeitsleistung möglich. Einfacher wird es wahrscheinlich, das Kapital als Bezugsgröße zu nehmen, jedoch nicht ohne die Arbeitsleistung dabei mit einzuplanen.

Wechseln wir nun auf eine andere Ebene, die kommunale Ebene, das möchte ich mal am Beispiel einer Stadt aufzeigen, so entstehen auch andere Sichtweisen. Die Stadt kann wachsen, allein dadurch, dass die Bevölkerung wächst. Eine Stadt, die nach einem Jahr 1.000 Personen mehr in ihren „Mauern" aufweist, die benötigt auch entsprechend mehr Lebensmittel, mehr Kleidungsstücke, mehr Wohnraum. Um dies zu bewerkstelligen, braucht es auch mehr Geld im Umlauf in dieser Stadt. Entsprechend sollte die gesamte Produktivität steigen, selbst wenn die Produktivität pro Kopf gleich bleibt. Auch hier kann als Indikator das eingesetzte Kapital pro Arbeitsstunde herangezogen werden. Einfacher dürfte hier ebenso die Berechnung des Gewinns pro Kapitaleinsatz sein, wenn relative Vergleiche gefordert sind, oder auch nur einfach die Gewinne, wenn absolute Vergleiche gefragt sind. Natürlich kann man auch die absoluten Umsätze zum Vergleich heranziehen. Vergleichen wir das wirtschaftliche Wachstum in größeren Regionen, so kann man leicht den Kapitaleinsatz pro eingesetzte Arbeitsstunde berechnen, findet aber eher eine auf den Umsatz zielende Angabe, das sogenannte Bruttoinlandsprodukt (BIP). Fragwürdig ist beim BIP die Tatsache, dass nicht alle Arbeitsleistungen ihre notwendige Berücksichtigung finden.

Wird auf der globalen Ebene mit statistischen Größen operiert, so ist zu fragen, ob genau diese statistischen Wachstumszunahmen in einem Zusammenhang mit zum Beispiel den tatsächlich gravierenden globalen Klimaproblemen zu sehen sind. Je mehr CO_2 durch Autos, industrielle Produktion und häusliche Abgase in die Atmosphäre gelangen, desto mehr ist unsere Wohlstandsgesellschaft der Gefahr ausgesetzt, dass unser globales Gasgleichgewicht zusammenbricht. Nun kann man überlegen, wie der CO_2-Ausstoß durch eine Drosselung des Wachstums in allen Bereichen zu reduzieren ist. Sonderbarerweise bemüht man sich auf der politischen Ebene nicht, die ausgestoßenen CO_2-Gase möglichst am Ursprungsort sofort einzufangen und die Luft von diesem Gas damit zu befreien. Bei der Verbrennung von fossilen Brennstoffen, sei es nun für die Stromgewinnung oder auch für die Wärmeerzeugung, kann der CO_2-Ausstoß relativ leicht für ein schnelleres Pflanzenwachstum eingesetzt werden, da CO_2 generell ein begrenzender Faktor für Pflanzenwachstum ist, insofern ist die Vernichtung von großen Waldflächen ein besonderes Problem für das globale Gasgleichgewicht. An Industriestandorten kann CO_2 aus der Luft auch dazu verwendet werden, neue rein synthetische Kohlenwasserstoffe herzustellen, die in der Folge bei der Verbrennung keine zusätzlichen Stickoxide entstehen lassen, da die synthetischen Kohlenwasserstoffe keine Verbindungen mit Stickstoff enthalten. In der

Konkurrenz zu fossilen Brennstoffen wird der erzielbare Preis beim Kunden in der Relation zu den Kosten bei der Herstellung allerdings nicht unwichtig sein. Will man hin zum Elektroauto, so wird man zwischenzeitlich auch den synthetischen Kraftstoff begrenzt fördern müssen, bis die notwendige Infrastruktur für die Elektromobilität auch überall ein problemloses Fahren mit Elektroautos ermöglicht. Wachstum in zukünftigen ökonomischen Systemen kann bei verstärkter Nutzung grüner Elektrizität durch den Verzicht auf Technologien mit CO_2-Ausstoß durchaus dazu beitragen, unsere Klimaprobleme in den Griff zu bekommen. Gelingt es, den CO_2-Verbrauch und den CO_2-Ausstoß in einem global verstandenen Kreislauf auf unserer Erde auszutarieren, so lösen wir damit nicht nur das Klimaproblem, wir können auch das Pflanzenwachstum in Gewächshäusern fördern und den notwendigen synthetischen Treibstoff bereitstellen, der die Elektromobilität der Zukunft sichert. Eine Elektromobilität, die auf die Nutzung von Umweltenergien ausgerichtet ist, kann zukünftig Wachstum überall auf diesem Planeten befördern und damit die Grüne Revolution anstoßen. Gerade solche Umwälzungen werden mit ausreichendem Kapital bei hinreichenden Informationsquellen besser anlaufen und ein grünes Wachstum initiieren können, ohne hinreichende Kapitalausstattung hingegen mitunter erst gar nicht anlaufen.

Bei einer Kreislaufwirtschaft mit einer planmäßigen Wiederaufbereitung von Abbauprodukten aus dem Recycling wird es auch Kapital benötigen, um den geregelten Abbau und die Aufbereitung der Abbauprodukte für neues Wachstum zu finanzieren. Dabei können nebenbei neue Arbeitsplätze entstehen, die denen Arbeit geben, die bei der Rationalisierung im Produktionsprozess ihren Arbeitsplatz verloren haben.

Ein wesentlicher Aspekt, der in einer nachhaltigen Bewirtschaftung nicht fehlen darf, ist neben einer nachhaltigen Warenwirtschaft auch die nachhaltige Bewirtschaftung der Arbeitsplätze und eine nachhaltige Finanzwirtschaft.

6. Modelle des Wirtschaftens

Zusammenhänge lassen sich am besten modellmäßig erfassen. Es ist nun nicht gerade neu, die Ökonomie, das Wirtschaftsgeschehen, als ein im Gleichgewicht sich befindendes oder zum Gleichgewicht strebendes System aufzufassen, als Modell angelehnt an die bekannten Gleichgewichte aus Physik und Chemie. In der Ökonomie haben wir es allerdings nicht mit statischen oder dynamischen Gleichgewichten zu tun, sondern mit Fließgleichgewichten, in gewisser Hinsicht vergleichbar mit den Fließgleichgewichten in der Biologie.[251]

Ausgehend von den Faktoren, die wir als Zuläufe im System des Fließgleichgewichtes auffassen können, ist noch der Abfluss mit den Reaktionsprodukten, den erwirtschafteten Produkten, darzustellen. Nehmen wir erst mal eine Schale mit einem Abfluss in der Mitte und darum platziert 5 verschiedenen Zuflüssen, die von oberhalb auf die Schale fließen. Sind die Zuflüsse gleich weit vom Abfluss angeordnet und bringen jeweils die gleiche Flüssigkeitsmenge in die Schale, so entspricht dies einem Modell, in dem die Faktoren gleich wirken und entsprechend die Produkte erzeugen, die im Modell in der Mitte abfließen. Ist der Schalenrand 50 cm hoch, so kann er doppelt so viel von den faktoriell gebündelten Ausgangsstoffen oder Wirkungen (Edukten) im Reaktionsraum der Schale halten, als wenn der Rand nur 25 cm hoch wäre. Ist der Input höher als der Output, so wird der überschüssige Input über den Schalenrand ungenutzt ablaufen; das kann Geld sein, das kann Energie sein, aber auch Information. Wird die Schale nun auf eine Gelenkkugel mit integriertem Abfluss aufgesetzt, so wird sie bei gleichem Zufluss aller Faktorenkanäle waagerecht auf dem Abfluss sitzen. Sobald einer der Faktoren mit geringerem oder stärkerem Zufluss die Schale aus dem Gleichgewicht bringt, neigt sich diese in die Richtung des Faktors, der die Gleichgewichtslage stört, zum Beispiel bei zusätzlichem Zufluss nach unten, bei geringerem Zufluss nach oben. Die Schale neigt sich immer zu der Seite mit dem größeren Zufluss. Dabei wird dann der überschüssige Zufluss über den Rand abfließen, zusätzlich aber auch Teile der nicht im Überfluss vorhandenen Faktoren, die sind ja auch nicht mehr einsetzbar, wenn der Reaktionspartner fehlt. Der Überschuss kann so weit abfließen, bis wieder ein Gleichgewicht eingestellt ist, wobei der Anteil, der insgesamt überflüssig ist von dem einen Faktor, von dem zu wenig vorhanden ist, bestimmt wird, durch ihn wird der Gesamtproduktionsprozess heruntergezogen. Dies ist so, weil der Faktor, der nicht hinreichend vorhanden ist, als der begrenzende Faktor auftritt. Fehlt zum Beispiel Energie, so wird sich die gesamte Produktion auf die zur Verfügung stehende Energie hin ausrichten müssen. Die Aluminiumproduktion mit ihrem hohen Energiebedarf wird demnach bei der Standortsuche den Standort mit leicht und billig zu erhaltenen Energiereserven suchen. Ebenso kann man eine Knappheit an Arbeitskräften simulieren. Im Modell mit einer sich in die verschiedenen Richtungen abneigbaren Schale lässt sich das sehr anschaulich darstellen. Arbeitet man nun noch mit verschiebbaren Zuflussrohren, so kann man auch den Effekt des Abstands vom Zentrum demonstrieren. Verschiebe ich nun den Geldzufluss vom Zentrum an die Peripherie, so kann allein diese Verschiebung zu einer Neigung in diese Richtung führen und dabei einen nicht gewollten Abfluss über den Schalenrand bewirken, also dafür sorgen, dass Geld und Energie ungenutzt abfließen. Diese Schale kann als Modell nun nur auf einen begrenzten Bereich bezogen werden. Bei größeren Einflussbereichen wird man im Modell mit mehreren Schalen arbeiten müssen. Arbeitet man mit verschiedenen Ebenen, so sind mehrere Schalen übereinander zu positionieren. Nehmen wir im Modell Wasser für die faktoriellen Ströme, so ist es notwendig, mit einer umgekehrten Pyramide zu arbeiten. Die oberste Ebene ist die größte mit den Primärproduktionen und darunter immer kleiner werdende Ebenen bis hin zur staatlichen Regierungsebene als der kleinsten von allen. Die Produkte wandern von einer Ebene zur nächsten über die mittigen Produktionskanäle. Bei verschiedenen Ebenen sollte man ovale, gegeneinander versetzte Schalen benutzen, die je einzeln mit dem unterschiedlichen faktoriellen Nachschub zu versorgen sind. Trifft der Nachschub, hier Geld, zentrumsnah auf die Platte, so benötige ich für den gleichen Effekt mehr, als wenn er in der Peripherie auftritt.[252]

Mit dem ökonomischen Schalenmodell lässt sich auch demonstrieren, weshalb Innovationen eher aus Ungleichgewichten heraus entstehen werden denn aus Gleichgewichten. Bei Ungleichgewichten sind Bewegungen angezeigt, mit denen das Gleichgewicht wieder herzustellen ist. Zeigen lässt sich dabei auch, dass bei zu großen Ungleichgewichten das Ganze kippt und nur noch minimale Produktionsraten zu erzielen sind, oder sogar gänzlich ausbleiben.

Wird der Geldhahn zugedreht, so wird damit das Gleichgewicht erheblich gestört. Die Schale kippt in die Richtung mit dem höchsten Gegengewicht. Dort wird alles, was in die Schale, den veranschaulichenden Reaktionsraum, eingeflossenen ist, überschwappen und damit nicht ordnungsgemäß abfließen, Energie und Ressourcen werden ebenso ungenutzt verschwinden, wie auch Informationen nicht mehr sinnvoll eingesetzt werden können.

Geld kann zwar mitunter durch Arbeitsleistung, die nicht entlohnt wird, ersetzt oder auch insgesamt das Gleichgewicht mit weniger Energie und geringerem Einsatz an Ressourcen auf einem geringeren Level neu eingependelt werden.

Ebenso wie den Geldhahn kann man im Modell auch den Ressourcenhahn zudrehen und schauen, was die Folgen sein können.

Mit dem Schalenmodell lässt sich einiges einfach und anschaulich darstellen, aber beileibe nicht alles. Probleme der Konkurrenzvermeidung, mit denen Geld und Kapital eingespart werden, sind ebenso wie die Synergieeffekte bei der Kooperation vornehmlich keine Gleichgewichtsprobleme, sondern relationale Probleme. Mit der Darstellung im relationalen Raum sind nun auch nicht die subjektiven, im Gesamtkonstrukt als verhaltensökonomische Variablen einzuordnende Einwirkungen, schon automatisch mitberücksichtigt. Verhaltensökonomische Erkenntnisse sollten aber im relationalen Raum ihren Platz finden. Dazu nur ein Beispiel: Kooperationen können bloß gelingen, wenn auch die Chemie in den persönlichen Beziehungen stimmt. Nehmen wir uns zum Abschluss noch ein Beispiel vor, das auf den ersten Blick sehr abstrakt erscheint, aber dennoch einen realen Bezug aufweist. Steht zum Beispiel zu einem bestimmten geschichtlichen Zeitpunkt kein Geld zur Verfügung, bei den anderen Faktoren mangelt es aber nicht, wird das Gleichgewicht in jedem Fall gestört, wenn vorab differenzierte Geldwirtschaften Usus waren. Die anderen Faktoren können jedoch mit einigem Aufwand dann so verschoben werden, dass ein neues Gleichgewicht hergestellt werden kann. Beziehungen in relationalen Strukturen können genau dies verhindern oder auch befördern.

Welches Gewicht den einzelnen Faktoren zugesprochen wird, ist nicht abhängig von Gesetzmäßigkeiten wie in den Naturwissenschaften. Hier wirken innenbezogen gesellschaftliche Konventionen und außenbezogen systemtheoretische mit naturwissenschaftlichen Begrenzungen zusammen.

Die semantisch narrative Aufarbeitung, wie Yanis Varoufakis dies in dem Buch „Time for Change“[253] meisterhaft gelingt, ist auch eine didaktisch modellierende Aufarbeitung dazu, wie Wirtschaft funktioniert und sich entwickelt hat, allerdings nicht auf die bildhafte, ikonische, sondern auf die sprachlich erklärende, narrative Art.

Zu unterscheiden ist zudem zwischen didaktischen und experimentellen Modellen. Wörgl ist zum Beispiel ein reales experimentelles Modell. Daneben gibt es auch das theoretische Simulationsmodell, eine Variante der experimentellen Modelle. Zudem gibt es die verschiedenen Ansätze, aus korrelativen Zusammenhängen heraus Gesetzmäßigkeiten mit kausaler Wirkung abzuleiten. Derartige Schlussfolgerungen sind mit besonderer Vorsicht zu genießen, sind doch alle Korrelationen im Bereich der Ökonomie abhängig von gesellschaftlichen Vereinbarungen und nicht naturgegeben. Mit Gleichungssystemen sollte man zudem nur arbeiten, wenn zuvor die Axiome in ihrer Bedingtheit abgeklärt wurden. Simulationsmodelle mithilfe von Computern setzen Wahrscheinlichkeiten ein und gehen von bestimmten Anfangsentscheidungen als axiomatischer Basis aus; so kann man Entwicklungen prognostizieren, indem man diese von unterschiedlichen Entscheidungssituationen aus als wahrscheinlich erfasst, dabei wird man dann auch Gleichungssysteme einsetzen. Bildet man hingegen die Realität ausgehend von historischen Datensätzen nach, so spielen auch die Axiome, als durch die Menschen in historischen Zeiten gesetzt, eine Rolle. Sie sind ebenso variabel und nicht naturgegeben gesetzt wie die Variablen bei der Simulation. Daraus abgeleitete Korrelationen stellen keine unumstößlichen Gesetzmäßigkeiten dar wie in den Naturwissenschaften. Lediglich vermittels der Verhaltensökonomie könnte man gewisse aus dem naturverbundenen menschlichen Verhalten heraus verständliche Gesetzmäßigkeiten ableiten. Wenn Piketty versucht aus seinen historischen Korrelationen allgemeine Gesetzmäßigkeiten des Kapitalismus abzuleiten, so scheint mir dies schon etwas vermessen zu sein, könnten doch andere gesellschaftliche Vereinbarungen als die historisch überlieferten auch zu anderen Korrelationen führen. Im historischen Modell betrachtet, kann man zwar als Hypothese angesetzte gesetzmäßige Entwicklungen beobachten, sollte diese aber nicht verallgemeinern. Gehen wir nun bei der Modellbildung einige Stufen zurück, um kleinere Bereiche modellmäßig erfassen zu können. Da bieten sich durchaus Gleichungen an, selbst wenn sie auch nur als Gleichungen beobachtbare Zusammenhänge kompakter beschreiben. Man könnte sich zum Beispiel fragen, ob die Cobb-Douglas-Produktivität geeignet ist, die Produktivitätsentwicklung in der EU zu beschreiben. Nach Cobb-Douglas sollte das BIP, geteilt durch das gewichtete Produkt aus Kapital und Einkommen, diese nachgefragte Produktivität mittels einer Gleichung erfassen können. Die Gewichtung für das Kapital mit 0,35 und für das Einkommen mit 0,65 soll hier nicht gewertet werden, der Einfachheit halber nehmen wir sie mal mit jeweils mit 1 an, was dann vereinfachend zwar nicht mehr der vorgeschlagenen Gewichtung entspricht, aber dennoch die vorliegenden Intentionen klar erkennen lässt. Nehmen wir uns die Formel mal grob unter die Lupe: TFP = Y/(K*L), so heißt das doch, dass bei vorgegebenem Y(BIP) die

Produktivität (TFP) abnimmt, wenn $K{\star}L$ größer wird, und zunimmt, wenn $K{\star}L$ kleiner wird. Übersetzt heißt dies, dass die Produktivität mit erhöhtem Einsatz an Kapital und Arbeitskraft geringer wird, vorausgesetzt das Bruttoinlandsprodukt verändert sich dadurch nicht; klar, wenn ich mehr Kapital einsetzen muss, um das gleiche Ergebnis (BIP) zu erhalten, dann ist die Produktivität geringer. Setze ich andererseits weniger Kapital und weniger Arbeitskraft ein, so heißt dies bei gleichem BIP, dass die Produktivität gestiegen ist.

In der Realität dürfte es aber auch vorkommen, dass die Produktivität steigt, obwohl alle anderen Größen gleichgeblieben sind, wir erhalten eine Ungleichung. Ursache dafür können Innovationen sein, die nicht in das monetäre Kalkül einfließen. Fügt man der Ungleichung noch den Informationsterm hinzu, dann wird daraus wieder eine Gleichung, also $TFP = Y{\star}(1[I{\star}K{\star}L])$, wobei für I Wahrscheinlichkeitswerte einzusetzen sind. Eine Wahrscheinlichkeit von 1 würde dann bedeuten, dass die Information bei der Produktivität in diesem Fall zu 100% keinen Einfluss ausübt. Wird $I = 0{,}5$, so würde dies dann bedeuten, dass der Informationsgehalt, zum Beispiel durch eine innovative Idee zu 50% an der Produktivität, in diesem Fall als Produktivitätssteigerung beteiligt ist, aber auch, dass 50% durch den Einsatz von Kapital und Arbeitskraft bedingt sind.

Wie bereits angesprochen, kann die Produktivität nicht nur in der Abhängigkeit von Kapital und Arbeit erfasst werden. In jedem Fall ist auch der beteiligte Informationsgehalt, wie bereits dargestellt, zu berücksichtigen. Der erste Vorschlag dazu, in der Gleichung die Information als I einfach durch einen weiteren Multiplikator unter dem Bruchstrich einzuführen, ist in der Ableitung aus der vorliegenden Funktion naheliegend, kann aber eigentlich nicht voll befriedigen. Deshalb soll hier noch eine andere Variante vorgestellt werden, die eine bessere Abdeckung der Realität verspricht. Als Gleichung könnte man formulieren:

$TPF = Y/(I{\star}[n{\star}K + m{\star}L])$[254], wobei „I“ für den Informationskoeffizienten[255] steht, n und m für die jeweiligen Gewichtungen. TPF wäre in diesem Zusammenhang die geldabhängige Komponente der Produktivität oder auch der in Geld ausgedrückte Produktivitätszuwachs. Die Formulierung möglicher Zusammenhänge mit mathematischen Mitteln ist in gewisser Hinsicht auch immer eine Art von Modellbildung.[256] Der Einsatz derartiger Gleichungen in Simulationsexperimenten ist eine hervorragende Möglichkeit, den Einsatz von Geld zu erkunden und besser verständlich zu machen. Für den Schüler in der Mittelstufe und auch schon in der Unterstufe ist der Einsatz von Bargeld in einem realen Modell besser verständlich als die Simulation am Computer. Schülerfirmen werden da jetzt schon in verschiedenen Schulen eingesetzt, der abgeschirmte Schulmarkt mit eigenem, nur dort gültigem Geld, ist zwar aufwendiger, verspricht aber die besseren Einsichten und die besseren Lerneffekte.

Aus didaktischer Sicht heraus dürfte das Schalenmodell optimal für Oberstufe und Studium einsetzbar, der Schulmarkt optimal für untere und mittlere Klassenstufen sein. Dabei können rationale, emotionale und relationale Momente recht gut in der zeitlichen Verquickung dargestellt und vermittelt werden.

Die geldabhängige Innovationskraft der Produktivität lässt sich mit dem Modellmarkt und der Simulation unter zusätzlicher Heranziehung der relationalen Komponenten erreichen. [257] Man kann nun Gleichungen wie die zur Berechnung der Produktivität nutzen, um Produktivitätssteigerungen genau bestimmen zu können, aber auch, um mit derartigen Gleichungen ein IT-basiertes Modell einer auf Wachstum programmierten Stadt aufzubauen, Prognosen für die Zukunft zu erarbeiten und auch um damit didaktische Modelle im Schulbereich vorzubereiten. Der Umgang mit Geld kann sicherlich am besten in einem didaktisch aufgearbeiteten Markt mit markteigenem Bargeld eingeübt werden.[258]

XVIII. Die digitale Zukunft?

„It is true, then, that the modern world is replacing dark satanic mills with service business that invest in systems, information, and ideas?"[259]

(Jonathan Haskel and Stian Westlake, S. 30; 2018)

Die digitale Zukunft ist nicht die digitalisierte Vergangenheit, nein, da finden wir immer weniger Finanzkapital und immer mehr geistiges Kapital. Ideen, Systeme und Informationen sind es, die den zukünftigen Wachstumstrend bestimmen! Dabei spielen die digitalen Informationen in mehrfacher Hinsicht eine bedeutende Rolle, sie sind schneller transferierbar, können in jedes Gerät inkorporiert werden und sind somit auch Grundlage der weiteren Ausbreitung einer künstlichen Intelligenz, die schon bald unseren Alltag erobern wird.

Folgen wir der historischen Einteilung von J. Rifkin[260] und erkennen jetzt unser Wirtschaftssystem als solches in einem Zwischenstadium zwischen 3. Industrieller Revolution und dem Stadium Industrie 4; danach könnte die 4. Industrielle Revolution kommen. Darunter möchte ich die Entwicklung zu einer Gesellschaft verstehen, die am Beispiel der Ökologie und generell auch der Biologie im Allgemeinen eine Arbeitswelt und eine Produktionsweise entwickelt, die alle positiven Erfindungen der Menschheit und der Natur aufgreift, um sie in einen sich selbst steuernden Produktionsprozess einzubinden, der geregelte Kreislaufsysteme zum Nutzen der Menschheit und der Umwelt befördert und dies mit den digitalen Standards von Industrie 4 verknüpft, am besten mit dem Begriff Wirtschaft 5.0 zu bezeichnen. Dazu würde neben der allgemeinen Nutzung von überall zur Verfügung stehenden Umweltenergien (auch als regenerative Energien im Gespräch) und der Herstellung von künstlichen Kraftstoffen auch der Einsatz von künstlichen Organellen wie Chloroplastensubstituten und Mitochondriensubstituten gehören. So können auch in kleinsten Einheiten durch die Bindung von CO_2 und die Spaltung von Wasser einerseits

Kohlenwasserstoffe und Wasserstoff hergestellt werden und andererseits durch die Bindung von O_2 auf molekularer Basis Energie auch im kleinen Rahmen produziert werden, ohne dass wie bei der uns bekannten Verbrennung der überwiegende Anteil der Energie im Raum verpufft. Durch den Einsatz von Organellen und deren Substituten kann man auch davon ausgehen, dass die allgemeine Entropieerhöhung reduziert wird, speziell in der nächsten Umgebung. Dass hier Forschungsgelder eine entscheidende Rolle spielen werden, das ist geradezu augenscheinlich. Im Sprachduktus von Rifkin ist es richtig, von einer Revolution zu sprechen, obwohl es exakter wäre, hier von einer ökonomischen Evolution auszugehen. Wird Elektrizität in Kohlekraftwerken hergestellt, so könnte man dies bei den derzeitigen Kraftwerken als kontraproduktiv betrachten, wird doch die klimaschädliche CO_2-Emission dabei nur von der Straße auf das Fabrikgelände des Kraftwerks verlagert. Würde die CO_2-Emission aber nicht unkontrolliert in die uns umgebende Luft abgelassen, so könnte dies durchaus ebenso zu einer Verringerung des CO_2-Ausstoßes führen wie die Nutzung von Umweltenergien zur Erzeugung von Elektrizität. Notwendig wäre es, alles beim Verbrennen von Kohlenstoff erzeugte CO_2 als Rohstoff zu betrachten, der weiterverarbeitet oder durch Umwandlung in ein Mineral im Erdboden gespeichert wird. Die einfachste Nutzung wäre die in Gewächshäusern, die in Tanks zum Beispiel mit Cyanobakterien zur Erzeugung von Sauerstoff und biologischen Kohlenstoffverbindungen beiträgt, die entweder zu Viehfutter (bei Eliminierung der Giftstoffe) oder zu Treibstoffen weiterverarbeitet werden könnten.

Für die vorgenannten Zwecke sollte es sich im weiteren Sinne um Oxyphotobakterien handeln, interessant dürften auch die stickstofffixierenden Vertreter sein. Von besonderem Interesse sind natürlich vor allem die CO_2 bindenden Varianten ohne Giftlasten. Sollen Futtermittel oder Nahrungsergänzungsstoffe in der Weiterverarbeitung daraus entstehen, ist wie schon angedeutet darauf zu achten, dass keine Gifte erzeugenden Arten eingesetzt werden.

Langfristig wird man auch an eine systematische Aufforstung denken müssen. Die Begrünung urbaner Flächen zur direkten

Fixierung von CO_2 in den Wohnbereichen mit eingestreuten Gewächshäusern kann ebenfalls helfen, den Ausstoß an überschüssigem CO_2 zu reduzieren.[261] Sinnvollerweise wird man die Luft in den Gewächshäusern nur so lange anreichern, bis der Anteil an CO_2 in der Luft hoch genug ist, um nicht mehr der begrenzende Faktor beim Wachstum zu sein. Parkanlagen in den Städten stellen eine andere Möglichkeit dar, den CO_2-Ausstoß in die Atmosphäre zu reduzieren, ohne bereits neuere Verfahren einzusetzen wie die Bindung in Molekülen, die als N-freie Kraftstoffe in den herkömmlichen Otto-Motoren eingesetzt werden könnten.

Nimmt man sich die Kreisläufe in der Natur zum Vorbild, so könnte man den Einsatz von Geld so verstehen, dass man damit Wachstumsvorgänge anstößt und begleitet, um anschließend aus den Früchten den Gewinn zu ziehen, der dann das eingesetzte Geld auch wieder zurückbringt. Im Modell dargestellt, hätte hier Geld eine dem Wasser in Ökosystemen vergleichbare Funktion, es wird beim Wachstum benötigt, vor allem zum Transport, konvertiert auch zum Teil in den Produkten, geht aber im Kreislauf zwischen Wachstum und Zerfall nicht verloren, wenn strenge Nachhaltigkeit eingehalten wird.

Die Digitalisierung mag helfen, die einzelnen Vorgänge besser unter Kontrolle zu halten. Das Ende des Bargeldes und der Siegeszug der Karten mögen hier auch so gesehen werden, dass damit der Finanzkreislauf besser zu kontrollieren ist und gleichfalls die Wirtschaftskreisläufe im Generellen. Mit der besseren Kontrolle geht auch eine Vereinfachung in den Abläufen einher, werden doch nur noch virtuelle Geldbestände hin und her geschoben. Das Ende des Bargeldes und die praktischen Folgen wird sehr anschaulich in einem Artikel im Handelsblatt vom 23.12.2018 vorgestellt: „Es geht alles ganz schnell. Der Kunde des Supermarkts in der 7th Street in Seattle greift sich einen Salat, ein paar Müsliriegel und belegte Brote, lässt alles in seiner Tasche verschwinden, spaziert durch den Ausgang hinaus und taucht im hektischen Feierabendgewusel unter. Kein Alarm, keine Security hält ihn auf."[262] Was hierbei noch nicht angesprochen wird, ist die Bezahlung mit dem Handy und anschließendem Erhalt der Quittung auf dem Handydisplay. Vielleicht können wir uns dann anschließend sogar anschauen, wie klimaschonend unser Einkauf war und wie sich das auf die Gewinnsteuerabrechnung auswirkt und wie viel wir von unserem Budget ausgegeben haben, wenn wir das Restgeld vom Einkauf sofort wieder zum NIM-Konto[263] transferieren, da wir so immer den Überblick über unser Geld haben.

1. Vollbeschäftigung als Ziel!

Eine optimale Steuerung des Investments mittels der digitalen Hilfsmittel unter Einbeziehung der immateriellen Kapitalbestände sollte auch Teil der Anstrengungen sein, die eine Vollbeschäftigung anstreben. Wichtig sind darüber hinaus sogenannte Denkfabriken, die durch den digitalen Fortschritt schneller den notwendigen Gedankenaustausch bewältigen und fördern können.

Zu den wichtigsten Staatsgeschäften, die zu den Aufgaben der öffentlichen Hand gehören, zählen neben Müllbeseitigung, Ausbau und Aufrechterhaltung der Infrastruktur, sowie dem Erhalt und dem weiteren Ausbau eines Spitzenbildungssystems, die Stabilisierung des Geldsystems und der Vollbeschäftigung. Dabei ist die Auffassung, der Staat müsse zur Finanzierung von Arbeitsbeschaffungsmaßnahmen Schulden machen, wenn die Wirtschaft lahmt, zunächst plausibel, erweist sich langfristig aber als nicht so positiv wie zunächst gedacht. Mit Aufträgen der öffentlichen Hand können Arbeitsplätze erhalten und mitunter sogar neu geschaffen werden, das ist richtig. Eine Kreditfinanzierung durch den Staat ist jedoch auch in einem solchen Fall nichts anderes als eine Verschiebung von Kapital zugunsten der Reichen und Besitzenden. Da die Kredite inklusive der Zinsen letztlich vom Steuerzahler aufzubringen sind, wirkt sich die Zinszahlung für den, der dem Staat Geld verleihen kann, wie eine Steuersenkung aus, da die Zinsen kaum bei den unteren und mittleren Einkommen ankommen. Dafür sind, so die Argumentation der Befürworter, mehr Bürger in Arbeit. Um welche Arbeit es dabei geht, wird nicht weiter nachgefragt, könnte es doch sein, dass mit dem Geld der Bürger auch unproduktive Arbeit gefördert wird. Vielleicht könnten die Bürger selbst da bessere Alternativen entwickeln!

Deshalb hier die Nachfrage: Kann man als öffentliche Hand in den Arbeitsmarkt eingreifen mit dem Ziel der Vollbeschäftigung, ohne einen Kredit aufzunehmen? Ich denke ja, obwohl die Kreditfinanzierung fürs Erste einfacher ist und sich zudem sofort durchführen lässt.

Folgende Maßnahmen der öffentlichen Hand könnten auf Dauer weiterhelfen und sollten zur Grundlage eines Pilotprojektes mit Begleituntersuchung werden:

1. Absenkung der Gewerbesteuer um 50%, dann später die Abschaffung
2. Grund und Boden als Firmengelände zur Pacht anbieten
3. Baugenehmigungen nur noch bei Erbpachtgrundstücken erteilen
4. Die Umsatzsteuer komplett streichen
5. Gewinnsteuern mit 25-50% einführen
6. Absenkung der Einkommenssteuer, erst 50%, dann auf 0% absenken
7. Pachteinnahmen der öffentlichen Hand zu 50% in den Grundstückskauf stecken
8. Arbeiten für die Gemeinschaft mit aktuellen und zukünftigen Steuerschulden verrechnen
9. Einführung eines steuerbefreiten Grundgehaltes an alle Bürger (bei eingeschränkter Zuzugsgenehmigung)
10. Steuerliche Gegenrechnung des Grundgehaltes und im gleichen Zug der Wegfall von Freigrenzen
11. Möglichkeiten der Kürzung von Grundgehaltsleistungen gemäß Gerichtsbeschluss bei Straffälligkeit
12. Diskursgesteuerte Maßnahmen zur Aktivierung von Innovationen und der Akzeptanzerhöhung für neuartige Arbeitsplätze in Anpassung an die neuen digitalen Ziele

13. Absprachen zur gesteuerten Lebensarbeitszeit mit Arbeitskataster, damit auch in der Zukunft die Rente im Alter noch menschenwürdige altersgerechte Lebensräume zulässt
14. Entschuldung der öffentlichen Hand im Rahmen eines staatlichen Insolvenzverfahrens

Absenkung um 50% soll heißen, dass alle, die zurzeit 30% bezahlen, dann nur noch 15% bezahlen, und für alle, die zurzeit 48% bezahlen, die Zahlungsverpflichtungen auf 24% abgesenkt werden. Zur weiteren Erläuterung, Erbpachtgrundstücke sind Grundstücke, die von der Gemeinde mit einem vererbbaren Pachtvertrag zur Verfügung gestellt werden, ebenso wie die Erbpachtgrundstücke, die vielerorts von kirchlichen Gemeinschaften oder auch von Wohngenossenschaften zur Verfügung gestellt werden.

Das Grundgehalt sollte grundsätzlich bedingungslos gezahlt werden, dennoch sind bestimmte Dienste für die Gemeinschaft zu erbringen, um ansonsten bedingungslos dieses Grundgehalt entweder ausgezahlt oder verrechnet zu bekommen. Die Gemeinschaft sollte darauf bestehen, dass Grundrechte und Grundpflichten wahrgenommen werden. Auch sollte jeder Empfänger eines Grundgehaltes nachweislich in den vorhergehenden 2 Jahren keine Straftat begangen haben, also ein unbescholtener Bürger sein. Zudem soll jeder Bürger die Annahme des Grundgehaltes verweigern können.

Wer das Grundgehalt nicht annimmt, kann es auch nicht verrechnen lassen, ist damit aber nicht grundsätzlich von den Pflichten eines Bürgers befreit, weshalb es auch besser als solidarisches Grundgehalt aufzufassen ist. Bei Gastarbeitern, die keinen Bürgerstatus besitzen und deshalb kein Grundgehalt erhalten, sind auf Antrag bei Bedürftigkeit Sozialleistungen zu zahlen wie bisher, wobei dies nur für die Dauer von 3 Jahren nach dem Sozialgesetzbuch zu genehmigen ist, die Sozialleistungen in jedem Fall insgesamt nur bis zu 90% vom Grundgehalt betragen sollten, zudem auch nur als zurückzahlbares Darlehen zu leisten sind. In der Folge könnte sich daraus eine erwünschte erhöhte Anzahl an Anträgen auf Einbürgerung ergeben.

Extreme Auswüchse einer Altersarmut lassen sich schon durch die altersunabhängige Zahlung der Grundgehaltsleistung ab der Vollendung des 18. Lebensjahres sicherlich beseitigen, sollten aber zusätzlich durch eine mit der im Leben zu erwartenden gesamten Arbeitsleistung gesichert sein. Dafür ist allerdings eine Vollbeschäftigung in der aktiv arbeitenden Lebenszeit wichtig.

Eine zurzeit in den Medien allgemein diskutierte Frage ist auch die, ob durch die Digitalisierung Arbeitsstellen verschwinden und dadurch die Arbeitslosigkeit ansteigt oder ob die mit der Digitalisierung verbundene Robotisierung nicht auch neue Arbeitsplätze schafft. Wenn es sich dabei nur um eine Umstrukturierung handeln sollte, dann ist aufzupassen, dass die nicht zu Lasten der arbeitenden Bevölkerung durchgeführt wird, auf jeden Fall wird es großer Anstrengung beim adäquaten Ausbau des Bildungssystems bedürfen. Eine gute Bildung und generell eine gute Ausbildung werden immer wichtiger im Arbeitsmarkt. Flankierend ist auch an eine Reduktion der wöchentlichen Arbeitszeit zu denken, der Arbeitszeit, die hinreichend für eine Vollbeschäftigung ist. Dabei ist auch daran zu denken, dass die in der aktiven Zeit angesammelten Gelder für eine ausreichende Rente reichen, ob als Zubrot zu einem als Grundrente weitergezahlten Grundeinkommen oder als alleiniges Altersruhegeld. Ein einheitliches Rentensystem für alle Bürger, in das auch Selbständige und Beamte einzahlen, könnte helfen, die dafür nötigen Gelder einsammeln zu können. Bei einem Grundgehalt auch für Rentner könnte man zudem von den tatsächlichen Beiträgen unabhängig von den Beitragsjahren ausgehen.[264] Wie hoch dann die Renten noch werden, das muss gesondert anhand der zur Verfügung stehenden Zahlen einmal durchgerechnet werden. Grundvoraussetzung für eine humane Lösung ist aber der Wille einer Gemeinschaft, hier zu einem befriedigenden Ergebnis zu kommen.

2. Investment heute und morgen

Es dürfte einen Unterschied machen, ob Investitionen mit Sicherem Geld, zum Beispiel NIM, oder mit Euro oder mit Dollar in Gang gehalten werden, gleich, ob es sich um Forschungsgelder oder auch um den Einsatz von Kapital zum Beispiel zur Digitalisierung von Arbeitsabläufen handelt. Da in einem sicheren Währungssystem mit geringeren Schwankungen zu rechnen ist, heißt dies, dass Planungen mit weniger Störungen rechnen können und damit auch sicherer durchgeführt werden. In einem unsicheren Umfeld wird hingegen weniger investiert und damit auch weniger Wachstum generiert. Insofern müssen wir uns nicht nur fragen, ob die neue Währung Stabilität und Sicherheit vermitteln kann, sondern auch, ob neben dem NIM der Euro oder der Dollar als Zweitwährung die Sicherheit und die Stabilität des NIM stören würde, eine Sicherheit, die jede wachstumsfördernde Investition benötigt.

Ein eindeutiger Vorteil des Euro gegenüber den ursprünglich unterschiedlichen nationalen Währungen ist dabei in jedem Fall der einheitliche Währungsraum, in dem Wechselkursverluste, wie bei den ursprünglichen nationalen Währungen, wegfallen. Diesen Vorteil kann der Euro zurzeit aber nicht eindeutig ausspielen, da die Sozialsysteme und die Steuersysteme in den verschiedenen Volkswirtschaften im Euroraum in keiner Weise sich auf einem gleichen Niveau befinden. Die Notwendigkeit der Angleichung von Sozialsystem und Steuersystem in einem Währungsraum wurde auch bei der Konstruktion nicht übersehen, man ging aber offensichtlich davon aus, dass die gewünschte Angleichung durch eine gemeinsame Währung befördert würde. Im Jahre 2017 sollte eine Entscheidung getroffen werden, entweder den Euro ganz abzuschaffen oder doch wenigstens in allen Ländern der EU den Euro als offizielles Zahlungsmittel zuzulassen. Jetzt, da ich diese Zeilen zu Papier bringe, im Jahre 2020, ist diese Entscheidung noch nicht getroffen worden. Was danach immer noch fehlt, sind nach wie vor Absprachen, mit denen die notwendigen Angleichungen zu befördern wären.

Man könnte natürlich die Notwendigkeit einer Angleichung auch in Frage stellen. Würde man sich in der EU darauf einigen können, alle staatlichen Währungen im EU-Bereich, so sie noch existieren, und gegebenenfalls auch ein oder zwei private Währungen als offizielle Währungen in der EU zuzulassen, so könnte man die Frage der Vereinheitlichung im Steuer- und Sozialbereich sehr viel entspannter angehen.

Ein zentrales Problem bleibt auch bestehen, wenn neben dem Euro noch andere Währungen offiziell zugelassen werden. Japan hat dies bereits vorgemacht, indem es die Kryptowährung Bitcoin als Zahlungsmittel zugelassen hat. Die nationale Währung mit dem Yen schwächelt nach wie vor in Japan, und die Wirtschaft ist noch nicht zu dem alten Wachstum zurückgekehrt. Im Euroraum hat der Euro neben der überhöhten staatlichen Schuldenlast noch weitere Probleme zu bewältigen. Das Gefälle zwischen Nord und Süd in der Verschuldung ist eines der Probleme. Eine verstärkte Integration der Staaten in der Eurozone könnte Abhilfe schaffen, die Vergemeinschaftung der staatlichen Schulden dazu die Voraussetzung sein. Wird dies als erster Schritt begriffen zu einer generellen Entschuldung der Eurostaaten, so könnte dies gelingen. Skeptische Beobachter vermuten allerdings, dass dies nur zu einer Verschiebung der Schulden vom Süden in den Norden führt. Was in all den Diskussionen dazu nicht angesprochen wird: Es wird nötig sein, vertraglich die Nichtaufnahme weiterer Schulden zu fixieren. Dazu müssen aber wie bei Privatinsolvenzen auch Vereinbarungen zwischen Gläubigern und Schuldnern getroffen werden, die zu einer Kürzung der Schulden und der Zinszahlungen durch die Streichung von Schulden und Zinsforderungen führen. Es kann einfach nicht immer weiter so gehen mit neuen Schulden und wieder neuen Schulden, die einfach oben draufgepackt werden, um die alten Zinsen noch bezahlen zu können. Ein positives Umfeld für Investitionen, sind Sicherheiten, die eine langfristige Planung zulassen, ohne größere Risiken einzugehen. Verschuldete Staatshaushalte bieten diese Sicherheit ebenso wenig wie Währungen, die permanent an Wert verlieren.

Deshalb sind die per Schuldenerlass eingesparten Gelder einzusetzen, um die Aufgaben der staatlichen Organe auch ohne neue Schulden durchführen zu können. Dies sind alte Probleme, aber Probleme, die im Zeitalter der Digitalisierung leichter lösbar sein sollten.

Man könnte natürlich auch mit den klassischen Mitteln einer Währungsreform das Ziel einer Entschuldung erreichen, allerdings zu einem hohen Preis, da dann die große Masse der Bürger mit großen Verlusten und das Wirtschaftswachstum mit einer Depression rechnen muss. Eine Insolvenzregelung wäre für alle die bessere Lösung.

Um die Abtragung der angehäuften Schulden nicht dem hart arbeitenden Bürger aufzubürden, während der Kapitaleigner mit abgesenkten Zinsen und Steuersätzen rechnen kann, sind weder Währungsreformen noch die Inflation in der Kombination mit niedrigen Zinsen, noch die Gebührenerhöhungen in Städten und Gemeinden das wünschenswerte Mittel, um die öffentliche Hand aus der Schuldenfalle herauszuholen und damit für ein besseres Investitionsklima zu sorgen. Wie bei der Insolvenz des Kaufmanns und bei der Privatinsolvenz sind innerhalb der EU, Schuldenschnitte mit Zinsreduktionen für Altdarlehen unumgänglich und mittels leistungsstarker Computer auch durchaus realisierbar. Bei einer Verschuldungsquote von mehr als 50% der Wirtschaftseinnahmen sollten die Staatsschulden um 50% gekürzt und die Zinsen ebenso um 50% reduziert werden. Ein einheitlicher Währungsraum über unterschiedliche staatliche Hoheitsgebiete hinweg benötigt in jedem Fall ein interstaatliches Insolvenzrecht. Genau dieses Insolvenzrecht auf europäischer Ebene zu installieren, das wäre die Forderung der ersten Stunde, um die sich aber anscheinend alle drücken. Ein grober Vorschlag zur Bestimmung der Rahmenbedingungen könnte so aussehen, dass einem Mitgliedsland bei Insolvenz alle Schulden um 50% gekürzt und die Zinszahlungen für 1 Jahr auf 75%, danach auch diese um 50% gekürzt werden. Ein insolventer Staat sollte bis zur vollständigen Zurückzahlung der Restschuld keine weiteren Schulden mehr aufnehmen dürfen. Wer dennoch einem insolventen Staat Geld leiht, sollte damit rechnen, dass dieses Geld rechtlich gesehen als Schenkung aufzufassen ist.

Ob der insolvente Staat letztlich dabei bleibt keine Schulden mehr aufzunehmen, auch um das Sichere Geldsystem mit NIM zum offiziellen Geldsystem erheben zu können, das sei zunächst dahingestellt. Wahrscheinlich dürfte es aber in jeder Währung möglich sein, ohne Schulden allen Staatsgeschäften hinreichend nachzukommen, und zwar, ohne neue Schulden aufzunehmen, wenn keine Schuldzinsen und keine Rückzahlungen zu tätigen sind. Ob eine Investition sinnvoll ist oder nicht, sollte keinesfalls vom Auf und Ab der Zinsen bestimmt werden. Wichtiger ist es, die Vollbeschäftigung als Ziel im Auge zu behalten. Mit Programmen zur Selbsthilfe und Eigenorganisation in den nicht beschäftigten Personengruppen sollte das Ziel einer Vollbeschäftigung besser erreichbar sein.

Ein neues Problem im Investment ist der wachsende Anteil an nichtmateriellem Investment, am Gesamtinvestment.[265] Der Börsenwert der meisten globalen Konzerne im IT-Bereich speist sich nicht mehr aus Gebäudewerten und Maschinen einschließlich eingesetzter Computer, sondern aus dem Wissen der eingesetzten neuen Softwareentwicklungen und dem Aufbau von neuen Organisationsstrukturen. Dabei sammelt sich ein Kapital an, das nicht mit Finanzkapital hinterlegt ist. Bezogen auf die Bilanzen verschwindet dies so eingesetzte Kapital und taucht erst bilanzierend auf, wenn die Firma verkauft wird.

3. Wachstumsfaktoren im digitalen Zeitalter!

Verstehen wir Wachstum nicht einfach als eine Größe, mit der wir spielen und Statistiken füllen können, sondern als Modell einer funktionierenden Volkswirtschaft in der neuen Form, dem neuen Paradigma eines dauerhaften Wachstums in einer nachhaltigen Kreislaufwirtschaft, so sind die Faktoren in diesem Modell wichtig, und genau diese zu bestimmen und auszutarieren, will man zu vorzeigbaren Ergebnissen kommen. Auch und gerade im digitalen Zeitalter ist die semantisch korrekte und klare Festlegung der Begriffe, mit denen gearbeitet wird, von höchster Wichtigkeit, denn nur so sind auch alle Facetten eines neu sich anbahnenden Paradigmas zu begreifen und können anschließend einer Analyse unterzogen werden.[266] Nähern wir uns zunächst dem Begriff „Wachstum"; auf keinen Fall sollten wir Wachstum mit Vermehrung gleichsetzen. In jeder Generation wird das Wissen der Menschheit vermehrt, wichtig ist aber das förderliche Wachstum in der aktuellen Gesellschaft. Der Kopiervorgang bei jeder Vermehrung ist auch notwendig beim Wachstum, nicht aber entscheidend für das, was wir Wachstum nennen. Jedes Wachstum erzeugt prinzipiell etwas Neues, getrieben und gesteuert durch Informationen, die zu einem bestimmten Zeitpunkt niedergelegt, zufällige Umweltinformation und spezielle Ressourcen nutzen, um mittels zur Verfügung stehender Energie eine neue Entität zu schaffen, sei dies ein Tier, eine Pflanze oder auch ein Mensch, der noch nie so in dieser Konstellation vorhanden war, selbst geklonte Tiere sind nicht total identisch. Wichtig ist es auch, den Begriff der „Nachhaltigkeit" in der rechten Weise einsetzen zu können. Nachhaltig kann nur sein, was in einem Kreislaufsystem immer wieder neu aufgebaut wird, ohne grundsätzlich neue Informationen und Ressourcen zu benötigen, einzig und allein der erneuten Arbeitsleistung geschuldet. Dabei dient selbst die eingesetzte Arbeitsleistung dem Erhalt des gesamten Kreislaufsystems, dem möglichst auch die Energie für die Arbeitsleistungen im System entnommen wird, so dass sich die Nachhaltigkeit als auf Dauer angelegte Leistung realisieren kann.

Fragen wir nach den Faktoren des Wachstums, so wie sie in der modernen Makroökonomie Berücksichtigung finden, so stoßen wir auf die Arbeit, die Ressourcen und in neuerer Zeit auch auf die Information als Faktor, Geld taucht da nicht als Faktor auf, dafür das Kapital. Da Kapital als gespartes Geld oder auch eingefrorenes Geld aufzufassen ist, so kann man die

Meinung vertreten, das sei doch wohl egal, ob Kapital oder Geld als Faktor, schließlich sei doch beides nichts anderes als der moderne konvertible Schuldschein. Finanzkapital als pekuniäres Kapital ist aber dennoch vom Geld zu unterscheiden, genauso wie Information und Wissen vom Bildungskapital zu unterscheiden sind. Mit dem Geld auf einem Konto oder als Bargeld in der Tasche kann man die unterschiedlichsten Dinge einkaufen und mit der IBAN versehen nahezu blitzschnell im digitalen Banking Geld überweisen, mit Geld bezahlen. Die Digitalisierung bei allen Banken in den letzten Jahren beschleunigt zunächst die Prozesse enorm, nicht nur beim Girokonto, neu auch im Wertpapierhandel, in dem die Schnelligkeit in manchen Fällen wesentlich über Gewinn und Verlust entscheidet. Der Normalbürger gerät da schnell ins Hintertreffen, wenn sich Profis mit besonders schnellen Rechnern einschalten. Mit der Digitalisierung kann deshalb auch der Stress bis ins Unerträgliche ansteigen. Beim Sicheren Geld NIM sollte dies prinzipiell keine Rolle spielen, dennoch wird auch da die Beschleunigung im Handelsgeschehen nicht Halt machen. Alle Faktoren lassen sich in ihrer digitalisierten Form in ihren Feldern besser erfassen und somit auch bei einem Mangel über schnell herbeigeschaffte Gelder aus dem Feld des Finanzkapitals ersetzen und ergänzen. Die Digitalisierung lässt uns zudem besser Strukturen erkennen und analysieren wie im Fall der Energie im Feld des Ordnungskapitals. Zum Hintergrundverständnis seien die einzelnen Faktoren in ihren Feldern hier nur kurz vorgestellt. So wie Geld im Feld des Finanzkapitals gesammelt wird (akkumuliert), so wird Wissen im Bildungskapital akkumuliert und gespeichert, Arbeit im Humankapital, Energie im Ordnungskapitel und Ressourcen im Sachkapital = Sachvermögen. Energie und Ordnungskapital mögen auf den ersten Blick in diesem Zusammenhang etwas verwundern. Man kennt zwar das Pendant zur Energie,[267] die Entropie, und weiß, dass die Entropie auch ein Maß für die Ordnung oder Unordnung darstellt, hat daraus aber noch nicht dezidiert die Feldfunktion als Ordnungskapital abgeleitet.[268] Insoweit die Entropie in einem umgrenzten Bereich abnimmt, ist dies kein Beweis dafür, dass die

Gesamtentropie im Weltraum nicht zunehmen würde, auch kein Beweis dafür, dass die Energie im Weltraum abnehmen würde, denn in abgrenzbaren Bereichen wird nur die nutzbare Energie betragsmäßig geringer, da bei allen Energieumwandlungen immer ein Teil in der nicht nutzbaren Wärmeenergie verschwindet.[269] Interessant sind in diesem Zusammenhang die Möglichkeiten der Digitalisierung im Sprachbereich durch die Löschung von redundanten Informationen, um den Speicherbedarf zu reduzieren und damit die Speicher effektiver nutzen zu können. Digitalisierte und komprimierte Inhalte sind auch leichter zu transportieren und besser rekonstruierbar als rein analog aufgebaute und verschlüsselte Daten.

Durch die Digitalisierung aller dem Menschen zur Verfügung stehender Informationen können diese in Zukunft schneller abgegriffen werden und so auch besser auf mögliche Zusammenhänge durchforstet werden. Ein dauerhaftes Wachstum nach dem Vorbild der Natur ist damit ebenso eher zu erreichen als bislang möglich.

4. Statistik als Planungshilfe?

Wenn die Rede davon ist, dass 60% der Bevölkerung arm sind oder auch dass 50% der Bevölkerung zusammen weniger verdienen als 1% der Superreichen, so stellt sich die Frage danach, wie es zu diesen Zahlen kommt. Eine Hinterfragung solcher Daten und Statistiken ist nicht gleichzusetzen mit der Ablehnung einer gerechten Verteilung der erarbeiteten Gewinne. Vielmehr sollte es ein Aufruf sein für transparente Sozialforschung und zu einer Aufarbeitung, die den Entstehungshorizont nicht außer Acht lässt.

Bei einem Vergleich der realen Nettoeinkommen findet man sehr unterschiedliche Aussagen und Differenzen zwischen den Statistiken von Mikrozensus, EU, SILC und SOEP.[270] Drei statistische Untersuchungen zum Armutsproblem liefern mindestens drei Probleme, einmal das sachliche Problem der Untersuchung, zudem die Armut selber und dann das methodische Problem der Aussagekraft einer Statistik sowie zudem das Problem der praktischen Relevanz. Beginnen wir mit der praktischen Relevanz für die Zukunft, so sollte diese bereits vor der Untersuchung, der Anlage eines Forschungsprojektes klar sein. Bei einer hohen praktischen Relevanz wird man bereit sein, Gelder für entsprechende Untersuchungen bereitzustellen, wobei es aber nicht unwichtig ist, ob falsifizierbare Fragestellungen vorliegen oder aber die Augenscheinlichkeit dermaßen zwingend ist, dass es sinnvoller erscheint, die Gelder direkt in Hilfsmaßnahmen einfließen zu lassen. Liegen falsifizierbare Fragestellungen vor, so ist die Auswahl der Stichprobe sehr wichtig, um repräsentative Aussagen zu den falsifizierbaren Fragen machen zu können, schließlich kann man nicht von „den Studenten" sprechen, wenn nur die Studenten der Kölner Universität in die Stichprobe gelangten, um ein Beispiel zu nennen. Um repräsentative Aussagen machen zu können, sind vielfach Voruntersuchungen nötig. Man kann natürlich auch die gesamte Population in die Untersuchung einbeziehen, wie dies bei einer Studie zu der sozialen Lage der Studenten in der Pädagogischen Fakultät der Hochschule in Köln vor Jahren durchgeführt wurde.[271] Die Ergebnisse gelten wissenschaftlich gesehen dann nur für diese Population der Pädagogikstudenten in Köln, und zwar in den achtziger Jahren. Eine gewisse Übertragbarkeit auf andere, vergleichbare Populationen ist da durchaus zulässig, wenn man sich der Problematik derartiger Übertragungen bewusst ist. Stellt man eine Stichprobe mit Pädagogikstudenten deutschlandweit oder EU-weit zusammen, die dem gleichen Herkunftsraster wie bei der Kölner Studie entsprechen, so erhält man eine repräsentative vergleichbare Stichprobe. Woran es mehr oder weniger bei den in der FAZ angesprochenen Studien mangelt, ist die fehlende Vergleichbarkeit wegen unterschiedlicher Repräsentanzkriterien in der zeitlichen Schiene. Diese Probleme lassen sich auch nicht mit der Signifikanz einer Aussage beiseiteschieben. Bei den rein beschreibenden Verfahren sollten die Fragen nach Signifikanz und Korrelation eh hintanstehen. Insbesondere Vergleiche mit zurückliegenden Jahren hinken mitunter stark, wie aus dem Artikel in der FAZ abzulesen ist. Was besagen Aussagen, wie dass die unteren 40% der Beschäftigten in Deutschland m Jahr 2015 geringere Reallöhne gehabt hätten als 1995. „Dahinter verbirgt sich vor allem eine positive Entwicklung auf dem Arbeitsmarkt", erklärt Judith Niehues, Verteilungsforscherin am arbeitgebernahen Institut der deutschen Wirtschaft (IWF).[272] Die untersuchten Populationen sind unterschiedlich, da im Jahre 2015 Personen mit in der Lohnstatistik erscheinen, die zuvor dort wegen Arbeitslosigkeit nicht auftauchten. Kommen wir nun zu einem generellen Problem: Armut lässt sich sicherlich über das zur Verfügung stehende Geld in eine Beschreibung bringen, die auch mit Prozentwerten arbeitet. Um in die Zukunft zu planen, sind hinsichtlich der Verteilungsproblematik derartige Statistiken, wie oben angeführt, nur bedingt hilfreich. Wenn es in einer Gesellschaft Menschen gibt, die unterhalb des Existenzminimums menschenunwürdig dahinvegetieren, so ist dies in einer demokratischen Gesellschaft nicht einfach ein soziales Problem, sondern ein Problem, das die Säulen der freiheitlichen Grundstruktur erschüttern kann, ein Problem der Gesellschaftsstruktur an sich, was auch ohne großangelegte statistisch untermauerte Untersuchungen in den Grundzügen schon erfassbar ist.

Fragen wir uns nun, wie viel Geld man in einem bestimmten gesellschaftlichen Umfeld benötigt, so hängt dies natürlich auch von der betreffenden Gesellschaft ab, weshalb reine geldbasierte Aussagen nicht unbedingt weiterhelfen. Weder der Fernseher noch das Auto sind Sachgüter, die heutzutage in den Industrienationen nur den Reichen vorbehalten sind. Reichtum muss über die zur Verfügung stehenden Mittel definiert werden, die ein sorgenfreies Leben in moderatem Wohlstand gewähren. Hieraus ergibt sich ein Grundproblem des Geldes, es kann nicht immer in dem erwarteten Ausmaß die reale Welt in den Werthaltigkeiten richtig bestimmen. Fragen wir dann auch noch nach den Lebenswerten in Abgrenzung zu den Tauschwerten, so wird es noch schwieriger, einen Wertekonsens zu finden. Unter Demokraten sollte man jedoch, um des Überlebens der Demokratie willen, hier sehr schnell einen für alle akzeptablen Konsens finden. Ist dieser Konsens gefunden, so wird es auch möglich sein, darauf aufbauend aussagekräftige und weiterführende statistische Aussagen in hilfreiche Aktivitäten umzuformen. Daten der öffentlichen Hand können dem Zensus und den Personenstandsdaten der Gemeinden entnommen werden; auch die Daten der Steuerbehörden können mit herangezogen werden, um Fragestellungen zu aktuellen Entwicklungen in der Gesellschaft beantworten zu können. Seitdem es keine Vermögenssteuer mehr gibt, fehlen allerdings da die entsprechenden Daten zu den Vermögenswerten. Auf Fragebogenaktionen aufbauende Untersuchungen können da wohl weiterhelfen, sind jedoch mit einem erheblichen Aufwand verbunden. Eine Gewinnsteuer, bei der Kostenbelege vorgelegt werden müssen, könnte behilflich sein, da aus genau diesen Belegen eine Statistik zu den Kostenentwicklungen ableitbar ist, mit der auch der Bedarf genauer zu ermitteln ist. Wird die Gewinnsteuer ausnahmslos in allen Geschäftsbereichen erhoben, so werden auch im Immobilienbereich genauere Untersuchungen zur Entwicklung der Baukosten und der Grundstückskosten vorgelegt werden können, ohne aufwendige Befragungen durchführen zu müssen. Statistiken benötigen in jedem Fall Informationen, die auf unterschiedliche Weise zu erhalten sind, neben Befragungen und Unterlagen der öffentlichen Hand sind auch die Datenspeicher der Handelsketten und die Unterlagen von Banken und Vereinen Informationsquellen, soweit diese nur anonymisiert verwertet werden, nur so verwertet werden dürften. Kontinuierliche Erhebungen von Daten, auch mit der Hilfe der immer besser einsetzbaren KI-Systeme, sollten in der Lage sein, in allen relevanten Feldern belastbare Daten zu liefern. Das Einverständnis der Bürger zur Verwertung dieser Daten muss allerdings vorliegen, bei anonymisierten Daten durchaus in schwacher Form, also nicht durch individuelle Einverständniserklärungen. Private Firmen und internationale Konsortien sollten dazu keinen Zugang erhalten, Zugang zu anonymisierten Daten und statistischen Auswertungen sollte nur universitären Einrichtungen erlaubt sein.

5. KI-Forschung und Industrie 4!

So wie die Statistik auf Daten angewiesen ist, so sind auch die in den Maschinen der Industrie 4 eingebauten intelligenten Systeme auf Daten angewiesen, mithilfe derer sie die entsprechenden Maschinen steuern können. Das Schlagwort dazu, das auch auf die Entscheidungsebene bei Maschinen verweist, die zudem lernfähig sind, ist „Künstliche Intelligenz". Die Maschine der Zukunft muss lernfähig sein, ob Auto oder Kochroboter. Der Einsatz von KI erfordert eine interdisziplinäre Forschungsaktivität von höchster Komplexität und Menschen, die nicht nur die Maschinen anleiten können, sondern auch Menschen, die mit derart intelligenten Maschinen zusammenleben und zusammenarbeiten können. Die KI bedarf der Techniker, der Philosophen und Sprachwissenschaftler, vor allem aber auch neuer ethischer Ansätze. Die Forschungsergebnisse müssen geschützt werden, inhumane Anwendungen sind auszuschließen.

Deshalb sind hier staatliche Gelder besonders wichtig, sollten aber nicht wie bisher bei der Forschungsförderung als bedingungslose Förderung aus Steuermitteln genommen werden, sondern als Darlehen verstanden werden, Gelder, die als Investition in eine neue Technik dem Staat anschließend wieder zurückfließen oder über Lizenzgebühren wieder zur Verfügung stehen.

Wichtig ist vor allem die Einsicht, dass der Fortschritt hin zu Systemen mit lernfähiger Intelligenz enorme Anstrengungen und Geldmittel benötigt, um auch die Menschen zur Verfügung zu haben, die mit diesen Systemen umgehen können, sie weiterentwickeln und Gefahren abwehren können. Der höhere Mittelfluss in den Bildungsbereich kann einerseits das nicht benötigte Kapital binden, andererseits auch neue Arbeitsplätze schaffen, die Arbeitsplätze der Zukunft. Werden neue Forschungsergebnisse in Lizenz vergeben, so wird sich dies nachhaltig auf die Etablierung und Weiterentwicklung der KI-Forschung auswirken und nicht nur darauf.

6. Modell und Paradigma

Über die Zusammenfassung einzelner Forschungsergebnisse und Analysen in dem Bemühen, damit die Zukunft neu aufbauen und fortschreiben zu können, entstehen unterschiedliche Modelle und Theorien zum Verständnis dieser unserer Welt. Die Zeitbedingtheit derartiger Modelle und Theorien zeigt die Diskussion um die Phillips-Kurven Ende 2017.[273] Die Korrelation zwischen Inflation und Arbeitslosigkeit im letzten Jahrhundert ist offensichtlich nicht zu verallgemeinern, sondern zusammenhängend mit verschiedenen anderen Korrelationen neu zu bewerten. Sieht man die Aufeinanderfolge verschiedener Theorien in der Historie als in einem Evolutionskontext stehend, so kann man die ersten volkswirtschaftlichen Modelle, ausgehend von Adam Smith, als güterorientiert auffassen und damit ein erstes volkswirtschaftliches Paradigma postulieren, das Güterparadigma, welches substanziell orientiert ist. Mit den Überlegungen zur Geldpolitik durch Keynes wird der mehr virtuellen Sichtweise eines auf dem Geld aufbauenden Paradigmas Rechnung getragen, dem Geldparadigma. Da die Grenzen und die Übergänge zum Teil verschwinden, wenn es um die weltanschauliche Betrachtung geht, so sollte man diese beiden Sichtweisen vielleicht eher als unterschiedliche Modelle in einem noch eher einheitlichen Paradigma auffassen. Es handelt sich danach um ein Paradigma, das vom beobachtbaren Phänomen ausgeht, hier dem geschaffenen Gut, das einen Wert hat, und dort von dem geschaffenen Geld, dem man einen mit Sachwerten unterlegten Wert zuweist. Es geht immer um Werte, die sich unterschiedlich manifestieren, also ein Werteparadigma. Worauf weniger geachtet wird, was aber immer mehr Relevanz verlangt, verlangen sollte, das ist die menschliche Leistung, die in wirtschaftlichen Zusammenhängen zwar mit Geld entlohnt wird, aber eben auch als unbezahlte Leistung erbracht existiert.

Die Arbeitsleistung hängt ab von Erfahrung und Ausbildung ebenso wie vom emotional bestimmten Einsatz. Arbeitsleistung ist damit auch nicht mit der Arbeit gleichzusetzen, wie Adam Smith sie beschreibt. In zukünftigen Geldsystemen und

Währungen ist die Arbeitsleistung zur Grundlage für Bewertungen heranzuziehen wie bei dem neuen Geld, da nur die Arbeitsleistung, die ich heute meinem Nachbarn zur Verfügung gestellt habe, er morgen als Arbeitsleistung problemlos zurückverlangen kann, ein auf Leistungen bezogenes Paradigma. Mit dem Bewusstsein, dass Geld ein Schuldpapier ist, mit dem ich auf Gegenseitigkeit eine Leistung einfordere, die ich woanders wieder erbringe, oder auch schon erbracht habe, wird Geld unabhängig von Sachwerten auch zum universellen Bewertungsmaßstab. Die Werthaltigkeit einer Arbeitsstunde ist dabei einerseits eine gesellschaftlich festzustellende Vereinbarung, andererseits auch eine private Wertschätzung. Im Kontext der Wertschätzung von Arbeitsleistungen schält sich ein anderes Verständnis des Wirtschaftens heraus, es geht um den Menschen, der neben der Möglichkeit, Humankapital einzubringen, auch sich selbst als Mensch immer zusätzlich noch mit einbringt, mitunter auch nur noch Mensch ist. Aus einem humanen Verständnis heraus ist der Mensch eben nicht nur funktionaler Teil der wirtschaftlichen Maschinerie. Gehen wir von einem das verantwortungsbewusste Miteinander ausdrückenden Grundgehalt für jeden aus und sehen die Arbeit als eine Leistung an, mit der sich jeder Bürger in die Gemeinschaft als Bürger einbringt, so könnten wir zu einem Modell gelangen, das den gesellschaftlichen Zusammenhalt und das gemeinsame Wirtschaften grundsätzlich verändert und insofern den Vergleich mit dem Paradigmenwechsel aus dem ptolemäischen Weltbild heraus nicht zu scheuen braucht. Wichtig ist, dass Modelle, auch und gerade Modelle der Geldwirtschaft, durch die Digitalisierung leichter zugänglich und begreifbar werden.

XIX. Nachhaltigkeit in der Finanzwirtschaft

> *„So ist also unter den großen Anlegern ein erbitterter Konkurrenzkampf um die besten Anlagemöglichkeiten und Renditen entstanden und das, obwohl sie selbst untereinander vielfach verflochten sind. Da konkurrieren Vermögensverwalter mit Pensionsfonds, Privat-Equity-Firmen mit Staatsfonds. Die Ansprüche an das Finanzsystem sind riesig geworden. Die Realität ist eine Überhitzung, die Gefahren in sich birgt. Es kommt aber darauf an, die Realwirtschaft aufzubauen, neue Produkte und Firmen zu schaffen, Start-up-Unternehmen aufzuhelfen und Traditionsbetriebe zu reformieren, Wachstum also wirklich nachhaltig zu stärken. Das ist der schwierige, aber unverzichtbare Weg. Auf lange Sicht ist ‚easy money', der mühelose Gewinn aus Finanzbeteiligungen für alle, eine Illusion."*
>
> (Hans-Jürgen Jakobs, 2016, S. 639)

Die Nachhaltigkeit in Ökosystemen wird nur durch die Existenz von Kreislaufsystemen möglich. Dazu gibt es unterschiedliche Studien, die in einer Grundlagendiskussion auch für die Ökonomie von Interesse sein sollten, hier aber nur am Rande zu erwähnen sind. Der gut geplante energie- und ressourcenschonende Kreislauf sollte aber rein aus Plausibilitätsgründen ebenso in ökonomischen Systemen nicht nur möglich sein, sondern gezielt geplant werden. Ein ökonomischer Kreislauf besteht aus dem Zerfall ökonomischer Strukturen und Sachwerten auf der einen Seite und dem neuen Wachstum an ökonomischen Strukturen auf der anderen Seite. Alles, was irgendwann gewachsen ist, das wird auch irgendwann zu einem späteren Zeitpunkt wieder zerfallen, dem Abbau obliegen. Werden die Zerfallsprodukte wieder in den Aufbau neuer Strukturen eingepflegt, so erhalten wir einen wirtschaftlichen Kreislauf, der ressourcenschonend und zudem als nachhaltig gelten kann. Vergessen wird bei der Planung häufig die Nutzung der anscheinend kostenlosen Luft, wie auch Wasser und Boden. Eine nachhaltige Nutzung kann aber nur dann konstatiert werden, wenn im Laufe eines Produktionsprozesses auch die Verunreinigung der Luft nach dem Verursacherprinzip kostenpflichtig wird und in der

Kalkulation zu den Kosten mitberücksichtigt wird. Die Reinhaltung von Luft, Wasser und Boden zu fordern und die Mißachtung per Gesetz unter Strafe zu stellen ist eine Sache, führt aber nicht unbedingt zur Beseitigung der entstandenen Schäden. Die Kosten dafür dürfen nicht dem Steuerzahler aufgebürdet werden. Wenn der Verursacher die Schäden an Luft oder Wasser zum Beispiel nicht beseitigt oder diese Schäden nicht beseitigen kann, so ist doch wenigstens eine saftige Ausgleichszahlung fällig. Aus der Sicht des Finanzamtes kann man aber auch den durch die Nutzung einer der Allgemeinheit gehörenden Umweltressource entstandenen Vorteil als Gewinn auffassen, der mit einer entsprechenden Steuerschätzung bei der Gewinnermittlung Berücksichtigung findet. In einer nachhaltig arbeitenden Wirtschaft müssen einzelne Firmen den Verbrauch an reiner Luft ebenso wie an reinem Wasser der Gesellschaft, die diese Ressourcen zur Verfügung gestellt hat, ersetzen. Würde zum Beispiel reines Wasser dauerhaft dem nachhaltigen Kreislauf entzogen, dann ist irgendwann in der Zukunft mit einem Zusammenbruch der natürlichen Kreisläufe und der Kreislaufwirtschaft zu rechnen. Ein zentrales Problem für ökonomische Systeme ist die Tatsache, dass Geld nicht von Natur aus recycelfähig ist, um es mal salopp auszudrücken. Die Gesellschaft muss sich auf Verfahren einigen, mit denen das Geld immer wieder einsetzbar ist, ohne den ansonsten intakten Kreislauf zu zerstören. Geld muss, um nachhaltig wirken zu können, immer wieder neu geschaffen werden, wenn es sich neuen Situationen anpassen soll. Das neu geschaffene Geld muss aber auch regelmäßig wieder verschwinden, um neuem Geld Platz machen zu können. Selbst wenn dies im ersten Moment absonderlich erscheinen mag, der Kreislauf verlangt von allen Faktoren, dass sie immer wieder in einem Akt des Zerfalls verschwinden und in einem Akt neuen Wachstums wieder auftauchen. Da Geld nicht natürlicherweise wachsen kann, benötigt es eine gesellschaftliche Vereinbarung, die genau dies in einem künstlichen Finanzkreislauf nachvollzieht oder auch aufhebt. Die Erfindung einer Verzinsung geht zwar in diese Richtung, führt aber wegen der nur bedingt kontrollierbaren Marktzinsen nicht zum eigentlichen Ziel einer stabilen und sicheren Währung innerhalb einer Kreislaufwirtschaft. Es besteht die Gefahr, dass die Finanzwirtschaft sich von der Realwirtschaft abkoppelt. Werden und Vergehen beim Geld muss deshalb so vertraglich geregelt werden, dass sich die Geldkreisläufe nicht verselbständigen. Kreditverträge bieten da eine hervorragende Möglichkeit, auch die Finanzwirtschaft nachhaltig zu gestalten. Um der Nachhaltigkeit willen sind diese Kreditverträge so zu gestalten, dass keine vertragliche Minderung des vereinbarten Geldwertes darin festgelegt wird, weder explizit noch implizit. Im Prinzip sollte jeder Faktor so wirken, dass er zwar eine Wirkung erzielt, sich dabei aber prinzipiell nicht verbraucht. Wenn Geld aus einem Kreditvertrag zurückgezahlt wird, so heißt dies nicht, dass es verbraucht wurde, es heißt vielmehr, dass es erst wieder neu aufgearbeitet in den Kreislauf zurückkehren kann, so wie das Regenwasser im Wasserkreislauf. Im Wasserkreislauf sind die Bedingungen von der Natur vorgegeben, im Finanzkreislauf sind es die speziellen Vertragsbedingungen und die allgemeinen Statuten der Bank, der Bankgemeinschaft, die den Rahmen setzen für eine nachhaltige Finanzwirtschaft mit einem nachhaltigen Geldkreislauf.

Denkbar ist nun auch eine Nachhaltigkeit mit nicht auf der Kreditbasis beruhenden Geldsystemen. Hier sei an die zu Anfang vorgenommene Unterscheidung in Passivgeldsysteme und Aktivgeldsysteme erinnert und daran, dass zurzeit ein Mischsystem die gängige Praxis darstellt. Man könnte meinen, dass im Aktivgeldsystem schon dadurch Nachhaltigkeit zu erreichen ist, dass man die über das Finanzamt eingesammelten Gelder wieder in den Kreislauf einspeist. So würde der einmal gedruckte 50 Euro-Schein vielleicht einhundertmal in den Umlauf gelangen, bevor er durch einen neuen zu ersetzen ist. Dabei wird die Neuschöpfung nur als Ersatzschöpfung aufgefasst. Neues Geld ist erst dann zu schöpfen, wenn ersichtlich wird, dass durch höhere Handlungsaktivitäten mehr Geld im Markt benötigt wird, dies kann ein Expertenrat oder auch der Vorstand einer Notenbank händeln. Notwendig ist dabei im Aktivgeldsystem in jedem Fall ein Experte oder ein Expertengremium. Eine

Selbststeuerung im Markt kann bei einem Aktivgeldsystem nur assistierend mitbestimmen, ohne den Rat der Experten wird es nicht funktionieren. Fehlentscheidungen sind da wahrscheinlicher, außer die Experten sind alles Weise, die nur zum Wohle der Gemeinschaft handeln und denen egoistische Beweggründe fern bleiben. Selbst weise Entscheidungen müssen nicht nachhaltig sein. Allerdings wird sich der Markt ohne ein Regulativ ebenso wenig nachhaltig selber steuern. Der Laissez-faire-Stil ist keine wünschenswerte Alternative, wir brauchen schon eine regelkreisbasierte Selbststeuerung mit Regeln, die durch ein Parlament in Gesetze fixiert, eingefroren, wurden. Dabei sollten einige Grundprinzipien nicht missachtet werden. So kann Geld, das nicht aus einem Arbeitsprozess heraus entstanden ist, durch ihn legitimiert ist, kaum ein positives Wachstum hervorbringen. Auch das nicht ehrlich erworbene Geld, das dem hart arbeitenden Mitbürger gestohlene Geld, lässt keine die Nachhaltigkeit fördernde Rückkopplungen erwarten.

1. Finanzkreislauf und Humanität

Nachhaltiges Wirtschaften kann helfen, mit den vorhandenen Ressourcen und den nutzbaren Energievorräten auch noch mehr Menschen als bisher auf dieser Erde ernähren zu können, ja ihnen helfen nicht unter das regionale Existenzminimum zu rutschen. Nachhaltig human ist ein Finanzkreislauf, der bis ins hohe Alter hinein ein Leben unterhalb des Existenzminimums zu jeder Zeit vermeiden hilft. Dies könnte ein am Existenzminimum orientiertes Grundeinkommen sein, aber auch eine Rente für alle, die durch eine automatische Ansammlung von Geldmitteln im Laufe des aktiven Arbeitslebens angespart wird.[274] Ob damit alle glücklich werden, das steht auf noch einem anderen Blatt. Da die Bedürfnisse der Menschen in vielfacher Hinsicht nicht immer die gleichen und auch nicht immer rational sind, so stellt sich in dieser Hinsicht die Frage, wie wir eine den Menschen gerecht werdende Ökonomie aufbauen können. Dabei sind sicherlich auch die Ergebnisse der Verhaltensökonomik[275] wichtige Puzzlesteine in unserem Gesamtpuzzle, mit dem dies gelingen könnte. In einer Gesamttheorie sollten die einzelnen verhaltenswissenschaftlichen Ansätze im relationalen Raum verortet und einer Gesamttheorie zugeordnet werden. Die wichtige Frage des Vertrauens stellt sich sowohl im kooperativen Kreislauf der Kooperation wie auch im kompetitiven Kreislauf der Konkurrenz. Ob der Bürger dem Geldwert vertraut oder nicht, das ist wichtig für den Bestand einer Geldordnung und nicht rein rational erklärbar. Ebenso wird der Eintrag im Register der Arbeitsleistungen nur in Ausnahmefällen mit dem aktuellen Marktwert übereinstimmen. Der Bezug auf die Arbeitsleistung kann aber das Vertrauen stärken und damit Sicherheit erzeugen und die daraus entstehende Stabilität, die notwendig ist, um Wohlstand auf breiter Ebene zu generieren. Bei Kooperationen wird es vielleicht am ehesten ersichtlich, dass nicht immer Leistung und Gegenleistung ausgeglichen sind.[276] Die Ungleichheit muss nicht inhuman sein, Menschen sollten aber auf einen Ausgleich hinarbeiten. Gerade die Spannung und das Bestreben, eine Ungleichheit zu beseitigen, können sich positiv auswirken, leider schlecht angegangen auch ins Negative abrutschen. Dass Ungleichheiten sich positiv auswirken können, darf allerdings nicht die Ausrede dafür sein, diese überhaupt nicht beseitigen zu wollen. Ein humanes Ziel ist dabei dennoch nicht unbedingt die Beseitigung der Ungleichheit, sondern das Bestreben, existierende Ungleichheiten in einem für die Gesellschaft positiven Bereich zu halten. Im einfachsten Fall kann dies gelingen aufgrund einer Einsicht in die Berechtigung der Ungleichheit und deren Akzeptanz, zum Beispiel aufgrund von einer Differenz im je relevanten Kenntnisstand und den besonderen Fertigkeiten. Eine humane Wirtschaftsordnung muss vor allem den ungehinderten Zugang für alle mit dem nachweislichen Potenzial zu den Bildungsangeboten sowie den demokratischen Grundrechten gewähren, und darf keinen Bürger in menschenunwürdigen Lebenslagen dahinvegetieren lassen. Um dies zu erreichen, muss auch die demokratische Durchdringung der Finanzwirtschaft, der Geldwirtschaft, gelingen, zum Beispiel indem sich die Bürger ihr Geld von den Notenbanken zurückholen und mit Freien Banken ein durch Arbeitsleistungen abgesichertes Geld selbst schaffen. Warum sollte der Bürger noch länger mit Geld arbeiten, das nicht sein Geld ist, von der Geldschöpfung bis hin zur Entwertung? Eine humane demokratische Geldwirtschaft ist nur denkbar, wenn der Bürger sein Geld nach seinen Bedürfnissen schafft und auch den Zeitpunkt der Entwertung bestimmt. Da Geld kein Naturprodukt ist, so muss es Menschen geben, die es kreieren, und solche, die es entwerten. Warum sollen dies Bänker sein, die in keiner Weise der Direktive der Bürger oder auch einer durch Bürger gewählten Institution unterstehen? Da kann man nur fordern, Bürger, holt euch die Macht über das Geld zurück, die euch noch in der Naturgesellschaft zugebilligt wurde! Ein Geldkreislauf kann als human aufgefasst werden, wenn er die Bedürfnisse der Bürger möglichst eins zu eins widerspiegelt. Nicht zu vergessen ist dabei, dass Monopole in jeglicher Hinsicht zu vermeiden sind, sicherlich eine wichtigere Forderung als die nach Mehrheitsbeschlüssen. Mehrere kleine Firmen, die miteinander kooperieren und konkurrieren, sind besser als eine große Firma, die all die kleinen Firmen schluckt. Auch Ungleichheiten bei kleinen Firmen sind besser zu puffern als bei großen Firmen, sind sie doch in jedem Fall begrenzter in ihrer Ausdehnung. Die Besetzung all der zu einem Zeitpunkt möglichen ökonomischen Nischen durch unterschiedliche Nischenbetreiber sollte das Ziel sein, nicht der Mehrheitsbeschluss, der die Aktivitäten von Oligopolisten und Monopolisten einschränkt.[277] Wenn wir ein dauerhaftes Wachstum in nachhaltigen Finanzräumen wollen, dann müssen wir auch einsehen, dass Monopole nur noch einseitig und absolut wachsen können, ein Zerfall einzelner Segmente kann zwar zeitweise aufgefangen werden, die Innovation aus positiv sich entwickelnden Konkurrenzkreisläufen verschwindet in der Regel hingegen ganz. Droht der Zerfall des Monopolisten, so sind die zu erwartenden Auswirkungen verheerend, ist doch kein Konkurrent vorhanden, der die Geschäftsbereiche übernehmen könnte, die ansonsten der Zerstörung preisgegeben werden. Dadurch können auch die Zerfallsprodukte nicht mehr zum Aufbau neuer Strukturen verwendet werden und somit auch nicht das in den Strukturen enthaltene Finanzkapital doch wenigstens teilweise erhalten werden.[278] Nutzungsänderungen und die Wiederaufarbeitung sind humaner als eine sinnlose Zerstörung zuzulassen, bei der dann auch dem einzelnen Menschenleben keine Werte mehr zugeschrieben werden.

2. Der Kreislauf, Grundlage für nachhaltiges Wirtschaften

Einen, den ökologischen Kreisläufen vergleichbaren Kreislauf wird man für die Finanzwirtschaft so schnell nicht auffinden, unterliegt Geld doch nicht wie alle anderen Wirtschaftsgüter der natürlichen Abnutzung. Geld unterliegt keinem natürlichen Zerfall und kann auch nicht wachsen. Geld als Aktivposten kann eingetauscht werden in andere Güter auf dem Markt, nutzt sich dabei aber nicht von sich aus wertmäßig ab.[279] Das Material, auf dem die Banknote gedruckt und auf dem eine Wertangabe zu lesen ist, das kann zerstört werden und sich auch abnutzen, der Geldwert verringert sich dabei aber nicht. Geld als virtueller Wert ist nämlich nicht abnutzbar,[280] Geld ist aber auch keine natürliche Ware. Geld ist vielleicht als virtuelle Ware mit realer Wertzuweisung aufzufassen. Bedeutet das nun, Geld kann nicht in Kreislaufsysteme eingebaut werden, Geld sei inert gegen nachhaltige Tendenzen? Nein, wir benötigen nur andere Kreisläufe! Man kann in diesem Zusammenhang fordern, dem Geld den fehlenden Zerfallsprozess virtuell zuzuschreiben.[281] Derartige virtuelle Zuschreibungen können in einem Rechtsstaat mit vertraglichen Abmachungen durchaus gelingen. Eine Möglichkeit wäre die direkte zeitsensitive Wertzuschreibung bis zu einem vereinbarten Verfallsdatum. Dies würde jedoch schnell den bürokratischen Aufwand in schwindelerregende Höhen katapultieren, wäre auch, wenn praktikabel, sicher schon längst erfolgreich ausprobiert worden. Die Inflation zu befördern ist eine andere Möglichkeit, eine Möglichkeit, die aber allzu häufig in eine galoppierende Inflation endete, die nicht mehr zu kontrollieren ist. Die Inflation steuert dann kurz- oder langfristig auf eine Währungsreform zu, notwendig, wenn der aufgedruckte Wert kaum noch das Papier wert ist, auf dem es gedruckt ist, und ist damit keinesfalls nachhaltig. Wir müssen einen Weg finden, der das bestehende System im Sinne einer evolutiven Entwicklung weiterentwickelt, und zwar mit einem Augenmerk auf nachhaltige Systeme. Bei der Suche nach passenden Kreisläufen stößt man schnell auf die Goldwährung. Die einmal geprägte Goldmünze kann zwar immer wieder eingesetzt werden, hat aber zunächst keinen direkten Bezug zu der Leistung, die damit bezahlt wird. Erst wenn der Goldmünze ein Wert zugewiesen wird, erst dann kann auch wertgerecht damit bezahlt werden. Ohne Wertzuweisung hat auch die Goldmünze keinen Währungswert. Eine Goldwährung und der damit gegebene Bezug zu Edelmetallen kann eine Stabilität erzeugen, ohne damit auch Nachhaltigkeit zu garantieren. Verliert der zugewiesene Wert seine Gültigkeit, so kann es auch dazu kommen, dass der Metallwert höher ist als der Münzwert. Mit der Stabilität einer auf Sachwerte bezogenen Währung kann es schnell vorbei sein, und zwar dann, wenn der entsprechende Sachwert seinen Wert drastisch ändert, sei es durch Verluste oder auch durch unverhältnismäßig hohen Nachschub. Weil die Goldreserven heute kaum reichen würde für eine goldbasierte Weltwährung, genau deshalb hat man sich von diesem Bezugspunkt getrennt, allerdings ohne einen neuen Bezugspunkt zu bestimmen. Auch die Kryptowährungen leiden darunter, dass ihnen der Bezugspunkt fehlt. Mit der Fokussierung auf die menschliche Arbeitskraft lässt sich nun ein Bezug finden, der immer wieder neu entsteht und vergeht, wie bei den natürlichen Kreisläufen, und insofern eine geliehene Nachhaltigkeit liefert. Kombinieren wir den Bezug zur Arbeitsleistung mit dem Kreditkreislauf, so nähern wir uns den natürlichen Kreisläufen, hat doch auch jeder Kredit seine individuelle Lebensdauer, hier durch die Vereinbarungen im Kreditvertrag und nicht wie in der Natur durch die Information auf der DNA.

Die Geldschöpfung per Kredit ist zurzeit der einzige existierende Geldkreislauf, bei dem das geschaffene Geld nach einer vertraglich festgelegten Zeit wieder aus dem Umlauf verschwindet, ohne Geld prinzipiell zu entwerten.[282] Deshalb bietet sich der Kredit auch an, um damit ein nachhaltiges Geldsystem aufzubauen. Aus Sichtweise der Nachhaltigkeit ist es unerheblich, ob der Kreditkreislauf mit juristischen Personen oder auch mit natürlichen Personen beginnt. Bringt man die Stabilität und die Sicherheit mit ins Spiel, so scheiden juristische Personen nach reiflicher Überlegung jedoch aus, können doch nur natürliche Personen mit ihrer Unterschrift für eine Arbeitsleistung bis an ihr Lebensende einstehen.

Das Geld im Kreditkreislauf gelangt nach der Geldschöpfung durch den Kredit in den Umlauf und wird mit der Tilgung auch wieder dem Umlauf entzogen. Wird zudem festgelegt, dass Geld nur über Kredite neu geschaffen wird, so kann auch bei den entsprechenden Sicherheitsvorkehrungen kein Geld in den Umlauf gelangen, das nicht aus Krediten stammt, und somit auch kein Geld, das nicht nach einer vereinbarten Zeit im Umlauf, diesem wieder entzogen wird.[283] Damit wäre dann außerdem gesichert, dass alles Geld, das in den Markt gelangt, auch wieder verschwindet, wenn die Zeit dafür gekommen ist. Geld hat damit zwar keinen natürlichen Verfall, aber ein juristisch klar fixiertes Verfallsdatum durch den Kreditvertrag. Wichtig ist, dass Geld immer wieder neu geschaffen werden kann, so wie Wachstum immer wieder neu einsetzen kann. Geld funktioniert im Wirtschaftskreislauf in mancherlei Hinsicht vergleichbar der Funktion des Wassers im Biomassekreislauf. So wie die Pflanze Wasser aufnimmt, um im Körper die Stoffwechselvorgänge realisieren zu können, so nimmt der Markt Geld auf, um den wirtschaftlichen Stoffwechsel realisieren zu können. Geld ist dabei wie Wasser immer schon vorhanden, wenn auch nur virtuell. Zur Erinnerung, selbst das Gold einer Goldwährung ist nur virtuell als Geld vorhanden, da erst die Zuweisung eines Geldwertes zu einem Stück Gold dieses zu dem Geld macht, von dem wir hier reden. Bei allen derartigen Zuweisungen sei es nun Gold,

Kreditgeld, also Passivgeld oder Aktivgeld, sie können zwar für die Ewigkeit ausgesprochen werden, doch wird diese Ewigkeit in der Realität mitunter kürzer sein als die durchschnittliche Vertragszeit eines Kreditvertrages.

Geld, ob im Aktivkonto oder im Passivkonto, ist immer eine Wertzuweisung und kein Wert an sich. Die Zuweisung zu einem Sachwert wie bei der Goldwährung ist auch an die Verfügbarkeit von entsprechenden Sachwerten gebunden. Die Zuweisung zu einer Dienstbarkeit ist demgegenüber an die Verfügbarkeit über diese Dienstbarkeit gebunden. Handelt es sich bei dieser Dienstbarkeit um die Arbeitskraft des Schuldners, so wird der potenzielle Ausfall dieser Arbeitskraft zum Risiko, so wie bei dem Sachwert der Verlust des Sachwertes ein Risiko darstellt. Beide Risiken lassen sich versichern. Sachwerte lassen sich aber nicht beliebig vermehren, nur weil die Bevölkerung exponentiell wächst. Gold ist zum Beispiel nur in beschränkten Mengen auf der Erde vorrätig. Da jeder Kreditnehmer seine Arbeitskraft mitbringt, so ist hier die Beschränkung in dieser potenziell möglichen Arbeitsleistung in seinem Leben zu erkennen, von versicherbaren krankheitsbedingten Ausfällen und ebenso versicherbaren frühen Todesfällen mal abgesehen. Werden Arbeitszeitkonten nach strengen Kriterien überall gleichartig geführt und gesichert, so sollte dies die beste Absicherung für eine Währung sein. Damit sind wir bei dem hier vorgeschlagenen Sicheren Geld, mit dem sich wegen vertraglich gesicherter Rückläufe der geschaffenen Geldmittel eine nachhaltige Finanzwirtschaft begründen lässt. Im Vertrauen auf eine in Gesetze und Regeln eingebundene Finanzwirtschaft kann so eine nachhaltige Geldwirtschaft aufgebaut werden.

Wichtig ist, dass sich diese Art von Finanzwirtschaft von den Direktiven und Unwägbarkeiten der jeweiligen Regierungen löst und frei davon rein privatwirtschaftlich organisiert den Wünschen der Marktteilnehmer anpasst, nicht aber den Wünschen der Politiker, die gerade an der Macht sind. Erst wenn der Bürger sich sein Geld selbst schafft oder auch „zurückholt“ und dem Staat nur gibt, was des Staates ist, erst dann kann auch eine

Demokratie auf allen Ebenen wirklich gelingen. Eine nachhaltige Finanzwirtschaft, das sei hier auch gesagt, kann sicherlich auch in einer Diktatur erfolgreich aufgebaut werden und gelingen, passt aber optimal zu den Grundsätzen einer Demokratie.

Geld darf, gleich wo auf der Welt, nicht länger als das Almosen verstanden werden, das der Regent dem Volke zukommen lässt, es ist vielmehr endlich als das zu erkennen, was es sein sollte, der Schuldschein auf Gegenseitigkeit, mit dem wir uns gegenseitig die Hilfe zugestehen, der wir in einer stark differenzierenden Arbeitswelt bedürfen. Dies kann auch praktisch funktionieren, wenn die einzelnen Arbeitsleistungen in einem Kataster festgehalten werden, um damit Geld abzusichern, zudem um auch den Tauschwert von Arbeitsleistungen bestimmen und vergleichen zu können.[284] Privatrechtliche Kreditverträge als Grundlage eines neuen freiheitlichen Wirtschaftens in der Anerkenntnis einer notwendigen Verschuldung zum Wohle der Gemeinschaft kann mit der Erkenntnis und dem Bekenntnis für eine Gemeinwirtschaft die Finanzwelt demokratisieren. Im Sinne einer republikanischen und demokratischen Gewaltenteilung geht es hier darum, Arbeitsleistungen zum Nutzen aller in einer gewaltfreien Atmosphäre rechtlich abgesichert auszutauschen. Um eine auf Gegenseitigkeit beruhende Gemeinwirtschaft zu befördern, sind auch die derzeit nicht entlohnten Arbeitsleistungen in dem Arbeitsleistungsregister mit aufzunehmen, da nur so eine allgemein als gerecht zu empfindende Kreditvergabe und Altersvorsorge aufgebaut werden könnte. Nimmt man die nichtentlohnten Arbeitsleistungen als Kreditabsicherung für die staatliche Grundsicherung, bzw. das Grundgehalt, so kann sich auch der arbeitslose Bürger damit dem Staat gegenüber verschulden, er bringt ja auch eine Leistung der Gesellschaft gegenüber mit ein. Eine Abrechnung am Lebensende sollte dann, so man sie vornimmt, in der Regel keine übergroßen Schulden hinterlassen. Die Hinterlegung von potenziellen Arbeitsleistungen als Sicherheit bei der Kreditvergabe darf allerdings auch nicht zur Versklavung der Schuldner führen, weshalb die 50%-Grenze in jedem Fall einzuhalten ist. Gemeint ist damit, dass niemand mehr als 50% seiner noch verbleibenden Lebensaltersleistung als Sicherheit zur Verfügung stellen sollte.[285]

Zu verhindern ist, dass der Schuldner aufgrund seiner Schulden nicht mehr in der Lage ist, die eigenen Lebenshaltungskosten zu bestreiten. In diesem Zusammenhang sollte man davon ausgehen, dass die allgemeinen Lebenshaltungskosten mit dem Doppelten der Überlebenskosten anzusetzen sind.

3. Störende Einflüsse auf nachhaltige Finanzkreisläufe.

Gehen wir davon aus, es existiert ein nachhaltiges Finanzsystem, das so angelegt ist, dass es den Kriterien der Nachhaltigkeit genügt und die spekulative Nutzung nahezu unmöglich ist, ein Geld, das durch seinen Kreditbezug immer wieder aus dem Umlauf verschwindet, aber auch immer wieder neu geschaffen wird, so kann dieses Geld im Wirtschaftskreislauf den nachhaltigen Kreislauf der Sachwerte im Markt stützen. Ein derartiger Kreislauf kann durch die Bürger, die ihn nutzen, legitimiert werden. Die beste Legitimation durch den Bürger ist die, dass er selber den Sollwert bestimmen kann. Wie aber kann es zu Schieflagen in gut legitimierten Finanzsystemen und weniger gut legitimierten Systemen kommen? Eine sehr einfach zu erklärende Schieflage ist diejenige, die entsteht, wenn bei einem rasanten Bevölkerungswachstum nicht mehr genug Geld im Umlauf ist. Da jeder Bürger Geld braucht, wenn er im Markt einkaufen will, so muss mit jedem Neubürger auch zusätzliches Geld zur Verfügung stehen. Die vorhandene Geldmenge wird aber auch bei gleichbleibender Bevölkerungszahl nicht ausreichen, wenn die Handlungsaktivitäten zunehmen. Störend auf die vorhandene Geldmenge, die im Umlauf ist, wird es sich auch auswirken, wenn größere Mengen des Geldes gebunkert werden, egal, ob unter der Matratze oder im Tresor. Da gebunkertes Geld nicht im Kreislauf eingesetzt wird, kann es auch nicht als Teil eines nachhaltigen Kreislaufes angesehen werden.

Daraus lässt sich nun nicht die Schlussfolgerung ziehen, in einem nachhaltigen Kreislauf könne nicht gespart werden, weit gefehlt. Bei Ansparkrediten wird das gesparte Geld in der Ansparphase durchaus genutzt und nicht nutzlos gebunkert, sparen ist also durchaus möglich in einem nachhaltigen Finanzkreislauf, auch dann, wenn es sich um eine kreditbasierte Währung handelt. Heftige Störungen entstehen in den klassischen Geldsystemen vielfach dadurch, dass viel Geld ausgegeben wird, das nicht von denen bezahlt wird, die dieses Geld verdient haben, und Haftung wie auch Verantwortung an Personen weitergegeben wird, die mit der ursprünglichen Entscheidung nichts zu tun haben. Um die gröbsten Fehler vermeiden zu können, sollten juristische Personen keinen Kredit beantragen können und auch keine Haftung übernehmen. Für Fehlentscheidungen sollten immer natürliche Personen haften, weshalb auch nur natürliche Personen einen Kredit aufnehmen können. In der Politik getroffene Entscheidungen müssen ebenfalls nachhaltig sein, was so viel heißt, dass sie in den Kreislauf passen und nicht mit Ressourcen, Informationen und eingesetzter Energie den nachhaltigen Kreislauf verlassen. Finanziert die öffentliche Hand ihre Projekte nur noch mit dem Geld, das sie von den Bürgern über Abgaben und Steuern erhält und nicht mit geschuldetem Geld, und belastet ihre Manager mit einer Beteiligung an den Verlusten aus Fehlentscheidungen, so wird eine Schieflage der Städte- und Gemeindefinanzen wohl eher Seltenheit, vielleicht sogar nur noch aus Erzählungen der Vorgänge in früheren Zeiten bekannt sein. Ein wesentlicher Störfaktor, sind demnach die vielen Fehlentscheidungen, für die sich niemand verantwortlich fühlt und auch niemand zur Verantwortung herangezogen wird. Selbstverständlich sind genauso Naturkatastrophen empfindliche Störungen, die eine gut funktionierende Gesellschaft an den Rand des Abgrunds bringen können. Erstaunlicherweise werden derartige Störungen in der Regel recht gut abgefedert, ist doch die Hilfsbereitschaft der Nachbarn, und sogar die entfernter Personen mitunter recht hoch. Andererseits finden wir im Finanzsystem weitgehende Fehlentwicklungen, ausgelöst durch die Gier nach immer mehr Besitz durch einzelne Personen und

Personengruppen, auch dann, wenn es ihnen selber kaum an irgendwelchen Wohlstandsgütern mangelt.

In der Tat wird in derzeitigen Finanzsystemen die Schieflage vielfach durch die Gier derer hervorgerufen, die im Finanzsystem arbeiten, und auch durch diejenigen, die mit hochfliegenden Plänen ihren Namen zu Lasten der kommenden Generationen verewigen wollen. Die Wege zu einem schuldenfreien Staatshaushalt können sehr unterschiedlich sein und werden gewiss nicht so schnell mit einer Mehrheitsentscheidung durchzusetzen sein. Am besten ist es wohl, dies auf die radikale Weise durchzusetzen, indem sich der Staat als im Zustand des Konkurses befindlich erklärt und alle Staatspapiere nur noch mit 50% des aufgedruckten Wertes zurückzahlt. Moderater könnte man vorgehen, indem schrittweise die Papiere je um 25% im Wert gekürzt werden. In einer Übergangszeit könnte es sogar sinnvoll sein, Nullzinspapiere auszugeben, um zunächst die Zinsbelastungen zu reduzieren, ohne die notwendigen Investitionsausgaben unnötig lange aufzuschieben. Langfristig kann aber nur ein Strukturwandel Abhilfe schaffen. Die notwendigen Investitionen der öffentlichen Hand in das Bildungssystem und die Infrastruktur müssen von den Nutznießern finanziert werden, wobei der Staat sinnvollerweise die Mittel vorschießt, sie aber später im Sinne einer nachhaltigen Finanzierung sich zurückholt. Mit dem Aufbau neuer Strukturen bildet sich auch neues Kapital, das helfen kann, Schieflagen in der Zukunft rechtzeitig abzufedern.

Aber auch technische Innovationen können der Anlass sein für Schieflagen, erst recht, wenn das Verteilungsproblem am Ursprung der Innovation nicht sofort in den Griff zu bekommen ist. Räuberische und kriminelle Aktivitäten können ebenso wie kriegerische Auseinandersetzungen sehr schnell ein Wirtschaftsgefüge erodieren und zerstören. Allein die in Europa aktiven Drogenkartelle entziehen der Finanzwirtschaft pro Jahr mehrere Milliarden Euro, Geld, das nicht produktiv eingesetzt wird, vielmehr dazu eingesetzt wird, Menschenleben zu zerstören. Ebenso können durch sich ändernde Moden Schwankungen auftreten, die allerdings nur im Extremfall als gravierende

Störungen einzustufen sind, fördern sie doch die Wirtschaftsaktivitäten, wenn auch meist nicht eben nachhaltig. Gerade Modeerscheinungen zielen auf den psychischen Raum ab, weshalb Kaufentscheidungen in diesem Bereich besonders emotional beeinflusst werden, aber auch eine starke relationale Komponente aufweisen. Stark störend kann die Werbung das nachhaltige Kaufverhalten beeinflussen, ist es doch eher selten, dass die Werbung die Nachhaltigkeit bewirbt, eher die nicht so nachhaltigen Produkte und Dienstleistungen. Werbung selber ist zudem kaum nachhaltig, weil sie nicht notwendig ist im Wirtschaftskreislauf, denkbar wäre auch eine unabhängige Informationsplattform als Ersatz oder auch konkurrierend zu den aktuellen Werbekampagnen. Damit könnte die eher egoistisch motivierte Werbung zugunsten rationaler Überlegungen zurückgedrängt werden. Nun könnte man meinen, dass die auf den Eigennutz ausgerichteten Ziele einer kapitalistischen Wirtschaft der Hauptstörfaktor einer nachhaltigen Bewirtschaftung sind. Der Eigennutz ist nun nicht generell zu verdammen, stellt er doch eine starke Triebfeder dar, die auch in nachhaltigen Systemen wirken und positiv eine freie nachhaltige Wirtschaft beflügeln könnte. Das Problem ist nicht der Egoismus an sich, sondern der übertriebene Egoismus, der Egoismus ohne Altruismus als Gegensteuerung zum Erhalt der notwendigen Balance im Markt. Man sollte hier auch eher von Eigennutz sprechen, der schon zu Recht als positive Triebfeder seit den Anfängen der Ökonomie beschrieben wird. Eigennutz und soziales Engagement gehören zusammen und können ausbalanciert die emotionalen Triebfedern im wirtschaftlichen Handlungsraum genannt werden. Es muss Regeln und Gesetze geben, die eine entsprechende Balance garantieren und aufrechterhalten können. Mit einem Appell an die notwendige ethische Einstellung ist es immer weniger getan, die muss schon im Laufe der Erziehung in der allgemeinen Bildungs- und Ausbildungsphase erlernt werden; niemand ist von Geburt an ein moralischer Mensch, wenn auch die Grundlagen dazu bereits angelegt sind. Auch der verantwortlich handelnde Manager wird nicht geboren, er muss lernen, die Zusammenhänge zu erkennen und ethisch vertretbare Entscheidungen zu treffen, alles vor dem Hintergrund eines Kodex von gemeinschaftlichen gesellschaftlichen Wertvorstellungen.

Fragen wir uns danach, wo und wie Wertegemeinschaften entstehen und zu bewahren sind, Gemeinschaften, ohne die Leben und Arbeiten in nachhaltigen Zirkeln nicht auf Dauer möglich ist, so finden wir diese in der gelebten Nachbarschaft, im Sportverein, im Karnevalsverein. Der Sportverein und wohl noch mehr der Karnevalsverein sind besondere Beispiele für identitätsbildende Gruppen. Wir können mit Fug und Recht behaupten, dass ohne Identitätsbildung Nachhaltigkeit und Ethik in menschlichen Gemeinschaften zur Papierhülse werden. Deshalb sind Störungen des Vereinslebens in einer Stadt, einer Region wesentliche Störeinflüsse auf die Nachhaltigkeit und insbesondere auch die nachhaltige Finanzwirtschaft; dabei wird häufig gerade die wirtschaftliche Bedeutung des Karnevals noch immer unterschätzt, eine wirtschaftliche Säule, die ohne die vielen Karnevalsvereine und die Unterstützung in den Schulen kaum die Wirkung erzielen würde, die sie jedes Jahr von Neuem entwickelt.

4. Nachhaltigkeit und Gerechtigkeit!

Ohne das verantwortliche Handeln der Bürger in einer Gesellschaft wird es weder Nachhaltigkeit noch Gerechtigkeit geben. Ein stabiles Gesellschaftssystem erhält seine Stabilität vor allem dadurch, dass jeder Bürger sich im Großen und Ganzen als gerecht behandelt betrachtet. Ungerechtigkeiten, auch die einer ungerechten Verteilung der Produktionsgüter, können zum Sprengstoff heranreifen. Deshalb muss die Forderung nach einer gerechten Gesellschaft von jedem unterschrieben werden, der sich eine stabile Gesellschaft wünscht, die alles unternimmt, um den äußeren und den inneren Frieden aufrechtzuerhalten.

Die ungerechte Entlohnung, die ungerechte Teilhabe an den gesellschaftlichen Errungenschaften, diese verhindern ein auf Dauer angelegtes nachhaltiges Wirtschaftswachstum. Eine nachhaltige Geldwirtschaft kann nur gelingen, wenn die im Wirtschaftskreislauf pulsierenden Gelder, wie das Wasser im Ökosystem, durch ein vorliegendes Ordnungssystem immer wieder neu in den Kreislauf von Wachstum und Zerfall integriert werden. So wie Wasser beim Aufbau organischer Substanzen in diese aufgenommen wird, so wird Geld beim Aufbau von Waren, gesellschaftlichen Institutionen und Organisationen in sie aufgenommen und Teil der Bewertung dieser Entitäten, wenn auch Geld selber nicht eingebunden wird wie das Wasser in den Entitäten eines Ökosystems. Geld bestimmt die Bewertung, ohne Geld ist eine Bewertung nicht mehr denkbar. Als gesellschaftliche Funktion unterliegt die Bewertung von Waren und gesellschaftlichen Strukturen bis hin zur Bewertung ganzer Firmenkomplexe Erwartungen an die Zukunft und istTeil eines Vertrauens in die Menschen, die diese Strukturen schaffen. Da stellt sich die Frage, ob dieses Vertrauen gerechtfertigt und nachhaltig ist. Auch Vertrauen sollte nachhaltig sein, eine Forderung, die vor allem in der Finanzwirtschaft immer wichtiger wird. Vertraut der Kunde seiner Bank nicht mehr, so wird er sein Geld vom Konto abheben, um es einer anderen Bank anzuvertrauen oder auch in Sachwerte zu investieren, weil er deren Bewertung und vor allem auch der Nachhaltigkeit dieser Bewertungen mehr vertraut. Dabei geht es natürlich auch darum, ob diese Bewertungen gerecht sind, ob sie der darin steckenden Arbeitsleistung entsprechen oder aber weit darüber hinausgehen, weil Güterknappheit einerseits und eine Geldschwemme andererseits die Bewertungsmaßstäbe verschieben. Nehmen wir hier den Immobilienerwerb als Beispiel, vorab, es kann der Erwerb einer Bestandsimmobilie sein, oder auch der Neubau. Wird Geld beim Bau eines Hauses eingesetzt, so kann man mit dem Einsatz des Geldes und der damit bezahlten Arbeit die Entstehung eines Hauses vorantreiben.

Wird nach Fertigstellung das Haus vermietet, so kann man die Miete mit den Früchten vergleichen, die ein Baum nach der Fruchtbildung trägt. Durch den Verkauf kann man entweder mit Gewinn oder auch mit Verlust die eingesetzten Gelder wieder hereinholen. Steuerrelevant sollten nur die Gewinne und nicht der Wert sein, so lassen sich auch Immobilien nachhaltig verwalten.

Ein Beispiel für eine durch Gerechtigkeit den Zusammenhalt gewährende Gemeinschaftsaufgabe ist die Aufgabe, allen Bürgern eine bezahlbare Wohnung zu besorgen. Dabei geht es nicht primär um den ausreichenden Bau von Sozialwohnungen. Grundsätzlich sollten mit kommunalen Mitteln gebaute Wohnungen nicht denen zur Verfügung gestellt werden, die Wohnungen nur bauen und vermieten, um damit Geld zu verdienen, mitunter sogar im Auftrag der die Wohnungsbau-Gesellschaft tragenden Aktionäre. Nun, es kann nicht falsch sein, mit dem Bau von Häusern und Wohnungen Geld zu verdienen. Falsch ist es aber, mit Steuergeldern Wohnraum über den privaten Wohnungsbaumarkt zu finanzieren, verbilligt zu vermieten und anschließend einer Kapitalgesellschaft zu verkaufen. Ein Verkauf von Sozialwohnungen sollte generell nur an die Mieter zulässig sein. Gerecht wäre es, diese Wohnungen den Mietern anzubieten, die im Laufe der Jahre nicht mehr bedürftig sind und damit auch in der Lage sind, die ehemals als bedürftiger Sozialmieter bezogene Wohnung nach mehreren Jahren des bezuschussten Mietens als Eigentumswohnung zu erwerben, zu erwerben von der Gemeinde. Richtig ist es durchaus, Wohnungen aus dem sozialen Wohnungsbau zu verkaufen, um Geld für den Bau neuer Sozialwohnungen zu erhalten, da nur so auch in diesem Bereich eine nachhaltige Bewirtschaftung mit einem Kreislaufsystem möglich wird. Im Namen der Gerechtigkeit sollten dabei diejenigen, die nicht mehr bedürftig sind, auch nicht mehr in den Genuss einer verbilligten Miete gelangen, dafür aber die Möglichkeit erhalten, Eigentum zu erwerben. So lässt sich auch verhindern, dass Mieter über Luxussanierungen aus ihren Wohnungen herausgedrängt werden. Nach und nach kann man so mit dem Angebot an den Mieter, seine Sozialwohnung als Eigentum zu erwerben, auch mehr Bürger zu Wohnungseigentümern machen, als dies mit Zuschüssen wie dem Baukindergeld oder der Wohnungsbauprämie möglich ist. Bleibt dabei der Grund und Boden, auf dem die Häuser stehen, im Besitz der Gemeinde, so kann man einerseits mit einem um den Grundstückspreis herabgesetzten Preis für die Eigentumswohnung diese auch noch dem weniger betuchten Bürger zu einem vertretbaren und finanzierbaren Preis anbieten, zum anderen der Gemeinde mit einem Erbpachtvertrag zu einer auf Dauer fließenden Geldquelle verhelfen, die als Ersatz für die Grundsteuer und die Grunderwerbssteuer auch flexibler ist und somit den Bedürfnissen der Menschen besser angepasst werden kann. Man kann einwenden, dass einige Mieter so nie zu ihrem Eigentum kommen, da sie nie so viel verdienen werden, dass ein Kauf überhaupt jemals in Frage kommt. Nicht vergessen sollte man hier, dass allein die Tatsache, dass der Nachbar sich den Kauf leisten kann, ein Ansporn ist, es ihm gleichzutun, ein besserer Ansatz als der, auch noch viel Geld für Werbung auszugeben, damit Prämien unter die Leute zu bringen sind. Im Laufe der Zeit werden bis ins nächste Jahrhundert sicherlich 50% und mehr Wohnungen derartiger Sozialwohnungen zu Eigentumswohnungen, sollte man erst mal hier die richtige Richtung einschlagen, das ist zu erwarten.

Das hier vorgeschlagene neue Geldsystem kann diese gerechte Nachhaltigkeit insofern unterstützen, als es durch zinsfreie Kredite auch die kreditbasierte Finanzierung einer Eigentumswohnung verbilligt und damit sogar für viele erst ermöglicht. Hierdurch könnte sogar ein Ansatz gefunden werden, um den Hunger in der Welt endgültig zu besiegen. Da dies ein wichtiger Ansatz in allen großen Weltreligionen ist, könnte man sogar auf die Idee kommen, hier Verbündete zu finden. Total verrückt mag in diesem Zusammenhang die Idee erscheinen, dass die Führer der großen Religionen eine Finanzorganisation unterstützen könnten, mit der eine neue Geldwirtschaft ohne Zins auf den Weg zu bringen ist. Auch wenn das neue Geld ohne Zins nur in überschaubaren Zirkeln zum privaten Gebrauch eingeführt wird, es würde die Nachhaltigkeit im Finanzsektor auch in anderen Bereichen spürbar im guten Sinne verändern können.

Einen ganz anderen Ansatz, bietet der von der Produktion aus gesehene Ansatz des Cradle to Cradle,[286] den ich hier nur kurz skizzieren möchte. Michael Baumgart geht dabei davon aus, dass alle Produkte für eine Kreislaufwirtschaft geplant von der Geburt bis zur Geburt eingesetzt werden. Dabei wird der Gedanke der nachhaltigen Kreislaufwirtschaft für die Produktion bis zum Grundansatz durchdacht. Dieser Ansatz wird bei der Frage nach den sachbezogenen Ressourcen sicherlich einen breiten Rahmen in der Berücksichtigung einnehmen. Hier stellt sich nur die Frage, inwieweit dieses Prinzip auch in der Geldwirtschaft einsetzbar ist. Erhält jeder neugeborene Bürger ein Konto und einen Basiskredit zur Geburt, so könnte mit diesem Geld ein Geldsystem etabliert werden, für das auch gelten kann „von der Wiege bis zur Wiege", da jeder Bürger am Lebensanfang Geld erhält, das er durch Arbeit im Laufe des Lebens vermehren und verbrauchen sowie zurückzahlen kann, und mit der letzten Zurückzahlung das Geld für den nächsten Neubürger zur Verfügung stellt, ihm in die Wiege legt (Michael Baumgart, 2009).

ZUSAMMENFASSUNG

„Und da es außer einer vollständigen Autarkie kein Mittel gibt, ein Land gegen die Torheit oder Perversität der Geldpolitik anderer zu schützen, bleibt zur Vermeidung ernsthafter Störungen allein die Hoffnung, sich einigen allgemeinen Regeln zu unterwerfen, auch wenn sie keineswegs ideal sind, um andere Länder anzuregen, eine ähnlich vernünftige Politik zu befolgen."

(Hayek, S.117; 2011)287

Die Perversität der Geldpolitik aufzuzeigen und anzuprangern ist nicht die Aufgabe dieses Buches, das haben schon andere Autoren zur Genüge getan. Hier möchte ich eine Alternative aufzeigen, vielleicht eine mögliche Parallelwelt, eine Utopie, die dem Geld und der Geldpolitik eine mögliche andere Wirklichkeit zukommen lässt, sie erst ermöglicht.

Die Torheit der anderen, die es unmöglich macht, eine andere Möglichkeit zu erkennen, ist mitunter auch nur das andere Lebensgefühl in einem anderen kulturellen Kontext. Dass Geld unabhängig ist von dem kulturellen Kontext, das sollte man auf keinen Fall glauben. In einer Gemeinschaft mit regional unterschiedlichen kulturellen Hintergründen könnten die differenten Identitäten Probleme bereiten, wenn sich nicht parallel dazu auch eine gemeinschaftliche Identität herausbildet. Nicht nur die nationale Zugehörigkeit, auch die Zugehörigkeit zu einer bestimmten Religion kann unterschiedlich identitätsbildend sein und damit auch die Beziehung zum Geld verändern, ohne dass damit die Währung einen anderen Stellenwert einnehmen muss. Geld ist andererseits sicherlich nicht die Grundlage der Identitätsbildung, denn das sind die zur Verfügung stehende Information und das Wissen, aus dem das Bildungskapital einer Region, einer Firma innerhalb eines individuellen Kontextes wirksam werden kann. Dennoch sind die stabile Währung und der werterhaltende Währungsraum, in dem man lebt, wichtig für das Lebensgefühl und ein Leben im Wohlstand ohne Missachtung der Menschenwürde anderer, ein wichtiger Ansatz für eine humane Identitätsbildung. Eine wichtige Grundlage zur Identitätsbildung schaffen die Vereine und der Beruf mit seinem sozialen Umfeld, im Zeitalter der sozialen Netzwerke auch das benutzte Netzwerk und der stark die eigene Identität beeinflussende Blog, die schriftstellerische Aktivität, alles Ansätze, um positiv aus dem Meer der nicht bemerkten und unbeschriebenen Masse in den Großstädten sich hervorzuheben und damit nicht mehr nur einer der vielen unsichtbaren Menschen zu sein. Geld ist dabei wichtig, gleichgültig ob als Aktivgeld oder als Passivgeld. Diese Einteilung von Mayer in der Geldwirtschaft wird aufgegriffen, um in der Folge eine Sichere Währung vorzustellen, mit einem Geld, das nicht wie Kryptogeld in der Luft schwebt, sondern durch die Bindung an Arbeitsleistungen einen sicheren Bezugspunkt erhält. Dieser direkte Bezug zur Arbeitsleistung ist auch sicherer als der Versuch von Facebook, diese Sicherheit durch eine Bindung an vorhandene Währungen herzustellen. Dass mit der Abwendung von den herkömmlichen nationalen Währungen dann eine Geldwirtschaft ohne Zins und Zinseszins verbunden ist, das wird als notwendig herausgearbeitet, soll doch das Sichere Geld nicht durch den Zins entwertet werden. Die Sicherheit des Sicheren Geldes, hier als NIM vorgestellt, speist sich nicht zuletzt aus der Tatsache, dass Nullzins in der Folge Nullinflation bedingt und damit die Währung nicht nur sicher, sondern auch wertstabil ist. Mit dem Vorschlag, Ansparkredite einzuführen, sollte auch das Sparen bei 0% Zins noch attraktiv sein. Der ursprüngliche Sinn des Sparens wird damit wieder neu aufgelegt, du sparst, und ein anderer Kunde der Bank erhält mit diesem Geld einen Kredit, du dafür später in der Kreditphase, nachdem die Hälfte des benötigten Geldes angespart ist. Da die Steuer ein wichtiges Element im Spiel um eine wertstabile Währung ist, wird hier eine Steuerreform vorgeschlagen mit Eckpunkten, die einmal der Vermeidung von unnötigen Steuern dienen soll, denn Einnahmen, die besser als Abgaben erhoben werden, und Einnahmen, die als Pacht oder Lizenzgebühr zu erheben sind, die sollten nicht als Steuer erhoben werden. Zum anderen wird durch die Abschaffung aller substanziellen Steuern und die Neuformulierung von Gewinnsteuern, die kein substanzielles Vermögen zerstören, niemandem die Grundlage für seinen Erwerb weggesteuert.[288] Danach stellt sich die Frage nach der Kontrolle, ob gesellschaftlich, gemeinschaftlich oder persönlich durchgeführt. Besonders die gemeinschaftliche Kontrolle wird in der Regel kaum beachtet, obwohl die vielen Genossenschaften in Deutschland Zeugen einer Bewegung sind, die ethische und soziale Aspekte in hervorragender Weise vereint. Gemeinschaften können Kapital mitunter besser verwalten und den Einsatz besser bündeln, als dies der Privatperson möglich ist, besser auch als dies staatliche Einrichtungen vermögen. Ein besonderes Thema dazu ist die Frage nach der Ausgestaltung eines lokalen Marktes und der Einbindung dieses Marktes in die globalen Märkte. Das Privateigentum sollte in jedem Fall durch entsprechende Gesetze geschützt werden, und dies auch vor dem Zugriff des Staates. Dazu sind die Grenzen zwischen Privateigentum und Gemeineigentum klar zu umreißen, klarer, als dies bislang geschehen ist, Vorschläge dazu werden unterbreitet. Klar abzugrenzen sind auch die Einflüsse und Einwirkungen der verschiedenen anderen Faktoren, die Wachstum beeinflussen. Die Zusammenhänge werden hier nur kurz angerissen, da diese in einem späteren Band genauer aufzuzeigen sind und dies erst dann, wenn alle Faktoren hinreichend in ihren Wirkfeldern dargestellt wurden, auch zufriedenstellend möglich wird. Die Digitalisierung erleichtert vieles durch den einfacheren Einsatz von Statistiken, Modellen und den Ergebnissen der KI-Forschung, was aufgezeigt, aber beileibe nicht ausdiskutiert wird. Anschließend wird im Kapitel zur Nachhaltigkeit aufgezeigt, wie eine Nachhaltigkeit im Finanzwesen erreichbar und weshalb sie auch notwendig ist, um eine stabile Wirtschaftszone zu etablieren und das genutzte Geld in den Wertzuweisungen stabil zu halten. Damit werden Vorschläge und Ansätze für neue Gedankengänge vorgestellt, die zu einer neuen Form des Wirtschaftens führen könnten.[289] Es stellt sich die Frage, wie diese moderne Gesellschaft anders zu organisieren ist, dies mit einer anderen Währung, einem anderen Selbstverständnis vom Markt, einem Markt, in dem Arbeitslosigkeit zum Fremdwort wird und Staatsschulden nur noch in historischen Zusammenhängen auftauchen. Insgesamt sollte die Eigenverantwortung gestärkt und die Mitverantwortung gefördert werden, was mitunter durch die Einführung eines Grundeinkommens für alle Bürger besser erreichbar ist, mit der bisherigen Sozialgesetzgebung eher verhindert wird.

NACHWORT

Was können wir tun, und was wird uns die Zukunft bringen, und was müssen wir unbedingt noch näher untersuchen, um die Parameter für eine lebenswerte Zukunft nicht zu verpassen, zu übersehen? Die zur Verfügung stehende Energie und die substanziellen Ressourcen sind neben der Arbeitskraft, der aufzuwendenden Leistung und den benötigten Informationen die grundlegenden faktoriellen Bedingungen, die in keinem Fall zu vernachlässigen sind. Die aus neuem Wissen sich herausschälenden Informationen sind in der Zukunft vielleicht sogar wichtiger als Geld. Doch kommen wir zunächst mal in der Gegenwart an und reden über Geld!

Da fragen wir uns doch, ob es richtig ist, wenn Brüssel den Slogan ausgibt, dass die Regierungen sparen sollen (Austerität)? Sollten wir nicht Keynes folgen und in den Ländern mit hoher Arbeitslosigkeit Schulden zulassen, um so staatliche Arbeitsbeschaffungsmaßnahmen finanzieren zu können? Zurzeit läuft der Zins der Staatspapiere gegen null, so dass die Kosten für weitere Schulden nahezu bei null liegen, eine klare Einladung für die öffentliche Hand, doch Schulden zu machen. Zudem führt der bei null notierende Leitzins der EZB auch im näheren Umfeld zu fallenden Zinsen.[290] Zusätzlich flutet die EZB den Markt mit Geld aus dem QE-Programm.[291] Ziel ist es, eine Inflationsrate von 2% zu erreichen. Noch ist die Inflation unter 2%, sollte aber eigentlich bei null liegen, wenn eine wertstabile Währung angestrebt wird. Ende 2018 hört man in den Nachrichten, dass die Inflation im Schnitt bei 1,5% liegt. Die Verlautbarung der EZB, die Flutung der Märkte mit Geld aus Anleihekäufen zurückzufahren, scheint verrückt, nicht weil man jetzt keine neuen Anleihen mehr kaufen will, fragt man sich doch, weshalb überhaupt Anleihen gekauft wurden und werden?[292] In Amerika hat die FED diese Maßnahme (QE) längst zurückgefahren, auch gibt es dort schon seit geraumer Zeit keinen 0 Zins der Zentralbank mehr. Fragen wir uns da, warum die lockere Geldpolitik in Europa zunächst nicht mal die Inflation auf einer

Zielmarke von 1% halten kann. Müssen wir Bürger danach mit einer immer schnelleren Geldentwertung rechnen, die plötzlich einsetzt und dann nicht mehr aufzuhalten ist? Noch fließt das Geld aus den Anlagenkäufen der EZB in die Vermögenswerte, wird gebunkert oder landet wieder auf Konten der EZB. Noch ist es nicht auf dem alltäglichen Markt angekommen, doch wie lange noch? Bislang wird ja auch für zurückgezahlte Anleihen wieder neu angekauft, das Ankaufprogramm wird lediglich nicht weiter ausgedehnt. Fragen wir uns da auch, weshalb keine Aktien und Versicherungspapiere aufgekauft werden, bestände da doch keine Gefahr der Bildung von gebunkertem Geld. Es ist durchaus zu befürchten, dass der Euroraum in den nächsten 10 bis 15 Jahren in eine Rezession stürzt, die einige Ökonomen zwar für möglich halten, aber denn doch schnell aus dem Blickwinkel wieder verschwinden lassen. Geld ohne Zins und ohne Inflation, in die Welt entlassen durch Freie Banken in der Hand ihrer Kunden, das wäre eine gute Möglichkeit, vielleicht die einzige, einer Rezession entgegenzuwirken, denn auch die Aktivitäten der FED führen nicht wirklich weiter.[293] Die Tatsache, dass Zinserhöhungen der FED im Jahre 2019 in Amerika wieder zurückgefahren werden, verweist auf eine gewisse Hilflosigkeit. Wie aber sieht es mit dem Steuersystem aus, das zur Zeit auf dem Kopf steht, sollte es doch endlich auf die Füße gestellt werden, Zölle möglichst bald ganz gestrichen werden. Eine Gewinnsteuer, die auch eine internationale Kostenkontrolle mit einschließt, kann auf den Zoll verzichten und einen gerechten freien Welthandel beflügeln. Die Forderung nach humanen Produktionsbedingungen kann so auch in Entwicklungsländern effektiv über die absetzbaren und die nicht absetzbaren Kosten bei der Gewinnsteuerermittlung berücksichtigt werden. Können wir in den nächsten Jahren mit einer Steuerharmonisierung in globalem Ausmaß rechnen? Vielleicht, wenn die 129 Staaten, die jetzt im Jahre 2019 über Steuerrechte verhandeln, zu einem positiven Ergebnis in Richtung Gewinnsteuer sich zusammenraufen können.[294]

Dabei sind die Auswirkungen und Folgen auf die Zukunft hin auszurichten. Finanzpolitik und Geldpolitik sind immer von zwei Richtungen aus zu betrachten, einmal aus der Sichtweise des Gläubigers und zum anderen aus der des Schuldners. Diese Sichtweisen gelten auch bei Geschäften und Krediten auf Gegenseitigkeit.[295] Nicht aber ist Geld aufgrund der Wertzuschreibung in einem Schuldverhältnis primär ein Sachwert! Geld hat eben nur innerhalb einer gesellschaftlichen Konvention auch den gesellschaftlichen Wert, den man ihm zuschreibt, während originäre Sachwerte immer auch einen Eigenwert besitzen, einen eigenen Wert für den Besitzer als Teil seiner Lebenswerte, dies auch wenn Sachwerte zusätzlich noch einen Tauschwert annehmen können. Bei Sachwerten ist der Besitzanspruch zu verteidigen, bei Schuldverhältnissen die vertragliche Vereinbarung.

Wenn wir uns nun danach fragen, was unser Geldsystem ausmacht und was denn Geld wirklich ist, so stoßen wir auf unterschiedliche Antworten, beginnend mit Adam Smith[296] über Keynes, Friedman, Gesell und Marx, nur einige wenige aus der Historie, die sich mit dem Geld befasst haben, bis hin zu neueren Ansätzen wie demjenigen von Hayek zu Beginn des 20. Jahrhunderts und dem von Mayer gegen Ende des 20. Jahrhunderts. In der Abwägung der von Mayer dargestellten unterschiedlichen Ansätze scheint der Ansatz, der davon ausgeht, dass Geld aus einem Schuldverhältnis heraus entstanden ist, soweit es notwendig wurde, Kredite und Schulden nicht nur festzuhalten, sondern auch konvertibel zu gestalten, der am besten belegte und zudem einleuchtende Ansatz[297]. Der Herrscher, König oder Fürst, brauchte etwas, um seine Bediensteten für ihre Dienste zu entlohnen, zunächst mit Ländereien und Naturalien, schließlich auch mit Schuldscheinen. Goldmünzen ersetzten dann den Schuldschein und den Tauschhandel mit Naturalien. Das Konterfei des Herrschers auf der Münze garantierte, dass der Herrscher als letzter Gläubiger die Schuld begleichen wird. Damit wird es für den Herrscher relativ einfach, Leistungen seiner Bürger zu bezahlen, auch um zum Beispiel den Sold der Soldaten seiner eigenen Armee zahlen zu können.[298] Schulden wurden auch bereits sehr früh gegenständlich festgehalten, sei es auf Steinen, auf Kerbhölzern oder auch detaillierter in der bereits früh sich entwickelnden Buchhaltung.[299]

Auch wenn das erste Münzgeld zur Bezahlung von Schulden eingesetzt wurde, es war kein Kreditgeld, sondern Aktivgeld, da ohne Kreditvertrag auf den Weg gebracht. Erst mit den Wechselstuben und den sich daraus entwickelnden Banken und Leihhäusern entstand das Geschäft, Geld in größerem Umfang zu verleihen, und zwar gegen Zins. In einer Verstrickung religiöser Institutionen mit weltlichen Machtansprüchen entstanden die ersten Staatspapiere, mit denen der Vatikan seinen Bürgern anfänglich noch 12% Zinsen auf die geliehenen Gelder zahlte. Im Laufe der Zeit wurden dann immer weniger Zinsen gezahlt, bis zum Schluss die Zinsen wegfielen, um danach keine Staatspapiere mehr anzubieten.[300] Dadurch und mit der wachsenden privaten Verschuldung der Bürger schien der Einfluss des Staates nach und nach zu schwinden. Mit der Gründung von Notenbanken starteten die Staaten im 18. und 19. Jahrhundert, allen voran Schweden und England, damit die Hoheit über das Geld zurückzugewinnen.[301] In der Folge vergab die nationale Notenbank Kredite an die Geschäftsbanken, damit die dann ihrerseits Kredite an Privatleute und Geschäftsleute weitergeben konnten. Das so in den Umlauf gebrachte Geld ist das Notenbankgeld. Inzwischen ist das von den Geschäftsbanken verliehene Geld nur noch marginal auch Notenbankgeld, es ist weitgehendst allein von der Geschäftsbank durch Kredit erzeugtes Geld, das Giralgeld.

Da sich die Banken mit dem Giralgeld noch nicht vollständig von den Notenbanken gelöst haben, ist die konsequenteste Forderung die, dies mit einer vollständigen Loslösung vom Notenbankgeld als eine Trennung hin zur freien Kreditvergabe mit rein privatem Geld einer Freien Bank zu vollziehen. Die Freie Bank kann mit einer rein rechtlichen Absicherung Sicheres Geld schöpfen, das damit auch unabhängig von den Nationalstaaten als reine private Geldschöpfung global gültig und einsetzbar ist. Dies ist nach der Terminologie Mayers eine passive Geldordnung.

Mayer selber hingegen fordert eine Aktivgeldordnung, die selbstverständlich auch möglich ist, aber sich nur bedingt über einen nationalen Rahmen hinaus frei entwickeln kann. Dies

Problem taucht auch bei dem Freigeld auf, das Gesell mit in die Diskussion eingebracht hat und weitgehendst auch als „Rostendes Geld“ bekannt ist.[302] Ein neuer Anlauf in die Richtung einer neuen Aktivgeldordnung war die Schweizer Initiative zur Schaffung von Vollgeld Anfang 2018.[303] Im Gegensatz zum Vollgeld wird das freie Kreditgeld der Bürger (zum Beispiel NIM) im Passivgeldsystem nicht mehr staatlich kontrolliert, es unterliegt einem privat gebundenen Vertragsverhältnis. Der Staat kontrolliert nur noch die korrekte gesetzeskonforme Ausstattung der Verträge und Statuten. Ansparkredite und Überziehungskredite können bei entsprechenden vertraglichen Festlegungen sogar das Sparverhalten neu ordnen und wieder attraktiv werden lassen. Die Richtschnur ist dabei das Motto: „Spare, ohne Zinsen zu verlangen, damit du nachher auch so viel an zinslosem Kredit beanspruchen kannst, wie du vorab gespart hast.“ Zudem sollte auch das Gesellschaftsrecht geändert werden, ist doch nicht einzusehen, dass gerade die großen Firmen sich der Verantwortung durch Haftungsausschluss entziehen, deshalb ist die Haftung auf mehr Personen zu verteilen und parallel dazu teilweise über Versicherungen abzusichern. Das kann gelingen, wenn Verträge nur durch natürliche Personen abgeschlossen werden, juristischen Personen das untersagt wird. Um die Verantwortlichkeit aller Bürger mehr als bislang herauszufordern, kann es auch nützlich sein, die Gängelung durch die heutige soziale Absicherung in der Zukunft mit einem Grundgehalt auf einer Basis aufzubauen, die jeden Bürger stärker in die Verantwortung für sich und die Gesellschaft einbezieht. Damit werden auch destabilisierende unsinnige Geldausgaben vermieden.[304] Dies abzulehnen, weil so der Müßiggang gefördert werde, das ist kurzsichtig, verbraucht doch das alte Sozialsystem bereits mehr Geld und Ressourcen, als dies ein gezielt ausgezahltes Grundgehalt vermag,[305] zudem werden so auch überflüssige, destabilisierende Ausgaben vermieden.[306] Im Passivgeldsystem lässt sich das Grundeinkommen auch als Kredit einführen und Fehlverhalten besser steuernd unterbinden als allein mit Verboten. Drogenkonsum und Spielsucht sind gegebenenfalls mit Kürzungen zu quittieren.[307] Die dadurch den Drogensüchtigen fehlenden

Gelder sind den Drogendealern als Schulden anzurechnen und zu konfiszieren, um dann als Einnahmen zur Finanzierung von Präventionsprogrammen genutzt zu werden.

Da dauerhaftes Wachstum nur denkbar ist, wenn dabei auch der immer wieder auftretende Zerfall und die Zerstörung nicht außer Acht gelassen werden, so stellt sich die Frage, wie Geld in diese Zyklen von neuem Wachstum und wiederkehrender Destruktion eingebunden wird, einzubinden ist. Geld wird seit Jahrtausenden über die Steuer wieder aus dem Umlauf zurückgeholt. Beim Aktivgeld könnte man somit einen Kreislauf zwischen Steuer und neuer Geldschöpfung herstellen. Die Anpassung der umlaufenden Gelder kann im Aktivgeldsystem eine gesondert dafür geschaffene staatliche Institution übernehmen oder aber von der Notenbank übernommen werden. Beim Passivgeldsystem hingegen bestimmt der Bürger im Markt, man könnte auch sagen der Markt, die Umlaufmenge durch die an- und abschwellende Menge an aufgenommenen und zurückgezahlten Krediten. Die Steuer dient in diesem System allein der Abdeckung staatlicher Aufgaben, man könnte auch sagen, dass der Bürger so in die Lage versetzt wird, diesem seinem Staat, seiner Gemeinschaft nur das zu geben, was er vermag und dieser Gemeinschaft zu geben bereit ist. Da im gesicherten privaten Passivgeldsystem der Staat auch keine Schulden mehr hat, so sind überdies keine Zinszahlungen mehr über Steuern zu finanzieren und die Bilanzen dürften erfreulicherweise schrumpfen. Will man trotz Freihandel unerwünschte Waren von den lokalen Märkten fernhalten, so kann die Einfuhr verboten und ein etwaiger Erlös mit einer zusätzlichen Steuer belegt werden (Spekulationssteuern bis zu 40%). Zum schnellen Schutz der Bürger sind neben Einfuhrverboten außerdem noch Zölle denkbar,[308] sollten aber möglichst vermieden werden.

Um die Bürger nicht von Staats wegen in die Kreditfalle zu locken, sind keine Steuern mehr auf substanzielle Vermögenswerte zu erheben. Niemand sollte gezwungen werden, sein Haus, seine Firma oder sein Auto verkaufen zu müssen, um Steuerschulden bezahlen zu können. Dies lässt sich realisieren mit einer reinen Gewinnsteuer, da der erzielte Gewinn auch bei Besteuerung bis zu 60% und darüber hinaus niemanden in den Ruin und auf keinen Fall in die Schulden führen wird. Die Gewinnsteuer sollte bei Einführung eines Grundgehaltes mit diesem verrechnet werden, dafür Freistellungspauschalen und Sozialleistungen wegfallen. Die Bürger müssen, ob Niedriglohnarbeiter oder Millionär, stärker in die Verantwortung für ihre Mitbürger, ihre Gemeinde, ihre Stadt mit einbezogen werden. Von der Forderung nach verantwortlichem Handeln sich selbst und der Gesellschaft gegenüber sollte weder Besitz noch ein anderer Vermögenswert befreien können.

Im Rahmen der 4. Industriellen Revolution sollte auch die Arbeitsleistung eine neue Bewertung erfahren. Wird im Rahmen der digitalen Automatisierung und Robotisierung die Produktivität[309] pro Mitarbeiter erhöht, so darf sich dies nicht nur im Profit für das eingebrachte Finanzkapital niederschlagen. Finanzkapital und Humankapital sind gleichberechtigt zu berücksichtigen. Es ergibt jedenfalls keinen Sinn, zunächst die Gewinne aus Kapitalvermögen geringer zu besteuern, um anschließend das fehlende Geld für die Altersvorsorge über zum Beispiel eine Reichensteuer wieder hereinholen zu wollen. Besser ist es da, jeden selbst für seine Altersvorsorge einstehen zu lassen, selbstverständlich, soweit der Grundbedarf abgedeckt ist. Damit dafür auch die nötigen Mittel bereitstehen, sollte der Mitarbeiter ebenso am Firmengewinn beteiligt werden wie der Kapitaleigner. Erreichbar wäre dies mit einer anderen Sichtweise auf die Finanzierung und die Gewinnerzielungsabsicht einer Firma sowie die Wertzurechnungen von Finanzkapital und Humankapital. Jede Firma, jedes Unternehmen benötigt beides, Humankapital und Finanzkapital. Nur der allein mit den natürlichen Mitteln arbeitende Mensch kann auch heute noch ohne Finanzkapital Gewinne erwirtschaften, wegen der inzwischen hoch arbeitsteiligen Wirtschaft jedoch nur beschränkt und mit einem kaum noch zu stemmenden Aufwand und einem im Vergleich dazu unverhältnismäßig niedrigem Gewinn, wenn nicht gar Verlust. Deshalb benötigen wir in modernen Wirtschaftssystemen beides,

Finanzkapital und Humankapital. In Richtung einer Harmonisierung könnte eine Änderung im Gesellschaftsrecht Abhilfe schaffen. Wird der Gewinn vor Steuern zu gleichen Teilen auf Finanzkapital und Humankapital aufgeteilt, so sollte der Gewinn durch erhöhte Produktivität auch bei der arbeitenden Bevölkerung ankommen und zudem die Rente gesichert sein.[310] Dies alles sollte weitgehendst auch ohne ein Geldsystem mit Sicherem Geld funktionieren, beim Sicheren Geld sind hingegen alle Voraussetzungen geschaffen, um ein nachhaltiges Wachstum mit nachhaltiger Finanzwirtschaft optimal begleiten zu können.[311] Die Sichere Währung bietet ein klares Konzept, mit dem vor allem auch Kreislaufsysteme in einer Geldwirtschaft leicht aufzubauen sind. Allein der Umtausch in andere Währungen bedarf besonderer Vorkehrungen.[312]

Eine Rückbindung an lokale Strukturen ist dabei besonders wichtig. Die fehlende Rückbindung in lokalen Märkten ist auch mitunter der Grund, dass die Entwicklungshilfe nicht immer den gewünschten Effekt zeigt. Autonome Städte, auf einem kostenlos zur Verfügung gestellten Grundstück, könnten als Kristallisationspunkte bessere Ergebnisse zu Tage fördern, und das nicht nur in Entwicklungsländern, sondern auch in den alten Industrienationen.[313]

Ob eine Gemeinschaftswährung wie der Euro von vornherein bessere Voraussetzungen für eine nachhaltige Finanzwirtschaft bietet, das ist kaum hinreichend zu beantworten. Die EU könnte jedoch aufgrund der besonderen Konstruktion mit noch uneinheitlichem Währungsraum durchaus neben dem Euro im gesamten Währungsraum auch andere Währungen offiziell zulassen. Vieles wäre einfacher, wenn neben dem Euro als gemeinschaftlicher Währung eine nationale Währung und eine internationale private Währung wie NIM als Zahlungsmittel in allen EU-Staaten akzeptiert würden. In der Praxis könnte man Guthabenkarten in je drei Währungen anbieten, wobei die Karte in den einzelnen Währungen vorab aufzuladen ist.

Fehlendes Kapital kann gerade bei der Firmengründung entscheidend sein für fehlenden Erfolg und damit für nicht einsetzendes Wachstum. Aber auch bei kurzfristigen Änderungen im

Markt kann das fehlende Kapital eine notwendige Ausweitung der Produktionskapazitäten verhindern und damit das Wachstum stoppen. Schulden können Wachstum sogar abrupt bremsen und damit den nachfolgenden Zerfall bewirken. Um zerstörerische Wirkungen durch überhöhte Schulden zu vermeiden, hat man im Falle der Liquidation einer Firma nach der Zahlungsunfähigkeit den Schuldenerlass im Rahmen einer Insolvenz vorgesehen.[314] Inzwischen gibt es auch die Privatinsolvenz, leider noch nicht die Staatsinsolvenz, die vor allem innerhalb von Staatenbündnissen wie der EU eigentlich als selbstverständlich mit zum politischen Inventar gehören sollte. Ohne einen durch die Gemeinschaft akzeptierten, also gesetzlich geregelten, Schuldenerlass auf allen Ebenen, wird die Anhäufung von Schulden früher oder später nicht nur einzelne Existenzen, sondern auch den demokratischen Staat zerstören.[315] Ein Insolvenzverfahren, um wirtschaftlich schwache Mitglieder wieder auf den Weg zu bringen, könnte auch für die EU wichtiger sein, als den europäischen Finanzminister aus der Taufe zu heben. Vergessen sollte man dabei aber auch nicht die Gläubiger, damit diese nicht in der Folge eine Insolvenz anmelden müssen. Ein notwendiger Schuldenerlass für Banken sollte im Rahmen des aktuellen Insolvenzrechtes hinreichend abgesichert sein, sollte aber auch für Staaten innerhalb einer Staatengemeinschaft in einer Art Ablass möglich werden, so wie man das in biblischen Zeiten in sogenannten Ablassjahren durchführte.[316]

Geld darf nicht zum Spekulationsobjekt verkommen, sondern muss in der realen Welt helfen, reale Werte zu bemessen, zu bewahren und damit sicher handeln sowie sie einordnen zu können, also zielsicher und respektvoll behandeln zu können; dies nicht als naturrechtliche Präjudizierung, sondern als soziale Verpflichtung immer wieder neu in einem von allen getragenen Kodex in stets aufs neue auszuhandelnden Vereinbarungen eingebunden. Zu diesen Vereinbarungen gehören auch der Zins und die rechtens mit dem Zins eingeforderten Leistungsvergütungen, sogar die zulässige Spekulation mit Geld. Deshalb kann man mit dem Hayek-Dreieck Korrelationen zwischen dem Zins als Steigungswinkel und den Variablen Zeit und Wertschöpfung recht augenscheinlich darstellen.[317] Nicht aber eignet sich dieses Dreieck als Beweis für die Notwendigkeit einer zinsbasierten Geldwirtschaft. Die Interpretation der Hypotenuse als eine Aufeinanderfolge von Punkten erbrachter Leistungen ließe durchaus auch den Steigungswinkel in ein anderes Licht rücken, wir müssen hier die gesteigerte Leistung sehen, die im Geldmarkt auch mit höheren Zinsen korreliert, soweit ein Zins dazu vereinbart wurde. Eine neue Sichtweise auf das Hayek-Dreieck könnte sogar die Reform des Geldsystems rechtfertigen, sogar eines solchen ohne Zins. Dazu gehört zudem eine Reform des Gesellschaftsrechtes mit einer Streichung aller Formen des Haftungsausschlusses, sowie der Haftungsübertragung auf juristische Personen.[318] Bei Firmen würde dann im neuen Gesellschaftsrecht die Gesamthaftung zum einen von den Kapitaleignern in der Höhe des eingesetzten Kapitals übernommen, von den Managern andererseits der Hauptanteil der restlichen Haftung. Weitere Haftungsansprüche sind vornehmlich durch Versicherungen abzudecken. Übergangsweise ließe sich ein neuer Gesellschaftstyp juristisch fixieren, eine Gesellschaft mit verteilter Haftung. Die verteilte Haftung oder auch aufgeteilte Haftung kann zum Beispiel für das Kapital eine Haftung von 30% festlegen und für das Management ebenso 30% und dann noch eine 30% Absicherung durch eine Versicherung. Die verbleibenden 10% können vom Vertragspartner, in der Regel dem Käufer, übernommen werden. Damit ist das Haftungsrisiko, und damit auch das Verlustrisiko, des Käufers maximal 10%. Konkret, wird ein Auto im Wert von 30.000 Euro neu eingekauft, liegt das Risiko für den Käufer bei höchstens 3.000 Euro.[319]

Um die Staaten in den Zustand zu versetzen, in dem sie mit den derzeitigen Einnahmen alle ihre Aufgaben erfüllen können, ohne Schulden zu machen, ist ein Schuldenschnitt auch für überschuldete Staaten unumgänglich, es sollte ein Insolvenzverfahren immer dann auch auf staatlicher Ebene vorgesehen werden, wenn ein Staat stark überschuldet ist, etwa mit mehr als 150% des jährlichen BIP. Das Insolvenzverfahren bei

Staaten sollte gesehen werden als die Möglichkeit, sich innerhalb von 20 Jahren zu entschulden. Es wird sich zeigen, dass der Staat auch ohne die Aufnahme von Schulden durchaus allein auf sich gestellt all seinen Verpflichtungen nachkommen kann. Die private Verschuldung sollte durch die Begrenzung auf die Hälfte der Lebensleistung hinreichend sicher einzudämmen sein, die Privatinsolvenz nur der allerletzte Schritt.[320] Dabei sollte immer auch noch das restliche Haftungsrisiko abgedeckt werden können.

Wer weiterhin ein Anwachsen der Schulden zulässt, anstatt die natürlichen Begrenzungen zu erkennen und gesellschaftlich den damit verbundenen Beschränkungen für Kredite zuzustimmen sowie sie endlich auf demokratische Weise festzuschreiben, der begünstigt den gesellschaftlichen Suizid.

Daraus folgen 5 Forderungen hinsichtlich der Geldwirtschaft, mit deren Realisierung wir ein dauerhaftes Wachstum sehr wahrscheinlich machen können.

Die Abschaffung der Zinsen auf Leihgeld als die **erste** Forderung,[321] keine zukünftige Kreditaufnahme ***der Staaten*** die **zweite** Forderung[322] und die der Zulassung von ***Freien Banken mit Sicherem Geld*** als **dritte** Forderung[323], zusätzlich eine ***Bodenreform***[324] als **vierte Forderung**.[325] Besondere Bedeutung kommt dann noch der fünften Forderung zu, der Forderung nach einem Paradigmenwechsel im Steuerrecht![326] ***Wir benötigen in einer globalen Wirtschaftsordnung keine substanziellen Steuern mehr. Die Digitalsteuer weist da in die richtige Richtung, da es sich dabei um eine Gewinnsteuer handelt, abzulehnen ist die damit eingeschlagene Insellösung!***

Wir benötigen stabiles Geld ohne Zinsbelastung und eine freie Wirtschaft in regionaler Eigenregie im lokalen Markt mit staatlichen Organen, die keine Besitzansprüche an lokale Firmen erheben, dafür sich aus den Pachteinnahmen am Bodenbesitz finanzieren und weiterhin nur Gewinnsteuern erheben, also auch keine Kaffeesteuer oder Sektsteuer mehr verlangen. Eine so organisierte Volkswirtschaft kann getrost in eine Zukunft blicken, die auch unseren Enkeln diese Welt noch lebenswert macht. Zu

beachten ist dabei außerdem die Verschiebung von einer werteorientierten zu einer handlungsorientierten Wirtschaft. Handlungen können immer klar und präzise hinsichtlich der erzielten Gewinne bestimmt werden, wohingegen die Bewertungen bei der Wertorientierung sich im Laufe der Zeit mitunter sogar extrem verändern. Vielfach kann eine Bewertung sogar nur rückwirkend aufgrund der erzielten Gewinne durchgeführt werden.

Mit diesen hier aufgeführten Forderungen und Erkenntnissen lassen sich dennoch nicht alle Probleme lösen, jedoch zentrale Weichen umstellen für eine Welt mit mehr Gerechtigkeit und weniger sozialen Spannungen.

Leider wird entgegen aller Vernunft die Verschuldung immer höher getrieben, ohne ein Ende der Fahnenstange zu sehen oder auch nur zu erahnen. Rainer Hank und Georg Meck weisen explizit auf den rasanten Anstieg der Schulden in den letzten Jahrzehnten und besonders auf die Gefahren des in der Zukunft notwendigen Zinsanstieges hin. „Ein Schritt Richtung Klippe ist der Zins, den die Zentralbanken über kurz oder lang (...) wieder anheben müssen."[327] Zurzeit, im Sommer 2019, kann davon aber noch keine Rede sein, wird doch in der EZB diskutiert, die Geldpolitik noch weiter zu lockern und neben Anleihen auch Aktien aufzukaufen. Die Kontroverse zur Geldpolitik wird überlagert durch die der Finanzpolitik, ob nicht doch mit neuen Schulden die Wirtschaft besonders im Süden Europas anzukurbeln ist, insbesondere auch, um die extreme Jugendarbeitslosigkeit in diesen EU-Ländern zu beseitigen. Nach wie vor wird die Frage kontrovers diskutiert, ob die Wirtschaft mit geliehenem Geld wieder in Gang zu bringen ist oder nicht.

Einig sind sich alle von Bernauer[328] angeführten Wissenschaftler aus Berkley, dass in den guten Zeiten keine Schulden, oder doch nur geringe, gemacht werden sollten, das heißt, Schulden nur in schlechten Zeiten zu akzeptieren sind.[329] Da fehlen, so könnte man sagen, für eine Klärung noch belastbare empirische Daten. Die leicht zu erhaltenden Daten zum Bruttoinlandsprodukt reichen nicht, werden aber vielleicht nur deshalb immer wieder herangezogen, weil sie halt leicht zu erhalten sind und nicht wegen ihrer besonderen Relevanz. Ein alternativer Ansatz ist der von Samans,[330] der nicht nur die Geldflüsse mit in seinen Index einbezieht, sondern auch die Befindlichkeiten und die Lebensqualität. Dadurch, dass viele statistische Größen mit in den Index einbezogen werden, wird das Ganze allerdings sehr komplex und kompliziert, zudem schwierig in der Interpretation. Deshalb möchte ich hier vorschlagen, ein Maß für die Effizienz zu entwickeln, bei dem die Effektivität der Arbeitsleistung im Mittelpunkt steht. Maschinen und Roboter verkürzen zunehmend die Arbeitszeit, die aufzuwenden ist, um ein Produkt herzustellen, was so viel heißt, dass die Produktivität steigt. Deshalb sollte eine Maßzahl für die Produktivität als Produktivitätswachstum gefunden werden, die das BIP ersetzen kann.[331] Versteht man volkswirtschaftliches Wachstum als Produktivitätswachstum bezogen auf die eingesetzte Arbeit und das eingesetzte Kapital bei einem fixierbaren Informationsaufwand, dann könnte man mit einer entsprechenden Formel auch die Produktivität einzelner Firmen, einzelner Wirtschaftsbereiche, einzelner Volkswirtshaften vergleichsweise aufeinander bezogen transparent machen.

Ein Versuch, dies allein über das BIP zu erreichen, kann nicht wirklich gelingen, da das BIP rein über Geldflüsse und Geldmengen definiert wird.[332] Dies hat im Prinzip bereits Ludwig Erhard richtig gesehen,[333] weshalb für ihn die Produktion in den verschiedenen Wirtschaftsbereichen als Maß im Vordergrund stand, und in der Tat, so lässt sich vielleicht auch die treffsichere politische Steuerung der Nachkriegswirtschaft verstehen, was dann zum deutschen Wirtschaftswunder beitrug. Ludwig Erhard zu verstehen heißt nun auch, seinen ordoliberalen Ansatz in Anlehnung an die Freiburger Schule zu verstehen. Auch wenn die Zeiten nicht dieselben sind, selbst m Zeitalter von Industrie 4 könnte ordoliberales Gedankengut hilfreich sein, wirtschaftliche Aktionen und Entscheidungen zu verstehen und in ein theoretisches Gebäude einzuspeisen. Gelingen kann dies mit einer neuen Bildungsoffensive, die hilft, auch den immer höheren Anforderungen im Berufsalltag zu genügen.[334] Entscheidungsträger und Erzieher im Bildungs- und Ausbildungssystem, sind deshalb mehr denn je gefordert, durch ihren Einsatz den Wohlstand aller zu erhöhen.

Die Schule sollte in den MINT-Fächern gestärkt werden, aber auch ein Grundwissen zu den Abläufen und den gesellschaftlichen Vereinbarungen im wirtschaftlichen Bereich vermitteln. Kenntnisse zur Geldwirtschaft und Finanzwirtschaft sollten mit zu den grundlegenden Unterrichtsinhalten in unseren Schulen gehören. Den Bildungskanon näher zu erläutern würde den Rahmen dieses Buches sprengen, das Bildungssystem soll deshalb in einem Folgeband als Teil eines Informationsnetzes näher betrachtet werden.[335]

Da die Bildung mit ihren Bildungsinstitutionen wie Schulen und Hochschulen, aber auch in staatlichen Ausbildungsstätten und Berufsschulen Teil eines auf Bildung angelegten Informationsnetzes ist, so ist hier noch darauf zu verweisen, dass alle das Zusammenleben erleichternden Netzwerke grundsätzlich durch die öffentliche Hand zu finanzieren sind. Eine Rückfinanzierung aller für Netzwerke ausgegebenen Gelder durch Beitragszahlungen und Gebühren ist aber durchaus zu diskutieren und nicht ausgeschlossen. Wachstum wird dadurch nicht unterbunden, höchstens gebremst und in die Normalität von Wachstum und Zerfall eingebunden. Wachstum ist auch in ökonomischen Zusammenhängen darstellbar mit den bekannten logistischen Wachstumskurven, wenn wir von Produktivitätssteigerungen in ganz bestimmten Bereichen einer ganz bestimmten Firma ausgehen, es sollten auch hier die bekannten S-Kurven auftreten.[336]

Einer gedämpften Anfangsphase folgt eine exponentielle Wachstumsphase, die anschließend abflacht und in eine Asymptote zur Kapazitätsgrenze ausläuft. Wird die Kapazitätsgrenze längerfristig überschritten, ist ein Abbruch und dann der Übergang in die Phase des Zerfalls zu erwarten. Verändern sich die Kapazitätsgrenzen im Laufe einer längeren Zeitspanne, so kann sich das Wachstum dem durchaus anpassen.

Wachstum wird in ökonomischen und sozialen Zusammenhängen darüber hinaus zu wenig relational betrachtet. Das BIP einer Volkswirtschaft wächst auch ohne besondere Innovationen und ohne einen Anstieg im Pro-Kopf-Wachstum, wenn die Bevölkerung wächst. Sinkt die Bevölkerung, so ist entsprechend auch mit einem geringeren BIP zu rechnen. Im Umkehrschluss wird ein fallender BIP-Wert bei sinkenden Bevölkerungszahlen nicht unbedingt auf eine schlechte Konjunktur mit geringerem Wachstum pro Kopf zurückschließen lassen. Problematisch werden derartige falsche Rückschlüsse erst recht, wenn auch deswegen das Bruttoinlandsprodukt zurückgeht, weil immer mehr Firmen mit immer weniger Finanzkapital arbeiten, dafür mit dem nicht sichtbaren geistigen Kapital umso mehr.

In einer Zukunft, in der Geld nicht mehr die Rolle spielt wie in der Vergangenheit, in einer solchen Welt könnte auch die für ein Wachstum wichtige Funktion von Geld und Kapital immer unwichtiger werden, dafür aber die Information, das Wissen, zum wichtigsten Faktor für weiteres Wachstum aufsteigen.[337] Auch der Besitz an Sachwerten wird wahrscheinlich in der Zukunft nicht mehr so wichtig sein wie heutzutage, ohne deshalb vollständig von der Bildfläche zu verschwinden.

LITERATURVERZEICHNIS

Auerbach, A. J. (August 2017). Fiscal Stimulus and Fiscal Sustainability. *Manuskript für die geldpolitische Tagung in Jackson Hole.* https//www.kansascityfed.org/~/media/files/publicat/sympos/2017/auerbach-gorodnichenko-paper.pdf.

Baumgart, Michael (2009). Cradle to Cradle: Remaking the Way We Make Things. Vintage (ISBN 978-0-09-953547-8).

Beck, H. (2018). Geld verdirbt den Charakter. *FAZ (Frankfurter Allgemeine Zeitung),* 39.

Beeger, B. (2018 [20.März]). Banden greifen HartzIV-Leistungen ab. *FAZ plus,* 1. Artikel unter Alles aus der Wirtschaft.

Bernau, P. (2017 [Oktober Nr. 42]). Lehren aus der Finanzkrise. *FAS (Frankfurter Allgemeine Sonntagszeitung),* 24, Wirtschaft.

Bertalanffy, L.v. (1977). *Biophysik des Fließgleichgewichts.* Berlin: Akademieverlag.

Braun, B. (2018 [7. Oktober, Nr. 40, Geld & Mehr]). Wie kommt das Geld in die Welt? *FAZ,* 35.

dc. Berlin, 25. Oktober (2017). Tricks und Tücken der Sozialstatistik. *FAZ,* 16.

de.m.wikipedia.org. (2017 [Stand: 16. Dezember]). Von *Vollgeldsystem.* abgerufen

dmoh. (2017, 11. November). Gesetzlicher Rahmen für Green Bonds gefordert. *FAZ,* 31.

Emich, B. (2018 [23. Dezember]). Zinsen vom Papst. *FAS,* 34. epd. (2018). Alternativen zu Hartz IV. *FAZ,* 2 (Politik, 27. März).

Erhard, L. (2009 [Originalausgabe 1957 im Econ Verlag]). *Wohlstand für Alle.* Köln: Anaconda Verlag GmbH.

Eucken, W. (1990 [6. Auflage, Neuauflage 2004]). *Grundsätze der Wirtschaftspolitik.* Tübingen (Stuttgart: J.C.B. Mohr (Paul Siebeck) Herausgeber: Edith Eucken und K. Paul Hensel (UTB).

F.A. Hayek (1978). *Denationalisation of Money.* London.

F.A. Hayek (2001 [1976]). *Freie Währungswahl: eine Methode, die Inflation zu stoppen,* in: *Aufsätze zur Wirtschaftspolitik.* Tübingen (London): Hayek, Schriften, A6, S. 146.

F.A. Hayek. (2011[1937]). *Monetärer Nationalismus und internationale Stabilität (Monetary Nationalismus and International Stability)*,Tübingen (London, New York, Toronto): F.A. Hayek und das Walter Eucken Institut (Publications of the Graduate Institute of International Studies, Geneva, Nr. 18).

Feder, G. (2013 [1919, Heft 1]). *Das Manifest zur Brechung der Zinsknechtschaft.* Neustadt an der Orla: Arnshaugk Verlag.

fne Frankfurt, 11. Dezember (2017). Ein neues Zeitalter für Digitalwährungen. *Frankfurter Allgemeine*, 15 (Nr. 288).

Friedman, M. (11. Auflage, Dezember 2016 [1. Auflage 2004; c.1962, 1982]). *Kapitalismus und Freiheit (Capitalism and Freedom).* München, Berlin: Piper (The University of Chicago).

Fukuyama, F. (2018). *Identity.* London: Profile Books.

Geldtheorie, O. I. (2017). *Wikipedia.* Von Seigniorage und Monetäre Seigniorage: www.de.m.wikipedia.örg abgerufen.

Gesell, S. (2015 [1919]). *Die Natürliche Wirtschaftsordnung durch Freiland und Freigeld.* London (Arnstadt i. Thür.): Dalton House Reprint (Forgotten Books).

Graeber, D. (2011). *Debt The first 5000 years.* New York: Goldmann.

Grazzini, E. (25. Juli 2018). *Social Europe.*Von socialeurope.eu abgerufen.

Hank, R. (2017). GemeinWOHL. *Frankfurter Sonntagszeitung Wirtschaft*, 22.

Haskel, J. A. (2018). *Capitalism without capital.* Princeton & Oxford: Princeton University Press.

Hayek, F. (2011). Entnationalisierung des Geldes. In F.A. Hayek, *Entnationalisierung des Geldes.* Tübingen: Mohr Siebeck.

Hayek, F. (2011). *Entnationalisierung des Geldes.* Tübingen: Mohr Siebeck.

Hayek, F. A. (2011). *Entnationalisierung des Geldes -Gesammelte Schriften in deutscher Sprache,- Band 3.* Tübingen: Mohr Siebeck (Hrsg.: Alfred Bosch, Manfred E. Streit, Viktor Vanberg, Reinhold Veit).

hmk/tp. (2018). Turbulenzen in Griechenland – Bad Bank im Gespräch. *FAZ,* 17 (Nr. 231 vom 5. Oktober).

Höffe, O. (2017, 4. September). Der bestialische Ursprung des Geldes. *FAS,* 35.

hw/mas. (2018 [Mittwoch, 11. April]). Scholz: Keine Steuererhöhung für Mieter und Eigentümer. *FAZ,* 15.

hw/mas. (11. April 2018). Scholz verspricht Reform der Grundsteuer ohne Mehrbelastung. *FAZ,* Titelseite.

James C. Scott, a.d. (2019). *Die Mühlen der Zivilisation.* Berlin: Suhrkamp.

K. Schneider, E.S. (2018). Das Ende des Bargelds. *Handelsblatt,* 58 ff.

Kennedy, M. (2006 [9. Auflage]). *Geld ohne Zinsen und Inflation – Ein Tauschmittel, das jedem dient.* München: Goldmann.

Keynes, J. M. (1974 [5. Auflage aus dem Englischen übersetzt von Fritz Waeger). *Allgemeine Theorie der Beschäftigung, des Zinses und des Geldes.* Berlin: Duncker & Humboldt.

Kleber, Will (VEB, Berlin 1976) Einführung in die Kristallographie.

Klemm, T. (2018). Bewunderte Bankräuber. *FAS (Nr. 34),* 35.

Kloepfer, I. (2017). Inflation. 28, Wirtschaft.

Kloft, M. (28.19.2017). *FAZ NET,* Finanzen.

Kowalski, J. D. (2018). Entnationalisierung durch die Brieftasche? *FAZ,* 18.

Kremer, D. (2018). Geld regiert die Welt. *FAZ,* 37.

Mäkeler, J. H. (2018). Kleines Geld, große Probleme. *FAS,* 38.

Martin, F. (2015 [c. 2013]). *Money.* New York (London): Vintage Books. A division of Random House LLC.

Marx, K. (1872). *Das Kapital.Kritik der politischen Oekonomie.* Hamburg: Verlag von Otto Meissner.

Mayer, T. (2018 [1. April]). Geldexperimente von gestern. *FAS,* 36 (Wie geht es der Weltwirtschaft, Herr Mayer?).

Mayer, T. (2018). Das Versagen der Ökonomen. *FAS,* 39 (11. Mai, Nr. 19).

Mayer, T. (2019, 22 [2. Juni]). Facebooks neue Weltwährung. *FAS,* 29.

Mayer, T. (3. aktualisierte Auflage 2015 [2014]). *Die neue Ordnung des Geldes.* München: FBV (Finanzbuch Verlag).

McMillan, J. (2018). Digitalgeld. *FAS,* 34, Geld und Mehr.

Meck, R. H. (2018). Die Last der Schulden. *FAS,* 23 (Nr. 11 vom 18. März 2018).

Miller, M. (2017). *Die Welt vor dem Geldinfarkt.* München: FBV (Finanzbuch Verlag).

Möltgen, H. M. (2017). *Dauerhaftes Wachstum.* Bad Honnef: Eigenverlag (epubli).

Möltgen, H.M. Wert Faktor *Wissen, Bildung und das Bildungskapital.* Troisdorf – Bergheim, Bonn: noch nicht publiziertes Manuskript.

Möltgen, H.M. (1978). *Die soziale Lage der Studenten an der pädagogischen Fakultät in den 80er Jahren.* Köln: Universität Köln. Seminararbeit

NN. (2018 [Sa. 24. März]). „Der größte Vergütungsunfug passiert im Dunklen". *FAZ, Unternehmen.*

o. A. (2018 [20. März]). Suche nach Wegen aus dem Hartz-IV-System. *FAZ,* 7 (Nr. 67).

Oberhuber, N. (2018). Das Geld hat viele Namen. *FAZ,* 31.

Pernicka, E. (2019). Am Anfang stand der Steuereintreiber. *FAZ Nr. 178, Literatur und Sachbuch, 3. August),* 10.

Piketty, T. (2014). *Das Kapital im 21. Jahrhundert.* München: Beck.

Reinhart, C.M. (May 2010). Growth in a Time of Debt. American Economic Review S. 573-578.

Rifkin, J. (2014). *Die dritte industrielle Revolution.* Frankfurt am Main: Fischer Verlag.

Rifkin, J. (2014). *Die Null-Grenzkosten-Gesellschaft: Das Internet der Dinge (The Zero Marginal Cost Society).* Frankfurt/New York: Campus.

Romer, C.D. (Oktober 2017). Why some times are different: *Macroeconomic Policy and the Aftermath of Financial Crisis.* NBER Working Paper 23931.

Samans, R. (06.03.2018). A new way to measure growth and development: The Inclusive Development Index. VOX, CEPR Policy Portal, Schweiz.

Schäfers, M. (2019 (1. August)). Eine teure Rechnung für Finnanminister Scholz. *FAZ,* Wirtschaft, 19.

schio. (2006, 25.Dezember). Silvio Gesell und die Freiwirtschaftstheorie. tamtamvienna.com.

Schön, W. (2018). Der digitale Steuer-Irrweg. *FAZ,* 16 (Nr. 80, 6.April).

Sinn, H. W. (2018). Fast 1.000 Milliarden Euro. *FAZ,* 16.

Sinn, H.-W. (17. Juli 2018). *hanswernersinn.de 2018.*

Smith, A. (1776). *Wohlstand der Nationen Eine Untersuchung seiner Natur und seiner Ursachen (An Inquiry into the Nature and Causes of the Wealth of Nations).* München (London): IDION-Verlag.

Stiglitz, J.E. (13. Juni 2018). *PS Projekt Syndikat.* Von project-syndicate.org abgerufen.

Südekum, M.H. (14. April 2019). *Die Schuldenbremse ist nicht zeitgemäß.* Von http://sueddeutsche.de/wirtschaftsforum-die-schulden… abgerufen.

Thorwaldsson, K.P. (15. Januar 2018). Sweden's secret to keeping wages. Davos The World Economic Forum, Schweiz.

Varoufakis, Y. (2008). *Time for Change.* Herder; (Hörbuch audible).

Venezuelas Elend. (2018). *FAZ,* 28.

Wagenknecht, S. (2012). *Reichtum ohne Gier (Hörbuch* audible).

Wendorff, K. (2018). Rom sollte Italiener zur Solidarität verpflichten. *FAZ,* 24.

Weyerstrass, K. (2018). *How to Boost Productivity in the EU.* München: ifo institute München: EconPol Policy.

Wiebe, F. (2018 [29.10.]). Gefährliches Urteil gegen die Bafin-Bitcoin-Börsen dürfen ohne Genehmigung gegründet werden. *Handelsblatt*, 1 ff.

Wikipedia (11/2018). *htttps://de.wikipedia.org>wiki>mammon.* Von Mammon: https://de.wikipedia.org abgerufen.

Endnoten

1 Einleitung zum Artikel „Das Geld hat viele Namen“ (Oberhuber, 2018).

2 Alle bekannten Hochkulturen arbeiten oder arbeiteten mit Geld in der einen oder anderen Weise. Auf dem Kapitol, am Tempel der Juno, mit Beinamen Moneta, befand sich die erste Münzprägestätte Roms. Dies war wohl auch der Ursprung des Geldhandels mit Geld im Tempel und dessen Ausbreitung im Orient zu Zeiten der ersten Christen und führte dazu, dass Jesus laut der Bibel diese Wucherer aus dem Tempel vertreiben wollte. Dabei spricht Jesus auch vom Mammon, und zwar in der aramäischen Bedeutung des unredlich erworbenen Gewinns als der Jagd nach dem Vermögen anderer ohne Rücksicht auf Verluste, wenn er davon spricht, dass man nicht Gott und dem Mammon gleichzeitig dienen kann. Geld wird damit nicht als solches verdammt, ist aber schon immer ein Problem für Strenggläubige in allen Religionen, muss man doch die durch Geld ausgelöste Gier verdammen, obwohl man andererseits gerne Geld annimmt und auch damit arbeitet, soweit damit der Warencharakter von Geld und Vermögen im reinen Tauschgeschäft angesprochen wird. Geld als Äquivalent für eine Arbeitsleistung wird dabei nur nachrangig berücksichtigt. Die Wachstumsförderung durch Geld wird daher in der Regel nur eindimensional betrachtet. Geld und wirtschaftliches Wachstum sind aber immer in ihrem mehrdimensionalen Kontext zu sehen, will man sich ein einigermaßen abgerundetes Bild machen.

3 Auf der Buchmesse in Frankfurt präsentiert (Möltgen, H.M.,Dauerhaftes Wachstum, 2017)!

4 Richard Samans (Samans, 2018) geht von der Frage aus: „Can we expect stronger growth to reduce the social frustration about rising inequality and economic insecurity?” Wenn man dem sozioökonomischen Fortschritt ein höheres Gewicht zuerkennt, dann muss sich dies auch in dem Index widerspiegeln, mit dem wir Wachstum beschreiben.

5 Richtig ist, dass Wachstum nicht das einzige und auch nicht das wichtigste Ziel einer Volkswirtschaft sein sollte, erst recht nicht, wenn dies allein auf das BIP bezogen wird. Wachstum darf aber auch nicht generell verteufelt werden, denn ohne Wachstum würde der Zerfall schnell alles zerstören, ohne dass die notwendigen neuen Strukturen aufgebaut werden und damit der ökonomische Kreislauf erhalten bleibt.

6 Kleber, Will 1978. Einführung in die Kristallographie von Will Kleber et al. (2010 in der 19. Auflage erschienen; mein Exemplar, ca.1978 in Ostberlin gekauft, ist leider nicht mehr aufzufinden.

7 Grüne Pflanzen wachsen, wie allgemein bekannt, zum Licht hin. Daran sind lichtempfindliche Stoffe beteiligt, die entweder direkt oder vermittelst anderer Stoffe das Wachstum befördern, die Wachstumshormone. Dekapitieren wir einen Spross im oberen Bereich mit noch intakten wachstumsaktiven Zellen und bestreichen nur die rechte Hälfte mit Auxin, so wächst die Pflanze anschließend nach rechts, so als ob von dort das Licht hereinscheint.

8 Geld regiert die Welt (Kremer, 2018).

9 Miller, 2017.

10 Geld ist nach Mises das allgemein akzeptierte Tauschmittel, in dem die anderen Funktionen aufgehen, also untergeordnet sind.

11 Hier soll der Einfachheit halber von Aufbewahrung gesprochen werden, obwohl genau betrachtet das Geld der Kunden nicht aufbewahrt, sondern geliehen ist, der Bankkunde leiht der Bank Geld.

12 Vor allem psychische und soziale Phänomene sind hier zu nennen, da diese den Handlungsraum der Menschen mitbestimmen, nicht aber in den drei physikalischen Raumdimensionen bestimmbar sind.

13 Marx, 1872.

14 Piketty, 2014.

15 Mayer, Die neue Ordnung des Geldes, 3. aktualisierte Auflage 2015 (2014).

16 Mayer, Die neue Ordnung des Geldes, 3. aktualisierte Auflage 2015 (2014), S. 12.

17 Mayer, Die neue Ordnung des Geldes, 3. aktualisierte Auflage 2015 (2014), S. 15.

18 sakraljuristisch = kirchenrechtlich in einem nicht auf ein bestimmtes Kirchenrecht bezogenes Recht, das sich aus der allgemein akzeptierten Moral, somit aus der Schuld den Göttern bzw. dem Gott gegenüber als dem Heiligen, Sakralen sich ableitet.

19 Höffe, 2017, 24. September: Der bestialische Ursprung des Geldes, ein Artikel, in dem Höffe die Geburt des Geldes in einen Entstehungszusammenhalt bringt mit der Tilgung der Schuld des Mörders gegenüber der Familie des Getöteten, nicht als Sühne oder Strafe, sondern als Ausgleich für entgangene Leistungen und als Ersatz für die dann nicht mehr notwendige Blutrache.

20 Ob die Rückführung der Kredite zu der notwendigen und erwünschten Verringerung der Geldmenge im derzeitigen System führt, das sollte durch die Kontrolle der Notenbank gesichert sein, kann aber hinsichtlich der Wirksamkeit bezweifelt werden.

21 Keynes, 1974 (5. Auflage, aus dem Englischen übersetzt von Fritz Waeger).

22 Möltgen, H.M., Dauerhaftes Wachstum, 2017!

23 Dies geschieht mit jeder Währungsreform und der Einführung neuer Zahlungsmittel.

24 S. 182 (Martin, 2015 [2013])

25 Eucken, 1990 (6. Auflage [Neuauflage 2004]).

26 Mayer, Die neue Ordnung des Geldes, 3. aktualisierte Auflage 2015 (2014).

27 Als allgemein anerkannter konvertibler Schuldschein kann Geld aber genau betrachtet nicht zur Ware werden, weshalb es auch keinen Zins auf Geld geben sollte. Verzinsen lassen sich ehrlicherweise nur Warenwerte als eine Leistung für deren Abnutzung.

28 Nach Graeber (Graeber, 2011) ist Geben und Nehmen im Sinne von Schuld und Kredit der Ursprung des Geldes, wie dies im Grundprinzip Höffe (Höffe, 2017-24. September) genauso sieht, wenn auch mit einem etwas anderen Akzent,

und zwar auf dem Geschuldeten des Mörders als Abwehr und Ersatz für die Blutrache.

29 Mayer, Die neue Ordnung des Geldes, 3.,aktualisierte Auflage 2015 (2014).

30 Mayer, Die neue Ordnung des Geldes, 3. aktualisierte Auflage 2015 (2014).

31 Martin, 2015 (2013), S. 122 ff.

32 Entnationalisierung des Geldes, Schriften zur Währungspolitik und Währungsordnung (Hayek, F.: Entnationalisierung des Geldes, 2011)

33 Auf Seite 26 befindet sich auch eine Tabelle mit Aktiv- und Passivgeldordnung in zwei nebeneinander angeordneten Spalten: Aktivgeldordnung (Warengeld u. Aktivgeld); Passivgeldordnung (Giralgeld u. staatliches Zentralbankgeld).

34 Die Geldordnung (Mayer, Die neue Ordnung des Geldes, 3.,aktualisierte Auflage 2015 [2014]): Aktivgeldordnung Passivgeldordnung.

35 Verfolgt man die Geschichte, des wirtschaftlichen Handelns und der begleitenden Geldsysteme, so kann man unterschiedliche Stadien beschreiben, die wie bei der Stammesgeschichte in der Biologie unterschiedlich hoch organisierte Komplexitäten widerspiegeln.

36 In England war es der Philosoph Locke, der eine alte Weisheit griechischer Philosophen aufgriff und damit das Zeitalter des Papiergeldes mit auf den Weg brachte: Geld ist eine gesellschaftliche Konvention und keine der Natur entstammende Seinsform. (Martin, 2015 [2013]), S. 121 ff.

37 Martin, 2015 (2013).

38 In Wörgl stellte man die Ideen von Gesell (Gesell, 2015 [1919]) in einen realen Rahmen, prinzipiell mit durchaus bescheidenem Erfolg. Dass die EU derartige Experimente absegnen könnte. wäre wünschenswert, aber nicht unbedingt zu erwarten.

39 Kennedy, 2006 (9. Auflage).

40 Kennedy, 2006 (9. Auflage), S. 50 ff.

41 Mayer, Die neue Ordnung des Geldes, 3. aktualisierte Auflage 2015 (2014).

42 Mayer, Die neue Ordnung des Geldes, 3. aktualisierte Auflage 2015 (2014).

43 Die Absicherung durch allgemein anerkannte Sachwerte erweist sich bei dem Umfang, den der globale Markt inzwischen angenommen hat, als nicht mehr wirklich realisierbar.

44 Untersuchung über Wesen und Ursache des Reichtums der Völker (1776): übersetzt aus dem Englischen durch Monika Streissler, herausgegeben und eingeleitet von ErichW. Streissler, Tübingen, Mohr Siebeck, UTB 2005, S. 109 (Hayek, F.A., 2011).

45 Entnationalisierung durch die Brieftasche? (Kowalski, 2018).

46 Der substanzielle Wertverlust verweist auf den wahren Wert des Geldes, der schon immer ein zugeschriebener war, und damit eine gesellschaftliche Konvention ist!

47 Braun, 2018 (7. Oktober, Nr. 40, Geld & Mehr).

48 Das 50fache Kreditvolumen ist dabei ein Erfahrungswert, der aber auch mathematisch als Grenzwert abzuleiten ist, ohne dass damit die tatsächliche Kreditmenge exakt festgelegt wäre.

49 Aus dem Artikel: „Wie kommt das Geld in die Welt?" (Braun, 2018 [7. Oktober, Nr. 40, Geld & Mehr]).

50 Quantitative Easing, also der Aufkauf von Papieren mit frisch gedrucktem Notenbankgeld.

51 Was nicht heißt, dass der Staat so schlank sein muss.

52 Wird die Blockchain auf die Laufzeit eines Kredits beschränkt und dann zur Ringkette geschlossen, soweit möglich, dann könnte sie auch bei den Krediten des Sicheren Geldes NIM eingesetzt werden!

53 Beispiel 1: Jeder volljährige Bürger erhält mit der Volljährigkeit, also in Deutschland zum 18. Geburtstag und mit der Aufnahme in die Bürgerschaft Geld zur freien Verfügung als Startgeld.
Beispiel 2: Bei der Eheschließung wird dem Ehepaar ein Kapitalstock zur Familiengründung ausgezahlt.
Beispiel 3: Zur Geburt eines Kindes, oder zum Hauskauf wird Geld an die junge Familie ausgezahlt.

54 Ziehen wir 100.000 Euro für steuerfreie Grundbedürfnisse ab, so müssen aus den Gewinnen dennoch 600.000 und

nicht 500.000 bezahlt werden, weil die Lebenshaltungskosten nur bei der jährlichen Gewinnsteuerberechnung eine Rolle spielen, nicht aber bei der Gesamtaufrechnung. Damit in diesem Beispiel 600.000 zurückfließen können, sind Gewinne von ca. 1.300.000 Euro nötig, wenn in Euro gerechnet wird.

55 Eine Möglichkeit wäre die, zunächst Steuerkreislauf und Abgabenkreislauf zu trennen. Reichen die Abgaben, um die Ausgaben zu decken, so kann man die Steuer schrittweise herunterfahren.

56 Wird auch die Schaffung von Buchgeld alleine der Notenbank vorbehalten, so wird Buchgeld wie Bargeld zu einem gesetzlichen Zahlungsmittel, das damit auch der direkten Kontrolle zugänglich wird. Die Geschäftsbanken haben dann nur noch die Aufgabe, das Geld zu verteilen.

57 Gesell, 2015 (1919).

58 Land steht gerade in Ballungsgebieten nur beschränkt zur Verfügung, man könnte daraus den Gemeinschaftsbesitz als notwendig ableiten. Für die zeitweise private Nutzung kann ein Nutzungsentgelt erhoben werden. Vollgeld kann ebenso wie Land und Boden als Gemeinschaftsgut aufgefasst werden und deshalb, wenn mit Vollgeld gearbeitet wird, auch darauf ein Nutzungsentgelt erhoben werden.

59 Miller, 2017

60 In Wörgl wurde im Versuch der Ansatz von Gesell mit dem Freigeld mit bescheidenem Erfolg durchgeführt. Margit Kennedy entwickelt davon ausgehend einen neueren Ansatz, der den Zins durch Bereitstellunggebühren ersetzt, in: Geld ohne Zinsen und Inflation (Kennedy, 2006 [9. Auflage]), S. 53 ff.

61 In der Frankfurter vom 12.12.2017 wird auf eine Studie der Citygroup hingewiesen, wonach spätestens 2022 das System zusammenbrechen sollte. (fne Frankfurt, 11. Dezember, 2017).

62 Die 2011 gegründete Vollgeld-Initiative bereitete eine Abstimmung vor zur Einführung eines Vollgeldes für 2018 oder 2019 (inzwischen negativ beschieden). (de.m.wikipedia.org, 2017 [16.Dezember,2017]).

63 Hayek: Entnationalisierung des Geldes, S. 150, 1976 (Hayek, F.A., 2011).

64 Mayer, Die neue Ordnung des Geldes, 3. aktualisierte Auflage 2015 (2014).

65 Reduziert man die Arbeitszeit wegen des Einsatzes von Robotern auf die Hälfte der hier angesetzten Zeit, so muss dies mit höheren Arbeitsentgelten ausgeglichen werden.

66 Der individuelle Bruttokreditbetrag berechnet sich dann aus der Multiplikation des Basiskreditbetrags mit dem aus einem Erfahrungsscore und dem Ausbildungsscore zusammengesetzten individuellen Multiplikatoren.

67 Abkürzung für „New International Money“, wird später genauer besprochen.

68 Ist die Rate so hoch, dass damit der Wertverlust ausgeglichen wird, so kann man kaum noch mehr Sicherheit verlangen.

69 Facebook schickt sich an für Libra von der Schweiz eine Genehmigung als Finanzdienstleister zu erhalten. Besonders dabei, dass Libra über einen Währungskorb abzusichern ist, der diese Währung als Zahlungsmittel sogar sicherer machen könnte, als dies die einzelnen nationalen Währungen derzeit sind (September, 2019).

70 FB-Coins (inzwischen als Libra im Gespräch, s. a. Endnote 68) von Facebook müssten wie auch das Geld anderer Kryptowährungen zunächst mit den nationalen Währungen eingekauft werden, Facebook wird dann die FB-Coins wahrscheinlich vor allem mit dem US-Dollar koppeln und damit die US-Währung noch wichtiger für den Weltmarkt werden als schon jetzt (Mayer, Facebooks neue Weltwährung, 2019, 22 [2. Juni]).

71 Bei Wikipedia als eine Lockerung der Geldpolitik beschrieben, QE, eine Maßnahme, die durch den Ankauf von privaten und staatlichen Anleihen neues Geld in den Markt pumpt und damit die Geldmenge erhöht und den Zins herunterdrückt.

72 Da genug Kapital im Markt ist, sind die Geschäftsbanken immer weniger abhängig von den Notenbanken und auch ein Negativzins stört da nur bedingt, wichtig sind vor allem die Sicherheiten, mit denen die Bank davon ausgehen kann, das

durch Kredit geschaffene Geld nebst Gebühren und Zinsen zurückzuerhalten.

73 1520 erhielt die Familie Schlick in Johannisthal in Böhmen das Recht, Silbermünzen zu prägen (Siedenbiedel, 2020).

74 Durch den Metallwert waren sowohl die Goldmünzen aus dem Mittelmeerraum wie auch die Silbermünzen in Mitteleuropa mit einem Wert ausgestattet, der auch jenseits der Konvention werthaltig war und deshalb auch weit über das Gebiet der Herstellung hinaus den Handel beflügelte.

75 Fehlentscheidungen der Manager sollten von diesen und nicht von der Bank und ihren Eigentümern ausgebügelt werden.

76 Damit kann es auch keinen direkten kausalen Zusammenhang zwischen Arbeitslosigkeit und Inflation geben, desgleichen Korrelationen nur im klassischen System.

77 Kennedy, 2006 (9. Auflage)

78 Miller, 2017, S. 48

79 Miller, 2017, S. 49

80 Keynes, 1974 (5. Auflage, aus dem Englischen übersetzt von Fritz Waeger).

81 Allein schon weil Kapital nicht mehr knapp ist, verbietet es sich, aus der Knappheit des Kapitals die Forderung nach einem Zins abzuleiten!

82 Kennedy, 2006 (9. Auflage), S. 55.

83 Dazu müssen die Arbeitszeiten und die zugeordneten Leistungen objektiv erfasst werden. Verdient ein Manager 5 Millionen im Jahr, so ist dies nicht gleichzusetzen mit der objektiven Arbeitsleistung. Die objektive Arbeitsleistung sollte mit einem Algorithmus erfasst werden, der den Ausbildungsgrad, die Erfahrung und die Haftungsrisiken berücksichtigt. Genau das gibt es zum Beispiel bei der geplanten Weltwährung von Facebook nicht, wohl aber bei der in diesem Buch vorgestellten Währung mit NIM! (Mayer, Facebooks neue Weltwährung, 2019, 22 (2. Juni).

84 Dies gilt auch bei der Abrechnung in andere Währungen, passt aber besonders gut zur neuen Sicheren Währung (NIM).

85 NIM-Konten sind Konten in der neuen Währung NIM (New International Money).

86 NIM = New International Money!

87 Die Tatsache, dass in den Jahren zwischen 2008 und 2017 die Inflation im Euroraum gegen 0 tendierte, hat uns gezeigt, dass eine Volkswirtschaft gut ohne Inflation auskommen kann.

88 Da zurzeit von einem minus 3,5%igen Realzins auszugehen ist, so müssen wir wohl in den nächsten Jahren mit einem durchschnittlichen Verlust von mindestens 4% rechnen.

89 Fehlt das Geld, um wenigstens ein bis zwei Wochen im Plus zu bleiben, so muss dies Geld über einen Lebenzeitenkredit vorab generiert werden.

90 Wird ursprünglich in allen abrahamitischen Religionen gefordert!

91 Gottfried Feder (Feder, 2013 [1919, Heft 1]), S. 46 ff.

92 Zinsen sind verboten -Geld anlegen nach Scharia- in der FAZ (Kloft, 28.10.2017).

93 Die Banken rechnen bereits mit der zu erwartenden Zinsbelastung in der Zukunft, wenn sie „großzügig" dem Kunden für eine Überziehung 12% berechnen.

94 Es kann nicht oft genug betont werden, dass nicht nur die Inflation, sondern auch der Zins das Geld einer jeden Währung kontinuierlich entwertet.

95 Auch die Preismanipulation durch marktbeherrschende Unternehmen, die den Marktpreis weit unter den Arbeitspreis drücken, muss unterbunden werden. Wenn der Bauer vor Ort zum Beispiel nicht mal den Kostenpreis erzielen kann und dies dazu führt, dass er zu ruinösen Preisen verkaufen muss, weil die Lebensmittel dafür aus fernen Ländern zu Billigpreisen eingeführt werden, so fragt sich doch, ob sich die Umweltbelastung durch den Transport nicht im Marktpreis wiederfinden sollte.

96 Wiebe, 2018 (29.10.).

97 Vgl. (F.A. Hayek, Freie Währungswahl: eine Methode, die Inflation zu stoppen, in: Aufsätze zur Wirtschaftspolitik, 2001 [1976]).

98 Verstöße, die darauf hinauslaufen, dass Kundendaten öffentlich werden, müssen in jedem Fall mit harten Strafen belegt werden, und den Opfern muss eine angemessene Entschädigung sicher sein.

99 McMillan, 2018.

100 In einem Vorabdruck beschreibt McMillan (McMillan, 2018) die ohne Banken anzustrebende Preisstabilität einer digitalen Währung, die den Geldwert stabil hält und ohne Inflation auch absichert, ein möglicher Weg zu einem Sicheren Geld. Eine reine Digitalwährung, so die Argumentation, ist in der Lage, über eine staatliche Institution die notwendige Preisstabilität in den Märkten zu garantieren.

101 Dies gilt umso mehr, als der Staat sich in jüngster Zeit immer mehr seiner Vermögenswerte entledigt, er somit auch keine Sachwerte mehr besitzt, die er als Sicherheit vorweisen kann.

102 Nimmt man die Vorschläge von McMillan (McMillan, 2018), so könnte man damit eine Feinregulation durch den Staat erreichen, ohne mit beschränkt gültigen Banknoten arbeiten zu müssen. Das bedingungslose Grundeinkommen ist dabei ins Steuersystem so einzubinden, wie es in diesem Buch aufgezeigt wird.

103 Gerade das Weihnachtsgeschäft sollte damit zusätzlich befeuert werden, haben doch so auch die Bürger ein Extrageld, die nicht mit einem Weihnachtsgeld rechnen können, zum Beispiel die vielen Rentner.

104 Die Geldschöpfung der Freien Bank kann auch aufgefasst werden als ein reiner Tausch von Arbeitsleistungen zwischen dem Jetzt und der Zukunft.

105 Wichtig wäre auch eine Transparenz, bei der wie in Schweden der Verdienst nicht als Geheimnis gehandelt wird. Dort weiß jeder, was der Nachbar verdient, in Deutschland nur ansatzweise von den Beamten.

106 „Fünf Dax-Chefs mit mehr als 10 Millionen Euro im Jahr" (NN, 2018 (Sa. 24. März).

107 Haften sollte für Fehlentscheidungen von Bankmanagern nicht der Steuerzahler und nicht der Bankkunde, sondern der Manager, der diese Fehlentscheidung getroffen hat, und zwar unabhängig davon, ob diese Fehlentscheidung vermeidbar war oder nicht!

108 Die Risiken im Euroraum werden exakt beschrieben von Martin (Martin, 2015 [2013]).

109 Zu berücksichtigen sind aber auch Ausbildungszeiten und Prüfungszertifikate (Abschlüsse) und nachweisbare Erfahrungen.

110 Werden Kredite nur in Tausenderschritten vergeben, so kann das so erzeugte Geld mit einem Code versehen eindeutig zugeordnet werden. Anschließend können die Informationen zur weiteren Stückelung auf den letzten drei Positionen festgehalten werden. Wird die erste Position mit den Ziffern 1 bis 9 für die 9 Hauptteilungen und im zweiten die 26 Buchstaben in Groß- und Kleinschreibung = 52 Teilungen mit weiteren 9 Teilungen kombiniert, so sollten zum Beispiel 4.212 Teilungen möglich sein und bei einer Buchstabenkodierung auch auf der letzten Stelle 24.336 Teilungen.

111 Beim Einsatz von Bargeldkarten, hier vorausgesetzt, sollte im Beleg oben das Guthaben vor Einkauf stehen, darunter mit Artikelnamen und Betrag die eingekauften Artikel, so dass sie vom Kunden zur Kontrolle selber addierbar sind (dafür Platz lassen!). Erst darunter erscheint dann der zu zahlende Betrag, so gesetzt, dass er sofort vom Guthaben abgezogen werden kann, und zum Schluss darunter das Restguthaben. Sinnvoll wäre es, wenn vor dem Kauf das Guthaben über einen Chipleser abgefragt werden könnte.

112 Natürlich nur insofern dieses Geld auch durch Steuern und Abgaben hereinkommt.

113 Da der Kreditnehmer ein Versprechen auf zukünftige Leistungen abgibt, muss geklärt sein, dass diese Leistungen von anderen im Jetzt zu erbringen sind. Dies ist grundsätzlich kein Problem beim Ansparkredit, vielleicht eher schon beim Lebenszeitkredit Die aktuell bereitstehende Leistung muss deshalb in einen allgemeinen Algorithmus für die Kreditvergabe mit eingehen. Eine Möglichkeit wäre, die Gesamtkreditsumme auf das Doppelte der Einlagen zu beschränken oder aber nach einer versicherungsbasierten Lösung zu suchen.

114 Getauscht wird hier zwischen dem Nutzungswert und dem Erstellungswert, oder auch dem Handelswert.

115 Die direkte Auszahlung von Geldern an die Bürger dürfte die erwünschten Wachstumsprozesse eher fördern, als es

der Aufkauf von Anleihen je vermag, jedenfalls mit einem Bruchteil des Aufwands.

116 Hayek, F.A., (2011) schlägt 1976 vor private internationale Währungen zuzulassen, damit diese im Umlauf am Markt miteinander konkurrieren können (S. 129, Hayek 2011).

117 Einerseits will man durch die Abschaffung von Bargeld dem Bürger das Schlupfloch zustopfen, über das er den Negativzinsen entgehen kann, und sollte dies nicht möglich sein, so doch eine andere Möglichkeit finden, nicht nur das Buchgeld durch Negativzinsen zu entwerten, sondern auch das Bargeld in gleichem Maße zu entwerten.

118 Im Gegensatz zu Bitcoin sollten die Ketten nicht ewig verlängert werden, sondern nach abgearbeitetem Kredit und Rückzahlung durch Ringbildung geschlossen werden. Damit die Ketten und Ringe nicht zu groß werden und die Prozesse übersichtlich bleiben, kann man sie jeweils auf ein Jahr beschränken und vergleichbar mit Bilanzen eine jährliche Abgrenzung vornehmen. Sind zum Jahresende noch nicht alle Schulden bezahlt, so kann man im neuen Jahr die Kette mit einem Kredit beginnen, der diese Schulden übernimmt, ebenso kann man mit Guthaben verfahren, die ins neue Jahr übernommen werden. Durch den Ringschluss wird zum Jahresende alles ausgeglichen, und Änderungen sind nicht mehr möglich, nur Informationen können noch abgegriffen werden.

119 Wer ein NIM-Konto führen will, um darauf eingetauschtes Geld zu parken, der sollte wenigstens die von allen verlangte Einlage über einen Basiskredit einzahlen, so dass alle Kunden Teil der Community dieser Bank werden, was heißt, dass sie mit einer Einlage die Bank als Miteigentümer stützen und per Kredit an der Geldschöpfung beteiligt sind.

120 Entsprechende Versicherungen werden bereits bei fast allen Kreditverträgen heutzutage angeboten. Werden 0,5 % der Kreditsumme für eine derartige Absicherung eingesetzt, so sollte dies reichen (vorbehaltlich einer genauen versicherungsmathematischen Berechnung). um eine hinreichende Rückversicherung zu etablieren.

121 Allein der Guthabenbetrag und die vorhandenen Sachwerte sind bei Zahlungsunfähigkeit und Insolvenz die Sicherheiten, auf die eine Bank zurückgreifen kann.

122 Will man in der Währung Euro einen zinslosen Kredit vergeben, dann muss der, um sicher zu sein wie bei NIM, mit einer Klausel versehen werden, die eine Rückzahlung zum gleichen Marktwert wie bei der Ausgabe absichert. Benötigt man nach einer Laufzeit von 5 Jahren 10% mehr Geld, um den Gegenwert im gleichen Warenkorb zu erstehen, so sind bei geliehenen 10.000 dann 11.000 zurückzuzahlen.

123 Es wäre jedoch falsch, wegen der Ähnlichkeiten zu den Umwandlungen bei der Energie, hier naturwissenschaftliche Gesetze am Werk zu sehen, vielmehr handelt es sich um soziale Abmachungen, die den Rahmen für vergleichbare Regeln setzen, wie sie den Gesetzmäßigkeiten in den Naturwissenschaften entspringen.

124 Wer Angst hat, das würde den Fortschritt und das damit verbundene Wachstum hemmen, der irrt.

125 Drogen verursachen in dreifacher Hinsicht Störungen in den Märkten, sie zerstören die Arbeitskraft derjenigen die Drogen einnehmen, sie wirken negativ auf das Umfeld des Drogenabhängigen und zusätzlich werden die mit dem Verkauf der Drogen eingenommenen Gelder noch für den Kauf von Waffen eingesetzt.

126 Gerade auch die in den letzten Jahren übliche Praxis der Banken, beim Dispokredit 12% Zinsen zu verlangen und bei den Spargeldern nur 0,02% Zinsen zu berechnen, zeigt, dass hier über den Zinssatz eine breit angelegte Enteignung der gutwilligen Bürger erfolgt.

127 Wird in einem Betrieb mit hohem Maschineneinsatz das eingesetzte Finanzkapital mit 5 Millionen beziffert und das Humankapital mit nur 1 Million, so ist der Gewinn nicht im Verhältnis 5:1 aufzuteilen, sondern im Verhältnis 1 : 1, da dies aus der humanitären Sicht einer paritätischen Gewinnaufteilung entspricht. Insgesamt darf die aktuell verrichtete Arbeitsleistung nicht zugunsten von in der Vergangenheit verrichteter Arbeitsleistung schlechter gestellt

werden, da die Produkte schließlich auch ihre Abnehmer, unter den aktuell Lebenden finden müssen. Alles, was jetzt produziert wird, darf nur mit 50% aus der Vergangenheit geschuldet sein!

128 Die jedem Bürger zuzuschreibende Mindestarbeitszeit kann auch helfen Lösungen zu finden, wenn Firmen mit weniger als der Hälfte der durchschnittlichen Mitarbeiterzahl auskommen. Stellt eine Firma keine Mitarbeiter mehr ein, weil alles ohne menschliche Arbeitskraft zu bewerkstelligen ist, so sollte die Gewinnausschüttung auf das Humankapital dem Staat zufließen, damit dieser staatliche Bedienstete davon bezahlen kann, entsprechend sind prozentuale Anteile berechenbar.

129 Wenn jeder Bürger sein Existenzminimum über ein Grundgehalt abgesichert weiß, dann kann man auch frei den Lohn, das Gehalt, aushandeln!

130 Die Mindestarbeitszeit sollte jedem Bürger ein einklagbares Recht auf Arbeit geben, dies in Abhängigkeit von den gesellschaftlich notwendigen Arbeitszeiten pro Kopf. Beim derzeitigen Stand der Technik könnten 16 Wochenstunden realistisch sein. Wer trotzdem 72 Stunden in der Woche arbeiten will, der soll das tun dürfen. Gelten dennoch 16 oder 20 Wochenstunden als Vollbeschäftigung, so stellt sich nur noch die Frage, wie die Betriebe mit einzubinden sind, um diese Ziele zu erreichen.

131 Rifkin, Die Dritte Industrielle Revolution, 2014.

132 S. 36 (Mayer, Geldexperimente von gestern, 2018 [1. April]).

133 S. 149 (Hayek, F.A., 2011).

134 Friedman, 11. Auflage, Dezember 2016 (1. Auflage, 2004; 1962, 1982).

135 Mayer, Das Versagen der Ökonomen, 2018.

136 Friedman, 11. Auflage, Dezember 2016 (1. Auflage 2004; 1962, 1982).

137 Friedman, 11. Auflage, Dezember 2016 (1. Auflage 2004; 1962, 1982).

138 Zu verweisen ist hier auf Hayek, Mises et. al.

139 Marx und Engels.

140 Hier ist auf ein grundlegendes Demokratieproblem hinzuweisen, die falsche Auffassung, dass ein Mehrheitsbeschluss in jedem Fall als demokratisch anzusehen ist, auch dann, wenn er die Grundfeste der Demokratie, die Gewaltenteilung abschafft oder gefährdet.

141 Diese Grundsätze sollten auch für den Immobilienbesitz der öffentlichen Hand gelten, nämlich das Grundstück an die Gemeinde, das Haus in den Privatbesitz, möglichst nicht an eine große Wohnungsbaugesellschaft, sondern an die einzelnen Mieter, vor allem wenn sie nicht mehr bedürftig sind.

142 Ob bei einer Warenverknappung die Ware mit vertretbarer Arbeitsleistung schneller und in größeren Mengen zu einem höheren Preis auf den Markt zu bringen ist, das ist hier die Frage!

143 Eine begrenzte Einflussnahme und Hoheit auf dem Geldsektor seitens der öffentlichen Hand wird dabei vorausgesetzt. Verneint man auch diese Möglichkeit, von Seiten des Staates einzugreifen, so sind vielleicht außerordentliche Zwangskredite eine Möglichkeit, das Problem zu lösen.

144 Kartelle und marktbeherrschende Firmen sind möglichst früh auf überschaubare Größen zu halten, mitunter auch durch die Steuergesetzgebung, die eben nicht die großen Firmen am Markt bevorzugen darf.

145 Dem Autor Krahnen soll die Auffassung zuzuschreiben sein, dass sich die Targetsalden als Abgrenzungsposten vermögensmäßig gegen die Währungsgemeinschaft insgesamt richten (Ursprung leider nicht mehr rekonstruierbar).

146 Kranen, Über Scheinriesen, 2019.

147 Wie hoch die Arbeitsleistung ist, das muss durch Leistungsprotokolle und darauf abzielende empirische Untersuchungen geklärt werden.

148 Kowalski, 2018.

149 Hier ist auch auf die neuere Verhaltensökonomie zu verweisen.

150 Zu unterscheiden ist die Vergemeinschaftung von der Vergesellschaftung. In einer Handwerkergemeinschaft zum Beispiel können die Produktionsmittel vergemeinschaftet werden, indem sie in einem Pool als privates Vermögen allen

Mitgliedern zur freien Nutzung zur Verfügung stehen. Vergesellschaftetes Vermögen ist hingegen ein Vermögen, das allen gehört, die der entsprechenden Gesellschaft angehören, wie der Bundesrepublik Deutschland, was durch Personalausweis zu belegen ist.

151 Gerald Podobnik von der Deutschen Bank: „Ohne gesetzlichen Rahmen wird es nicht das exponentielle Wachstum in dem Bereich geben, das nötig ist, um die Klimaziele der EU zu erreichen." (dmoh, 2017, 11. November).

152 Das eigentliche Problem besteht darin, dass bislang nur marginal die Gewinne besteuert werden.

153 Piketty, 2014.

154 Friedman, 11. Auflage, Dezember 2016 (1. Auflage, 2004; 1962, 1982).

155 Um frei handeln zu können, muss der Bürger sich angstfrei im Markt bewegen können, dazu gehört, er muss satt sein und sich gegen gesetzeswidrige und unmoralische Übervorteilungen zur Wehr setzen können.

156 Eine Möglichkeit besteht darin, Kapitalverkehrskontrollen durchzuführen. Werden diese Kontrollen durch demokratisch legitimierte Institutionen durchgeführt, so ist dies zum Wohle aller auch eine Möglichkeit, kriminellen Zwecken dienende Geldströme aufzudecken.

157 Die grundlegenden Wertmaßstäbe im Finanzbereich festzulegen kann nicht allein dem Markt überlassen werden.

158 Werden zum Beispiel Fernseher in Offenburg produziert und an Kaufhäuser in Hamburg, Berlin und München verkauft, so sind die entstandenen Gewinne in eben diesen lokalen Märkten in Hamburg, Berlin und München zu versteuern, die Löhne hingegen am Produktionsstandort Offenburg.

159 Bei einer Gewinnsteuer könnte das dann wie folgt aussehen: Wird das Haus für 360.000 verkauft, und wurde es vor 20 Jahren für 200.000 gekauft, so sind bei nicht durchgeführten Sanierungsmaßnahmen 160.000 als Gewinn anzusetzen und bei Sanierungs- und Renovierungskosten von insgesamt 80.000 nur noch ein Gewinn von 80.000 anzusetzen

ist, wovon dann nur noch 40.000 als Steuer anfallen würden, bezahlbar erst nachdem der Erlös auch verbucht wurde.

160 Dies bedarf der sorgfältigen Prüfung, um Missstände ausschließen zu können.

161 Systemrelevante Betriebe sollten besonderen Schutz genießen und dafür besonders streng kontrolliert werden!

162 Erhard, 2009 (Originalausgabe 1957 im Econ Verlag), S. 59 aus einer Rede am 20. September 1950 auf der Jahresversammlung des Verbandes deutscher Schiffswerften.

163 Historisch auch Münzgewinn, Schlagschatz oder Schlagsatz wird der von der Zentralbank erzielte Gewinn bezeichnet, der durch die Emission von Zentralbankgeld entsteht. (Geldtheorie, 2017).

164 Interessant ist in diesem Zusammenhang der Artikel von Hüther und Südekum: Die Schuldenbremse ist nicht zeitgemäß! (Südekum, 2019).

165 Gehen wir von einer Flasche Wodka aus, die zurzeit 10 Euro netto im Supermarkt kostet, plus Mehrwertsteuer von 19%, dann ergibt dies einen Bruttoladenpreis von 11,90 Euro. Entstehen Kosten von 6 Euro, bis die Flasche über die Theke geht, dann bleibt ein Gewinn von 4 Euro übrig. Die Gewinnsteuer würde nun bei einem Gewinnsteuersatz von 50% auf einen Gewinn von 4 Euro berechnet 2 Euro betragen, brutto für den Käufer fast wie im alten System, jetzt 12 Euro. Werden nun die Kosten von 6 Euro komplett nicht steuermindernd bei der Gewinnberechnung abgezogen, dann sind die 50% von den netto 10 Euro abzuziehen, und damit werden genau 5 Euro und nicht 2 Euro an Steuern fällig. Der Bruttopreis der Flasche würde damit nicht 11,90 Euro, sondern 15 Euro kosten.

166 Dabei wird klar, dass die Target-Forderungen nicht nur rein bilanzielle Forderungen sind, sondern reale geldwerte Forderungen, die eines Tages das Fass zum Überlaufen bringen können. (Sinn, H.W., 2018).

167 Can the Euro be saved? (Stiglitz, 2018).

168 Stiglitz Advocates A Dual Currency System in Italy. But Why Not For The Whole Eurozone? (Grazzini, 2018).

169 Werden zum Beispiel alkoholische Produkte nicht mehr als Kosten anerkannt, außer bei Medizinprodukten, und zudem auch die zur Herstellung von Alkohol verwendeten Produkte bei Betrieben, die daraus Alkohol für den privaten Konsum herstellen, nicht mehr als Kosten anerkannt, so dürfte das eine vergleichbare Wirkung aufweisen wie eine gesonderte Alkoholsteuer!

170 Illegale Käufe und der Besitz von illegal eingekauften Waren sollten wie auch die von unerwünschten Waren generell mit den höchsten Steuersätzen im jeweiligen Steuersystem belegt werden, so dass neben Beschlagnahmungen und Strafverfahren, bei zum Beispiel Drogen, auch hohe Steuerforderungen drohen.

171 Zum 10. April 2018 hat das Bundesverfassungsgericht die bestehende Grundsteuer zu Recht für nicht verfassungskonform erklärt. (hw/mas, Scholz: Keine Steuererhöhung für Mieter und Eigentümer, 2018 [Mittwoch, 11. April]).

172 Ludwig Erhard: Wohlstand für Alle (Erhard, 2009 [Originalausgabe 1957 im Econ Verlag]).

173 Zu Recht hält Müller Hartz-IV mit Blick auf die Reduzierung der Langzeitarbeitslosigkeit für gescheitert, und verweist auf die in der Verwaltung eingesetzten Gelder, die wohl besser für fair bezahlte Arbeit einzusetzen seien. Christoph Butterwege hat nicht ganz Unrecht, wenn er Müller einen Etikettenschwindel vorwirft, obwohl ein gewisser Mentalitätswechsel mit dem Vorhaben des Berliner Regierenden Bürgermeisters Müller nicht von der Hand zu weisen ist. (epd, 2018)

174 Dabei kann auch die ungehinderte Migration in den Wohlfahrtsstaat unterbunden werden, indem jeder Gastarbeiter das Sozialsystem seiner Nationalität, seines Geburtsortes mitnimmt.

175 Das würde die Kosten für Soziales insgesamt sogar verringern, auf keinen Fall jedoch erhöhen und zudem genügend Anreize bieten, um über einen Zuverdienst ein durchaus annehmbares Leben führen zu können. Eine mit 8.00 Euro entlohnte Beschäftigung würde mit einer sozialen

Abfederung von 300 Euro durchaus noch hinreichend sein für eine menschenwürdige Existenz. Geht man von einer Pauschale von 1.000 Euro für Lebenshaltungskosten aus, so wären in einem solchen Fall 100 Euro Steuern fällig. Sinnvoll ist es nun weitere 500 Euro nicht zu besteuern, wenn eine Arbeit nachgewiesen wird, die mindestens 16 Stunden die Woche verbraucht.

176 Ohne Arbeit sollte die absetzbare Kostenpauschale nicht über der Höhe des Grundeinkommens liegen, dann je nach Arbeitsaufwendungen mit oder ohne Auto mit 50% darüber und höher anzusetzen sein.

177 Jeder Bürger könnte zum Beispiel 2,5 Stunden die Woche für die Gemeinschaft arbeiten, gleich ob tatsächlich jede Woche 2,5 Stunden oder monatlich 10 Stunden, bzw. jährlich 120 Stunden. Wer diese Zeit nicht aufbringen kann, sollte die Stunden in dem entsprechenden Geldwert für seine Arbeitsleistung erbringen können, zum Beispiel Lehrer mit ca. 45 Euro die Stunde, der ungelernte Arbeiter mit 9 Euro die Stunde und der Manager mit 500 bis 2800 Euro die Stunde.

178 Auch bei der Freizügigkeit in der Wahl der Arbeitsstätte innerhalb der EU kann die Sozialversicherung im Heimatland verbleiben. Zusatzversicherungen könnten die höheren Kosten im Gesundheitssystem des Gastlandes abfedern.

179 Nur so lässt sich auch eine klare Position gegenüber dem Staatskapitalismus chinesischer Art beziehen.

180 Dabei sind alle substanziell ausgerichteten Steuern abzuschaffen und durch Pachtverträge, Lizenzverträge, und letztlich die Gewinnsteuer adäquat zur Mehrwertsteuer zu ersetzen.

181 Das Prinzip der Gewaltenteilung stammt ursprünglich aus dem republikanischen Denkansatz und wurde von den westlichen Demokratien übernommen, sollten auch konstituierender Bestandteil bleiben. Der republikanische Rechtsstaat kann genauso mit feudalistischen Strukturen harmonieren. Die falsch verstandene Demokratie, rein als Mehrheitsbeschaffer, löst erst die republikanischen Strukturen auf und dann auch die der Demokratie.

182 Bevor derartige Aktionen durchgeführt werden, sind generelle Regeln zu entwickeln und in Gesetze zu fassen, mit denen die Machtkonzentration in der Wirtschaft zu begrenzen ist. Soweit diese Regeln schon bestehen, geht es darum, diese zu harmonisieren und durchzusetzen.

183 Dass auch die höhere Eigenkapitalquote nach Basel III (noch unter 13%) keine wirklich bessere Sicherheit verspricht, zeigt die mit 13,6% ausgewiesene Eigenkapitalquote der Piraeus Bank, die bei zweimaliger Rekapitalisierung im ersten Halbjahr 2018 einen Verlust von 167,6 Millionen Euro ausweist und damit nicht den Eindruck erweckt, als sei sie jetzt endlich auf der Gewinnspur, ein großes Risiko für Anleger und Kunden der Bank. (hmk/tp, 2018)

184 Wendorff, 2018.

185 Dieser Vorschlag könnte umgemünzt werden in die Überführung aller Staatsanleihen in der EU in nationale Anleihen über Solidaritätsfonds ausgestellt in einer nationalen Währung und nicht mehr in Euro.

186 Da die EZB nur noch bei der Bereitstellung von Bargeld in den Geldschöpfungsprozess eingebunden ist, könnte dies die Abschaffung von Bargeld bedeuten und damit die Abschaffung des gesetzlichen Zahlungsmittels.

187 Neue Zölle in einem Wirtschaftskrieg setzen eine Spirale in Gang, die für alle nur Verluste bereithält. Zölle sollten eher weiter abgebaut werden, als sie neu zu errichten. Eine minutiöse Kontrolle der Kosten, die bei der Gewinnberechnung vorgelegt werden, könnte der bessere Ansatz sein, Ungleichgewichte auszutarieren.

188 Gerade bei ausländischen Firmen ist die Prüfung der Kosten trotz aller Schwierigkeiten sehr sorgsam durchzuführen, unplausible Kostenstrukturen abzulehnen.

189 Auch wenn S. Wagenknecht (Wagenknecht) in der Analyse mit Recht den Finger auf die Wunden im kapitalistischen Wirtschaftssystem legt, die Änderungsvorschläge sind bis auf die Mitarbeitergesellschaft meines Erachtens kaum realisierbar.

190 Nicht der totale Kohlenausstieg wird die Lösung bringen, wir benötigen effektive Filteranlagen und eine Rückführung

des Kohlendioxids in der Luft durch Wasserbindung. Molekulare Bindung in Salzen oder in aufgebauten Proteinen durch Photosynthese sollten Depotbildung und Ressourcenbereitstellung fördern.

191 Weshalb aber sollten im lokalen Markt die aus einer klimaschädlichen Produktion stammenden Waren nicht gekauft werden, wohl kaum, weil sie zu billig sind. Erst wenn ein steuerlicher Ausgleich geschaffen wird, kann auch ein fairer Wettbewerb stattfinden. Eine klimafreundliche Produktion muss sich über Abgaben auf weniger klimafreundlich produzierte Waren durchsetzen können.

192 Die Konzepte zu einer Digitalsteuer befinden sich da schon auf dem richtigen Weg, denn das ist auch eine Gewinnsteuer, leider nicht in ein übergreifendes Konzept eingebunden.

193 Möltgen, H.M., Dauerhaftes Wachstum, 2017.

194 Rifkin, Die Dritte Industrielle Revolution, 2014,

195 Hier sollten keine neuen juristischen Personen geschaffen, sondern nur Vertreter der privaten Interessen bestellt werden.

196 Die Interessen nur einer Familie sollten dabei nicht als gemeinschaftliche Interessen gelten, sie sind dem Privatbereich zuzuordnen.

197 Danach sind mindestens 55% des Kapitaleinsatzes eindeutig gemeinwirtschaftlichen Interessen unterzuordnen.

198 Zu August Macke siehe Wikipedia, zum Urheberrecht nur kurz noch ein Hinweis, und zwar der, dass das aktuelle Urheberrecht die Urheber nur unzureichend in ihren Rechten als Urheber schützt. Die Urheber und ihre Angehörigen sollten lebenslang Nutznießer sein, die Gemeinde darüber hinaus ebenfalls ein Nutznießer, so dass auch die Kosten für Bildung und Ausbildung so zu refinanzieren sind.

199 Miller, 2017.

200 Über eine spezielle App ließe sich der Beleg aufs Kundenhandy übertragen und dann sofort von einem Polizisten oder einem Beamten des Finanzamtes zur Kontrolle auf dessen Handy mit der passenden Identnummer übertragen, wenn der die Kunden nach Verlassen des Ladens, ob Bäckerei oder Kiosk, kontrolliert.

201 Raiffeisenbanken und Volksbanken sind dafür die Beispiele!

202 Eine zwischenzeitliche Rückzahlung der Einlagen, und das auch noch mit Zins (Wagenknecht), ist hingegen nicht wirklich problemlos praktizierbar und entspricht auch nicht dem juristischen Verständnis in der Auseinandersetzung bei Zugewinngemeinschaften.

203 Rainer Hank zeigt in seinem Artikel „Gemeinwohl" auf, dass und weshalb Märkte keinem Selbstzweck dienen sollten und die Grenzen zu beachten sind, will man nicht sogar die Tugend und die Moral der Marktteilnehmer zerstören und damit das System selbst ins Wanken bringen. (Hank, 2017)

204 F. A. Hayek, Monetärer Nationalismus und internationale Stabilität (Monatary Nationalismus and International Stability), 2011(1937), F.A. Hayek, Denationalisation of Money, 1978.

205 Vorschlag: Drei Währungen könnten auf Bargeldkarten aufgeladen werden, wobei die Umrechnungen vor der Aufladung durchzuführen sind. Die Abbuchung vom Hauptkonto bei der Bank kann dabei in der jeweils festgelegten Basiswährung erfolgen.

206 Die Anreise mit dem Privatjet ist dabei wohl eher nicht anzurechnen.

207 Die Strategie der künstlichen Verknappung kennt man vor allem aus der Politik der OPEC-Staaten, die bei sinkenden Preisen an den Tankstellen einfach beschließen weniger Öl zu fördern. Entsprechend weittragende Beschlüsse vom Kapitalmarkt sind da weniger bekannt. Die Banken verknappen das Kapital, das für den Überziehungszins benötigt wird, indem sie den Zins für Einlagen bis auf null herunterdrücken, so dass kaum noch ein Bürger bereit ist Geld auf einem Sparkonto zurückzulegen. Damit wird das Geld prinzipiell knapp, wäre da nicht eine Notenbank die Geld für 0% herausgibt. Wenn entsprechende Kredite der Notenbank nicht in Anspruch genommen werden, so ist dies auch eine Variante der künstlichen Verknappung!

208 Piketty, 2014.

209 Die so entstandenen Schulden können auf Antrag jederzeit getilgt oder am Lebensende mit dem Erbe verrechnet werden; dafür sollte die Erbschaftsteuer wegfallen.

210 Wichtig ist es dabei, den richtigen Betrag für das Grundgehalt zu wählen und auch Pfändungen in speziellen Fällen bis zu 25% vom Grundgehalt zuzulassen. Insbesondere müssen Kürzungen aufgrund von Strafverfahren möglich sein.

211 Damit dürfte auch der Mittelstand bei einer Gewinnsteuer nicht mehr Steuern zahlen müssen als bisher, und für Vielverdiener, die mit der Gewinnsteuer nicht so gut fahren, ist auch die Verlegung des Wohnsitzes keine Lösung, da der Gewinn bei einer konsequenten Gewinnbesteuerung in der Regel am Arbeitsplatz versteuert wird und nicht am Wohnsitz.

212 Bei der in diesem Buch vorgeschlagenen Gegenrechnung mit den Kosten, bei der Berechnung der Gewinnsteuer, wird man im Krankheitsfall auch die erhöhten krankheitsbedingten Kosten mitberücksichtigen müssen.

213 Bargeld und gerade auch die kleinen Münzen sind wichtig für die Ärmsten der Armen, um überleben zu können, weshalb die Probleme damit nicht einfach weggeräumt werden sollten, nur weil es die Reichen nicht tangiert, ja sie sogar die kleinen Münzen als lästig empfinden. (Mäkeler, 2018)

214 Die Münzen für den lokalen Markt sollten Kindern und Jugendlichen auch den Umgang mit Geld erleichtern können. Störend wirken da 2Cent-Münzen, 1Cent-Münzen hingegen sind unbedingt nötig, will man gut abzählbare Stapel erhalten.

215 Jungen Familien könnte mit einem auf 5 Jahre reduzierten Pachtzins geholfen werden, Handwerker mit einem geringen Pachtzins in ihrer aktiven Zeit angezogen werden.

216 Eine Eigentumswohnung, die im Einflussbereich einer Stadt im Jahre 2018 einschließlich Nebenkosten für 200.000 zu haben war, sollte nach Abzug der anteiligen Grundstückskosten und nach Abzug der Grunderwerbssteuer nur noch 100.000 kosten, also 50% im Preis gesenkt und bei einer auf 20 Jahre aufgeteilten Tilgung mit einem Monatsbetrag von ca. 500 Euro abzahlbar sein.

217 Friedman, 11. Auflage, Dezember 2016 (weitere Auflagen 2004; 1962, 1982).

218 Miller, 2017.

219 Bewunderte Bankräuber (Klemm, 2018).

220 Beck, 2018.

221 Miller, 2017.

222 Beeger, 2018 (20. März): „Organisierte Banden haben es offenbar auf das deutsche Sozialsystem abgesehen. (…) Dabei nutzen sie verschiedene Tricks, von denen das Scheinbeschäftigungsverhältnis mit anschließender Kündigung nur eine der möglichen Varianten ist."

223 Eine Vollwährung kann als Aktivgeld mit Vollgeld der Notenbank erzeugt werden, ebenso mit voll abgesicherten Krediten im Passivgeldsystem.

224 Der Wegfall von Sozialleistungen sollte sukzessive mit einer Erhöhung des Grundeinkommens durchgeführt werden. Beginnt man mit 500 Euro und erhöht das Grundeinkommen auf 750 Euro mit gleichzeitigem Wegfall von gleichwertigen Sozialleistungen, so kann man dann im letzten Schritt bei einer Erhöhung auf 1.000 Euro auch die letzten Vergünstigungen streichen, um so ein selbstverantwortliches Handeln zu fördern.

225 Der Wegfall von Sozialleistungen oder HartzIV, wie bislang mitunter gehandhabt, kann einfach nur als undemokratisch und zum Teil sogar die Menschenwürde missachtendes Verhalten eingestuft werden.

226 Bezogen auf eine 50 %ige Gewinnsteuer sind durch Einsparungen von wenigstens 10 % aufgrund eines breit angelegten Bürokratieabbaus sogar Steuersenkungen möglich, ohne weniger Geld für den Staat zur Verfügung zu haben.

227 Die Pendlerpauschale wird bei dieser Berechnung besser berechenbar und sogar mit den Vorteilen der Stadtwohnung besser ins Gleichgewicht zu bringen sein!

228 Immer wenn Kundendaten erhoben werden, sei es durch Fragebogen oder über die Anmeldung zu einem Gewinnspiel, es handelt sich um Daten, für die kein Cent gezahlt

wird, es sind negative Kosten, die den Gewinn erhöhen oder auch erst entstehen lassen.

229 Fukuyama, 2018: Identity, S. 11.

230 Der Karneval, sei es nun in Köln oder Düsseldorf, sollte unter dem Aspekt des unsichtbaren Bürgers und wie man dem Bürger eine Schleuse zur Sichtbarkeit öffnen kann, doch mal genauer untersucht werden, nicht nur in psychologischer Hinsicht, sondern auch in der Bedeutung und Wirkung für eine ganze Wirtschaftsregion.

231 Wikipedia: Inflation.

232 www.rechnungswesen-verstehen.de und zum Denkansatz: Waren für 100 Euro im Jahre x kosten im Jahr x + 1 dann 102 Euro und über den Zinseszinseffekt im 35. Jahr 170 € +29,75 € = 199,75 €, gerundet 200 Euro, also doppelt so viel, was einer 50 %igen Geldentwertung entspricht.

233 Bei hintereinander geschalteten Kreisläufen können die Vorzeichen wie bei einer mathematischen Gleichung behandelt werden. Aus der Minus-Relation einer Konkurrenz ergibt sich in der Multiplikation mit einer Plus-Relation der Kooperation eine Minus-Relation in abgeschwächter Form (beide Intensitäten von 0,5 ergeben nach der Multiplikation eine Intensität von 0,25).

234 Möltgen, H.M., Dauerhaftes Wachstum, 2017.

235 Besteht keine Kooperation, so ist diese = 0 oder auch 0%, bei 100%iger Abhängigkeit voneinander wird man dies mit dem Wert 100 auf der Dimension Kooperation einordnen. Ebenso kann man dann bei der Konkurrenz zwischen keiner Konkurrenz = 0 und absoluter Konkurrenz = 100 dazwischen den Prozentsatz der Konkurrenz skalieren.

236 Der Handlungsraum, als Konstrukt aus rationalem Raum einerseits und den emotionalen und den relationalen Räumen andererseits, kann in einem Koordinatensystem aus A: rationaler, B: emotionaler und C: relationaler Koordinate gebildet werden. Eine Orthogonalität wird man dabei nur bei kleinen Zeitfenstern als Annäherung an die Realität akzeptieren wollen.

237 Man könnte hier dazu verleitet werden, die Freud'schen Manifestationen in der Psyche als Dimensionen einzusetzen,

das würde aber zu falschen Schlüssen verleiten, da Manifestationen und Dimensionen auf keinen Fall identisch sind, Dimensionen sind skalierbar, Manifestationen nicht.

238 Genau genommen ist die Zeit sogar keine eigenständige Dimension, sie ist immer von anderen Dimensionen abhängig, beschreibt sie doch eine Veränderung im Vergleich zu einem gleichzeitig ablaufenden Vorgang. Veränderungen lassen sich zurückverfolgen oder auch in eine unbekannte Zukunft hinein prognostizieren.

239 Die Dimensionalität der Zeit ist nun grundsätzlich unterschiedlich zu den anderen Dimensionen, sie kann nicht in Unterdimensionen aufgeteilt und insofern auch nicht in ei nem vergleichbaren karthesischen Raum dargestellt werden, die Zeit existiert vielleicht nur durch die anderen Dimensionen, müssen wir doch Vergangenheit und Zukunft ebenso wie die Gegenwart immer mit wenigstens den physikalischen Dimensionen zusammen denken, da sie, die Zeit, ohne diese anderen Dimensionen nicht existiert.

240 In der Makroökonomie werden als Faktoren des Wachstums in der Regel Geld und Arbeit neben den Ressourcen aufgeführt, Geld dabei häufig mit Kapital gleichgesetzt, was insofern in die Irre führen kann, als Kapital das durch Geld geschaffene Feld der Möglichkeiten ist, nicht aber mehr als das eingesammelte Geld. Wenn man etwas bewegen kann, dann durch ein Vermögen, das einsetzbar ist oder auch schon eingesetzt wurde.

241 Betrachten wir den Kreislaufkoeffizienten aus Wachstum und Zerfall: $K = w/z$, so könnte dieser aussagekräftiger sein als das BIP, da Werte über 1 auf ein Gesamtwachstum und Werte unter 1 auf ein Überwiegen des Zerfalls hinweisen. Nur 1 zeigt ein Gleichgewicht an.

242 Man könnte hier darauf hinweisen, dass Kapital selber überall einsetzbar ist, es kann nicht nutzbar sein, wenn es festliegt, also nicht flüssig ist, und wenn der Transfer nicht mit der notwendigen Schnelligkeit gelingen kann.

243 Dass relativ viel Geld in der Hand einfacher Bürger dem Wohlstand aller dient, dass zeigen die Verhältnisse in den

skandinavischen Ländern. Karl Peter Thorwaldsson sagt dazu: „Inequality is bad for business. Many countries try to keep wages low to boost exports, but this strategy hurts global demand since workers then have less money to spend." (Thorwaldsson, 2018)

244 Bei der Währung Bitcoin kann man davon ausgehen, dass das beim Mining entstandene Geld mit dem Tauschwert in der nationalen Währung zu versteuern ist. Entstehen beim Mining Bitcoins im Wert von 300.000 Euro, so fallen bei einer Gewinnsteuer von 50% genau 150.000 Euro Steuern an. Geld, das über einen Kreditvertrag erzeugt wird, ist hingegen kein Gewinn, soweit keine Zinsen berechnet werden, denn die Zinsen müssen als Gewinn versteuert werden.

245 Eine Gewinnsteuer von 50% wird nach Abzug der Kosten von den Einnahmen netto auch nicht höher ausfallen als die noch gültige klassische Steuer, eher niedriger, geschätzt zwischen 10% und 30%.

246 Daraus die Schlussfolgerung zu ziehen, dass die Gewinnsteuer dort zu erheben ist, wo die Kosten entstehen, das würde den Grundsatz verletzen, Gewinne genau dort zu versteuern, wo sie entstehen, ansonsten nähert man sich wieder der substanziellen Steuererhebung, die abzuschaffen ist.

247 Wichtig ist in diesem Zusammenhang, dass auch die Gewinne aus unselbständiger Arbeit als Gewinne zu versteuern sind. Der Geschäftsführer, der 10.000 Euro im Monat verdient, kann vielleicht 5.000 Euro als Lebenshaltungskosten von den Einnahmen abziehen, wenn er den eigenen Wagen und den eigenen Rechner für seine beruflichen Aufgaben einsetzt, zudem Dienstkleidung und dienstliche Bewirtungen selber bezahlt. Ergibt sich damit ein Gewinn von 5.000 Euro, so sind 2.500 Euro an Steuern abzuführen.

248 Die Grundsteuer kann durch eine Erbpacht ersetzt werden, wenn die Grundstücke in den Besitz der Gemeinde übergehen, wobei den bisherigen Besitzern die Grundsteuer gestrichen und der aktuelle Wert der Immobilie auf 100 Jahre mit jährlich 1% von der Gesamtsteuer abzusetzen ist.

249 Wird zum Beispiel ein Haus für 400.000 € verkauft, das vorher mit 360.000 € gekauft wurde, so ergibt dies einen Gewinn von 40.000 €. Wurden für den Erhalt des Hauses 30.000 € aufgewendet, so verbleibt noch ein Gewinn von 10.000 €, die beim Verkauf fällige Gewinnsteuer beträgt dann 5.000 €. Die Grunderwerbssteuer in Hessen beläuft sich zurzeit auf 20.000 € in unserem Beispiel, also erheblich mehr als bei Abrechnung über eine Gewinnsteuer. Wenn keine Reparaturen und Sanierungsarbeiten durchgeführt wurden, kann die Gewinnsteuer allerdings leicht höher ausfallen. Das sollte aber so gewollt sein, da es schließlich sinnvoll ist, die Pflege und Instandhaltung älterer Häuser auch steuerlich zu belohnen.

250 Hinzuweisen ist hier auf einen Vergleich mit natürlichen Phänomenen. Wuchsstoffe fördern das Wachstum der Pflanzen, stellen Intermediäre zu äußeren Faktoren dar, die für das Wachstum wichtig sind. Licht benötigt IES, um die Richtung des Pflanzenwachstums beeinflussen zu können. Auf der Suche nach vergleichbaren Intermediären könnte man auf Institutionen stoßen, die das Wachstum in der *entsprechenden* Wirtschaftszone anregen und in die rechte Richtung lenken.

251 Vergleiche dazu die Ausführungen in Biophysik des Fließgleichgewichtes (Bertalanffy, 1977).

252 Aufgrund der Hebelgesetze erzeugt 1 kg Wasser in 1 m Entfernung vom Mittelpunkt der Schale eine stärkere Kraftwirkung, die nach unten drückt, als wenn die gleiche Wassermenge nur 10 cm vom Mittelpunkt auftritt. Damit lässt sich simulieren, dass die gleiche Menge Geld im Zentrum einer Region eingesetzt weniger wirksam ist als an der Peripherie, bzw. im Zentrum für die gleichartigen Produktionsstätten mehr Geld einzusetzen ist.

253 Wie ich meiner Tochter die Wirtschaft erkläre (Varoufakis, Hörbuch 2018).

254 Danach muss der Informationsgehalt umso größer sein, je weniger Kapital und Arbeitsleistung eingesetzt werden. Ohne Informationsgehalt hingegen ist keine Produktivität,

Produktivitätswachstum denkbar. Die dargestellte Steigerung der Produktivität für verschiedene Länder in den vergangenen Jahrzehnten, im Schaubild von Weyerstrass lässt leider keine Prognose für die EU zu, eine echte Steigerung ist nur für Irland zu erkennen. (Weyerstrass, 2018).

255 Der Term I = Informationsterm sollte mitunter noch etwas anders eingebracht werden. und zwar als I = (1 W) mit W gleich der Wahrscheinlichkeit, mit der die eingesetzte Information eine Rolle spielt.

256 Formulieren wir die Gleichung etwas anders als ursprünglich geplant, nämlich: PW= Y/I(n*K + m*L), um so die Produktivität auch bei Einzelfirmen exakt bestimmen zu können: PW ist die Produktivität, I der Informationskoeffizient, Y der Umsatz oder Erlös. Wird PW = 1, so kann dies bedeuten, dass Erlös und eingesetzte Gelder im Gesamtbetrag gleich sind.

257 Setzen wir in der Gleichung für die Produktivität (PW) für K den Buchstaben F als das Finanzkapital und sodann für L den Buchstaben H als ein Term für Humankapital, so könnte dies mit einer Innovation I = 1-(Wh*Wa*RF) folgende Gleichung ergeben: PW = Y/(1-[Wh*Wa*RF] [nF + mH]). Der Informationskoeffizient ist dabei so erweitert, dass die Wahrscheinlichkeit des Informationseinflusses aufgeteilt wird in: Wa = aktuelle Innovation und Wh = historische Wahrscheinlichkeit sowie RF = relationaler Faktor mit den Gewichtungen n und m.!

258 Speziell für diesen Zweck lassen sich individualisierte Schulmünzen prägen, wobei die Prägekosten vom Schulträger zu übernehmen sind. Neben den 1 Cent, 10 Cent und 50 Cent Münzen sollte es auch den Schuldollar als 1er- und 2er- Münze sowie einer 5er- Münze geben.

259 Im Buch „Capitalism without Capital (Jonathan Haskel, 2018)“ meint Kapital das Finanzkapital, das sich mit der greifbaren Ökonomie verbindet, während die nichtgreifbare Ökonomie als die Ökonomie der digitalen Zukunft durch die wissensgetriebene Information bestimmt wird.

260 Rifkin, Die Null-Grenzkosten-Gesellschaft: Das Internet der Dinge (The Zero Marginal Cost Society), 2014.

261 Einfacher ist möglicherweise die Durchlüftung mit CO_2 von Anzuchtbecken für ungiftige Blaualgen (Cyanobakterien), um daraus Nahrungsergänzungsstoffe herzustellen.

262 Das Ende des Bargelds (K. Schneider, 2018).

263 NIM, das Geld der Sicheren Währung.

264 Benachteiligt sind auch all diejenigen, die wegen einer langen Studiendauer und Ausfallzeiten für die Familie, die nicht angerechnet werden, keine 35 oder gar 45 Jahre Beschäftigungszeit erreichen konnten.

265 Patente und andere Eigenentwicklungen einer Firma tauchen nicht in den Bilanzen auf, insoweit sie nicht kapitalisiert wurden, man könnte daraus den Schluss auf eine Entwicklung ziehen, bei der am Ende ein Kapitalismus ohne Kapital herauskommt. (Haskel, 2018)

266 Die Textanalysen im Rahmen der Vorstellung von diagnostischen Analysen in der Didaktik (Möltgen, 1980) mussten damals, 1980, noch mit Texten durchgeführt werden, die zunächst auf Lochkarten zu stanzen waren. Erst die eingelesenen Lochkarten brachten den Text in einen vom Rechner analysierbaren Text, den man dann auch damals schon mit heute noch auf Rechnern zugänglichen Statistikpaketen wie SPSS verarbeiten konnte, heute am PC, damals nur am Großrechner eines Rechenzentrums.

267 In der Physik geht man davon aus, dass die Entropie im Weltall zunimmt und der geordnete Energiegehalt abnimmt. Zum Aufbau geordneter Strukturen wird Energie benötigt, die man beim Abbau teilweise zurückerhält.

268 Da Materie in Molekülen strukturiert vorliegt und zum Aufbau einer bestimmten Ordnungsstruktur Energie benötigt, eine Energie die in den Bindungen gespeichert ist, so kann man beim Zerfall der Molekülstruktur auch wieder die darin eingefrorene Energie zurückgewinnen, womit klar ist, es handelt sich um eine Art von Kapital.

269 Da die Energie nicht wirklich verschwindet, sondern am Aufbau der zunehmenden Entropie beteiligt ist, so könnte man auch von einem Entropie- oder einem Energieproblem sprechen, was teilweise in der dissipativen Betrachtungsweise aufgelöst wird.

270 Tricks und Tücken der Sozialstatistik (dc. Berlin, 25. Oktober, 2017).

271 Interessant ist die Untersuchung, an der ich selber bei der statistischen Aufarbeitung teilnehmen durfte, weil keine Stichprobe gezogen wurde, sondern eine spezielle Gesamtheit das Datenmaterial lieferte. (Möltgen i.T., 1978).

272 dc. Berlin, 25. Oktober, 2017.

273 Hinter der dargestellten Korrelation zwischen Arbeitslosigkeit und Inflation steht die Frage, wie sich die Flutung der Märkte mit Geld auswirkt, was bereits andeutet, dass es in Wirklichkeit um andere Korrelationen geht, und weshalb das Ausbleiben der erwarteten Korrelation im beginnenden Zeitalter der Industrie 4 nicht verwundern sollte und Kloepfer eine andere Inflationstheorie fordert. (Kloepfer, 2017).

274 Diese kann kontrolliert durch den Solidarpakt erfolgen, aber auch durch laufende Einzahlungen in einen staatlichen oder auch halbstaatlichen Pensionsfond, nicht aber über einen privaten Wertpapierkauf, da eine derartige Altersvorsorge mit kaum einzukalkulierenden Risiken verbunden ist.

275 Die Tatsache, dass im Jahre 2017 der Wirtschaftsnobelpreis an einen Verhaltensökonomen ging, ist ein Hoffnungsschimmer, dass die Ökonomie sich endlich emanzipiert und den ganzen Homo oeconomicus ins Visier nimmt und nicht nur einen Torso desselben.

276 Um im Mittel einen Ausgleich hinsichtlich der Bewertung von Arbeitsleistungen zu erreichen, sind die Wertzuweisungen, zu den im Arbeitszeitkonto festgehaltenen Arbeitszeiten von Zeit zu Zeit aufgrund persönlicher Veränderungen und aufgrund von neueren Statistiken den aktuellen Verhältnissen anzupassen.

277 Die Geschichte ist reich an Mehrheitsbeschlüssen, mit denen die demokratischen Institutionen erst eingeschränkt und letztlich abgeschafft wurden.

278 Fabrikhallen werden zu Kulturstätten, überflüssiger Verkaufsrum zu Büroräumen und aus Kirchen werden Wohnungen. Derartige Entwicklungen zerstören nicht den Finanzkreislauf

und sind humaner als die ungezielte kriegerische Zerstörung der alten Strukturen.

279 Wenn Geld an Wert verliert, so ist dies keine Abnutzung wie bei den auf den Märkten gehandelten Waren, sondern ein gewollter Vorgang. Die Billigung der Abwertung durch zusätzliches, in den Markt gelenktes Geld ist eine der bewusst durchgeführten Aktionen! Aber auch die gezielt die Abwertung begleitenden Vorgänge, wie sie vor allem dem Zinssystem von Geburt an innewohnen, sind letztlich gewollt. Mit anderen gesellschaftlichen Vereinbarungen und dem klaren Willen die Inflation bei 0 zu halten, sollte dies auch anders möglich sein.

280 Geld gehört als nichtabnutzbares Gut zu den Gütern, die prinzipiell allen gehören wie die Luft und der Boden, aber dennoch privat genutzt werden können. Dies könnte ein Argument dafür sein, die Geldschöpfung als staatliche Aufgabe zu betrachten. Dabei wird aber vergessen, dass Geld nicht bereits vorhanden ist wie die anderen nichtabnutzbaren Güter, sondern erst zu schaffen ist, und zwar aufgrund von gesellschaftlichen Vereinbarungen, die sich in Regeln und Gesetzen niederschlagen sollten. Genau diese parlamentarische Kontrolle fehlt bei den staatlichen Formen der Geldschöpfung, im Prinzip auch bei der privaten Geldschöpfung, kann dort aber über Verträge und deren gesetzliche Absicherung quasi indirekt hereingeholt werden.

281 So wie beim Rostenden Geld (Gesell, 2015 [1919]).

282 Prinzipiell hier deshalb, weil die Verzinsung einer Entwertung gleichkommt. In Kreislaufsystemen darf Geld deshalb nicht verzinst werden.

283 Deshalb muss in einem rein kreditbasierten Geldsystem auch ein Grundgehalt kreditbasiert sein. Zurückzuzahlen wäre dieser Kredit spätestens am Lebensende, quasi als Ersatz für die Erbschaftssteuer. Kann der Erbe die anfallenden Kosten nicht aus dem Erbe begleichen, so bleibt ihm noch die Möglichkeit, das Erbe abzulehnen. Der Erblasser kann aber auch Vorsorge treffen, auf dass sein Erbe nicht auf diese Weise aufgebraucht wird, indem er die steuerliche

Verrechnung mit dem Grundgehalt ablehnt und die anfänglichen Auszahlungen zurückzahlt, so dass dann erst keine Schuld entsteht, die abzurechnen wäre.

284 Ob die Absicherung auch teils oder ganz durch die Gemeinschaft mitgetragen wird, das ist eine im demokratischen Diskurs zu lösende Frage!

285 Langfristig ist hier eine gesetzliche Regelung gefragt, um so eine Überschuldung der Bürger zu verhindern. Die Demokratie benötigt alle Bürger als Mithelfer bei der Weiterentwicklung der Gesellschaft, was aber nur mit freien Bürgern realisierbar ist.

286 Die Grundidee dabei ist auch die, Müll zu vermeiden, ihn erst gar nicht entstehen zu lassen, da alles wieder in den Kreislauf eingespeist wird, also von der Wiege bis zur Wiege im Kreislauf immer wieder genutzt wird. (M. Baumgart, 2009)

287 S. 117 (F.A. Hayek, Monetärer Nationalismus und internationale Stabilität [Monetary Nationalism and International Stability], 2011 [1937]).

288 Was auch aufzufassen ist als ein neuer Schritt in der zivilisatorischen Evolution, konnte man doch in den Anfängen gar nicht anders als substanziell zu besteuern, die digitale Revolution macht dies jedoch überflüssig. Siehe auch: Am Anfang stand der Steuereintreiber! (Pernicka, 2019) mit einer Rezension zu dem Buch: Die Mühlen der Zivilisation (James C. Scott, 2019).

289 Dazu gibt es bereits hinreichende Aufsätze und Bücher. Nicht die Fehler aufzuzeigen ist jedoch das Ziel dieses Buches, sondern Möglichkeiten aufzuzeigen, Möglichkeiten eines anderen Zusammenlebens und Überlebens durch Strukturveränderung.

290 Das könnte genutzt werden, um eine Umschuldung bei den Staatsschulden auf Papiere mit einem 0%-Zinssatz.

291 Beim QE (Quantitative Easing) wird durch den Ankauf von Anleihen dem Markt zusätzlich Geld zugeführt und somit die Liquidität erhöht.

292 Inzwischen, im Jahre 2019, überlegt man sogar nicht nur Anleihen, sondern auch Aktien aufzukaufen, welch verrückte Welt!

293 Amerika scheint nach mehreren Schritten der Bilanzschrumpfung diese gerade mit Beginn des neuen Jahrhunderts wieder einzuschränken. Weniger eingekaufte Anleihen in der Bilanz könnte nun auch zu einer Geldknappheit in der Wirtschaft führen und bei heruntergefahrenen Investitionen direkt in die Rezession führen.

294 Fallen Unternehmenssteuern und Gewerbesteuer weg, so kann dies über entsprechende Gewinnsteuern kompensiert werden, so man dies auch wirklich will und damit auch eine für ärmere Länder gerechtere Steuererhebung anstreben, ohne dass in den Industriestaaten generell Steuereinnahmen wegbrechen. „Der Ökonom Sprengel glaubt nicht, dass das Steuerkartell hält, das aktuell auf internationaler Ebene geschmiedet wird.“ (Schäfers, 2019 [1. August]).

295 Auf der Rückseite sehen wir das Konterfei oder auch die Insignien des Herrschers als Gläubiger und auf der Vorderseite die den Wert kennzeichnende Zahl als Schuldtitel.

296 A. Smith, 1776.

297 In diesem Sinn sind auch die ersten Aufzeichnungen von Lieferungen als Buchschuld zu begreifen, Schulden, die zum Beispiel aus der Lieferung von Getreide entstanden und buchmäßig festgehalten wurden, sogenannte Buchschulden.

298 Martin, 2015 (c. 2013).

299 Obwohl im Alltag mit + und – gerechnet wird, der Buchhalter unterscheidet spätestens seit der Blüte Venedigs zwischen Haben und Soll. Der Buchhalter verschiebt nur Geld zwischen Haben und Soll, bzw. Soll und Haben. Dabei vermehrt sich das Geld auch nicht!

300 Zinsen vom Papst (Emich, 2018 [23. Dezember]).

301 Die „Bank of England“ wurde im 17. Jahrhundert gegründet und führte dann auch sehr bald das Papiergeld ein, da man aufgrund der Veröffentlichungen des Philosophen Locke den sozialen Kontrakt Geld hinter dem Konstrukt Geld erkannte und die Münze mit ihrem schwankenden Metallwert zum Problem geworden war. (Martin, 2015 [c. 2013]).

302 Gesell, 2015 (1919).

303 Da die Abstimmung darüber in der Schweiz Anfang 2018 nur mit knapper Mehrheit zu Fall gebracht wurde, wird die Diskussion noch nicht so schnell verloschen sein!

304 Nicht nur der Privatmann, nein, auch die Kommunen werden sorgsamer mit den vorhandenen Geldmitteln umgehen.

305 Bedenkt man, dass bei Sozialausgaben von über 3 Billionen und einer Einwohnerzahl von 83 Millionen Bürgern im Jahre 2018 jedem Bürger in Deutschland mehr Geld zustehen würde als die 1000 Euro im Monat, die allenthalben für ein bedingungsloses Grundeinkommen diskutiert werden, so sollte die Zielrichtung doch klar sein!

306 Der Kredit kann einmal als ein Kredit der staatlichen Organe aufgefasst werden, der am Lebensende mit dem Erbe verrechnet wird, der Kredit kann aber auch als Lebenszeitkredit aufgefasst werden, der ab einem festzulegenden monatlichen Einkommen, und ab einer bestimmten Vermögenslage, zurückzuzahlen ist.

307 Spielschulden sollten nur begrenzt mit Sicherem Geld abzutragen sein!

308 Zoll auf Drogen wie Heroin, Kokain und Alkohol zu nichtmedizinischen Zwecken wäre sinnvoller als Zoll auf Stahl und Autos. Drogenschmuggel sollte zusätzlich zur Strafverfolgung auch noch in steuerlicher Hinsicht verfolgt werden.

309 Die Produktivität, hier als die durch Arbeitsleistung erzielte Produktivität, sowohl die durch Menschen wie auch die durch Maschinen erfolgte Arbeitsleistung, ist hier auch unter Berücksichtigung des dabei aufgebauten und verbrauchten Informationsgehaltes zu betrachten.

310 Es ist generell davon auszugehen, dass Einnahmen gleich welcher Art und wo, nach Abzug der Kosten als Gewinn anzusehen sind bei einer reinen Gewinnsteuer, so auch diese Steuerabgabe nicht existenzbedrohend sein kann, greift sie doch nicht die Substanz an wie die Abrechnung über Vorsteuer, Mehrwertsteuer und Einkommenssteuer.

311 Eine durch Arbeitsleistung abgesicherte Währung kann nur mit der Steigerung der Pro-Kopf-Produktivität im Wert steigen, ein exponentieller Wertzuwachs ist nur innerhalb

von kurzen Phasen möglich, ansonsten von vornherein ausgeschlossen.

312 Nachhaltigkeit im Finanzwesen ist nur zu erreichen, wenn das umlaufende Geld wertstabil ist; eine planmäßige Wertminderung durch Inflation und Zinsen sollte somit ausgeschlossen sein.

313 Wird einer Stadt, der Bürgergemeinschaft, durch den Staat Land zur Verfügung gestellt, um darauf eine neue Stadt zu bauen, eine autonome Stadt, so könnte diese allein mit den Pachteinnahmen aus den eigenen Grundstücken die Gelder erwirtschaften, die notwendig sind, um die kommunalen Aufgaben erfüllen zu können. Um so die Geschäfte der Stadt ohne Steuererhebung betreiben zu können, dürfen allerdings keine Grundstücke verkauft werden.

314 Mit einem neuen Gesellschaftsrecht könnte auch der immer häufiger genutzten Möglichkeit der kriminellen Geldbeschaffung durch Insolvenz ein Riegel vorgeschoben werden. Der Schuldenerlass bei einer Insolvenz muss daran geknüpft sein, dass kein Geld zur Seite geschafft wird, zum Beispiel durch Verschiebung in sogenannte Steuerparadiese ohne Zugriffsmöglichkeiten durch die europäische Justiz. Auch private Gelder und öffentliche Gelder, die innerhalb der letzten 10 Jahre in der Firma gesteckt wurden, sind mit heranzuziehen, wenn es darum geht, die Gläubiger zu befriedigen. Insolvenzbetrug sollte international einklagbar und bis hin zu den Erben noch zu ahnden sein.

315 Hierbei sind auch die aufgeblähten und nicht ausgeglichenen Targetsalden im Eurosystem zu zählen, auch wenn dies keine Schulden im üblichen Sinn sind. Aufschlussreich ist hierzu der Artikel von Sinn in der FAZ vom 17. Juli. (Sinn, H.W., 2018).

316 David Graeber schreibt im Schlusskapitel zu seinem Buch Schulden – Die ersten 5000 Jahre: „… ein Ablassjahr nach biblischem Vorbild ist überfällig, für Staatsschulden wie für Konsumschulden. Ein genereller Schuldenerlass wäre nicht nur heilsam, weil er menschliches Leid lindern könnte. Er riefe uns auch in Erinnerung, dass Geld nichts geheimnisvoll

Unvergleichliches ist und dass das Begleichen von Schulden nicht das Wesen der Sittlichkeit ausmacht. All diese Vorstellungen sind menschliche Erfindungen, und in einer richtigen Demokratie hätten alle Menschen die Möglichkeit, ihre Gesellschaft anders zu organisieren" (Graeber, 2011).

317 Siehe die Darstellung zum Zins und dem Hayek-Dreieck bei Thomas Mayer, 2014.

318 Statt der beschränkten Haftung sollte die Haftung aufgeteilt werden in die Haftung der Kapitaleigner und die des Managements sowie die des Anwenders, bzw. Endverbrauchers. Juristische Personen sollten weder eine Haftung übernehmen noch Gewinne einstreichen können. Haften können nur natürliche Personen, auch nur die können Gewinne machen.

319 Prinzipiell kann dieser Verteilungsschlüssel der Haftung auch bei der Insolvenz angewendet werden.

320 Geht man von vier notwendigen Schritten aus, so könnte im ersten Schritt die Schuld um 50% erlassen, die Zinsbelastung auch um 50% reduziert werden. Im zweiten Schritt ist die Zinsbelastung um weitere 50% zu reduzieren und im vierten Schritt ganz zu streichen. Dies kann allerdings nur funktionieren, wenn die Entschuldungsphasen nicht durch die Aufnahme von neuen Schulden gestört werden.

321 Auch wenn dies den Menschen im 20. und 21. Jahrhundert als völlig unmöglich erscheint, hat man sich doch so an den Zins gewöhnt; dennoch, der Zins muss weg, lässt er doch keine faire Berechnung des tatsächlichen Arbeitsaufwandes zu und entwertet das Geld.

322 Im System des Sicheren Geldes können Staaten keine Schulden mehr machen da Kredite nur an natürliche Personen vergeben werden. Stehen besondere Ausgaben an, so können die auch mit einmaligen Sondersteuern oder über Spenden gestemmt werden.

323 Die Zulassung freier Banken kann damit beginnen, dass neben der nationalen Währung ein bis zwei Währungen zusätzlich zugelassen werden, worunter auch die einer freien Bank sein sollte.

324 Der Grund und Boden sollte den Gemeinden zugesprochen werden, als Ausnahmen können Gemeinschaften als Besitzer zusätzlich zugelassen werden, wenn ein Kontrakt mit der Gemeinde als letztem natürlichem Besitzer und Wahrer der gemeinschaftlichen Güter vorliegt. Die bisherigen Besitzer sind mit entsprechenden Entlastungen bei Abgaben und Steuern auszuzahlen, sowie im Rentenalter mit einem Rentenanspruch zu befriedigen.

325 Die Bodenreform sollte dem Grundsatz folgen, dass der Boden als lebensnotwendiger Ressourcenlieferant allen Bürgern gehört ebenso wie Luft und Wasser, sonst fängt man eines Tages auch noch an die Luft zu privatisieren. Aus der Historie heraus gehörte das Land immer den Herrschern und sollte, wenn das Volk die Herrschaft übernommen hat, auch dem Volk gehören und nicht einzelnen Oligarchen und kapitalstarken Investoren. Die Volksvertreter sollten die Besitzrechte am Boden verwalten, die Exekutive die Hoheitsrechte ausüben und verteidigen. Damit wird es auch leichter, Besitz und Arbeit nicht mehr zu besteuern, sondern nur noch Gewinnsteuern zu erheben.

326 Ein Wechsel im Steuerrecht vollzieht sich schon seit Jahren, und zwar weg von der substanziellen Besteuerung und hin zu der funktionalen Gewinnsteuer. Mit dem vollständigen Wechsel würde ein notwendiger Paradigmenwechsel endlich konsequent vollzogen und könnte sich dann auch entsprechend positiv in allen Bereichen des Lebens auswirken.

327 Ein Zitat in diesem Artikel zeigt, dass dies auch von kompetenten Ökonomen als Problem gesehen wird, indem man Martin Hellwig, den ehemaligen Direktor des Max-Planck-Instituts, für Gemeinschaftsgüter in Bonn zitiert: „In Europa ist das Risiko einer neuen Schulden- oder Finanzkrise bei Wiederanziehen der Zinsen sehr groß“ (Meck, 2018).

328 Die Informationsquelle ist nicht mehr auffindbar!

329 Bernau, 2017 (Oktober, Nr. 42).

330 Samans, 2018.

331 Wird die Produktivität als die investierte Arbeitszeit zur Herstellung eines Produktes definiert, so ergibt sich das

Wachstum in der Produktivität aus der Verringerung an notwendiger Arbeitszeit, man kann nun in der gleichen Arbeitszeit mehr herstellen.

332 Wird in einer Volkswirtschaft die im Umlauf befindliche Geldmenge erhöht, so muss sich auch das BIP erhöhen, ohne dass daraus erhellende Kausalitäten ableitbar wären.

333 Diese Sichtweise Erhards war wohl auchTeil des Erfolgsrezepts für seine soziale Marktwirtschaft. (Erhard, 2009 [Originalausgabe 1957 im Econ Verlag]).

334 Steigt die potenzielle Arbeitsleistung durch den erhöhten Ausbildungsgrad und eine bessere Bildung, so wirkt sich das direkt auf die Produktivität aus, diese wird erhöht.

335 Da Wachstum ohne Information und ohne gut ausgebildete Mitarbeiter nicht vorstellbar ist, benötigt die moderne Volkswirtschaft ein gut organisiertes Bildungssystems, dem sich der Folgeband widmen soll.

336 Der Fuß des S stellt die Anfangsbedingungen dar, dann folgt der mittlere Teil des etwas schräg verlaufenden S mit der exponentiellen Wachstumsphase und zum Schluss der Kopf mit der Endphase als asymptotische Annäherung an die Kapazitätsgrenze.

337 Der Chef der österreichischen Notenbank, Ewald Nowotny, sagt dazu: „der enorme globale Ersparnisüberschuss … lässt die Zinsen sinken. Andererseits erleben wir, dass der technische Fortschritt viel weniger Kapital benötigt als früher.“ (Nowotny, 2019).

Der Autor

Der Autor hat Biologie, Chemie, Philosophie, Psychologie und Soziologie studiert. An akademischen Abschlüssen erlangte er zunächst das Staatsexamen in Biologie und Chemie, absolvierte dann die Vordiplomprüfung in Soziologie und legte anschließend das Rigorosum zu seiner Dissertation in Biologiedidaktik mit Pädagogik und Psychologie in den Nebenfächern ab.
Nach langjähriger Arbeit im Schuldienst wurde im Ruhestand noch ein Restaurant mit Weinhandel und Events im kulturellen Segment geführt. Die Kontakte und Gespräche mit Künstlern, Musikern und Literaten waren in dieser Zeit ein besonderer Gewinn. Nachdem nun auch diese Phase abgeschlossen ist, bleibt Zeit, um soziologisch-ökologische Denkansätze aus der Studienzeit wieder aufzugreifen und in Richtung einer soziologisch und psychologisch untermauerten ökonomischen Theorie auszubauen, um sie schriftlich zum Diskurs in den Raum zu stellen.